어떻게 투자할 것인가

HOW

어떻게 투자할 것인가

세계 최고의 투자자들이 안내하는 부와 성공의 비밀

TO

데이비드 M. 루벤스타인 지음 | 신현승 옮김

David M. Rubenstein

INVEST

일러두기

1. 이 책에 등장하는 주요 인명, 지명, 기관명은 국립국어원 외래어표기법을 따르되 일부는
   관례에 따라 소리 나는 대로 표기했다.
2. 단행본은 《 》, 신문과 잡지, 영화는 〈 〉으로 표기했다.
3. 본문에서 각주는 저자, 또는 옮긴이의 말이다.

투자 기술의 최고 달인 워런 버핏과

35년 동안 투자 기술과 파트너십 예술의 진수를

끈기 있게 직접 가르쳐준 빌 콘웨이와 단 다니엘로에게 이 책을 바친다.

차례

Part 2. 투자의 새로운 강자들

: 대체 투자

Part 3. 미래의 부는 어디에서 오는가

: 최첨단 투자

우리는 미래를 예측하고 그에 따른 행동을 취하는 것을 단순히 반복하면서 인생을 살아간다. 나 또한 마찬가지다. 그동안 나의 예측이 맞기도 하고 틀리기도 하면서, 내 행동은 현명할 때도 있었고, 그렇지 않을 때도 있었다.

나는 1976년 대통령 선거에서 지미 카터Jimmy Carter가 제럴드 포드Gerald Ford를 이길 것으로 예측했다. 나는 카터의 대선 운동을 도왔으며, 나의 예측은 옳았다. 반면에 1980년 대통령 선거에서 나는 당시 69세인 로널드 레이건Ronald Reagan이 카터를 이기기는 어렵다고 판단해 1981년 1월 20일 이후에 대한 계획을 아무것도 세우지 않았다. 그 결과 나는 할 수 없이 민간 부분으로 복귀했다. 예측이 틀린 것이다.

나는 1969년 슈퍼볼 III에서 내 고향 팀인 볼티모어 콜츠에게 매우 큰 돈을 걸었다. 예측은 실패했고 그것은 나의 마지막 스포츠 내기였다.

나는 향후 사모펀드 시장이 성장할 것으로 생각했으며, 유능한 투자 전문가들의 도움을 받아 워싱턴을 기반으로 한 글로벌 사모펀드 회사를 설립했다. 이것은 아마도 내 인생의 최고의 예측일 것이다.

나는 마크 저커버그Mark Zuckerberg가 대학생 시절 설립한 회사가 대학 캠퍼스 밖을 벗어나지 못할 것으로 생각했기에, 장래의 사위가 내게 그 회사를 소개했을 때 투자를 긍정적으로 생각하지 않았다. 잘못된 예측이었다.

나는 제프 베조스Jeff Bezos의 인터넷 서적 판매 회사가 반스앤노블Barnes & Noble을 이길 수 없다고 생각했으며, 시애틀에 있는 난장판 같았던 그의 첫 사무실에서 그를 만났을 때 그렇게 이야기했다. 그 후 나는 가능한 한 빨리 아마존Amazon 주식을 매도하기로 결정했다. 이 역시 잘못된 예측이었다.

누군가가 어떠한 사건에 대해 제대로 예측했는지 잘못 예측했는지는 사람마다 다르게 판단할 수 있다. 사실 누군가의 예측과 행동이 얼마나 성공적이었는지를 측정할 유일하고 보편적인 기준은 없다. 하지만 투자 세계는 완전히 다르다. 미래를 예측하고 대비하는 기술을 제대로 측정할 수 있다. 투자 세계에서는 투자 유형에 따라 정도의 차이는 있지만 이익을 창출하는 것이 투자의 본질이다.

이익을 창출하기 위해 투자자는 주식, 채권, 주택, 통화 등 자산의 미래 성과를 기반으로 미래에 어느 특정 자산을 소유하는 것이 바람직한가를 실제로 예측한다. 회사가 새로운 고객을 유치할 것인가 아니면 원하는 제품을 발명할 것인가? 투자가 실현될 때 경제 상황은 호황일까 불황일까? 이자율이 더 오를까? 기후 변화가 자산의 가치에 영향을 미칠까? 경쟁 상황이 예상보다 약하진 않을까? 다시 말해,

원하는 결과를 얻을 것이라는 투자자의 믿음을 뒤엎을 만한 위험이 과연 존재하는가? 그런 위험이 존재한다면 그 규모는 얼마나 클 것인가? 인생에는 평가해야 할 위험이 항상 존재하지만, 그 결과를 항상 정확하게 측정할 수 있는 건 아니다. 하지만 투자의 결과는 꽤 정밀하게 측정될 수 있다.

오늘날 투자는 과거보다 훨씬 더 정교한 미래 예측 과정을 거치고 있다. 투자라는 행위는 수백 년 동안 지속되어온 일이지만 오늘날 기준에서 보면 과거의 투자 과정은 전혀 세련되지 않았다. 현금이나 현금성 자산이 존재한 이래로, 사람들은 자신이 투자한 것보다 더 많은 것을 돌려받을 수 있는 방법을 찾았다. 미국도 생각해보면 나라 자체가 기본적으로 투자로 시작됐다. 1607년 버지니아주 제임스타운에 이주민들이 도착했다. 그 이유는 영국의 자금 후원자들은 자신들이 정착용 자금으로 투자한 금액을 미국 이주민들이 여러 배로 불려서 다시 돌려받을 것으로 기대했기 때문이다. 하지만 이것은 초기 투자자들에게 좋은 투자가 아닌 것으로 드러났다.

지난 반세기 동안 투자자와 미래의 예측가로서 변치 않는 역할 모델이 되어준 인물이 있다. 바로 워런 버핏Warren Buffett이었다. 그는 처음에 버크셔 해서웨이Berkshire Hathaway의 주식을 1주당 7.50달러에 샀으며, 지난 60년 동안 주가는 연평균 20퍼센트로 상승했다. 투자 세계 밖에서 더 많은 돈을 번 사람들이 있다. 또 어떤 사람들은 더 짧은 기간에 더 높은 투자 수익률을 달성하기도 했다. 게다가 특정한 투자로부터 더 환상적인 투자 수익을 실현한 사람들도 존재한다. 하지만 워런 버핏만큼 그렇게 오랜 기간 그보다 더 높은 수익률을 달성한 투자자는 없다. 2022년 6월 버크셔 해서웨이의 시가 총액은 6,900억 달러에 달한다. 따라서 워런 버핏은 사실상 미래를 장기간 가장 잘 예측해온 가장 뛰어난 투자가라고 말할 수 있다.

나는 다른 사람들과 마찬가지로 워런을 여러 번 인터뷰했고, 그를 인터뷰할 때마다 항상 새로운 것을 배웠다. 그 덕분에 나는 다른 위대한 투자가들의 견해를 곰곰이 생각하는 기회를 얻었다. '그들은 어떻게 자신의 투자 영역에서 미래를 예측할 수 있었을까?'

나는 미국 최고의 투자자들이 자신들의 전문 분야에서 어떻게 미래를 예측하고 그것에 따라 어떻게 대처했는지 알아보기 위해 그들을 직접 인터뷰했다. 그런 인터뷰를 간추린 결과가 이 책이다. 이 책은 개별 투자가들과 그들의 투자 유형에 관한 내 생각뿐만 아니라 나 자신의 투자에 관한 견해를 담고 있다.

앞으로 소개하겠지만 위대한 투자가들은 공통적으로 몇 가지 기술과 특성이 있다. 그러나 그들은 각자의 특정 투자 영역에 특화된 기술과 특성도 많이 지니고 있다. 위대한 벤처 투자가는 위대한 부실 채권 투자자, 위대한 부동산 투자자, 위대한 암호화폐 투자자에게 필요한 모든 것을 갖추지 않아도 된다. 나는 독자들에게 다양한 유형의 투자 분야에 필요한 다양한 기술과 속성에 대한 의미 있는 감각을 제공하려면 다양한 투자 분야의 대표적 인물들을 인터뷰하는 것이 도움이 되리라 판단했다. 나는 다음에 열거하는 여러 사람들을 직접 인터뷰했다.

블랙스톤Blackstone에서 세계 최대의 부동산 투자회사를 세운 존 그레이Jon Gray, 미국에서 가장 존경받는 가치 투자가로 오랫동안 바우포스트Baupost를 이끄는 세스 클라만Seth Klarman, 아마도 지난 50년을 통틀어 가장 성공적인 대형 벤처 펀드 세쿼이아Sequoia를 키워낸 마이클 모리츠Michael Moritz, J.P. 모건J.P. Morgan의 자산 관리 사업을 세계 최고의 위치로 성장시킨 메리 어도스Mary Erdoes, 2007~09년 서브프라임 모기지(비우량 주택담보대출)에 대한 공매도로 월가 역사상 '최고의 거래'를 이끈 존 폴슨John Paulson, 세심한 주식 분석으로 아프리카계 미국인 소유 투자회사 가운데 가장 규모가 큰 아리엘 인베스트먼트Ariel Investment를 설립한 존 로저스 주니어John Rogers Jr, 천재적 수학 실력으로 '퀀트quantitative 투자' 전략의 선구자가 된 짐 사이먼스Jim Simons 등이다.

이들 모두는 내가 인터뷰를 통해 끄집어내려고 노력했던 흥미로운 인생 이야기와 자신만의 투자 방법을 갖고 있었다. 또한 나는 많은 인터뷰를 통해 오랫동안 백인 남성의 전유물로 인식되었던 투자 산업이 이제 변화하고 있으며, 다양한 출신의 투자 리더들이 투자 세계에서 자신의 자리를 제대로 잡아가고 있다는 것을 보여주려고 노력했다.

나는 내가 인터뷰한 투자자들을 전통적 투자, 대체 투자. 최첨단 투자 등 세 가지 투자 범주 중 하나에 속한 것으로 분류했다.

전통적인 투자자들은 적어도 반세기 이상 투자 대상이었던 채권, 주식, 부동산, 기부금 관리 등 상대적으로 전통적인 투자 분야의 전문가다.

대체 투자자들은 적어도 수십 년 전에는 상당히 생소하거나 위험하다고 간주하였지만 오늘날에는 다소 덜 위험하다고 생각하는 분야에 대한 투자자들이다. 투자 세계에서 '대체 투자'로 알려진 이런 영역에서는 헤지 펀드, 바이아웃, 벤처캐피털, 부실 채권 투자자들이 활동한다.

최첨단 투자자들은 한때 '대체 투자'로 판단한 기준에서도 상당히 새로운 분야로 여겨지는 투자에 초점을 맞춘다. 말하자면 이러한 투자 영역은 등장한 지 불과 수십 년밖에 되지 않았거나 더 최근에 등장한 영역이다. 여기에는 암호화폐, 기업인수목적회사SPAC, special purpose acquisition companies, 인프라, ESG(환경·사회적 책임·지배구조)를 중시하는 기업 등에 대한 투자가 포함된다.

나는 독자들이 이러한 위대한 투자가들에 관한 책을 읽고 통찰력과 관점, 영감을 얻기를 바라지만, 타이거 우즈의 비법에 관한 책을 읽는다고 위대한 골퍼가 되는 것이 아니듯이 이 책 자체가 독자를 위대한 투자가로 만들어 주지는 않을 것이다.

이 책은 독자들이 미국의 많은 주요 투자자들의 투자 생각과 관행을 엿볼 수 있도록 고안되었다. 그렇게 함으로써 나는 첫째 개인적으로 투자에 대해 더 많이 배우려는 사람들, 둘째 전문 투자자가 관리하는 펀드를 통해 투자에 대해 더 많이 배우고자 하는 사람들, 셋째 투자 직업을 모색하는 학생이나 젊은 전문가들에게 도움을 주고 싶다.

물론 어떤 책도 다양한 유형의 독자들이 지닌 관심사나 모든 질문에 완벽하게 답할 수는 없지만, 나는 이 책에서 소개하는 인터뷰들이 독자들의 투자 지식과 능력을 향상하는 데 도움이 되기를 바랐다.

투자 세계는 지난 30년 동안 아니 지난 3년 동안이 이전 300년 동안보다 더 많이 변화했다. 투자 세계는 전통적으로 전문가들이 생계를 위해 일하는 분야였지만 이제는 전문 분야와 전혀 관련 없는 일반인들도 추구하는 분야가 되었다.

전통적으로 일반인들은 유가증권에 관한 최신 정보에 대해 접근할 수 없었다. 그러나 이제는 누구나 스마트폰을 통해 전 세계 주식 및 채권 가격, 개인 투자 기회 및 투자 활동에 대한 정보에 접근할 수 있다. 또한 투자는 몇 가지 예외를 제외하고 적어도 중년이 된 사람들이 추구하는 전통적인 활동으로 여겨졌다. 그러나 이제는 10대와 20대의 젊은 사람들이 투자 활동에 훨씬 더 집중하는 것처럼 보인다.

지난 35년간 투자 세계 그것도 주로 사모투자 분야에서 활동한 내가 투자에 관한 책을 쓰게 된 것은 놀라운 일이 아니다. 1981년 1월 카터 행정부를 떠난 후, 나는 내가 아는 유일한 직업으로 돌아왔다. 나는 뉴욕 대신, 로스쿨을 마치고 사회에 첫발을 내디뎠던 워싱턴에서 변호사 활동을 다시 시작했다. 그러나 나는 내가 변호사 일을 정말 싫어한다는 것을 곧바로 깨달았다. (사실 변호사 일을 아주 우수하게 해내지 못했기 때문이기도 하다.) 나는 흥미진진하고 수익성이 더 높은 일을 하고 싶었다.

나는 빌 사이먼Bill Simon 전 재무장관이 깁슨 그리팅 카드Gibson Greeting Cards를 인수하여 엄청나게 이익을 남긴 것에 영감을 받아(그는 33만 달러를 투자해 약 16개월 만에 6,600만 달러의 이익을 보았음) 워싱턴에서 첫 번째 바이아웃 회사를 설립해야겠다고 결심했다. 나는 젊은 시절 전문적인 투자 경험이 없었기에 탄탄한 금융 지식을 가진 사람들을 모집하는 데 집중했다.

다행히 워싱턴은 뉴욕과 달라 나는 자금 조달과 투자에 대해 무엇을 해야 하는지 알고 있는 몇몇 사람들을 고용할 수 있었다. 그들 덕분에 나는 1987년 기관 투자가 네 곳으로부터 500만 달러를 조달해 칼라일 그룹The Carlyle Group을 설립했다. 우리는 그 자금으로 시작해 현재 3,750억 달러를 운용하는 회사로 키웠다.

하지만 그것은 하룻밤 사이에 일어난 일이 아니었다. 초기 몇 년 동안 워싱턴에서 우리를 진지하게 대해주는 사람들은 별로 없었다. 하지만 칼라일이 성장할 수 있었던 것은 우리의 실적이 몇몇 분야에 서는 뒤처질지 몰라도 일부 분야에서는 뉴욕의 경쟁사들만큼 좋았기 때문이다. 우리는 당시 유일한 개념을 개발하기도 했다. 다양한 멀티 펀드(부동산, 성장 자본, 인프라, 신용, 모태 펀드 등 사모 투자 영역에 투자하는 독립적인 개별 펀드) 회사를 구축하고, 이를 통해 기관투자자 수준의 회사를 만들 수 있는 운용 및 투자 인재를 충분히 양성했다. 또한 당시로서는 정말 혁신적인 방법인 국제화를 추구함으로써 유럽, 아시아, 중남미, 중동, 아프리카에 투자팀을 만들어 우리의 브랜드와 연락처를 활용해 전 세계에서 투자 전문가를 영입하고 자금을 모집했다.

2022년 6월 1일 기준으로 칼라일은 기업 사모펀드에 1,330억 달러를 투자하고 투자자들에게 2,560억 달러의 이익을 창출해 주었다. 칼라일의 기업 사모 주식의 연간 총 내부 수익률은 30년 이상 약 26퍼센트에 달했다.

칼라일의 투자 성과는 내가 이룩한 것은 아니었다. 이 업적은 나의 주요 공동 창업자인 빌 콘웨이Bill Conway와 댄 다닐로D'Aniello, 그리고 우리가 채용해 (신중하고 보수적이며, 고수익을 쫓아다니지 않는) 칼라일 투자 스타일로 훈련받은 수많은 투자 전문가들 덕분이다. 내가 회사에 이바지한 분야는 전략, 자금 조달, 채용, 정부 관련 업무, 홍보 분야였다. 따라서 나는 겸손한 정도를 약간 넘어선 수준에서 투자에 대한 나의 의견을 제시할 뿐이다.

그렇긴 하지만, 나는 35년 동안 수천 건의 투자위원회 회의에 참석해 나의 관점을 제시했으며 많은 것을 배웠다. 30년이 넘는 기간 동안 투자 세계는 극적으로 변화했다. 국내는 물론 전 세계 투자자들 간의 경쟁은 과거보다 몇 배는 치열해졌다. 투자 대상을 찾아 몰려다니는 자금은 기하급수적으로 증가했으며 가격은 한때 상상할 수 없었던 수준으로 상승했다. 외부 전문가와 컨설턴트의 참여 덕분에 훨씬 더 철저한 분석 자료를 받을 수 있으며 개인 투자자뿐만 아니라 기관투자자들이 사모 투자에 보이는 관심은 끝없이 고조되었다.

이 기간 나는 칼라일의 투자를 이끄는 투자자들의 기술과 경쟁사들을 이끄는 투자자들의 능력에 크게 감탄했다. 그 덕분에 나는 시간이 흐르면서 정말로 위대한 투자가들과 평범한 투자자들을 확실히 구분하는 자질이 과연 무엇인가에 대해 더욱 궁금해졌다. 따라서 최근 몇 년간 세계 최고의 투자자들로부터 이러한 궁금증에 대한 답을 직접 들을 수 있는 인터뷰 자리를 마련했다.

나는 인터뷰를 통해 무엇을 배웠을까? 위대한 투자가들은 눈에 띄는 공통점이 있다. 이제 위대한 투자가들이 지닌 특성과 기술을 다음과 같이 요약해 보겠다.

배경_ 그들은 일반적으로 블루칼라 또는 중산층 가정에서 자랐다. 매우 부유한 가정이나 대대로 투자 전문가 가정의 출신은 거의 없다. 이 책에서 인터뷰한 투자자 중 많은 사람이 전문직에 종사하는 가정의 출신이었다.

조기 취업_ 일부 투자자는 초기에 작은 사업을 시작했고 일부는 어렸을 때 투자에 조금 손을 댔다. 하지만 대부분은 다른 전문 분야에 종사하다가 투자 분야에 뛰어들었다. 많은 경우 투자 분야에서 이룬 것만큼 이전 분야에서 성공을 거두지는 못했지만 주목해야 할 것은 짐 사이먼스는 세계적인 수학자였고, 마크 안드레센은 유명한 기업가였으며, 마이클 모리츠는 성공한 저널리스트였고, 폴라 볼렌트는 뛰어난 미술 보전 전문가였다.

실패_ 많은 위대한 투자가들은 투자 과정에서 좌절을 맛보고 커다란 투자 손실을 겪었다. 그리고 그로 인해 그들은 궁극적으로 끈질기게 자신들의 기술을 완성할 수 있는 추진력을 갖출 수 있었다.

지성_ 위대한 투자가들은 높은 지능의 소유자이며 학문적으로도 성공할 수 있는 자질을 갖춘 경우가 많다. 모든 투자자가 짐 사이먼스처럼 수학 학자는 아니다. 하지만 사회 과학을 공부했거나 수학과 관련이 적은 공부를 했더라도 숫자와 수학을 쉽게 이해하는 것을 보면 그것이 위대한 투자가들의 공통점이라는 사실에는 의심의 여지가 없다.

궁극적인 책임_ 최고의 투자가들은 중요한 투자에 대해 스스로 최종 결정을 내리고 싶어 한다. 그들은 투자에 대한 자신들의 통찰력에 자신감이 있으며 신뢰할 수 있는 부하들에게 결정을 위임하기보다는 오히려 중요한 투자 문제에 대해서 자신들이 직접 최종 판단을 내리려고 한다. 그리고 그런 최종 결정에 대해 기꺼이 궁극적인 책임을 진다.

집중력_ 투자 결정에서 집중력은 위대한 투자가들이 공통적으로 지닌 중요한 능력이다. 그들은 중요하지 않은 요소에 쉽게 산만해지지 않으며, 비정상적이라고 여겨질 정도로 고도의 집중력을 갖추고 있다. 위대한 투자가들은 투자의 핵심 요소를 찾아내는 능력이 매우 뛰어나다.

독서_ 위대한 투자가들은 세상에는 배워야 할 지식이 너무 많으며 그 지식 중 일부는 투자 과정에서 제기될 수 있는 문제에 도움이 될 수 있다고 생각한다. 위대한 투자가들은 관심이 있는 분야의 잡지, 신문, 자료를 꾸준히 읽는다. 일부 난독증이 있는 사람들은 종종 산업 전문가 또는 다른 투자 전문가와 자주 전화하고 화상으로 대화하거나 다른 수단을 통해 정보를 광범위하게 수집한다. 다시 말해, 위대한 투자가들은 지적 호기심이 엄청나며 어떻게 보면 지금 당장은 자신들의 투자 활동과 크게 관련이 없을지도 모를 모든 주제에 대해 가능한 한 많이 배우려고 한다. 자신들은 모든 정보가 언젠가는 더 좋은 투자 결정을 내리는 데 도움이 되거나 더 큰 창의성이나 통찰력을 불러일으킬 수 있다고 생각하는 것 같다.

지혜의 싸움_ 위대한 투자가들은 투자를 게임처럼 즐긴다. 그들은 다른 사람들이 할 수 없다고 생각했던 일을 해내거나 감당할 수 없다고 생각하는 위험을 감수하는 것을 즐긴다. 다른 사람을 능가하거나 적어도 자신의 지식과 노련함, 지혜를 보여주는 지적 도전이야말로 위대한 투자가들이 더 많은 돈을 벌기 위한 수단 이상으로 투자 활동에 집착하는 원동력이 된다

전통적인 지혜_ 인생과 투자에서 가장 쉬운 길 중 하나는 전통적인 지혜인 통념을 받아들이고 따르는 것이다. 그러나 위대한 투자가들은 통념을 받아들이지 않는다. 그들은 다른 사람들이 보지 못하는 것을 본

다. 그들은 통념을 거슬러 잘못될 위험을 감수할 준비가 되어 있다. 전통적인 지혜를 무시하고 다른 사람들이 두려워 시도하지 못하는 것을 기꺼이 시도하는 것이 위대한 투자가들의 가장 큰 특징이다.

1980년대와 1990년대 바이아웃 시장에서 기술 분야는 바이아웃이 실제로 작동할 수 없다는 것이 지배적인 견해였다. 투자자들은 기술이 너무 빨리 변하기 때문에 인수 회사의 기술 제품이 쓸모없게 되기 전에 인수 회사가 부채를 상환할 수 없을 것이라고 믿었다. 그러나 현재 나의 투자 파트너로서 오라클Oracle과 로터스Lotus에서 일했던 기술 전문가인 데이비드 록스David Roux는 그런 생각에 동의하지 않았다. 그는 1999년에 기술 기업 인수를 목적으로 하는 실버 레이크Silver Lake를 설립했다. 나는 이것이 효과가 있을지 회의적이었지만, 실버 레이크는 단기간에 기술 기업 인수를 통해 엄청난 수익을 달성했다. 이제 기술 발전에 초점을 맞추지 않은 거의 모든 기업 인수는 실패할 가능성이 크다.

세밀함_ '경제는 어디로 가고 있는가? 이자율이 상승할 것인가? 인플레이션이 증가할 가능성이 있는가?'와 같은 큰 그림에 집중하는 위대한 투자가들도 있다. 그러나 일반적으로 위대한 투자가들은 투자의 실제 세부 사항에 매우 주의를 기울인다. 그들은 알아야 할 모든 것을 알고 싶어 하며, 투자의 세부 사항에 주의를 기울이지 않는 것은 실패로 향하는 지름길이라고 믿는다. 그러므로 그들은 투자 기회에 대한 모든 정보를 마치 스펀지처럼 빨아들인다.

실수 인정_ 위대한 투자가들은 자존심이 세지만 자신의 실수를 인정함으로써 손실을 줄이며, 많은 경우 지나칠 정도로 과거를 뒤로하고 다음 기회를 향해 전진한다. 그것은 확실히 내게는 없는 특성이다. 나는 투자하지 않았거나 성과가 없었던 투자와 관련한 실수를 늘 되돌아본다. 그러나 점점 나아지고 있어 이제는 20~30년이 아니라 10년 정도만 되돌아본다.

열심히 일하기 위대한 투자가들이 자신의 투자에 필요한 기술을 습득하기 위해 오랜 시간을 투자하는 일벌레라는 사실은 놀랄 일도 아니다. 투자 기회를 이해하는 어려운 일을 다른 사람에게 의존할 수 있다면 하루에 몇 시간 정도만 투자해도 위대한 투자가가 될 수 있을지도 모른다. 하지만 그런 경우는 드물다. 위대한 투자가들은 비록 자신이 하는 일을 일로 여기지는 않지만 일 중독자인 경향이 있다. 그들은 일을 재미로 여기므로 나이가 들어도 일을 줄이거나 긴장을 풀어야 할 필요성을 느끼지 못한다.

박애주의 수십 년 전과는 달리 위대한 투자가들은 자선 활동과 영향력으로 사회에 깊은 인상을 주며 사회적으로 인정받길 원한다. 최근 몇 년 동안 일부 부유한 개인들, 즉 일부 부유한 투자가들의 자선 활동 방식에 대한 비판이 있었지만, 일반적으로 자선 활동은 사회적으로 인정해준다. 따라서 위대한 투자가들은 (다른 사람들과 마찬가지로) 이러한 사회적 인정을 즐기며 자선 활동을 많이 하고 있다. (물론, 그들은 자신의 돈이 사회적 요구를 모두 해결하지는 못하더라도 약간은 도움이 되리라 믿으며 이 또한 커다란 동기부여가 된다.)

대부분의 사람들에게 투자의 존재 이유는 투자한 돈을 불리는 것처럼 보일 것이다. 그런 목표가 사회적 목표로 가치 있는 것인가? 왜 그렇게 많은 재능 있는 사람들이 이 직업을 선택하려고 할까? 위대한 투자가가 될 수 있는 재능을 지닌 사람들이 외교관 혹은 환경 운동가라는 직업을 추구한다면 세상은 더 좋아질까? 그런 질문들에 대해 명백하고 보편적으로 합의된 답은 없다. 만약 워런 버핏의 재능을 지닌 누군가가 외교관을 직업으로 선택했다면, 전쟁이 더 적게 일어났을지 아니면 더 큰 세계적 화합이 있었을지 알 수 없다.

　　나는 노련한 투자가들은 가치 있는 사회적 목적을 수행하는 기업이나 프로젝트에 자본을 배분하는 데 중요한 역할을 한다고 생각한다. 기술계와 기술 회사들이 문제가 없는 것은 아니지만, 마이크로소프트, 애플, 구글, 아마존과 같이 많은 사람의 삶을 바꾸는 (그리고 대규모로 고용하는) 회사들이 순조롭게 사업을 시작하도록 자금을 제공한 투자가들이 있었기에 세상이 좋아졌음을 부인하기는 어렵다. 모더나에 투자한 투자가들을 생각해보라. 분명히 그들은 회사가 짧은 시간 안에 코로나 백신을 개발할 수 있도록 도움을 주었다.

　　자본주의는 분명히 결점이 있다. 애석하게도 자본주의가 발전하면서 점점 더 많은 사람이 뒤처지게 될 것이다. 그러나 자본을 어디에, 언제, 어떻게 배분할 것인지에 대한 투자가들의 능숙한 결정을 포함해 전반적인 부와 고용을 증대한 자본주의를 과소평가할 수 없다. 미국을 예로 들면 수 세대에 걸쳐 수백 년간 이루어진 숙련된 투자가들의 결정 덕분에 미국 경제는 크게 성장하고 역동적이며 활기차게 되었다.

　　물론, 알프레드 노벨Alfred Nobel은 투자를 노벨상에 걸맞은 업적으로 인정하지 않았다. 아마도 그는 자신들의 결정이 사회적으로 미치는 영향에 초점을 맞춘 투자자들을 고려하지 않았을 것이다. 실제로 비교적 최근까지 투자가들은 투자 활동의 사회적 영향에 집중하지 않았다. 가장 높은 수익률이나 이익을 실현하는 것이 불변의 목표였다. 그러나 그것이 투자 행위가 일자리 창출, 효율적인 기업, 생산적인 경제 등 전체적으로 광범위한 사회적 이익을 가져오는 가치 있는 사회적 목적을 추구한다는 사실을 깎아내리는 것은 아니다. 최근 투자계에서 투자의 ESG 영향에 초점을 맞추는 것은 투자 프로세스와 투자가들이 사회 전반에 더 도움을 줄 기회를 제공한다.

따라서 이 책에서 소개한 위대한 투자가들의 인터뷰를 읽을 때, 그들을 단지 그들 자신과 조직을 돕거나 지원하기 위해 일하는 재능 있는 자본가로서가 아니라, 노련한 투자 결정을 바탕으로 국가와 경제 성장을 돕는 개인으로서 바라보기를 바란다.

마찬가지로 중요한 것은, 나는 당신이 위대한 투자가들과의 대화를 읽으면서 그들이 다른 사람들의 역할 모델이 되는 것을 넘어, 독특하고 복잡한 투자 기술을 개발하고 완성해 그것을 다른 동료들에게 전달하고, 궁극적으로 자선 활동과 교육 활동을 통해 사회에 환원함으로써 나라를 굳건히 세워나가는 창조적이고 애국적인 사람들이라는 것을 실감하기를 바란다.

데이비드 M. 루벤스타인

데이비드 M. 루벤스타인의

투자 메모

나는 오랜 세월 여러 칼라일 투자위원회(각 펀드는 별도의 위원회를 두고 있음)에서 몇몇 매우 재능 있는 투자자들이 추천하는 거래를 지켜봤다. (사모투자 세계에서 자본 투자는 실질적으로 위원회에서 결정하며 다른 위원들의 검토와 승인 없이 혼자서 결정하는 경우는 매우 드물다.) 그리고 최근 몇 년 동안, 나는 다른 많은 투자 활동에도 참여했다. 2018년 이해 충돌을 피하려면 칼라일의 승인이 필요한 분야 이외에 나의 자금을 투자하기 위해 패밀리 오피스Family Office인 디클러레이션 캐피털Declaration Capital을 설립했다.

지난 몇 년 동안 나는 스미스소니언 협회Smithsonian Institution, 메모리얼 슬론 케터링 암 센터Memorial Sloan Kettering Cancer Center, 고등연구소Institute for Advanced Study, 국립 미술관National Gallery of Art의 투자위원회에도 참가했다. 또 듀크 대학과 시카고 대학의 신탁 이사회와 하버드 법인의 이사회에서도 활동했다. 나는 대학에서 맡았던 역할을 통해 (비록 그들의 투자위원회에는 참석하지 않았지만) 이런 기관들은 자신들이 받은 기부금을 어떻게 투자하는지를 관찰할 수 있었다.

앞서 언급한 모든 경험을 토대로 나는 투자에 대한 나만의 규칙과 시각을 개발했으며 여기에서 그것들을 소개하려고 한다. 나는 오랫동안 일반적으로 민간 투자 분야에서 활동했지만 이런 시각들은 내가 보기에 어느 정도 광범위하게 적용될 수 있을 것이다.

행운

누구나 살다 보면 운이 좋을 때도 있고 나쁠 때도 있다. 투자는 인생의 한 부분이다. 하지만 행운에 의지하는 것은 돈을 잃는 지름길로 가는 것이나 다름없다. 투자의 신은 행운이 정기적으로 깃들기를 갈망하는 사람들에게 보상해 주지 않는다. 게다가 이제 막 투자를 시작하는 사람들에게 다가온 행운은 실제로 불운일 수 있다. 그런 사람들은 행운이 아니라 자신이 똑똑해서 돈을 벌었다고 생각하고 다음번에는 투자 금액을 배로 늘린다. 하지만 일반적으로 그런 투자 행태는 초기 이익보다 더 큰 손실을 준다. 그러나 열심히 일하고 철두철미하게 분석하다 보면 가끔 약간의 행운이 찾아올 수 있다. (사실 그런 일이 얼마나 자주 일어나는지를 알게 되면 놀랄만하다.)

가격

대부분의 투자에서 거래를 성사시키는 가장 좋은 방법은 당연히 가장 높은 가격을 지급하는 것이다. 매도자는 책임감 있는 소유자, ESG 부문에 관심을 두는 사람, 직원을 잘 대해주는 사람, 경영진과 잘 어울릴 수 있는 사람 등을 원한다고 말할 수 있다. 그러나 매도자가 회사의 모든 지분을 매각할 때 진정으로 신경 쓰는 요소는 99퍼센트 가장 높은 가격(그리고 그 가격으로 거래를 마무리할 수 있는 확실성)이다. 나는 항상 (소유주보다는) 경영진이 내 회사를 투자자로 선호할 것이라는 말을 들었으나, 소유주가 경영권을 완전히 넘기는 경우 경영진의 선호도가 거래를 결정하는 것을 거의 보지 못했다.

소액 지분을 매각할 때는 상황이 약간 다르다. 투자자는 다른 요인(일반적으로 부가 가치 서비스나 편익의 추가)이 실질적인 역할을 한다는 것을 알게 될 것이다. 그러나 여전히 이런 부가적인 요소들이 훨씬 더 높은 가격을 능가하기는 어렵다. 가격이 상대적으로 같은 경우 이런 기타 요소들은 이윤 면에서 판매자에게 큰 영향을 미칠 수 있으며 구매자와 투자자는 이를 강조해야 한다.

하지만 거래를 성사하고 이익을 얻기 위해 지급해야 할 적정 가격이 얼마인지 어떻게 알 수 있을까? 일부 벤처 또는 성장 자본 거래의 경우, 현금 흐름의 배수 또는 수익의 배수가 얼마가 되어야 적정 가격인지에 관해 바이아웃, 벤처, 성장 자본 산업의 업계 표준이 있다. 또한 이러한 적정 가격은 경영진의 성과, 경쟁업체들의 성과, 경제 상황, 정부 정책이 비즈니스에 미치는 영향 등 미래의 요인에 따라 좌우되지만 투자 초기에는 이런 모든 요인을 완벽하게 파악할 수 없다. 그러나 투자자는 판매자의 가치에 따라 가격이 결정되도록 내버려 두기보다는 자산의 적정 가치가 얼마인지를 판단하고 최대한 그 범위를 고수하는 것이 필수적이다. 자산이나 회사에 대해 지나치게 비싼 가격을 지급하는 것은 구매자에게 결코 좋은 결과를 가져오지 않는다.

실사

인생의 대부분의 일은 사전에 준비하는 것이 좋다. 칼라일 파트너였던 제임스 A 베이커 3세James A. Baker III 국무부 장관은 그의 아버지가 강조했던 '사전 준비는 형편없는 성과를 막아 준다'라는 격언을 마음 깊이 새기고 있었다. 투자 맥락에서 보면 사전 준비란 일반적으로 '실사'를 의미하며, 이는 잠재적 투자를 분석하기 위한 세부 작업이 완료되었음을 의미한다. 바이아웃의 경우, 기존 회사의 많은 양의 재무 데이터 및 관련 성과 지표를 분석하기 위해 6개월 정도의 실사 작업이 필요하다. 벤처 투자의 경우, 일반적으로 분석할 데이터의 양이 적으므로 종종 회사를 이끄는 기업가의 자질, 회사의 기반이 되는 제품이나 서비스의 고유성, 시장 기회의 크기에 초점을 맞춰 실사를 진행한다.

모든 민간 투자에서 실사 과정은 투자자가 지급하는 가격 대비 달성할 수 있는 기대 수익에 대한 정보에 근거해 투자를 결정할 수 있도록 설계된다. 적절한 실사는 투자자가 미래에 발생할 수 있는 위험에 더 잘 대비하도록 도와줄 수 있다. (또는 투자하지 않을 근거를 제공하기도 한다.)

그러나 내가 관찰한 바에 따르면 고도로 상세한 분석이 도움이 되기는 하지만 항상 최상의 투자로 이어지는 것은 아니다. 실사는 미래에 발생하는 경영진의 실수나 이탈, 경기 침체, 새로운 경쟁, 기술 개발, 규제 변화 또는 새로운 사회 변화를 항상 적절하게 예측할 수 없다. 그 말을 달리 생각하면 실사는 반드시 광범위하게 실시되어야 한다는 것을 의미한다. 하지만 나는 실제로 조사 범위와 깊이에 있어 200~300쪽에 달하는 최고 수준의 투자 보고서가 최상의 투자 결과를 보장하지 않는다는 사실을 발견했다. 이런 보고서를 준비하는 사람들은 종종 보고서의 양이 투자의 질을 결정한다고 생각하는 것 같다.

본능

최고의 투자자는 항상 상세한 투자 보고서보다는 대개 자신의 '경험'과 '직감'이 어우러진 결과인 본능이나 직관에 의존한다. 워런 버핏은 광범위한 투자 보고서에 의지해 투자 결정을 하는 경우가 드물다. 물론 일부 투자자들은 자신의 직관을 과대평가하거나 과신하기도 하는데, 그것도 문제가 될 수 있다. 그러나 앞으로 7년 후 예상 수익률을 소수점 10단위까지 계산하는 것도 큰 문제다. 우리 회사나 비슷한 회사에서도 (일반적으로 투자 보고서에서 기재되는) 향후 7년간 수익률의 정밀한 예측에 몰두하는 바람에 긍정적인 면과 부정적인 면에 대한 중요한 내용을 빠뜨리는 상황이 발생한다. 아무도 그렇게 먼 미래를 예측할 수 없다.

경영진

실사를 할 때 일반적으로 경영진, 특히 CEO의 자질이 가장 중요한 고려 사항이다. 사모펀드가 투자하는 회사의 CEO는 지능, 근면, 집중력, 원만한 의사소통, 조직 운용, 비전 수립, 실수를 인정하는 태도, 그리고 신용을 공유하는 능력 등 일반적으로 아주 훌륭한 CEO의 속성을 두루 갖추어야 할 뿐만 아니라 상당히 실무적이고 집요한 사모펀드 투자자를 상대할 수 있어야 한다. (사모펀드는 내성적인 사람에 관심이 없다.)

뛰어난 CEO는 바이아웃 과정에서 엄청난 차이를 만들 수 있지만,

그들조차도 항상 경이로운 일을 하는 것은 아니다. 그리고 초기에 상당히 뛰어나 보이는 CEO도 아마 교체될 것이다. 바이아웃 거래의 경우 회사를 재매각하기 전까지 CEO가 교체된 사례가 약 50퍼센트 이상에 달했다. 벤처 거래에서 CEO 교체율은 훨씬 더 높을 수 있다. 벤처 투자에서 훌륭한 CEO를 찾는 것은 훨씬 더 어렵지만 훨씬 더 중요한 일이다. 벤처 기업의 젊은 CEO들은 종종 취약한 조직을 성장시켜야 하는 어려운 과제를 안고 있기 때문이다. 바이아웃 거래와는 반대로 벤처 거래는 성공보다 실패하는 경우가 더 많다.

현실적인 예상

투자 보고서는 항상 투자를 통해 달성하려는 변화를 다루고 있다. 물론 일반적으로 가치를 높이려면 변화해야 하지만, 이용 가능한 시간과 재정 및 인적 자원을 고려하면 목표로 하는 변화의 수준과 폭은 비현실적일 수 있다. 수용 가능한 투자 결과에 대한 핵심 고려 사항은 현실적인 목표와 수익률을 추구하는 것이다. 바이아웃 세계에서 일부 투자는 투자한 자본의 5배에서 10배까지 수익을 냈다. 그러나 그것은 드문 일이다. 최근 2, 3년 동안 이 분야의 주요 기업들이 수행한 일부 훌륭한 벤처캐피털 및 성장 자본 투자는 최고의 거래에서 그 배수를 훨씬 초과했다. 대표적인 벤처 펀드인 유니온스퀘어Union Square의 경우 코인베이스Coinbase에 대한 초기 투자의 수익 규모는 2021년 상장 당시 투자 비용의 거의 2000배 수준이었다. (많은 투자자가 암호화폐 시장에 대한 매력을 잃으면서 기업공개 이후 2022년의 수익률은 크게 떨어졌다.) 그러나 기업공개 이전 가치는 일생에 단 한 번뿐인 수익률이었다. 이런 종류의 수익이 쉽게 또는 정기적으로 달성될 수 있다고 가정하는 것은 (비록 때때로 벤처 세계에서 희망은 영원히 마르지 않는 샘물처럼 보이지만) 큰 실수다.

다시 말해, 예상 수익률이 믿기 어려울 정도로 좋아 보인다면 절대로 믿어서는 안 된다. 제안받은 투자가 그렇게 매력적이라면 다른 사람들도 그것을 추구할 것이고, 그렇게 되면 가격은 올라가고 수익률은 떨어질 것이기 때문이다.

수익률

전형적인 바이아웃의 경우, 투자자는 모든 비용과 수수료를 공제한 후에 연간 약 15~20퍼센트의 수익률을 추구하며, 평균 투자 기간은 약 5년이다. 일부 고도로 전문화된 소규모 기업들은 소규모 바이아웃 투자에 대해 종종 연간 20~25퍼센트의 순수익률을 추구하며 때로는 달성하기도 한다. 바이아웃의 약 75퍼센트가 투자한 금액을 초과하여 사전에 수수료 수익을 창출한다. 벤처캐피털에서 투자자들은 종종 30퍼센트 이상의 순이익률을 추구한다. 하지만 벤처 거래는 바이아웃 투자보다 실패율이 더 높으므로 투자한 금액을 초과해 수익을 창출하는 거래는 전체의 40퍼센트에 불과하다.

최근 몇 년 동안, 특히 기술 분야를 중심으로 전반적인 가치 상승으로 인해, 벤처 투자가 역사적 기준보다 훨씬 더 높은 수익을 올리는 경향이 있었다. 그러나 앞서 언급했듯이 아직도 수익을 내는 벤처 투자보다 수익을 내지 못하는 벤처 투자가 실제로 더 많다. 일반적으로 높은 수익률을 달성했다고 뉴스 헤드라인을 장식하는 벤처 거래는 극히 드문 일이다. 그러나 최근 몇 년간은 일부 선도적인 벤처 기업들이 역사적인 부를 창출하는 기간이었다.

현실적인 기대 수익률을 추구하는 투자자들이 성공하는 경향이 더 높다. 역사적 기준으로 판단했을 때 비현실적인 수익률을 추구하는 투자자들은 대체로 실패한다. 그것은 2022년 기술 시장이 하락하면서 더욱 분명해졌다. 이 부문의 기업 가치가 크게 하락한 것은 대부분 벤처와 성장 자본 세계의 기대 수익률에 대한 실상을 보여준다.

약속

잠재적인 투자에 가슴이 들뜬 사람들은 객관성을 잃을 수 있으며 공들인 실사를 낭비하기 싫어 투자를 진행할 경우 문제가 될 수 있다. 하지만 투자에 강력한 의지를 가진 투자 전문가는 투자의 진행을 결정하는 중요한 요소가 된다. 투자에는 강력한 옹호자, 즉 투자를 성공시켜야 한다는 개인적인 책임감을 느끼는 사람이 필요하다. 자신의 평판과 미래가 걸린 사람은 성공적인 투자에서 종종 큰 역할을 한다.

부가가치

전문 투자자의 투자를 유치한 기업은 종종 잠재적 고객 소개, 잠재적 인수 지원, 이사회 구성원 확보 및 지원, 운영 서비스 접근 등과 같은 일부 부가가치 서비스를 투자자에게 요구한다. 투자회사가 그런 서비스를 제공할 수 있는 경우 투자의 가치는 향상될 수 있다. 그러나 투자하는 회사에 제공할 수 있는 것을 지나치게 확언하지 않는 것이 중요하다. 자칫 실망하는 경우가 발생할 수 있기 때문이다.

매도 시기

최근 몇 년 동안 단기적으로 자본이 필요하지 않은 일부 투자자들은 8년에서 10년 또는 심지어 더 오래 투자하는 것에 만족할지도 모른다. (워런 버핏은 일부 자산을 영원히 보유한다.) 그러나 일반적으로 사모 투자의 투자금 회수는 약 5년 후에 발생한다. 이 기간 가치를 상승시킬 활동을 해야 하고, 투자자들은 일반적으로 그 기간에 투자한 자본을 회수하기를 원한다. 투자 기간이 더 오래 지속된다면 그것은 종종 원하는 수준의 이익을 얻기 힘든 투자이며, 어쩔 수 없이 상황이 호전되기를 기다리는 경우가 많다. 어떤 경우에는 매도자가 과도한 수익률을 기대하거나 욕심을 내는 바람에 정상적인 수준으로 매도할 수 없어 매매가 지연되기도 한다. 일반적으로 성공적인 투자자들은 언제 사고 언제 팔아야 하는지 알고 있다. 그들은 자신들이 이미 실행한 투자에 집착하지 않으며 적절한 가격에 매입하는 것보다 적절한 시기에 매도하는 것이 더 중요하다는 것을 잘 알고 있다.

주로 사모 투자의 전문가들이 지닌 이와 같은 관점은 신규 투자자나 잠재적인 투자자들이 추구하는 일반적인 투자 원칙이 아닐 수도 있다. 그래서 나는 그들을 위해 개인이 직접 하는 투자와 제삼자가 관리하는 펀드를 통해 간접적으로 투자하는 두 가지 관점에서 기본적인 투자 조언을 하고자 한다.

직접 투자

주식이나 채권을 고르고 인수 투자 혹은 벤처 기업이나 부동산에 직접 투자함으로써 즐거움과 흥분을 맛보려는 비전문 투자자들을 위해, 나는 다음과 같이 조언한다. (때로는 위험과 고통이 따르기도 한다.)

1. 당신이 실제로 잃어도 괜찮은 금액 이상을 투자하지 마라. 즉,

당신은 투자한 자금의 전부 또는 일부를 실제 잃을지도 모르므로 투자를 결정할 때 이런 위험을 계산하고 재무 상황이 정말로 그 손실을 감당할 수 있는지를 확인해야 한다.

2. 투자를 분산하라. 이 원칙은 투자의 중요한 원칙 중 하나이다. 달걀을 한 바구니에 모두 담지 마라. 그런 맥락에서 완전한 정正의 상관관계가 없는 투자 대상 즉, 모든 가격이 동시에 상승하거나 동시에 하락할 가능성이 없는 투자 대상을 찾아야 한다.

3. 다른 분야의 전문가나 천재라고 해서 투자 분야의 전문가나 천재라고 생각하지 마라. 당신이 제조업자나 예술가, 운동선수로서 돈을 많이 벌었다고 해서 투자 전문가나 투자 천재가 되는 것은 아니다. 다른 분야의 많은 전문가나 천재들은 직접 투자를 해보면서 이런 사실을 비교적 빨리 깨우친다.

4. 현실적인 수익을 기대하라. 비현실적인 수익을 기대하면 반드시 지나치게 위험한 투자를 하게 되고 실망하게 될 것이다. 비전문가들이 공공 및 민간 투자를 함께 투자했다고 가정할 때 전체 투자 수익률을 연간 한 자릿수 후반대로 지속적으로 달성하는 것은 매우 어려운 일이다.

5. 투자 대상에 관한 자료를 구할 수 있는 대로 모두 구해 읽어라. 투자의 잠재적인 이익은 물론 잠재적인 위험도 자세히 검토하고 완전히 이해해야 한다. 투자에 관한 한 아무리 많이 배

우고, 읽고, 질문한다 해도 결코 지나친 것이 아니다.

6. 해당 투자 분야 혹은 특정 투자 분야를 잘 아는 사람과 대화하고 상담하라. 혼자 판단하는 것보다 다른 사람의 의견과 정보가 매우 유용하다. 그리고 투자에서 돈을 번 사람들뿐만 아니라 돈을 잃은 사람들과도 이야기하라.

7. 외부 요인에 따른 투자 위험을 이해하고, 그런 위험을 많이 제거하고 최소화하도록 노력하라. 예를 들어, 총기 제조업체나 탄소 배출량이 많은 회사에 투자하는 사실이 알려지면 평판에 부정적인 영향을 미칠 수 있다.

8. 파트너를 잘 이해해야 한다. 만약 다른 사람들과 투자 파트너로 함께 일해야 한다면 그들과 관련된 모든 것을 확실히 알고 있어야 한다. 투자 파트너들이 유능하고 성실하며 신뢰할 만한 전력이 없다면, 성공할 수도 있을 투자를 그들로 인해 망칠 수도 있다. 신뢰할 수 없거나 부정직하거나 실력이 떨어지는 파트너가 미래에 더 좋아지는 경우는 거의 없다. 한편 지나치게 자기중심적이며 조언을 듣지 않고 현실을 직시하지 않는 '우주의 대가들'과 함께 일하는 것도 조심하라.

9. 조세 및 규제의 제약 조건들을 이해하라. 세금 영향이나 규제 과제가 불리하게 움직인다면 매력적이던 투자도 훨씬 덜 매력적으로 변할 수 있다. 세금 및 규제에 관한 철저한 조사와 대

책이 투자 결정에 포함되어 있는지 확인하라.

10. 투자에 대해 신뢰하고 이해할 수 있는 정보가 적어도 분기별로 제공되고 있으며 질문과 답변을 위한 체계적인 메커니즘이 마련되어 있는지 확인하라.

11. 투자가 손실을 볼 때 (그러므로 대손 처리가 필요할 때), 실수를 인정하는 것을 두려워하지 말며, (이익이 더 커질 수 있다는 신념에서 벗어나) 이익을 실현하는 것도 두려워하지 말라.

간접 투자 또는 펀드를 통한 투자

요즘의 많은 투자는 실질적으로 다른 사람들이 투자 결정을 내리는 펀드에 투자하는 간접 투자이다. 이런 간접 투자 수단에는 주식 및 채권 지수 펀드, 상장지수펀드ETF, 뮤추얼 펀드, IRA 및 401(k) 펀드 등 모든 개인 투자 관련 다양한 펀드가 있다. 기본 투자 자금이 조성된 이후에 실제로 다른 사람이 돈을 투자하는 이런 유형의 투자에 대한 나의 관점을 소개한다.

1. 신규 펀드가 아니면 과거 실적을 완전히 이해하라. 자료를 구할 수 있는 최근 기간의 실적이 경쟁 펀드들의 상위 4분의 1에 들어가는 것이 좋다.

2. 해당 실적을 달성한 펀드의 주요 인물들이 여전히 조직에서 일하고 있으며 합리적인 관점에서 그들이 펀드 운용 업무에

잔류할 가능성이 있는지 확인하라. (즉, 그들이 자신의 노력에 대해 만족할 만한 보상을 받고 있는지 확인하라.) 또한 주요 인물들도 (법적으로 허용될 경우) 펀드에 상당한 금액을 투자하고 있는지 확인하라.

3. 회사의 젊은 전문직 종사자(통상 일상 업무를 처리하는 사람들)도 적절하게 보상을 받아 회사에 잔류할 의향이 있는지 확인하라.

4. 실적을 달성한 분야가 투자 기간 계속 매력적으로 성장할 가능성이 큰지 판단하라.

5. 펀드의 조건, 특히 수수료가 산업 표준에 비추어 공정하고 합리적인지 판단하라. (그리고 부과되는 수수료를 쉽게 이해할 수 있는지 확인하라.)

6. 펀드 운용 회사의 직원 이직률이 높은지를 확인하고 투자 성과가 나빴거나 비윤리적 관행 때문에 투자자로부터 고소를 자주 당하고 있지는 않은지 회사 평판을 조회하라.

7. 펀드의 기존 투자자와 잠재 투자자를 파악하라. 대체로 이재에 밝은 사람들이 최고의 펀드를 찾아내는 방법을 잘 알고 있다.

8. 필요한 경우, 관련 투자 전문가가 정기적으로 질문에 답변할 수 있는지 확인하라. 또한 펀드의 투자 성과에 대한 정확하고

이해하기 쉬운 정보가 정기적으로 제공되며 적절할 때 독립적인 제삼자가 그것을 검증할 수 있는지 확인하라.

9. 운용 실적이 없는 신규 펀드의 경우 대표 투자가가 이전에 운용한 펀드에서 매력적인 실적을 달성했는지 확인하라. (그리고 대표 투자가가 이전에 함께 일한 기록과 펀드에 자신의 자금을 상당한 규모로 투자하는지도 확인하라.) 또한 신규 펀드가 투자하는 분야가 현실적으로 성공 가능성이 있는 분야인지도 확인하라.

10. 펀드 투자 기간이 종료되기 전에 개인적으로 유동성을 확보해야 한다면 세컨더리secondary(사모펀드가 보유한 자산을 사고파는 시장)를 통해 펀드를 빠져나갈 수 있는 현실적이고 공정하며 매력적인 기회가 있는지를 확실히 하라.

미래의 직업으로서 투자

나는 이 책에서 위대한 투자자들이 지닌 여러 가지 공통점을 소개했다. 하지만 그런 특성이 투자자로서 성공하기 위한 필수 조건이라고 강조하고 싶지 않다. 게다가 투자 세계를 즐기기 위해서 반드시 위대한 투자가가 되어야 하는 것도 아니다. 나는 오랜 기간 수많은 투자자를 만났다. 그들은 위대한 투자가는 아닐지 몰라도 꽤 만족스러운 삶을 살고 있다.

아마도 가장 중요한 것은 막대한 재정적 보상을 해주는 직업은 물론 어떤 직업에서 최고가 된다는 것이 인생의 근본적인 주요 목표 중하나인 행복을 보장하지는 않는다는 사실이다. 내가 만난 가장 부유한 사람 가운데 일부는 진정으로 행복한 사람들이 아니었다. 반면에 직업이나 경제적 측면에서 약간 성공한 사람들 가운데 자신들의 삶에 매우 만족하는 이들이 있었다. 따라서 세계 최상급 인생을 즐기기 위해 세계 최상급 투자가가 될 필요는 없다.

실제로 투자 전문가가 되려는 사람들에게 성공을 보장하는 10단계란 없다는 것도 기억해야 한다. 내가 1987년에 투자 세계에 들어갔을 때 그 사실을 이해했더라면 많은 실수를 피할 수 있었을 것이다. 하지만 그 이후로 기억할 만한 가치가 있다고 확인한 몇 가지 중요한 원칙들을 여기에 소개한다.

1. 투자 분야 및 기타 관련 주제에 대해 가능한 한 책을 많이 읽어라. 신문이나 기사보다 책을 더 많이 읽어라. 왜냐하면 책은 더 집중해서 읽을 수 있고 더 장기적으로 영향을 미칠 수 있기 때문이다. 투자 세계에는 읽어야 할 책들과 알아야 할 것들이 넘쳐난다.

2. 처음부터 돈을 가장 많이 벌 수 있는 분야가 아니라 자신이 실제로 관심 있는 분야를 찾아 그 분야에 대해 가능한 모든 것을 배워라. 이상적으로 보면 그 분야는 새롭게 떠오르는 분야로 경쟁자들이 아직 힘을 키우지 못한 상태이기 쉽다. 그 분야가 바로 당신이 가까운 장래에 열정을 쏟아부어야 할 곳이다. 진정으로 성공하고 싶다면 단지 직장이 아니라 진정한 즐거움을 맛볼 수 있는 분야에서 일해야 한다.

3. 멘토를 개발하라. 멘토는 당신이 전문 지식을 쌓고 문제를 해결하는 데 도움을 주는 사람이다. 사업 분야나 다른 분야에 종사하는 사람들의 지도와 도움을 받으면 성공하기 쉬워진다는 것은 불변의 진리다. 현명한 조언과 도움을 주는 사람을 소개받는 것은 전혀 해롭지 않다. (때에 따라, 다음 세대를 멘토링하는 습관을 들이면 경력에 그만큼 보탬이 되고 보람이 있다.)

4. 전문성을 쌓으면서 당신과 파트너를 맺을 만한 사람을 한두 명 찾아라. 투자는 때때로 고독한 일이다. 재능 있는 투자자들은 대개 자신의 전문성과 지식 분야의 공백을 메워줄 파트너가 필요하다. 자신을 도와줄 사람이 필요 없는 투자 천재라고 가정하지 마라.

5. 일반적인 관심 영역뿐만 아니라 해당 영역 밖에서도 네트워크를 구축하라. 네트워크를 통해 필요할 때 더 좋은 정보와 기회, 아이디어, 투자자, 동료를 얻으며 더 넓은 세계로 나가는 길을 찾을 수 있다. 최고의 투자자는 당장에 이용할 수 있는 다양하고 광범위한 네트워크를 구축하고 있다.

6. 동료, 파트너, 그리고 실제로 모든 사람과 직접 또는 화상으로 하는 회의를 사전에 준비하라. 별다른 준비 없이 회의에 참석하는 것이 때때로 흥미로울 수 있지만, 사실 최고의 투자자와 전문가들은 불가피하고 정기적으로 갖는 많은 회의와 대화에 미리 대비한다. 그들은 회의에서 무엇을 얻어내야 할지를 알

고 있으며 회의를 통해 항상 그것을 얻어낸다.

7. 약속과 서약의 후속 조치를 철저히 하라. 후속 조치를 하는 규칙적인 습관은 평판을 높여준다. 그러면 당신의 투자자, 동료, 멘토들은 당신과 더 가깝게 일하고 싶어질 것이다. 약속에 대한 후속 조치를 하지 않는 것은 투자 업계는 물론 전문직 세계에서 흔히 저지르는 어리석은 실수 가운데 하나다.

8. 겸손, 협력, 윤리적 행동에 대한 평판을 높이는 데 집중하라. 사람이 직업적으로 성공하게 되면 오만하기 쉬우며 그런 일은 특히 투자 업계에서 흔히 일어난다. 하지만 다른 사람들의 말을 경청하고 충고를 받아들이며, 으스대지 않으며 다른 사람들을 도와준다는 평판은 당신이 성공적이고 존경받을 만한 경력을 쌓는 데 큰 도움이 될 것이다. 무엇보다 윤리적 선을 넘으려는 유혹에 빠지지 마라. 평판은 평생 지니고 다녀야 할 가장 중요한 가치이며, 윤리적 경계선을 넘을 경우 그것을 영원히 파괴할 수 있다.

9. 실수를 인정하고 가능한 한 빨리 피해를 최소화하고 그것을 바로잡는 방법을 배워라. 투자자들은 항상 실수한다. 진정으로 유능한 투자자가 되기 위해 가장 중요한 것은 언제 실수를 인정하고, 언제 손실을 줄이며, 언제 다음 기회로 나아가야 하는지를 배우는 것이다. 그리고 다른 사람들(특히 동료들)을 비난하지 말고 오히려 그들의 비난을 받아들여야 한다.

10. 지경을 넓혀줄 투자 이외의 영역을 찾고, 돈과 직업적인 성공을 추구하는 것 이외의 다른 것들을 경험하라. 오로지 투자에만 24시간을 쏟아붓는 것은 솔직히 투자 세계에서 장기적인 성공을 위한 처방은 아니다.

위에서 말한 모든 것들은 분명한 사실이다. 그러나 때때로 명백한 것도 눈에 보이지 않을 수 있다. 나는 종종 투자라는 직업을 준비하거나 시작했을 때 이 모든 단계를 밟았더라면 더 좋았을 것이라는 생각이 들 때가 많다. 그랬다면 많은 실수를 피했을 것이다. 다시 말하지만, 젊은 투자자 또는 잠재적 투자자들이 위의 모든 단계를 수행한다고 해서 성공이 보장되는 것은 아니다. 하지만 이를 제대로 수행하면 곤경에 빠지거나 경력에 흠이 나지는 않을 것이다. 이것들은 확실히 도움이 된다.

마지막으로 당부하고 싶은 말이 있다. 만약 당신이 투자 활동이 자신뿐만 아니라 사회, 경제, 국가에도 도움이 된다고 믿는다면 투자가 매우 보람 있는 일이라는 사실을 알게 될 것이다. 만약 투자를 오로지 다른 일보다 돈을 더 많이 버는 수단으로만 본다면, 여기에서 성공하는 데 필요한 열정과 추진력을 결코 얻지 못할 것이다. 그리고 투자와 인생의 많은 기쁨을 놓치게 될 것이다. 결국, 투자는 오로지 돈에 관한 것만은 아니다.

Part 1

어디에서
부를 이루었는가

전통적 투자

아마도 역사적으로 가장 흔한 투자는 현금이었을 것이다. 사람들은 인플레이션이 현금의 가치를 갉아먹지 않으며 쉽게 사용할 수 있다는 사실에 만족하면서 현금을 보유했다. 물론, 침대 매트리스 밑에 현금을 숨겨 놓은 이야기처럼 개인이 현금을 보관하는 것이 가장 안전한 결정은 아닐 수 있다고 판단함에 따라, 개인들의 현금을 보관하기 위해 은행이 등장했고, 때때로 은행(또는 은행과 유사한 금융기관)은 개인들의 현금을 유치하기 위한 수단으로 적당한 금리를 지불했다.

오늘날 은행이나 기타 금융기관에 현금을 보유하는 것은 여전히 이루어지는 투자 결정이며, 기관들 사이에 개인들의 현금을 확보해 운용하려는 경쟁이 확실히 존재한다.

물론, 보유한 현금으로 최대의 수익을 올리는 숙련된 개인들이 존재하고, 그들은 미국 연방정부가 특정 수준까지 원금을 보장하는 제도를 이용해 수익을 올리기도 한다. 그러나 나는 이 책에서 다른 방법으로 일반 투자자들보다 탁월한 이익을 실현한 투자자들에게 초점을 맞추려고 한다.

1부에서는 고정금리채, 주식, 부동산 등 세 가지 전통적인 투자 수단에 투자하는 사람들뿐만 아니라 전통적으로 이 부문에 투자해 왔던 이(예: 기금 또는 패밀리 오피스)들을 소개한다.

1700년대 미국인들이 처음으로 현금보다 더 나은 수익을 추구하기 시작했을 때, 그들은 국채나 회사채와 같은 고정금리채에 투자했다. 이런 투자는 투자자에게 매력적이고 예측 가능한 연간 소득을 제공하기 위해 고안되었으며 원금은 만기에 상환된다. 이런 종류의 투자는 지나치게 위험하지는 않다고 여겨졌다. 비록 정부가 때때로 채무 불이행 위험에 빠지거나 높은 인플레이션으로 만기 상환 시 원금 투자 가치가 실질적으로 감소할 수 있지만 국채는 거의 혹은 전혀 위험이 없는 자산으로 여겨졌다.

그 당시 사람들에게 다소 위험한 투자는 기업(민간 또는 공공)의 지분이나 주식이라고 생각했다. 주식은 원금 상환에 대한 보장은 없었지만, 투자자에게 돌아가는 궁극적인 수익은 (비록 채권보다 확실하지는 않지만) 더 높다고 여겨졌다. 사람들이 전문직 종사자들에게 돈을 관리하도록 위탁할 때 대부분 채권과 주식(일부 현금)을 투자 포트폴리오의 중추로 생각했다. (오랫동안 투자의 공통 기준은 주식 60퍼센트와 채권 40퍼센트였다.)

부동산은 전통적인 투자라고 할 수 있는 투자의 세 번째 분야다. 역사를 통틀어 대부분 개인에게 부동산(일반적으로 주택)은 그들의 가장 가치 있는 자산이었다. 18세기 후반까지, 미국 투자자들은 그들의 생활이나 기본적인 사업목적에 필요하지 않은 부동산을 사들이거나 투자하기 시작했다. 채권과 마찬가지로 부동산은 위험할 정도로 빚을 지고 구매(또는 투자)하지 않는다면 안전하고 합리적인 투자로 널리 여겨졌다.

최근 수십 년 동안 부동산 투자 기회가 더 복잡해지고 더 다양해지면서 수익률이 전통적인 부동산 투자 수익률보다 훨씬 더 매력적으로 되었다. 따라서 일부 투자자들은 부동산 투자의 상당 부분을 '전통적 투자'보다 '대체 투자'로 간주한다. 하지만 나는 대부분 부동산 투자가 소위 기회주의적 투자나 부가가치적 투자에 속하지 않기 때문에 부동산을 전통적 투자 범주에 포함했다.

전통적인 투자의 3대 축인 채권, 주식, 부동산은 일반적으로 자산 관리자들이 고객을 위해 추구했던 영역이었다. 이와 마찬가지로 대학 기부금이나 연기금처럼 대규모 자금을 운용하는 기관도 전통적인 투자를 지향했다.

1 고정금리채

래리 핑크 Larry Fink

블랙록 회장 겸 CEO

> *"당신이 고객의 요구에 초점을 맞춰*
> *기존의 생태계가 제공하는 것보다 더 좋은 것을 만들 수 있다면,*
> *당신은 극적으로 성장할 수 있는 엄청난 기회를 잡은 것이다."*

어느 모로 보나, 최근 세계에서 가장 중요하고 영향력 있는 투자가는 처음에 고정금리채 투자자로 시작해 지금은 세계 최대의 자산 운용사인 블랙록Black Rock을 공동 설립해 경영하고 있는 래리 핑크다. 이 회사가 관리하는 고객의 자산 규모는 9조 6,000억 달러에 달한다(2022년 3월 기준). 그들은 고객을 대신해 고정금리채(채권과 같은 채무증서의 일종), 주식, ETF(상장지수펀드, 특정한 지수의 움직임에 연동해 운용되는 지수 펀드의 일종으로 증권거래소에서 실시간으로 매매됨), 사모 주식, 부동산 등 주요 자산에 투자한다. 달리 생각하면 블랙록은 세계에서 가장 큰 투자회사이면서 동시에 가장 중요한 회사이다.

하지만 래리의 영향력은 1988년 그가 직접 밑그림부터 그려 설립한 회사의 규모로부터만 나오는 것은 아니다. 그의 진정한 영향력은 전 세계의 자산이 어디로 이동하고 있으며 투자자들이 자신의 돈으로 무엇을 하고 있는지에 대한 그의 철저하고 백과사전에 버금가는 지식에서 찾아볼 수 있다.

또한 래리는 최근 수십 년 동안 다수의 국가 원수, 중앙은행 총재, 재무장관들에게 때로는 공식적으로 때로는 비공식적으로 믿을만한 조언자 역할도 해왔다. 실제로 금융계에서 그가 언젠가 재무장관이나 연방준비제도 이사회 의장이 될 것이라는 이야기가 나오는 것을 보면 래리는 금융 시장에 정통하고 사람들로부터 존경받는 인물이다.

래리가 로스앤젤레스의 중산층 가정에서 자라던 시절이나, 캘리포니아대 경영대학원에서 부동산을 공부한 이후 퍼스트 보스턴First Boston의 채권 트레이더가 되었을 때만 하더라도 누구도 이런 결과를 상상하지 못했을 것이다. 심지어 그가 퍼스트 보스턴의 최연소 전무이사와 경영위원회의 최연소 위원이 되었을 때도 예상하지 못했던 일이다.

나는 블랙록이 1988년에 첫 번째 채권 펀드를 모금했다는 기사를 읽었을 때 회사나 래리에게 대단한 일이 일어날 것으로 생각하지 않았다. 사실 새로운 회사가 또 하나 등장해 채권 펀드를 모집했다는 것은 그리 놀랄만한 일은 아니었다. 하지만 나의 백악관 동료였던 랄프 슐로스슈타인Ralph Schlosstein이 공동 설립자였다는 사실은 놀라웠다. 나처럼 금융 세계에 대해 잘 알지 못했던 백악관 보좌관들이 월스트리트로 진출한다는 소식이 너무 뜻밖이었다. 그렇긴 해도 나는 블랙록을 단지 성공을 열망하는 또 다른 채권 회사 정도로 생각했다. 이 회사가 실제로 성공의 중심에 우뚝 서는 날이 오리라고는 꿈에도 생각하지 못했다.

나는 래리를 여러 차례 인터뷰했으며 수년간 미국 외교협회Council on Foreign Relations 이사회에서 함께 일했다. 그곳에서 나는 그가 어떤 주제에 관해 이야기하면 금융과 외교 정책 분야의 거물들이 모두 귀를 기울여 경청하던 모습을 자주 보았다.

$

데이비드 M. 루벤스타인DR 당신이 1988년에 설립해 지금까지 운영하는 회사는 현재 투자 규모가 9조 6,000억 달러에 달하는 세계 최대 투자사가 되었습니다. 당신이 퍼스트 보스턴을 나와 회사를 시작했을 때, 허황한 꿈이라도 이런 결과가 가능하다고 생각하셨나요? 그게 상상할 수 있는 일이었나요?

래리 핑크LF 회사를 시작했을 때, 저는 9조 달러가 무엇을 의미하는지 몰랐습니다. 저는 1,000억 달러가 무슨 뜻인지도 몰랐지요. 그때 제 생각은 '위험 관리'에 중점을 두며 무언가 독특한 일을 하는 것이었습니다. 즉, 위험을 완전히 회피하지 못한다고 할지라도 손실 위험 가능성을 평가해 위험을 최소화할 수 있는 조치를 준비하려고 했습니다. 거래를 성사시키거나 투자에 혈안이 된 월가의 회사들은 항상 위험 관리를 실천하는 것은 아니었습니다. 친구 8명과 함께 일하며 우리의 목표는 좋은 회사를 만드는 것이었습니다. 저는 퍼스트 보스턴에서 그 일에 앞장섰으며 여기서도 같은 역할을 합니다. 대기업의 사내 정치를 청산하고 고객의 요구에 집중하며 자랑스러운 기업을 만드는 것이 우리의 목표였으며 결과는 우리가 바라는 그대로 나타날 것입니다.

우리가 다른 여러 금융 서비스 회사들과 다른 점은 창업자 가운데 돈을 벌겠다는 욕심을 가진 사람이 한 명도 없었다는 사실입니다. 저는 블랙록이 추구하는 목표가 부유해지는 것이라고 믿는 사람은 아무도 없었다고 생각합니다. 부는 단지 성공의 결과물에 불과합니다. 우리 중 물질적 소유와 엄청난 부를 성취하는 것으로 동기부여를 받은 사람은 단 한 명도 없었습니다. 우리는 자랑스러운 무언가를 만들 수 있다는 점에서 동기부여를 받았습니다.

DR_ 당신은 로스앤젤레스에서 금융이나 투자 사업과는 전혀 관계가 없던 중산층 가정에서 성장했습니다. 당신은 UCLA에서 학부를 졸업하고 대학원 학위를 받은 후, 뉴욕으로 건너가 퍼스트 보스턴에 취직했습니다. 특별한 이유가 있었나요? 당신의 가족들은 당신이 대륙의 정 반대편에 있는 도시로 이사한 것을 어떻게 생각했나요?

LF_ 저는 항상 로스앤젤레스에 있는 부동산 회사에 취직하는 것을 목표로 했습니다. 대학원 졸업을 앞두고 골드만삭스Goldman Sachs의 여러 파트너를 우연히 만난 것이 제가 월가에 관심을 두게 된 계기였습니다. 저는 면접을 보기 시작했으며, 퍼스트 보스턴에서 트레이딩 일자리를 제안받았습니다. 그때까지만 해도 저는 트레이딩이 무엇인지 전혀 몰랐죠. 하지만 그것이 괜찮은 일이라고 생각했습니다. 뉴욕에서 인터뷰했을 때가 바로 뉴욕을 처음 구경한 순간이었습니다. 그때 눈이 내리는 것도 처음 봤습니다. 저는 그저 기분이 좋았죠. 부모님은 꾸밈이 없는 분들로 아버지는 제가 초봉이 2만 달러라고 말하자 "넌 그렇게 많은 돈을 받을 자격이 없어. 넌 아직 애송이야"라고 퉁명스럽게 말했습니다. 저는 아버지를 생각할 때마다 그 말이 생각납니다.

DR_ 퍼스트 보스턴에서 구체적으로 어떤 일을 하셨습니까? 당신이 채권을 거래할 때 투자 방식을 고민했나요, 아니면 단지 구매자와 판매자를 찾는 일에만 몰두했나요?

LF_ 제가 처음 했던 일은 부동산 금융에 관한 경력 때문에 주택저당채권담보부증권MBS: Mortgage Backed Security의 트레이딩이었습니다. 월스트리트의 관심사는 투자가 아닙니다. 월스트리트가 중시하는 것은 화폐의 유통 속도입니다. 그것이 바로 월스트리트의 부패 사례 중 하나입니다. 그들은 장기 투자보다는 거래를 활성화하는 데만 관심이 있죠. 제가 주택저당채권담보부증권 거래를 처음 담당하던 날, 저는 온종일 증권에 대한 교육을 받았습니다. 그 당시에는 아무도 이런 종류의 증권에 대해 몰랐기 때문이죠. 패니 메Fannie Mae(미연방저당권협회)와 프레디 맥Freddie Mac(연방주택금융저당공사)은 1981~3년까지만 주택저당채권담보부증권을 발행하지 않았습니다. 저는 고객에게 새로운 자산을 교육함으로써 전문 경력의 토대를 쌓았습니다. 그리고 그 자산 시장이 커짐에 따라, 우리도 확장할 수 있었습니다. 퍼스트 보스턴에서의 경력이 블랙록에서 제가 성장할 수 있는 밑거름이 되었습니다.

DR_ 당신은 예전에 투자자들에게 팔 수 없었던 자산과 주택저당채권을 증권화하는 사업을 도왔습니다. 그것이 어떤 영향을 미쳤다고 생각하나요?*

LF_ 일반적으로 좋은 것이 나쁜 것으로 변화합니다. 그것이 시장의 역할입니다. 제가 하는 이 이야기는 사람들 사이에 충분히 알려지지 않은 것입니다. 70년대 후반 소비자의 주택담보대출 이자율과 10년 만기 미국 재무부 채권 사이의 이자율 차이는 약 450베이시스 포인트, 즉 4.5퍼센트였습니다. 증권화를 통해, 우리는 그 스프레드를 약 150베이시스 포인트, 즉 1.5퍼센트로 낮추었습니다. 미국의 저축과 주택소유의 작동 원리를 생각할 때, 증권화 덕분에 더 많은 미국인이 집을 살 수 있었습니다.

2004년 정부의 영향으로 채권 인수의 성격이 더 많은 사람이 집을 소유하도록 계약금을 줄이는 데 초점을 맞춰 처음으로 변경되었습니다. 그 결과 신용도가 낮은 개인이 이전에는 받을 수 없었던 주택담보대출을 받을 수 있게 되었습니다. 그것이 바로 글로벌 금융 위기로 이어진 '서브프라임 모기지'입니다. 주택저당채권담보부증권의 구조는 강력하고 건실한 것이었으며 사회에 도움이 되었습니다. 하지만 좋은 일도 제대로 관리되지 않으면 나쁜 결과로 이어질 수 있습니다. 그게 실제로 일어난 것이지요. 하지만 금융 위기에도 불구하고, 미국 단독 가정의 주택담보대출 이자율이 10년 만기 재무부 채권 금리보다 약 150베이시스 포인트 높은 사실만 보더라도 미국인들이 절약한 금액은 증권화가 가져다준 놀라운 성과입니다.**

DR_ 당신은 퍼스트 보스턴에서 슈퍼스타였습니다. 퍼스트 보스턴을

---

* 증권화는 1850년대에 미국에서 시작되었지만, 철도 금융과 관련된 많은 담보 대출이 붕괴하였던 1857년 공황으로 끝이 났다. 그러다 1970년대 초 정부 산하 기관이 주택담보대출을 예측 가능한 금리와 원리금 상환을 제공하는 증권으로 만들기 시작하면서 부활했다.
** 10년 만기 재무부 채권은 사실상 고정 금리 증권을 만드는 데 기준이 되는 금리다. 10년 만기 재무부 채권 금리보다 1.5퍼센트 높은 금리는 미국 정부가 보증하지 않는 금융상품 가운데 매우 낮은 금리에 속한다.

떠나 블랙록이라는 회사를 설립한 이유가 무엇인가요? 당신이 회사를 떠날 때 월스트리트의 동료들이 궁금해하지 않았나요?

LF_ 저는 31살 때 임원 회의에서 최연소 임원이 되었지만 우리 부서가 겪은 큰 손실 때문에 3년 뒤 퍼스트 보스턴에서 버림받는 신세가 되었습니다. 이것이 제가 그곳을 떠난 근본적인 이유죠. 우리는 퍼스트 보스턴에서 위험 관리를 하지 않았습니다. 그 점에 대해서 회사보다는 저 자신을 더 많이 탓합니다. 우리는 상당히 큰 규모의 자산을 거래하며 손실을 보기 전까지만 해도 여러 해 동안 회사에서 수익성이 가장 높은 부서였습니다. 하지만 어느 한 분기에만 1억 달러의 손실을 봤으며 그에 대한 비난을 제가 한 몸에 받았습니다. 순식간에 파트너십과 우정에 대한 모든 개념이 거짓으로 드러났죠.

그것이 1986년에 일어난 일입니다. 제가 무엇을 하고 싶은지 결정하는 데 1년 반이 걸렸습니다. 그 뒤 저는 블랙스톤과 파트너십을 맺고 블랙록을 창업하기 위해 회사를 떠났습니다.

DR_ 블랙록을 시작했을 때 당신의 야망은 무엇이었습니까? 왜 회사의 약 40퍼센트 지분을 대가로 블랙스톤으로부터 500만 달러의 신용을 얻었습니까? 처음에 중점을 둔 것은 무엇입니까?

LF_ 퍼스트 보스턴에서 겪었던 모든 일이 제 자신감을 무너뜨렸습니다. 저에겐 회사를 설립하는 데 자금을 대줄 친구가 몇 명 있었습니다. 저는 블랙스톤의 공동 창업자인 스티븐 A. 슈워츠먼Stephen A. Schwarzman과 피터 G. 피터슨Peter G. Peterson은 물론 그들의 회사가 표방하는 파트너십에 흥미를 느꼈습니다. 저는 블랙스톤 그룹의 네 번째 파트너가 되었습니다. 그곳에 제가 찾고 있던 끈끈한 파트너십과 우정이 있을 것 같았습니다.

그들은 당신이 말한 대로 지분 40퍼센트를 대가로 5백만 달러의 신용 한도를 설정해주었습니다. 저는 10만 달러를 찾아 투자하면 연말에 수익이 날 것이라 생각했습니다. 우리는 그 신용 한도를 매우 잘 활용했으며, 블랙스톤은 아무 일도 하지 않고 자신들의 몫인 40퍼센트를 벌 수 있었습니다. 우리는 그 후 빠르게 성장했습니다. 스티븐 슈워츠먼은 저보다 저를 더 많이 신뢰했습니다. 이렇게 빠르게 성장한 것이 몇 년 후 블랙스톤에서 독립하는 밑거름이 되었습니다.

DR_ 당신은 메릴린치Merrill Lynch의 자산 관리 사업과 바클레이스 글로벌 인베스터즈Barclays Global Investors 부문을 인수하는 과정에서 투자자로서 능력을 발휘했습니다. 그 투자가 블랙록이 채권 투자 사업에서 주식 및 ETF 사업으로 성장하는 데 도움이 되었습니까?

LF_ 우리는 본질적으로 (조달한 자금을 회사채와 정부채에 투자하는) 채권 회사였습니다. 1999년에 기업공개IPO를 했을 때, 자산 규모가 3,000억 달러에 달했습니다. 모두 유기적으로 성장했던 결과였죠. 그런데 우리는 그해 IPO의 실패작이 되었습니다. 그때는 닷컴 시대로 우리의 IPO는 인기가 너무 없어 배수 범위를 축소해야 했으며 업계보다 4배수 낮은 가격으로 IPO 가격이 책정되었습니다. 즉, 당시 자산 관리 회사는 주가 수익 배수인 PERprice to earnings ratio가 20배수로 거래되었지만 블랙록은 16배수였습니다. 그만큼 IPO 조건이 나빴습니다.

사람들은 채권 투자가는 물론 기관 투자가도 원하지 않았습니다. 우리는 그 당시 닷컴 위기를 겪었고, 주식과 뮤추얼 펀드는 붕괴하였습니다. 중요한 것은, 우리는 성장률 측면에서 우리가 약속한 것을 모두 지켰다는 사실입니다. 3년 만에 우리는 주가 수익 배수가 시장 대비 4배수 할인에서 4배수 할증으로 전환했습니다. 즉, 우리가 좋은 실적을 내는 동안 나머지 자산 운용사들의 성과가 저조하였으므로 경쟁사의 PER가 18배수였을 때 우리는 22배수였습니다.

2000년대 초, 우리는 다른 회사들과 이야기를 나누기 시작했습니다. 고객들은 블랙록과 더 긴밀한 관계를 유지하고 싶어 했습니다. 우리는 대여섯 개의 다른 회사들과 경영 전반에 걸쳐 대화를 나누었으며 몇몇 자산 관리자들과 친해졌습니다.

첫 번째 큰 거래는 2005년 메트라이프MetLife로부터 스테이트 스트리트 리서치State Street Research를 인수한 것인데, 이것이 우리의 성장 가도의 토대가 되었습니다. 스테이트 스트리트 리서치 거래를 통해 우리는 '인수' 거래를 할 수 있다는 사실을 알게 되었죠. 우리는 그것을 완전히 소화할 수 있었습니다. 우리는 스테이트 스트리트를 우리의 플랫폼으로 만들었습니다. 1년도 채 되지 않아 메릴린치를 인수했습니다. 메릴린치는 블랙록에게 없었던 세계 주식과 국제적인 영업망을 제공했습니다. 그것은 인수가격을 기준으로 볼 때 이득이 되는 거래였을 뿐만 아니라 우리가 국제적으로 성장하고 주식 투자자가 되는 길을 열어주었습니다.

그 뒤 금융 위기가 닥쳐왔습니다. 그 당시에는 인덱스index 투자나 패시브passive 투자의 투자 문화는 액티브active 투자 문화와는 다르다는 시각이 있었습니다. 저는 항상 궁금했습니다. "무슨 차이가 있지? 고객이 인덱스 전략, 패시브 전략, 액티브 전략 등 모든 유형의 전략을 구사하고 있다면, 우리가 고객과 모든 거래에 관한 대화를 나눌 수 없는 이유는 무엇일까? 우리의 영향력을 확장할 수 없을까? 어떻게 하면 고객에게 더욱 완벽한 투자를 위한 선택의 기회를 제공할 수 있을까?"라는 질문을 모든 거래의 동기로 삼았습니다.

2009년 바클레이스가 주력 사업인 아이셰어즈iShares ETF 부문을 매각할 때 우리는 아이셰어즈뿐만 아니라 전체 자산 관리 사업 부문인 바클레이스 글로벌 인베스터즈BGI를 인수했습니다. 비록 인수 프리미엄을 크게 지급했지만, 그것은 우리 사모펀드의 가치를 증가시켰습니다. 우리가 인수한 것과 다른 사람들이 해왔던 것 사이의 가장 중요한 차이점 중 하나는 우리가 메릴린치와 BGI를 인수하고 1년 후에 직원을 1,000명이나 더 고용했다는 사실입니다.

두 거래 모두 비용 절감이 아닌 성장과 상품 확장을 목적으로 회사를 인수함으로써 우리의 영향력과 플랫폼을 전 세계적으로 구축하는 계기가 되었습니다. 그것이 가장 큰 차별화 요인입니다. 오늘날에도 자산 관리 분야의 인수 작업은 대부분 합병 자체를 목적으로 합니다. 하지만 우리의 인수 목적은 성장을 추구하고 고객과 더 깊은 관계를 구축하는 것이었습니다. 우리는 아이셰어즈와 BGI 인수가 성공할 것이라고 확신했으며, 우리의 판단이 맞았다는 것이 증명되었습니다. 아이셰어즈의 고객 자산은 2009년에 3,400억 달러였던 것이 현재 3조 1,000억 달러에 육박합니다.

DR_ 인수 건 말고, 당신의 비법이라고 자랑할만한 것에 대해 궁금합니다. 세계 최대의 자산 관리자가 될 수 있었던 차별화된 비전이나 직원들 간의 관계, 또는 조직 문화가 있습니까?

LF_ 문화는 조직을 묶어 주는 역할을 합니다. 문화는 조직을 차별화하고 독특하게 만들어 줍니다. 저는 제 시간의 적어도 30퍼센트를 조직 문화와 관련된 일에 사용합니다.

주요 문화 기반 중 하나는 하나의 기술 플랫폼을 갖추는 것입니다.

금융 서비스를 살펴보면 은행과 보험회사의 합병으로 인한 결과 중 하나가 금융 위기였습니다. 왜냐하면 많은 금융 서비스 회사들이 결코 하나의 공통 플랫폼으로 통합되지 않았기 때문입니다. 우리는 전 세계적으로 하나의 글로벌 플랫폼을 갖게 될 것이라는 기본적인 믿음을 갖고 있었습니다. 우리가 이처럼 초대형 인수를 할 수 있었던 가장 큰 이유는 우리가 이 기술 플랫폼을 가지고 있었기 때문입니다.

또 다른 이유는 저는 세계 자본시장이 세계 경제 성장의 원동력이 될 것이라 생각하고 있었기 때문입니다. 지난 30년 동안 우리가 경험한 세계화가 변하고 있다는 일부 우려에도 불구하고 저는 여전히 그렇게 생각합니다. 그러한 믿음이 우리가 초대형 회사들을 인수한 근본적인 이유였습니다. 우리가 BGI 인수 거래를 했을 때 사람들은 우리가 모두 너무 비대해질 것이라고 말했습니다. 그 당시 우리의 자산은 2조 7,000억 달러였습니다. 이는 세계 자본시장의 1.6퍼센트입니다. 오늘날 우리의 자산은 9조 6,000억 달러이고, 이는 세계 자본시장의 약 1.9퍼센트를 차지하고 있습니다. 사실 세계 자본시장이 성장하지 않았다면 우리는 오늘날과 같은 규모가 될 수 없었을 것입니다. 많은 은행이 어느 한 주 전체 예금의 10~12퍼센트를 관리합니다. 많은 금융 서비스 회사들이 그들이 활동하는 시장 생태계의 30~40퍼센트를 관리하고 있습니다. 사람들이 아무리 우리 회사의 규모가 크다고 생각해도 우리는 자본시장 생태계의 겨우 1.9퍼센트만을 관리하는 셈입니다.

DR_ 이러한 세계화는 당신의 투자에 도움이 되었습니까?

LF_ 당연히 도움이 되었습니다. 세계 각지에 사무소를 두고 고객 자산을 관리하며, 더 많은 고객과 더 깊고 광범위한 대화를 나누고, 고객의 요구에 귀를 기울임으로써, 우리는 우리만의 고유한 통찰력을 갖게 되고 이러한 통찰력은 투자의 알파(특정 기간 특정 유형의 투자에 대한 시장 평균 수익률보다 높은 투자 수익률)로 이어졌습니다

DR_ 최신 기술을 일찍 사용하여 도움이 되었습니까? 알라딘Aladin이 무엇이지요? 그것을 개발하기까지 어떤 어려움이 있었습니까?

LF_ 알라딘(블랙록의 리스크 관리를 위한 독점 소프트웨어 플랫폼)의 토대가 된 것은 퍼스트 보스턴에서 제가 겪었던 실패였습니다. 자체적인 리스크 관리 플랫폼을 갖추면 우리가 떠안고 있는 리스크를 더 잘 이해할 수 있습니다. 알라딘은 단순히 리스크 관리 플랫폼으로 발전한 것이 아니라 회사의 심장이 되었습니다. 그것은 조직 전체에 혈액을 공급하는 역할을 합니다. 그것은 분명히 백오피스, 미들오피스, 프론트오피스의 기술 플랫폼입니다. 하지만 알라딘은 리스크 분석보다 훨씬 더 광범위한 역할을 합니다. 우리는 알라딘을 통해 효율성을 추구하며 구성원들은 더 나은 대화를 나눕니다. 알라딘은 우리의 문화를 발전시키는데, 그것은 기술이 우리가 누구이며 무슨 일을 하는지를 규정한다는 근본적인 믿음에서 비롯되었습니다.

팬데믹이 만들어낸 새로운 업무 세계에서는 알라딘과 같은 기술 플랫폼을 모든 작업의 중심에 두는 것이 차별화의 핵심 요인입니다. 우리는 이를 통해 비즈니스 모델을 유연하게 운영하고 직원들의 원격 근무를 지원함으로써 전 세계 어디에서나 고객들과 더욱 쉽게 연결할 수 있으며, 모든 재무 상담사들과 연결해 그들이 비즈니스를 더 잘 수행하도록 도와줄 수 있습니다. 모델 포트폴리오를 만들고, 투자를 대중화하고, 맞춤형 부채나 지수를 만들 수 있는 기술을 보유한 것이 우리의 독특한 장점이 되었습니다. 우리는 모든 고객과 협력하

고 그들의 요구 사항을 포트폴리오로 구체화할 수 있습니다.

DR_ 사람들이 당신에게 돈을 맡길 때, 그들의 주된 관심사는 수익률, 위험 조정 수익률, 활용할 수 있는 세금 혜택, 아니면 그저 더 좋은 관계를 유지하는 것 가운데 무엇입니까? 9조 달러 이상을 당신에게 맡길 때 투자자들이 진정으로 원하는 것은 무엇인가요?

LF_ 어떤 고객은 총 수익을 목표로 하고, 어떤 고객은 세후 수익률에 관심이 있으며, 또 몇몇 고객은 안전한 투자를 원합니다. 가장 중요한 것은 고객들은 믿을 수 있고 그들의 재정적 미래에 도움을 줄 수 있는 사람을 찾고 있다는 사실입니다.

우리가 관리하는 자산의 3분의 2가 은퇴 자산입니다. 그것은 거래에 관한 것이 아닙니다. 단기적으로 유행하는 주식에 관한 것도 아닙니다. 암호화폐에 관한 것은 더더욱 아닙니다. 그것은 고객들이 우아하게 은퇴할 수 있도록 돕는 것입니다. 우리는 항상 장기 투자에 관해 이야기합니다. 하루하루 시장의 가격변동이나 상승과 하락에 관한 논쟁에 휩싸이지 않습니다. 우리는 현재 아주 인기 있는 주식이나 IPO에 관여하지 않습니다. 고객과 나누는 대화는 오로지 고객의 중장기적 요구를 충족하기 위해 포트폴리오를 구성하는 방법에 관한 것입니다.

DR_ 기관투자자들이 원하는 것과 개인 투자자들이 원하는 것 사이에 큰 차이가 있나요?

LF_ 몇 년 전이라면 '그렇다'고 대답했을 것입니다. 저는 개인 투자자들의 금융 이해도가 높아지고 있다는 사실을 강조하려고 합니다. 기관투자자들인 우리는 책임 대비 상대적인 성과를 모색합니다. 하지만 점점 더 많은 기관투자자들이 장기적인 수익을 추구합니다. 그들은 또한 절대 수익에도 관심이 있습니다. 개인 투자자는 위험 조정 후 절대 수익에 더 초점을 맞추고 있습니다. 이제 우리는 우리의 기술을 통해 투자자들에게 그것을 보여줄 수 있습니다. 금리 시나리오와 경제 시나리오의 변경에 따라 그들의 포트폴리오가 어떻게 변화하는지 모형화할 수 있죠. 그렇게 되면 투자자들은 각자 판단할 수 있습니다. 전 세계와 모든 투자자의 관심사가 섞여 공통된 하나의 목표가 되었습니다.

DR_ 귀사는 ESG 업계의 리더였습니다. 심지어 귀사가 투자한 기업은 우수한 다양성 관행과 우수한 환경 관행을 포함한 우수한 ESG 관행을 갖추어야 한다고 강조했습니다. 그렇게 하는 이유가 무엇입니까? 그것이 비즈니스에 도움이 됩니까, 아니면 아무 영향이 없었습니까?

LF_ 제가 이 문제에 대해 특별난 선견지명이 있었다고 생각하지 않습니다. 저는 2019년 고객들과의 대화에서 극적인 변화를 보았습니다. 2019년 전체 대화의 30퍼센트는 지속 가능성과 지배구조 개선에 관한 것이었습니다. 저같이 금융업에 40여 년 종사한 사람들은 금융계가 일단 어떤 문제를 인식하면 그 문제를 발전시킨다는 것을 분명히 알고 있습니다. 저는 이것이 70년대와 80년대의 주택담보대출 증권만큼 커다란 문제가 될 것이라고 확실히 믿었습니다. 이것은 우리가 이미 오랫동안 경험했던 다른 많은 추세처럼 미리 변화를 알려주는 것입니다. 우리는 2019년 회사 전체를 새로 시작하는 것처럼 완전히 바꾸었습니다. 그 덕분에 상당히 빠르게 성장할 수 있었습니다.

코로나로 인해 속도가 붙은 것은 사실이지만 오늘날 점점 더 많은 고객이 지속 가능성을 포트폴리오 구성의 주요 기반으로 삼고 있습니다. 이것이 우리가 추구해야 할 방향입니다. 저는 지속 가능성이라는 지표가 다른 위험 관리 측정 지표와 다를 게 없다고 생각합니다.

이것이 바로 블랙록이 포트폴리오 차원의 기후 위험, 개별 자산 차원의 기후 위험, 개별 기업 차원의 기후 위험 등을 분석하는 기술 분야의 투자 관리 회사에 더 많이 투자하는 이유입니다. 우리는 모두 미국에서 수탁자 표준 규정을 따라야 합니다. 당신은 모든 투자를 정당화할 수 있도록 문서를 작성해야 합니다. 우리는 모든 자산 유형의 기후 위험과 전환 위험을 이해할 수 있는 최고의 분석을 하기 위해 많은 투자를 해왔습니다. 점점 더 많은 고객이 우리의 분석 결과를 찾고 있으며, 그것은 우리가 빠르게 성장하는 데 도움이 된 실질적 요인입니다.

DR_ 워런 버핏은 주주 서한을 통해 자신의 생각을 대중화했습니다. 당신도 주주들에게 편지를 쓰는 알려진 사람 중 한 명입니다. 당신이 주주 서한을 쓰는 데 걸리는 시간은 어느 정도이며, 거기에 당신의 생각을 담기 위해 얼마나 많은 시간을 투자하십니까?

LF_ 수백 시간이지요. 저는 보통 9월 이전에는 펜을 잡지 않습니다. 9월부터 1월까지가 제 삶에서 가장 중요한 시간입니다.

금융 매체가 다루는 내용은 주로 금융 시장의 세세한 움직임 즉, 매 순간 어떤 일이 벌어지는지에 관한 것입니다. 그들은 장기적인 대화를 하지 않습니다. 은퇴 후 품위 있는 삶을 설계하려는 사람에게 중요한 이야기는 하지 않죠. 2012년에 쓴 첫 번째 편지는 모두 장기長期주의에 관한 것이었습니다. 그 후 2018년에, 저는 이해당사자 자본주의에 관해 썼습니다. 그것이 장기주의에 중요하기 때문입니다. 저는 극좌 진영과 극우 진영 모두로부터 많은 혐오 메일을 받았습니다. 하지만 고객들로부터 좋은 평가를 받았으며 그것이 회사의 성공을 이끄는 데 도움이 됐다고 확신합니다.

DR_ 당신은 이제 자신을 CEO, 기업 관리자, 투자자 가운데 어떤 사람이라고 생각합니까? 아직도 전략적 투자 결정에 관여하고 계십니까?

LF_ 저는 일상적인 회사 운영에는 관여하지 않습니다. 그렇게 한 지는 오래되었습니다. 제게 익숙한 전략과 문화 분야는 지금도 관여하고 있습니다. 저는 고객 관리를 아주 잘합니다. 저는 회사의 방향, ESG 이행 수준, 인수합병 등 큰 전략 문제에 초점을 맞추고 있습니다.

블랙록 말년에 다른 사람들이 저를 대신해 이런 책임을 이어받기를 바랍니다. 저는 조직에 초점을 맞추면서 이사회와 함께 많은 시간을 보냅니다. 이것은 리더의 정신 자세에 가장 중요한 부분입니다. 즉, 설립자 없이도 조직이 잘 운영되는 방법입니다. 그게 바로 우리 회사가 이처럼 성공한 주요 원인이 아닐까요? 저는 제 약점을 알고 있어요. 하지만 재능 있는 사람들이 제 뒤에서 도와주고 있습니다.

DR_ 당신은 중앙은행, 최고재무책임자, 국가 원수들의 금융 및 관련 투자 문제에 대한 비공식 조언자였습니다. 그렇게 한다는 것이 얼마나 어려운 일입니까? 코로나가 왔을 때, 당신은 컴퓨터 등 가상 수단을 이용해 그런 일을 했습니까? 이런 사람들과 대화하는 것이 당신이 통찰력을 얻는 중요한 방법인가요?

LF_ 저는 어느 한 나라에 가서 하루에 회의를 10번 하고, 저녁 식사 후에 비행기를 타고 다른 나라로 날아가서 회의를 10번 하기도 합니다. 이렇게 고객, 규제 기관, 정책 입안자 또는 국가 원수와 대화함으로써 가장 중요한 통찰력을 얻지요. 저는 비행기 안에서 그동안 나눴던 모든 대화를 정리합니다. 그들과 나눈 대화를 다시 해석함으로써 '그들의 공통된 생각이 무엇일까?'라고 곰곰이 생각해봅니다. 그런 종류의 통찰력은 직접 대화를 나누거나 식사를 하면서만 얻을 수 있습니다. 그게 코로나 기간에 제가 가장 아쉬워했던 부분입니다. 당시 우리는 줌Zoom 통화를 상당히 많이 했습니다.

저는 최근에 사우디아라비아에서 이틀을 보내며 중동 정치와 에너지에 대해 배울 수 있었습니다. 아마도 일 년 중 가장 유익한 날들이었습니다. 다음 주에는 내내 유럽에 있을 예정입니다. 이런 일들 덕분에 저는 전략을 수립할 통찰력을 얻게 되고 정부 지도자들이나 고객들과의 대화를 더욱 진전시킬 수 있습니다. 그것은 모두 차곡차곡 쌓입니다. 마치 퇴적암 같죠. 한 개 층이 생기고 그 위에 또 다른 층이 쌓이면서 머지않아 어떤 본질적인 견해를 갖게 될 것입니다.

DR_ 사람들은 당신에게 많은 정보를 맡깁니다. 당신은 그 모든 정보를 어떻게 처리합니까? 그것은 어려운 일이지요?

LF_ 천만에요. 신뢰는 우리가 돈을 버는 데 가장 중요한 밑거름입니다. 신뢰 덕분에 국가 원수, 규제 기관, 정책 입안자들과 대화를 나눌 수 있습니다.

다른 모든 회사처럼 우리에게 평판은 매우 중요합니다. 제가 모두에게 강조하는 것은 우리가 다른 사람들의 돈을 관리해줌으로써 일정 부분 이익을 얻는다는 사실입니다. 우리는 우리 자신의 이익을 위해 투자하지 않습니다. 우리가 수탁자로서 가지고 있는 모든 정보는 고객을 위한 것입니다. 저는 전 세계적으로 이루어지는 중요한 대화의 수혜자이며, 그것은 신뢰를 통해 이루어집니다. 신뢰는 한 번 깨지면 없어집니다. 저는 제가 받은 것보다 더 많은 것을 주고 싶습니다.

DR_ 당신은 세계에서 가장 큰 투자회사의 CEO로서 투자에 대해 탁월한 식견이 있을 것입니다. 당신이 개발했거나 블랙록의 투자 활동에 적용하는 일반적인 규칙이나 원칙이 있습니까?

LF_ 그럼요. 하지만 저는 몇 년 동안 거래 업무를 담당하지 않았습니다. 제가 하는 일은 다른 무엇보다도 기업 문화에 관한 것입니다. 우리는 최고의 투자자를 발굴하고 성장시키기 위해 노력합니다. 우리는 공공 정보와 통찰력을 공유하는 조직을 만들었습니다. 저는 그것이 우리가 거둔 성공의 토대라고 믿습니다. 전통적으로 투자자들은 자신만의 사일로를 만들려고 합니다. 우리는 사일로를 만드는 사람을 원하지 않습니다. 성공의 열쇠는 정보의 공동체를 만드는 데 있습니다.

DR_ 투자자들이 가장 흔히 저지르는 실수는 무엇입니까? 그들이 한 가지 종목에 너무 많이 투자하는 것입니까, 아니면 신문 머리기사에 의존해 투자하는 것입니까?

LF_ 사람들은 어떤 경제 환경에 익숙해지면 그런 환경이 영원히 지속될 것이라고 가정합니다. 지금 당장 우리 앞에 놓인 도전은 인플레이션이 될 것입니다. 지난 30년 동안 우리는 디플레이션 환경을 겪었지만 이제 디플레이션은 끝났습니다. 우리는 또한 막대한 유동성과 저금리의 시기를 보냈습니다. 그것 역시 종말을 고할 것입니다.

투자자들은 오늘 우리가 인식하는 것이 7년 후에도 같을 것이라고 가정해서는 안 됩니다. 저는 2004년과 2005년에 그 사실을 깨달았습니다. 실패는 일반적으로 유동성 문제와 레버리지 문제에서 시작합니다. 게다가 우리에게는 정치적인 문제뿐만 아니라 환경 관련 문제도 있습니다.

DR_ 제 생각에 블랙록에 당신 개인 돈을 관리하는 사람이 있을 것 같은데요?

LF_ 저는 꽤 능숙하게 제 돈을 관리합니다.

DR_ ETF와 맞먹는 신상품이 나올까요? 1980년대 말, 1990년대 초에 등장한 ETF는 투자 세계를 여러 면에서 변화시켰습니다. 그런 일이 곧 일어날 것 같습니까?

LF_ ETF가 변혁적인 상품이 된 이유는 뮤추얼 펀드보다 더 좋은 상품이기 때문입니다. 우리는 2007년에 그 사실을 확인할 수 있었습니다. ETF로 세금 기준을 관리할 수 있습니다. 뮤추얼 펀드는 할 수 없죠. ETF는 온종일 매입/매도 스프레드(특정 ETF에 대해 매입자가 지급하는 금액과 매도자가 수락하는 금액의 차이)가 있습니다. 반면에 뮤추얼 펀드는 하루 거래를 마감하는 시점에서 총 인출 금액과 총 납부 금액을 합산해야 합니다. 이것이 ETF가 뮤추얼 펀드보다 더 좋은 여러 이유 중 하나입니다.

우리는 지금 '평생 월급 통장LifePath Paycheck'이라고 부르는 상품을 개발하고 있습니다. 전 세계에서 가장 소리 없이 다가오는 큰 위기는 은퇴라고 생각합니다. 우리는 사람들이 은퇴할 때 확정 급여형보다 조금 더 많이 받아갈 수 있는 확정 기여형에 초점을 맞춘 신상품을 개발하고 있습니다. 우리가 하는 일이 은퇴의 모습을 바꿀 것이며, 확정 기여형 연금 사업을 재편할 것이라고 믿습니다. 다시 한 번, 고객의 요구에 초점을 맞춘 작업을 하고 있는 셈이지요.

은퇴 위기에 관심을 기울이는 사람이 턱없이 부족합니다. 만약 당신이 고객의 요구에 초점을 맞춰 금융 생태계가 제공하는 상품보다 더 좋은 상품을 만들 수 있다면, 당신은 엄청나게 성공할 큰 기회를 잡은 것입니다.

DR_ 금융이나 투자 분야에서 경력을 쌓는 것이 왜 그렇게 흥미로운 일인가요? 젊고 재능 있는 사람들이 왜 금융이나 투자 분야로 진출하고자 한다고 생각합니까?

LF_ 모든 사람에게 적용되는 말은 아닙니다. 금융과 투자에서 성공하려면, 그리고 오랜 경력을 쌓으려면 평생 학생으로 살아가야 합니다. 또한 금융 생태계에서 일어나는 일에 대해 매일 스스로 재교육해야 합니다. 저는 시장을 좋아합니다. 왜냐하면 시장이 변하고 있기 때문입니다. 겉모습과는 달리 저는 젊다고 생각합니다. 저는 스스로 매일 도전하고 있습니다. 그것이 모든 사람에게 적용되는 것이 아니라고 말하는 이유입니다.

많은 사람은 계속 성장하기보다는 그저 인생을 즐기고 싶어 합니다. 하지만 변화라는 도전을 좋아하는 사람들에게, 그리고 세계 자본시장이 세계 경제 활동의 엔진이라는 사실을 사랑하는 사람들에게, 투자 전문가는 놀라운 직업입니다. 그들은 스스로 배우고 재교육함으로써 현실을 적절하게 이해하려는 욕망을 통해 기쁨을 만끽합니다.

매년 여름 회사에 입사한 젊은 수습생들을 위한 모임에서 저는 그들과 이야기를 나누면서 무대에 올라 이렇게 말합니다. "이제 배우는 일은 끝났다고 생각하는 분들에게 블랙록은 적합하지 않습니다. 금융과 투자 분야에서 멋진 경력을 쌓으려면 매일 도전하고 성장하고 배워야 합니다. 당신이 성장하고 배우는 것을 멈추는 순간, 누군가가 당신을 추월할 것입니다."

DR_ 만약 당신이 금융업에 종사하지 않았다면 무엇을 하고 있었을 것 같습니까?

LF_ 그것은 생각해본 적이 없어 뭐라고 꼬집어 말할 수는 없군요. 저는 아마 부동산 업계에 있었을 것입니다.

DR_ 당신은 전 세계에서 가장 큰 부동산 개발업자가 되셨겠지요?

LF_ 글쎄요, 저는 그렇게 생각하지 않습니다.

2   주식

론 바론 Ron Baron

바론 캐피털의 설립자, CEO

> **"나는 투자를 도박이라고 생각하지 않는다.
> 나는 투자를 당신과 당신 가족의 장기적인 안녕을 위한
> 노력이라고 생각한다."**

최근 몇 년 동안, 주가 상승에서 이익을 보려는 많은 개인과 기관들의 관심은 전통적인 주식 뮤추얼 펀드에서 시장 지수 펀드와 상장지수펀드로 이동했다. 이런 펀드들은 단순히 주식 시장의 변동에 따라 움직인다. 그것들은 최고의 주식이나 채권을 찾아내려고 시도하지 않으며 인간의 판단보다는 전적으로 컴퓨터 모델에 의존하면서 극히 적은 수수료를 받고 주식 시장에서 매매된다. 이 같은 현상이 나타나는 이유는 주식 시장이 매우 효율적이므로 지속해서 시장 지수보다

더 좋은 성과를 낼 수 없다는 견해를 일반적으로 많은 사람이 받아들였기 때문이다. 그래서 많은 투자자는 이제 자신의 포트폴리오를 구성할 때 주가 상승의 기회를 포착하기 위해 주식형 뮤추얼 펀드의 주식 종목 선별 기능에 의존하는 것보다 시장 지수 펀드나 ETF를 매입하는 것이 조금 더 안전하고 훨씬 저렴하다고 믿는다.

그러나 이런 견해에도 불구하고, 지속적으로 시장 평균을 능가하는 (거래당일 시장에서 즉시 거래할 수 없는) 주식 뮤추얼 펀드들이 있으며 그런 펀드들은 ETF와 매우 저렴한 수수료 지수 펀드의 출현에도 불구하고 번창했다. 그중 하나가 론 바론이 1982년 설립한 바론 캐피털Baron Capital이 관리하는 펀드다. 바론 캐피털의 펀드는 창립 이래 매년 시장보다 평균 500베이시스 포인트 높은 성과를 냈다. 그 결과 그들은 500억 달러 이상을 관리하고 있다. 투자자들 가운데 헌신적인 추종자들이 있으며 그중 일부는 거의 회사가 처음 시작할 때부터 펀드에 투자하고 있다.

변호사와 주식 분석가로서 교육을 받은 론 바론은 어떻게 그렇게 매력적인 수익(그리고 충성스러운 추종자)을 창출할 수 있을까? 그의 비결은 워런 버핏의 모델을 본뜬 것이다. 즉 강력한 프랜차이즈와 탄탄한 경영진(의미 있는 소유 지분을 가지고 있는 것이 좋음)을 갖춘 기업을 찾아 주식을 매입한 다음 거의 영원히 보유함으로써 거래 비용과 세금을 절감한다. 론과 회사의 분석가들은 기술, 소비자 선호 및 인구통계학의 장기적인 동향에 초점을 맞춘다. 그는 분명히 단기적인 시장 거래자가 아니다.

물론, 그의 기술은 조금 더 복잡하다. 그렇지 않으면 모두가 그가 하는 것을 모방할 것이다. 그는 자신이 투자하는 회사에 대해 매우 많은 연구를 하고 좋을 때나 나쁠 때나 언제나 그들을 지지한다. 그는 주가 상승으로 수익률이 '평균'으로 수렴할 것이 예상되거나 회사에 예상치 못한 큰 문제가 발생했을 때만 주식을 매도한다. 이러한 접근법은 최근에 론에게 꽤 잘 먹혔다. 그는 한 기업가, 일론 머스크Elon Musk를 따르기로 결정함으로써 테슬라의 초창기 대주주가 되었다. 그는 또한 아직 미공개 상태인 스페이스X의 대주주가 되었다. 이 투자는 론이 자신의 투자자들에게도 제안한 바론 뮤추얼 펀드의 사모 펀드 포트폴리오의 일부이기도 하다.

나는 2012년 칼라일을 상장할 때 로드쇼에서 론을 처음 만났다. 그는 꼼꼼히 메모하면서 상당히 수준 높은 질문을 했는데, 나는 회사의 대표가 직접 상세하게 실사하는 모습을 보고 놀랐다. 그는 주식을 매입해 대주주가 되었다. 칼라일 주식은 (배당은 매력적이었지만) 오랫동안 좀처럼 가격이 오르지 않았음에도 론은 계속 주식을 보유했다. 따라서 배당금을 포함한 칼라일의 주가가 IPO 이후 이번 인터뷰하는 시점까지 매년 16퍼센트 이상 상승함으로써 바론의 투자자들은 행복한 수혜자가 되었다.

론은 또 다른 방법으로 그의 투자자들을 대우한다. 링컨 센터의 맨해튼 메트로폴리탄 오페라 하우스에서 열리는 연례 회의에서 그는 투자자들을 위해 사비를 들여 슈퍼스타 연예인들을 초청해 공연을 연다. 뮤추얼 펀드의 연례 회의에 바브라 스트라이샌드Barbra Streisand, 베트 미들러Bette Midler, 폴 매카트니Paul McCartney, 빌리 조엘Billy Joel, 엘튼 존Elton John 등 유명 연예인들이 등장하는 것은 드문 일이다.

나는 2021년 8월 26일 〈블룸버그 웰스Bloomberg Wealth〉 쇼를 찍기 위해 뉴욕 이스트 햄프턴에 있는 그의 집에서 론을 인터뷰했다.

$

데이비드 M. 루벤스타인DR_ 당신은 누구보다 먼저 테슬라와 스페이스X를 믿었습니다. 당신이 그렇게 일찍 테슬라에서 발견한 것은 무엇입니까? 그리고 이제 스페이스X에서 발견한 것은 무엇입니까?

론 바론RB_ 초기에 저는 테슬라에서 미국과 전 세계의 휘발유 자동차를 전기 자동차로 바꿀 기회를 발견했습니다. 그래서 일론 머스크에 베팅했죠. 대부분 사람은 저와 반대 방향으로 베팅했습니다. 테슬라가 성공하려면 머스크는 누구보다도 기술을 잘 이해해야만 합니다. 그런 뒤 그는 자동차 딜러, 자동차 회사, 석유 회사, 에너지 사업 등 기존의 뿌리 깊게 자리 잡은 이해 당사자들과 싸워야 했습니다. 모든 저항을 이겨내고 성공하려면 사람들이 테슬라를 공매도하는 이유를 알아야 합니다. 우리는 공매도에 맞서 2014~2016년 사이에 우리 자산의 1.5퍼센트에 해당하는 3억 8,000만 달러를 투자했습니다. 우리는 지금까지 60억 달러의 이익을 냈으며, 앞으로 10년 동안 세 배, 어쩌면 네 배 정도 더 벌 수 있을 것 같습니다.

DR_ 스페이스X는 어떤가요?

RB_ 마찬가지입니다. 기존의 우주 산업은 혁신을 원하지 않았습니다. 그들은 로켓을 생산하는 사업을 하고 있었으며, 만약 로켓을 재사용하면 새로운 로켓에 대한 수요가 줄어들 것으로 생각했습니다. 그들은 로켓에 대한 작업을 하도급을 주었으며 그 결과 로켓은 점점 더 비싸지고, 정부는 그저 비용을 지불하기만 했습니다. 그런 뒤 그들은 독점권을 행사했습니다. 록히드 마틴Lockheed and Martin은 유나이티드 론치 얼라이언스United Launch Alliance, ULA를 결성할 때, 정부에 그렇게 되면 가격이 하락할 것이라고 말했지만 가격은 실제로 상승했습니다.

일론은 이렇게 말했습니다. "제게는 우주로 가는 값싼 방법이 있습니다. 그것은 바로 로켓을 계속해서 사용하고, 사용하고, 또 사용하는 것입니다." 모든 사람이 그것은 불가능하다고 말했습니다. 하지만 머스크는 그 일을 해냈습니다. 그는 이제 저렴하게 우주에 갈 수 있습니다. 그리고 저렴한 위성 발사 비용을 기반으로 한 위성 통신 광대역 서비스로 1조 달러의 수익을 창출할 기회가 생겼습니다. 현재 전 세계 인구의 절반이 광대역 통신망을 이용하지 못하고 있습니다. 이것은 정말 막대한 현금 사업이 될 것입니다. 그는 현재 약 2,000개의 값싼 인공위성을 보유하고 있으며, 궁극적으로 3만 개의 인공위성을 갖게 될 것입니다. 로켓을 반복해서 재사용할수록 발사 비용은 적게 듭니다. 그것은 당신에게 많은 인공위성을 설치해 인류에게 필요한 것을 제공할 기회가 될 것입니다.

DR_ 당신은 테슬라를 갖고 있지요?

RB_ 네, 세 대 있습니다. 아니 네 대군요.

DR_ 당신이 테슬라를 운전하면서 무언가 더 개선할 게 있다는 생각이 들면 일론에게 전화해 "이걸 고칠 수 있어?"라고 말합니까?

RB_ 맞아요. 우리가 처음 테슬라를 샀을 때 아내는 햇빛 가리개에 화장 거울이 없다고 불평했습니다. 우리는 자동차를 설계한 사람들과 함께 엔지니어링 공장을 방문했습니다. 저는 일론에게 전화를 걸어 "제 아내가 화장 거울이 없다고 불평해요"라고 말했습니다. 그러자 그는 "알겠어요. (거울을 추가로 설치한) 특별판 테슬라를 만들겠어요"라고 대답하더군요. 테슬라가 화장 거울을 설치한 건 전적으로 제 아내의 생각이었어요.

DR_ 어떻게 사업을 시작하게 되었는지 이야기를 시작하지요. 뉴욕에서 자랐지요?

RB_ 뉴저지 애즈버리 파크입니다.

DR_ 어렸을 때부터 '투자업에 종사하고 싶다'라고 생각하셨나요? 아니면 다른 소년들처럼 프로 야구 선수가 되고 싶었나요?

RB_ 제 부모님은 의사가 되기를 원하셨습니다.

DR_ 그러면 부모님께 뭐라고 말했나요?

RB_ 어느 여름에 저는 낮에는 9시에서 5시까지 구조대원으로 일하고 11시부터 다음날 7시까지 지역 병원의 응급실에서 일했습니다. 총에 맞거나 칼에 찔린 사람들이 실려 왔습니다. 저는 깡마른 어린아이였죠. 환자의 가까운 친척이 수술을 허락할 때까지 환자들이 누워 있는 이동용 침대를 붙들고 있었습니다. 그사이 환자들이 죽었습니다. 그것이 첫 번째 임무였고, 두 번째 일은 취객들이 엉망진창으로 만든 변기를 청소하는 것이었습니다. 세 번째 일은 사람들이 사망했을 때 그들을 싸서 냉장고에 넣는 일이었습니다. 저는 그런 일을 경험했습니다. 그 일이 정말 싫었습니다.

DR_ 그래서 의대에 가지 않기로 했군요. 어디로 진학했습니까?

RB_ 저는 버크넬 대학에 다녔습니다. 학부에서 화학을 전공하고 조지타운 생화학과에서 장학금을 1년 동안 받았습니다. 베트남에 가고 싶지 않았기 때문입니다. 저는 웨이터, 바텐더로 일했으며, 장학금으로 1년에 1,600달러를 벌며 록 크리크 공원 근처 지하실에서 살았습니다.

그해 여름 방학에 저는 돈을 더 벌기 위해 풀러 브러쉬Fuller Brush를 방문 판매하는 일을 했습니다. 제가 어느 집 문을 두드리자 한 남자가 나왔습니다. 그는 와이셔츠에 길고 헐렁한 슬랙 바지를 입고 있었습니다. 그의 아내는 부엌에서 저녁 식사를 준비하고 있었으며 창문은 전망이 확 트여 있었습니다. 저는 "직업이 무엇인가요? 왜 당신은 베트남에 가지 않았습니까?"라고 물었습니다. 그는 "특허 심사관입니다. 징집이 면제되는 직업이지요. 연봉은 11,000달러랍니다!"라고 대답했습니다. 저는 "어떻게 하면 특허 심사관이 될 수 있나요?"라고 다시 물었습니다. 그는 "법률 수업을 듣고 좋은 성적을 받아 미국 특허청에 신청하면 일자리를 얻을 수 있습니다. 중요한 기술이므로 징집이 유예됩니다"라고 알려주었습니다.

저는 화학을 전공하고 있어서 법률 수업을 따로 들었고 좋은 점수를 받았습니다. 야간에 조지 워싱턴 로스쿨에 다니면서 낮에는 특허청에서 일했죠. 그러고 보면 그 남자가 제 인생을 완전히 바꿔 놓았습니다.

DR_ 당신은 조지 워싱턴 로스쿨을 나와 특허 심사관 일을 하면서 어떤 계기로 투자 사업에 진출하게 되었나요?

RB_ 바르미츠바(유대교에서 13세가 된 소년의 성인식) 이후, 저는 주식 시장에 관심을 두게 되었습니다. 저에겐 성공한 조부모로부터 이스트먼 코닥Eastman Kodak과 폴라로이드Polaroid 주식을 물려받은 친구들이 있었습니다. 폴라로이드는 250달러, 이스트먼 코닥은 40달러 또는 50달러로 우량주 중 우량주였습니다. 그리고 그 주식은 그들의 대학 학자금을 위한 것이었습니다. 그래서 저는 "나도 그렇게 하고 싶어"라고 말하고 다녔습니다. 하지만 아버지는 "우리는 주식에 투자해본 적이 없잖아"라면서 제 생각에 반대했죠. 사실 지금 제가 하는 사업의 이면을 들여다보면 저희 부모님 같은 분들이 주식 시장에 투자할 수 있도록 하고 싶다는 생각이 깔려 있습니다.

그때 저는 1,000달러를 가지고 있었습니다. 아버지는 회사에 투자하려는 이유를 설명하면 주식 계좌를 만들어주겠다고 말했습니다. 저는 애즈버리 파크 고등학교 바로 옆에 있는 맥도날드앤컴퍼니 McDonald & Company라는 증권 회사를 드나들었습니다. 방과 후 회사에 들러 보면 40~50대 사람들이 녹색 의자에 앉아 거의 꼼짝도 하지 않고 주식 시세를 들여다보고 있었습니다. 매일 뉴욕증권거래소는 2,500만 주, 미국증권거래소는 100만 주 혹은 200만 주가량이 거래되고 있었습니다. 저는 몬머스 카운티 국립은행 Monmouth County National Bank에 대한 보고서를 얻었습니다. 그 은행은 제가 살던 알렌허스트의 애즈베리 공원 밖의 모퉁이에 있었습니다. 그 은행에 투자하고 싶은 이유를 아버지께 설명하자 아버지는 마침내 투자를 허락했습니다. 당시 주가는 주당 10달러였으므로 저는 100주를 샀습니다. 그다음 6개월, 7개월 동안 매일 주가는 거의 변동이 없거나 아주 소폭 상승했습니다. 그런 뒤 주당 17달러에 인수되었습니다. 제가 투자한 1,000달러는 1,700달러가 되었죠. 저는 이렇게 생각했습니다. '이거 봐, 나는 이 일을 할 거야.'

DR_ 몇 년도에 회사를 시작하셨나요?

RB_ 1982년입니다. 제가 1969년에 뉴욕에 왔을 때 저는 빚을 지고 있는 상태였습니다. 뉴저지에 있는 친구 집 지하실에서 서너 달 동안 실직 상태로 살았습니다. 저는 직업을 가질 수 없을 것으로 생각하고 센트럴 파크 밖에 자전거 가게를 열까도 궁리했답니다. 제가 아버지한테 기업 분석가들이 모두 해고되어 실업자가 넘쳐나는 상황이라고 하소연하자 아버지는 "너는 항상 그 일을 하고 싶어 했잖아. 도전해 봐"라고 말씀하셨습니다. 결국 저는 기업 분석가로 취직했습니다.

DR_ 주식 중개 회사지요?

RB_ 제니 몽고메리 스콧Janney Montgomery Scott입니다. 저는 뉴저지 프린스턴에서 토니 타벨Tony Tabell이라는 사람을 위해 일했습니다. 그는 제게 주식들을 골라주고, 저는 매주 그 회사들을 방문한 뒤 주식 판매원들에게 보고서를 썼습니다. 회사에는 주식 판매원이 약 250명이 있었습니다. 제가 기업 분석부 역할을 한 셈입니다.

DR_ 몇 년 동안 그 일을 하셨나요?

RB_ 일 년입니다.

DR_ 그때 당신은 "내 회사를 차릴 거야"라고 결심했나요?

RB_ 아니요. 저는 해고당했답니다!

DR_ 해고요? 왜 해고당했나요?

RB_ 저는 플로리다의 토지 개발업체인 제너럴 디벨롭먼트General Development가 인플레이션 때문에 자신들의 부동산을 개발할 만큼 충분한 자금을 확보할 수 없다고 생각했습니다. 저는 제 생각대로 보고서를 썼는데 그것이 〈월스트리트 트랜스크립트〉에 실렸습니다. 당시 제너럴 디벨롭먼트 주식은 32~33달러 정도였는데 주가가 하락하기 시작했습니다. 그러자 회장이 저를 불러서 "도대체 뭐 하는 거야? 당신이 틀렸어"라고 다그치더군요, 그날 오후, 저는 해고되었습니다. 사실 제너럴 디벨롭먼트는 결국 파산했어요.

앨런 아벨슨Alan Abelson은 나의 주간 분석 보고서를 받고 있었습니다. 그는 바론스Barron's의 편집자였죠. 저는 그에게 전화를 걸어 다른 애널리스트 자리에 추천해줄 수 있는지 알아보았습니다. 제가 왜 앨런에게 전화했는지 모르겠어요. 하지만 그는 저를 만나자고 했습니다. 그는 제게 기자직을 제의했습니다. 저의 글쓰기 방식과 생각하는 방식을 정말 좋아했죠. 그러나 저는 "정말 감사합니다. 하지만 저는 애널리스트로 일하고 싶습니다"라고 대답했습니다. 그는 "당신의 이력서에 평판 조회자로 내 이름을 적어 넣어요. 그러면 추천해주겠어요"라고 말했습니다. 그것이 제가 다음 직장을 얻는 데 도움이 되었습니다.

갑자기 저는 기관 애널리스트가 되었습니다. 그 후 저는 로스쿨 출신의 친구와 손을 잡고 1973년부터 1982년까지 헤지 펀드에 분석 보고서를 팔면서 일했습니다. 고객이 100명 있었습니다. 우리가 그들에게 주식을 추천하면 그들은 주식을 사기도 하고 팔기도 했습니다. 제 수입은 중개 수수료에 달려 있었습니다. 1970년에 진 빚이 엄청나게 불어나 1980년에는 백만 달러가 되었습니다. 1982년에 저는 바론 캐피털을 설립했습니다.

DR_ 초기 자본금이 얼마였습니까?

RB_ 바론 캐피털은 정말 자본 부족의 대명사였습니다. 장부가액이 10만 달러였으며 저를 포함해 직원이 세 명이었습니다. 회사를 시작한 첫 달에 3만 달러를 벌었죠.

DR_ 현재 당신이 관리하는 자산은 얼마나 됩니까?

RB_ 553억 달러입니다. 게다가 저희는 고객들에게 수년간 515억 달러의 수익을 안겨주었습니다. 저와 제 가족이 가장 큰 투자자입니다. 우리가 관리하는 자산의 6.5퍼센트 이상이 저희 것입니다.

DR_ 관리하는 자산이 10만 달러에서 약 550억 달러라니 나쁘지 않은데요.

RB_ 제 꿈은 앞으로 10년 안에 2,000억 달러를 달성하는 것입니다.

DR_ 뮤추얼 펀드인가요?

RB_ 네, 대부분이 뮤추얼 펀드입니다. 550억 달러 중 480억 달러에서 490억 달러 정도가 뮤추얼 펀드이며 개수로 보면 17~18개입니다. 그리고 나머지는 별도의 계좌로 관리되고 있습니다.

DR_ 주로 상장 주식에 투자하시지요?

RB_ 약 9억 달러를 제외하고 모두요.

DR_ 우리는 제가 설립한 칼라일을 상장할 때 만났죠. 사람들이 저한테 "론 바론이 상장 주식에 투자하므로 그를 만나야 한다"고 충고하더군요. 당신을 만났을 때 저는 당신이 직접 펜으로 자세하게 메모하는 모습을 보고 놀랐습니다. 당신은 무척 구체적인 질문도 하더군요. 관심 있는 회사들이 상장할 때 이와 똑같이 행동하십니까?

RB_ 네, 제가 흥미롭게 생각하는 모든 경우에 그렇습니다. 그게 제가 하는 역할입니다. 하지만 펜과 연필을 더는 사용하지 않아요. 지금은 컴퓨터를 씁니다. 저와 함께 일하는 40명의 애널리스트들도 저와 똑같이 일합니다.

DR_ 당신이 기업을 분석할 때 알고자 하는 것이 무엇인가요? 당신은 장기 투자자로 유명합니다. 우리가 상장 준비를 하고 있을 때, 당신은 "우리가 당신 회사의 주식을 산다면 오랫동안 보유할 겁니다"라고 말했습니다. 실제 당신은 주식을 샀으며 지금까지 오랫동안 보유하고 있습니다. 주식을 그렇게 오랫동안 보유하는 것에 대한 당신의 이론은 무엇입니까? 그냥 팔아서 이익을 챙기는 것은 어떤가요?

RB_ 우선, 당신은 제게 '돈 벌게 해줄 것'이라고 약속하셨잖아요. 그것은 일종의 보증입니다. 당신은 "제 주식을 사세요. 월스트리트는 이 사업의 가치를 이해하지 못합니다"라고 강변하시더군요. 상장할 때 주가가 22달러였습니다. 지금은 49달러입니다. 그리고 배당금까지 합쳐 복리로 계산해보면 당신이 상장할 때부터 우리는 당신에게 투자해 16.1퍼센트의 수익을 올렸습니다. 그러니 우리가 중간에 주식을 사고팔고 할 이유가 없지요?

주식을 사고팔 때마다 세금을 내잖아요. 그것이 첫 번째 이유입니다. 두 번째 이유는 과연 제가 이 시점에서 사고 저 시점에서 팔아야 할 정도로 정확하게 주가의 최고점과 최저점을 알아맞힐 만큼 명석할까요? 그것은 말이 안 됩니다. 게다가 저는 누구도 주식 시장이 어떻게 될지 예측할 수 없다고 생각합니다. 저는 앨런 그린스펀Alan Greenspan이 1996년에 주식 시장이 '비이성적 과열' 현상을 보인다고 언급한 이후 주식 시장이 '지나치게 상승'하는 현상을 보고 시장 예측에 대한 자신감을 상실했습니다. 당시 주식 시장은 그 후 3년 동안 80퍼센트 상승했습니다.

DR_ 혹시 이 책을 읽고 있을지도 모를 증권거래위원회 위원들께 저는 주가가 오를 것이라고 약속하지 않았다고 말씀드립니다. 저는 주가가 상승할 것을 기대한다고 말했거나 법적으로 말할 수 있는 정도만 이야기했습니다.

RB_ 아. 그럼요 당신은 분명히 합법적인 틀 안에 있습니다.

DR_ 진지하게 말하자면, 550억 달러나 되는 돈을 관리하려면 많은 책임을 져야 합니다. 매일 밤, 당신은 주식 시장이 하락하거나 자산이 줄어들까 봐 걱정합니까? 사람들이 불평하는 전화를 합니까? 아니면 기본적으로 그들은 만족해합니까?

RB_ 그들은 대부분 행복하다고 말합니다. 제 생각은 분기별 주주 서한에 모두 담겨 있습니다. 제가 길을 가다 보면 거의 매일 모르는 사람들이 제게 다가와 '감사하다'는 말을 합니다. 어젯밤 우리는 어느

레스토랑에서 저녁을 먹었습니다. 우리가 그곳을 떠나려고 할 때, 한 남자가 제게 다가오더니 불쑥 이렇게 말하더군요. "대단히 고맙습니다. 당신 덕분에 제 딸이 대학에 갈 수 있었습니다." 그런 말을 들으면 무척 보람됩니다. 그게 바로 제가 하는 일이랍니다.

DR_ 지난 100년 동안 상장 주식 시장은 아마 1년에 6퍼센트 정도 수익이 났습니다. 만약 누군가가 상장 주식 시장에 투자하는 당신의 펀드에 투자한다면, 그들은 6~7퍼센트 이상의 수익을 가져갔을까요?

RB_ 그렇지 못하면 그들은 우리에게 투자하지 않을 것입니다.

DR_ 어떤 사람들은 "그냥 인덱스 펀드에 투자하라"고 말합니다. 당신은 인덱스 펀드에 대해 어떻게 생각하세요? 아마 사람들이 당신 펀드에 투자하는 이유가 당신이 지수를 상회하기 때문이 아닐까요?

RB_ 네. 그렇습니다.

DR_ 당신은 지수보다 200베이시스 포인트나 300베이시스 포인트 더 높은 수익을 내기 위해 어떻게 하십니까?

RB_ 우리는 설립 이후 매년 지수보다 약 500베이시스 포인트 더 높은 수익을 실현했습니다. 우리의 수익률은 연간 10퍼센트 전반에서 중반 정도입니다. 예를 들어, 바론 파트너스 펀드Baron Partners Fund는 1992년 이후 우리와 경쟁하는 2,200~2,300개 펀드 중 다른 뮤추얼 펀드보다 실적이 더 좋았습니다. 하지만 우리는 이런 수익률을 1992~2003년까지 수수료가 더 비쌌던 파트너십 시절에 달성했습니다. 2003년 파트너십에서 뮤추얼 펀드로 전환한 이후, 우리 펀드는 최고의 성과를 내는 뮤추얼 펀드가 되었습니다. 바론 그로스 펀드Baron Growth Fund는 1996년 이후 펀드 중 상위 2퍼센트 펀드에 속해 있습니다.

뮤추얼 펀드가 지수를 능가하는 것은 매우 드문 일입니다. 지수 펀드는 지수를 벤치마크로 수동적으로 투자하는 펀드입니다. 따라서 지수를 능가하는 수익을 내는 일은 매우 드물죠. 그 이유는 모든 사람이 금리의 움직임을 알고 있으므로 시장이 언제 오르고 언제 내려갈지 예측할 수 있기 때문입니다. 시장을 능가할 정도로 정보를 충분히 이용할 수 있는 경우는 드뭅니다. 따라서 시장보다 더 좋은 투자 성과를 내는 사람을 찾아보기 힘듭니다.

DR_ 누군가가 사무실에 찾아왔다고 가정해 봅시다. 그들은 상장할 예정입니다. CEO가 기업공개에 당신을 참여시키려고 찾아올 때 당신이 판단 기준으로 삼는 주요 요소는 무엇입니까?

RB_ 저는 정말 똑똑하고, 정말 열심히 일하며, 정직한 사람을 원합니다. 저는 그런 CEO를 신뢰합니다.

DR_ 누군가가 그러한 자질을 갖추었다고 판단해 주식을 샀는데 성과가 형편없었다고 가정해 보지요. 당신은 "이 주식을 버려야 한다"라면서 포기한 적이 있나요?

RB_ 일반적으로 우리가 사업이나 개인에 관한 판단을 잘못했기 때문에 포기하게 되지 주식이 성과를 내지 못해서 포기하는 것은 아닙니다. 주식의 성과가 사업의 성공 여부를 가늠하는 척도는 아닙니다. 주식의 성과는 단지 특정 기간을 두고 결과를 측정하는 척도일 뿐입니다.

제가 생각하기에 우리의 실적이 우수한 이유는 우리가 칼라일과 같은 방식으로 사업을 평가하고 전망하기 때문입니다. 사모펀드가 실적이 더 우수한 이유가 무엇일까요? 그들은 사업의 수익성에 초점을 맞춰 투자하기 때문에 더 성장할 수 있는 겁니다.

DR_ CEO가 어떤 프레젠테이션을 하면 당신에게 감동을 주나요? 당신이 정말로 찾고 있는 자질은 무엇입니까?

RB_ 우리는 우리가 투자하는 사업에는 경쟁력이 있다고 생각합니다. 제가 앞서 당신에게 테슬라와 스페이스X에 관해 설명한 것처럼 그런 사업에는 다른 누군가가 그들과 경쟁하는 것을 매우 어렵게 만드는 무언가가 있습니다. 그래서 그런 사업의 중심을 살펴보면 그곳에는 경쟁력이 있는 훌륭한 사람들이 있습니다. 그것이 바로 우리가 투자하는 근거입니다. 우리는 실수했다고 판단이 들면 가능한 한 빨리 매도하죠. 그것은 주식이 성과가 없는 것이 아니라 우리가 사람 또는 사업에 대해 잘못 알고 있었기 때문입니다. 주가는 어느 시점에서 사람들이 그 주식에 관해 어떻게 생각하는지를 반영하는 것이지 사업의 가치가 얼마나 되는지를 반영하는 것은 아닙니다.

DR_ 하지만 일반적으로 주식을 살 때는 주식을 계속 보유하려고 합니다. 만약 당신이 만족하지 않는다면 얼마나 보유하십니까? 1년? 2년? 3년? "내가 실수해서 매도하겠다"라고 말하는 데 걸리는 시간은 평균 얼마나 되나요?

RB_ 그것은 시간 문제가 아닙니다. 그것은 사업의 근본에 관한 문제입니다. 저는 주식이 수익을 내지 않아도 몇 년 동안 보유하기도 하지만 그것이 제가 실수했다고 생각하게 만드는 것은 아닙니다. 우리는 테슬라에 4년, 5년, 6년 동안 투자했지만 수익이 없었습니다. 그러다가 어느 날 갑자기 1년 만에 투자 금액의 20배나 벌게 되었습니다. 따라서 시간 문제가 아니라 사업의 근본에 관한 문제입니다.

DR_ 당신의 투자자들은 기관 투자가보다 개인 투자가가 더 많나요?

RB_ 반반입니다.

DR_ 당신이 뉴욕에서 개최하는 연례 주주총회가 유명하더군요.

RB_ 사람들은 그것을 제 연례 바르미츠바라고 부릅니다.

DR_ 거기에는 아주 유명한 사람들이 등장하더군요. 그들은 훌륭한 연예인들입니다.

RB_ 네, 폴 매카트니, 바브라 스트라이샌드, 빌리 조엘, 엘튼 존, 제리 사인펠드와 같은 분들입니다. 제가 그 비용을 부담하죠. 바론 펀드에 최소 2만 5천 달러를 투자한 투자자들은 그 행사에 참여할 수 있습니다.

DR_ CEO와 협상하는 것보다 폴 매카트니 또는 바브라 스트라이샌드와 협상하기가 더 쉬운가요?

RB_ 당신은 연예인들과 협상하는 것이 어떤 것인지 상상할 수 없을 것입니다.

DR_ 투자자들이 진정으로 원하는 것에 대해 이야기해보기로 하지요. 제가 생각하기에 누군가가 당신에게 투자할 때, 그들이 원하는 것은 지수보다 더 좋은 수익과 가능한 한 적은 수수료일 것 같습니다. 당신은 수년간 이 일을 하면서 투자자들이 가장 원하는 것과 그것을 처리하는 방법에 관해 무엇을 배웠습니까?

RB_ 대부분 사람은 매일 꾸준히 돈이 늘어나고, 변동성 없이 높은 수익을 올리며, 수수료가 낮은 것을 좋아합니다. 그것이 바로 투자자들이 원하는 것입니다. 그것은 주식 투자에서 얻을 수 있는 것은 분명히 아닙니다.

DR_ 당신과 10년 이상 아니 20년 이상 거래하는 투자자가 있나요?

RB_ 우리 펀드를 수십 년 동안 이용하는 사람들이 많이 있습니다. 회계사들도 지금까지 주식 뮤추얼 펀드에서 수년에 걸쳐 이와 같이 수익을 내는 것을 본 적이 없다고 말할 정도로 투자자들이 수익을 보고 있기 때문입니다. 장기 주식 보유 전략과 심층적인 조사 덕분에 우리는 매력적인 수익을 실현합니다.

우리는 개인들을 상대하고 있습니다. 우리에게는 재무 설계사들이 있고 전국에 영업 사원이 있습니다. 우리는 부유층 가정과 재단에 직접 판매할 뿐만 아니라 투자 상담사(개인 투자자를 전문적으로 자문하는 공인 투자 상담사)와 증권사들을 통해 간접적으로 판매하고 있습니다.

DR_ 투자의 즐거움은 무엇입니까? 투자의 어떤 점이 마음에 드십니까?

RB_ 저는 제가 하는 일을 좋아합니다. 사업을 하는 사람들과 세상을 변화시키고 있는 사람들을 만나고 이야기 나누며 그들이 하는 일을 들을 때 너무 재미있습니다. 제 아내는 "주변 친구들을 보면 남편들이 이제 모두 일하지 않아요"라고 말합니다. 그들은 모두 골프나 카드를 합니다. 저는 골프 대신 제가 하는 일을 해본다면 모든 사람이 이 일을 선택할 것이라 생각합니다. 하지만 이 단계까지 이르려면 노력을 많이 해야 합니다. 대부분 사람들의 목적은 돈을 충분히 벌어 은퇴하고 편안하게 사는 것입니다. 하지만 제 목표는 다릅니다. 저는 100년 동안 지속될 회사를 만들려고 노력하고 있습니다.

DR_ 누군가 당신에게 투자하고 싶다면 당신의 펀드에 얼마나 투자해야 합니까?

RB_ 보통 최소 투자 금액은 2,000달러입니다. 하지만 당신은 한 달에 500달러 혹은 50달러를 투자할 수도 있습니다. 매매할 때 수수료는 없습니다. 하지만 당신이 3개월 이내에 펀드를 매도하면 당신은 투기자로 분류되어 더 이상 펀드를 구매할 수 없을 것입니다.

DR_ 마치 '반역자'처럼 들립니다.

RB_ 저는 그렇게 생각합니다.

DR_ 부모님은 당신의 성공을 보셨나요?

RB_ 아버지는 95세까지, 어머니는 93세까지 사셨습니다. 제가 회사를 시작했을 때, 아버지는 5,000달러를 투자했는데 지금 수백만 달러가 되었습니다.

DR_ 아버지가 투자했을 때, 당신은 수수료를 할인해주었나요?

RB_ 아니요. 저를 포함한 모든 사람에게 동일한 수수료가 부과됩니다.

DR_ 현재, 대부분 사람은 주식 시장이 상당히 고평가되었다고 말하고 있습니다. 당신은 그 점이 걱정됩니까? 당신은 하락장에 대비한 공매도 거래를 하지 않습니다. 당신은 하락장에서 투자자들을 어떻게 보호하고 있습니까?

RB_ 저는 그 점을 걱정하지 않습니다. 1999년 12월부터 2008년까지 주식 시장은 정말 힘든 시기를 겪었습니다. 주식 시장은 8~9년 동안 매년 3~4퍼센트씩 하락해 전체적으로 30~40퍼센트 하락했습니다. 그 기간 많은 돈을 벌지는 못했지만, 손해도 보지 않았습니다. 우리는 시장이 정말 끔찍했던 8~9년 동안 25퍼센트나 성장했습니다. 물론 그 이후에도 정말 잘 해냈습니다. 제가 유일하게 확신하는 것은 우리 경제가 성장하고 우리나라가 살아남을 것이며 인플레이션은 지속될 것이라는 사실입니다.

저는 화폐가치가 14~15년마다 절반씩 떨어질 것으로 생각합니다. 제가 사려는 모든 것들은 14년이나 15년마다 가격이 두 배로 오를 것입니다. 저는 주식이 통화 가치 하락에 대한 헤지 수단이라고 생각합니다. 저는 인플레이션을 보상할 수 있는 기업의 주식을 소유하고 싶습니다.

시장이 어떻게 될지 아무도 예측할 수 없습니다. 주가가 언제가 고평가된 시점이고 언제가 저평가된 시점인지 알려줄 수 있는 사람은 아무도 없습니다. 저는 그저 우리에게 닥쳐오는 것을 받아들일 뿐입니다. 예를 들어 지금처럼 시장이 하락할 때, 지난 몇 년 동안 매우 성과가 좋았던 기업들의 주식은 이제 더 저렴한 '가치주'로 전환했습니다. 이런 현상이 발생했을 때, 우리는 투자하는 방식을 바꾸지 않았습니다. 단지 앞으로 나아가려고 노력할 뿐입니다.

DR_ 암호화폐를 어떻게 생각하나요?

RB_ 그건 상품입니다. 우리는 상품에 투자하지 않습니다. 우리는 금에 투자하지 않죠. 마찬가지로 우리는 암호화폐에 투자하지 않습니다.

저는 항상 암호화폐가 진짜 가치가 있는지 궁금합니다. 정부가 민간 기업이 자신들의 통화와 경제를 좌지우지하도록 허용할 이유가 있을까요? 1932~33년, 사람들은 은행에 돈을 맡기는 것을 두려워했습니다. 그들은 은행에서 돈을 찾아 금을 샀습니다. 그러자 프랭클린 D. 루스벨트 대통령은 금 소유를 불법으로 만들었습니다. 사람들은 금을 모두 되팔아야 했습니다. 그것이 바로 암호화폐에도 똑같은 일이 발생할 수 있다고 생각하는 이유입니다. 정부는 블록체인이 암호를 공개하지 않더라도 소유권을 금지할 수 있습니다. 국민 대부분은 법을 위반하고 싶어 하지 않을 것입니다. 그런 일이 벌어질 것이라고 말하는 건 아니지만, 그럴 수 있는 위험이 존재한다고 생각합니다.

DR_ 당신은 지난 수년간 위대한 투자자로서 사람들의 역할 모델이 되고 있지요?

RB_ 모든 사람이 버핏을 역할 모델로 삼고 있지만, 그는 저만큼 성장 지향적이지는 않습니다. 그래도 저는 그의 주주 서한을 즐겨 읽습니다.

DR_ 그는 주주 서한을 직접 작성합니다. 당신도 그렇게 하시나요?

RB_ 물론입니다.

DR_ 만약 당신이 투자 전문가가 되려는 대학생들과 대화를 나눈다면 그들이 준비해야 할 사항 중 가장 중요한 것은 무엇이라고 말할 건가요? 독서? 현명해지는 것? 열심히 노력하는 것? 가장 중요한 기술은 무엇입니까?

RB_ 말씀하신 모든 것이 해당됩니다. 3~4년 전, 로쉬 하샤나(유대력의 1월 1일) 때 랍비가 제게 감동을 주는 설교를 했습니다. 그는 "어린 시절 당신은 과연 당신이 한 일을 자랑스럽게 생각할까요?"라고 물었습니다. 그것은 좋은 시금석입니다. 제 말은 학생들이 해야 할 일은 가족들이 자랑스러워할 만한 일을 해야 한다는 것입니다.

DR_ "나는 론 바론이 되고 싶다"라고 말하는 학생들에게 좋은 투자자가 되기 위해 무엇을 준비하라고 알려주시겠습니까?

RB_ 우선, 자신이 투자하고 있거나 투자하고 싶은 사업과 투자하려는 이유를 연구해야 합니다. 그리고 변화하는 경제를 이해해야 합니다. 변화는 모든 곳에서 일어납니다. 전 세계가 이룩한 성장은 모두 지난 200년 동안 일어났습니다. 그리고 그 성장은 이제 가속화하고 있습니다. 당신은 세계에서 무슨 일이 일어나고 있는지, 우리나라에서 무슨 일이 일어나고 있는지 이해해야 합니다. 저는 저와 함께 일하는 젊은이들에게 그들이 생각해야 할 것을 이렇게 조언합니다. "만약 당신이 투자하라고 추천하는 사업에 가족의 안녕이 달려 있다면, 당신은 어떻게 해야 할까요?" 우리가 해야 할 질문은 바로 그런 관점에서의 질문이지 다음 분기의 실적이 어떻게 될 건지가 아닙니다.

DR_ 사람들이 투자할 때 가장 자주 하는 실수는 무엇입니까?

RB_ 사람들은 단지 전화기를 들고 주문할 수 있으므로 성공적으로 주식을 사고팔 수 있다고 생각합니다. 하지만 그렇게 해서는 성공할 수 없습니다.

DR_ 제가 "론, 10만 달러가 있는데 어딘가에 투자하고 싶어요"라고 하면 어떤 종목을 추천해주시겠습니까?

RB_ 바론 웰스 빌더Baron Wealth Builder입니다. 비용이 5베이스 포인트밖에 안 됩니다.

DR_ 만약 당신이 오늘 누군가에게 투자 기회에 대해 조언한다면, 주식이 투자하기에 좋은 분야인가요?

RB_ 장기적으로 보면 그렇습니다. 하지만 매년 같은 금액을 투자하세요. 투자를 할 때 '이것은 단 한 번에 끝내는 투자다'라고 생각하지 마세요. 당신은 '가족과 나 자신의 안녕을 위해 투자해야만 한다. 나는 내가 얼마를 투자할지 계산하고 매년 그 금액을 투자해야 한다'라고 생각해야만 합니다.

DR_ 누군가에게 투자하지 말라고 권한 것이 있나요? 암호화폐가 그렇게 들리던데요.

RB_ 저는 암호화폐에 투자하지 않습니다. 하지만 그게 꼭 좋은 생각이라는 뜻은 아닙니다. 암호화폐에 크게 투자한 똑똑한 사람들이 존재합니다. 저는 암호화폐를 정기적으로 공부했지만 그것은 상품이므로 투자하지 않기로 했습니다. 저는 상품 투자에 관심이 없어요. 성장하는 기업에 투자하는 일에 관심이 있죠. 훌륭한 인재를 거느리고 성장하는 기업은 장기적으로 보면 우수한 경쟁력이 있습니다.

저는 투자를 도박이라고 생각하지 않습니다. 투자를 당신과 당신의 가족을 장기적으로 돌보기 위한 수단으로 생각합니다. 당신이 매년 비슷한 액수를 오랫동안 투자하면서 나이가 들어가다 보면 당신은 어느새 부자가 되어 있을 것입니다.

DR_ 인생에서 가장 자랑스러운 일이 무엇인가요?

RB_ 물론 제 사업이지요, 그리고 우리 집 아이들입니다. 우리가 모두 함께 살면서 주말에는 롱아일랜드에 있는 집에서 지낼 수 있는 것이 좋습니다. 그리고 특히 그들이 열심히 일하는 것이 자랑스럽습니다. 저는 우리 가족이 가진 가치관에 자부심을 느낍니다.

주식

존 W. 로저스 주니어 JOHN W. ROGERS JR.

아리엘 인베스트먼트의 설립자 겸 공동 CEO

"모든 사람이 두 손 놓고 앉아 있거나 주식을 팔고 있을 때,
시장에 들어가 주식을 살 수 있는 용기가 있어야 한다."

존 로저스는 (그가 농구팀의 주장을 맡았던) 프린스턴 대학을 졸업한 직후 금융 서비스 부문에서 2년 동안 일하면서, 자신의 고향인 시카고에서 주식 뮤추얼 펀드를 시작하겠다는 대담한 아이디어를 떠올렸다. 그렇게 함으로써 그는 미국에서 아프리카계 미국인이 소유하고 운영하는 최초의 자금 관리 회사를 설립했다.

그것은 1983년이었다. 현재 아리엘 인베스트먼트는 170억 달러 이상을 관리하고 있으며 미국에서 가장 큰 아프리카계 미국인이 소유

하고 운영하는 투자 관리 회사 중 하나다. 회사는 '최신 투자 유행을 쫓아다니거나 값이 비싼 ('가치 없는') 주식이 아니라 '가치' 투자 방식을 끈질기게 추구함으로써 현재의 지위에 도달했다.

여기까지 도달하기는 쉽지 않았다. 초기 자본금을 모으는 것도 쉬운 일은 아니었다. 하지만 아마도 가장 큰 도전은 관리하던 자산의 가치가 절반 아래로 감소한 대침체 시기의 심각한 재정 침체에서 살아남는 것이었다. 그러나 존의 리더십과 카리스마에 재능 넘치는 멜러디 홉슨Mellody Hobson(프린스턴 대학 졸업생이자 현재 아리엘의 공동 CEO)의 지원으로 회사는 번창했다. 최근 몇 년 동안 주가가 너무 높아 시장에서 찾을 수 있는 '가치'(저평가 주식)가 적었음에도 말이다.

투자 세계에 종사하는 많은 아프리카계 미국인들에게 존은 30년 이상 역할 모델이자 멘토였다. 호황기와 불황기를 모두 거치면서 그는 저평가되었다고 판단하는 주식에 꾸준하고 조용하게 집중적으로 투자했다. 그는 여전히 직접 면밀하게 실사하며, 잠재적인 투자 대상 기업의 CEO들과 자주 만난다.

존이 투자를 좋아하기 시작한 것은 소년 시절부터였다. 그의 아버지는 생일 선물과 크리스마스 선물로 주식을 사주었으며 존은 그때부터 할 수 있는 한 투자회사에 대해 모든 것을 배우려고 노력했다. 그의 관심을 투자 외로 돌리게 하려면 뭔가 특별한 것이 필요했을 것이다. 그의 좋은 친구이자 동료 농구선수였던 버락 오바마Barack Obama가 대통령이 되었을 때도 존은 정부에서 일하는 것을 단 한순간도 생각하지 않았다. 그는 투자가였으며 투자보다 더 큰 기쁨을 주는 것은 그가 가장 좋아하는 맥도날드를 방문하는 것 외에는 아마도 없을 것이다. (그는 맥도날드 이사회 위원이며 아마 가장 충성스러운 고객일 것이다.)

나는 오랫동안 존을 알고 지냈으며 가장 최근에는 시카고 대학의 이사회에서 그와 많은 시간을 함께 보냈다. 그의 부모는 (나처럼) 시카고 법과 대학을 졸업했으며, 그는 대학에 입학하기 전에는 시카고 대학 부속 고등학교에 다녔다.

$

데이비드 M. 루벤스타인DR_ 당신은 아프리카계 미국인이 소유하고 운영하는 가장 큰 투자회사 중 하나를 설립했습니다. 1983년 24세 때 회사를 시작했죠. 1983년에 아프리카계 미국인이 소유한 투자회사가 많았나요? 당신이 아리엘과 같은 투자회사를 만들겠다고 생각한 계기가 있습니까?

존 W. 로저스 주니어JR_ 우리는 최초의 아프리카계 미국인이 소유하는 뮤추얼 펀드 및 자금 관리 회사였습니다. 제게 자신감을 준 것은 두 가지입니다. 첫 번째는 시카고와 도시에는 어린 나이에 회사를 차린 훌륭한 아프리카계 미국인 사업가들이 많이 있었다는 사실입니다. 존 존슨John Johnson은 〈에보니〉와 〈제트〉 잡지를 발간하는 존슨 출판사를 설립했습니다. 그는 저의 환상적인 역할 모델이자 영감을 주는 사람이었습니다. 또 다른 사람은 아프로 쉰Afro Sheen과 울트라 쉰Ultra Sheen이라는 헤어케어 제품들을 생산하는 존슨 프로덕트Johnson Products를 설립한 조지 존슨George Johnson이었습니다. 존슨 프로덕트는 흑인 소유 회사로서는 최초로 미국 증권거래소에 상장되었습니다. 또한 그는 돈 코르넬리우스Don Cornelius와 함께 소울 트레인Soul Train을 시작했으며 미국에서 가장 큰 흑인 은행인 인디펜던스 은행Independence Bank을 설립했습니다. 그 두 사람이 역할 모델이었으며 저는 그들을 통해 확실히 믿을 수 있는 제품만 있다면 어린 나이에도 사업을 시작할 수 있다는 자신감을 얻었습니다.

두 번째로 우리는 중소기업의 가치에 투자하는 최초의 회사였습니다. 우리는 당시 많은 사람이 모방할 수 없는 제품과 전략을 갖추는 것이 중요하다고 판단했습니다.

DR_ 당신은 회사를 시작하기 훨씬 전에 금융계에 있었지요? 경험이 더 많이 필요하다고 생각하지 않았나요?

JR_ 아버지는 더 많은 경험을 쌓는 것이 중요하다고 말씀하셨습니다. 하지만 저는 투자 전략과 철학에 자신이 있었습니다. 우리가 중소기업의 가치 투자에 대한 독창적인 접근 방식을 갖추고 있다고 생각했죠. 그래서 그때가 사업을 시작하기에 적절한 시기라고 생각했습니다. 그동안 시장은 경기 침체에서 벗어나고 있었습니다. 마치 바람이 우리 등 뒤에서 우리를 밀어주는 것 같았습니다.

제가 편안하고 자신 있었던 또 다른 이유는 제가 투자은행과 금융 서비스 회사 윌리엄 블레어William Blair에서 일하며 직접 실사를 하고 추천했던 주식 때문이었습니다. 그 주식들은 성과가 매우 좋았습니다. 그런 초기 성공이 차이점을 만들어 주었습니다.

마지막으로 원인을 찾아보면, 아버지는 12살 이후 생일과 크리스마스 때마다 제게 주식을 사주셨습니다. 제가 24살에 아리엘을 시작하기 전 12년 동안 정말 수많은 실수를 경험했습니다.

DR_ 처음에 어디에서 투자 기술을 배웠나요? 어렸을 때 아버지한테 주식을 받았을 때인가요? 그게 당신이 투자 기술을 배운 계기가 되었나요?

JR_ 우리는 많은 사람에게서 투자 기술을 배울 수 있습니다. 아버지는 매우 보수적이었으며 제게 배당금을 많이 주는 우량주를 사주셨죠. 그것이 제 구미를 당겼습니다. 아버지는 자신의 주식중개인이었던 스테이시 애덤스Stacy Adams를 소개해 주었는데 그는 이곳 시카고 사우스 스트리트에서 아프리카계 미국인으로서는 최초의 주식중개인이었습니다. 그는 무엇보다 금 투자에 관심이 많았으며 제게 상품 투자에 관해 많은 것을 가르쳐 주었습니다.

제가 가장 영향을 많이 받은 사람은 프린스턴 대학에 있을 때, 경제학부의 학장이었던 버턴 말킬Burton Malkiel이었습니다. 우리는 그의 저서 《랜덤워크 투자 수업A Random Walk Down Wall Street》을 읽어야만 했습니다. 그 책은 모두 효율적인 시장에 관한 것이지만, 동시에 그는 역사상 일어난 엄청난 거품 가운데 '남해 거품South Sea Bubble'과 '광란의 20년대Roaring Twenties' 등 몇 가지를 소개하면서 70년대에 일어난 일들을 이야기했습니다. 그는 이 모든 거품이 생성되는 과정과 결국 그 거품들이 꺼지는 현상을 설명했습니다.

저는 성공적인 투자가가 되는 가장 좋은 방법은 반대로 행동하는 사람이 되며 대중을 따르지 않는 것이라는 생각이 들기 시작했습니다. 저는 그 책을 읽으면서 대중의 광기가 어떻게 시장을 장악하고 비효율성을 매우 효율적인 시장에 불어넣을 수 있는지 이해했습니다. 1979~80년 그를 처음 만났을 당시 주식 시장은 그다지 좋지 않았지만 그는 "이제 주식을 사야 할 때다"라고 말했습니다. 말킬 교수는 초기에 저한테 많은 영향을 주었습니다.

DR_ 당신은 처음부터 자신을 가치 투자자로 생각했나요?

JR_ 말킬 교수는 제가 가치 투자에 대해 생각하게 된 계기가 되었습니다. 이후 저는 존 트레인John Train의 《머니 마스터즈The Money Masters》를 읽었으며 제2차 세계대전이 발발했을 때 주식을 산 것으로 유명한 존 템플턴John Templeton과 같은 위대한 투자자들에 대해 배우기 시작했습니다. 그는 저의 첫 번째 역할 모델이었습니다. 그런 뒤 제가 워런 버핏에 대해 알게 되면서 그가 저의 두 번째 역할 모델이 되었습니다. 그는 항상 가치 투자에 대해 매우 사려 깊고 웅변적으로 묘사합니다.

저는 상황이 좋지 않을 때 존 템플턴처럼 투자한다는 생각으로 중소형 기업의 가치 투자에 집중하거나 워런 버핏처럼 훌륭한 기업들이 인기가 없을 때 그것들을 사들이는 것에 대해 이야기했습니다. 다른 사람들이 두려워할 때 욕심을 부리는 것이죠. 존 템플턴은 항상 "비관론이 최고조에 달했을 때 주식을 사야 한다"라고 말했습니다. 그 두 주제가 제게 큰 감동을 주었습니다. 저는 군중과 다르게 생각하는 것이 어렵지 않습니다. 다른 사람들이 두려워하는 것에 기꺼이 몸을 의지하는 것에 익숙합니다. 그것이 시작입니다.

저에게 가치 투자란 수익과 현금 흐름에 비해 낮은 가격의 주식뿐만 아니라 법인세·이자·감가상각비 차감 전 영업이익인 에비타EBITDA, Earnings Before Interest, Taxes, Depreciation and Amortization의 배수 역시 낮은 주식을 매입하는 것을 의미합니다. 우리는 기업의 주식을 거래할 때 그 사업의 가치를 얼마로 결정할지 우리만의 독자적인 분석을 하고 싶었습니다.

DR_ 아직도 아프리카계 미국인 소유의 투자회사가 더는 없다는 것이 놀랍지 않나요?

JR_ 깜짝 놀랐습니다. 제가 38년 전에 투자회사를 시작했을 때, 해롤드 워싱턴Harold Washington이 시카고 시장으로 막 선출되었습니다. 애틀랜타 시장인 메이너드 잭슨Maynard Jackson은 저의 영웅이었습니다. 저는 주요 도시에서 아프리카계 미국인 기업가들, 특히 자금 관리 분야의 아프리카계 미국인 기업가들에게 기회의 문이 열리기 시작할 것으로 생각했습니다. 공공 기금뿐 아니라 개방적인 기업들도 그들에게 기회를 줄 것으로 생각했습니다. 저는 특히 대학, 병원, 박물관, 재단들은 그들의 기부금 관리를 마이너리티minority 기업들에 개방할 것으로 기대했습니다. 그런 기관들은 다양성과 포용성을 줄곧 이야기했기 때문입니다. 그들은 40년 전에 그것에 대해 이야기했으며 지금도 이야기하고 있습니다. 저는 그저 엄청난 순풍이 불 것으로 기대했습니다. 하지만 그런 일은 일어나지 않았습니다. 문은 여전히 매우 천천히 열리고 있습니다. 비영리 세계에서도 문은 매우 느리게 열리고 있습니다.

많은 대학과 병원들은 '공급자의 다양성'을 추구합니다. 그들은 공사, 케이터링, 저비용 공급망 기회 제공에 아프리카계 미국인들을 고용하는 데 익숙합니다. 하지만 고수익 사업인 금융 기회는 기존의 사모펀드, 헤지 펀드, 벤처 투자가들에게 주려고 합니다. 사람들은 그런 분야에서 아프리카계 미국인들을 떠올리지 않았습니다. 제가 40년 전에 기대했던 성장을 이루지 못했던 중요한 이유는 그와 같은 암묵적이거나 무의식적인 편견 때문입니다.

DR_ 아리엘은 뮤추얼 펀드 구조로 설립되었습니다. 왜 그 구조를 선택했나요? 당신의 펀드는 모두 그런 형태인가요?

JR_ 대략 반반입니다. 우리의 운용 자산 규모는 곧 180억 달러가 될

것입니다. 우리는 순조롭게 성장하고 있으며 바라건대 연말까지 200
억 달러가 될 것입니다. 대략 자산의 절반이 뮤추얼 펀드에 있습니다.
우리의 주력 상품인 아리엘 펀드는 30억 달러가 조금 넘죠. 1986년까
지 거슬러 올라가 보면 모닝스타Morningstar와 리퍼Lipper가 평가한 뮤추
얼 펀드 가운데 우리가 유일한 중기업 펀드였습니다. 전체 35년 기간
을 동일한 포트폴리오 관리자가 관리하는 것은 매우 드문 일입니다.

　우리는 개인 투자자들이 이용할 수 있는 뮤추얼 펀드 구조를 좋
아합니다. 소수 인종의 개인 투자자들은 우리를 이용할 수 있습니다.
401(k) 계획, 403(b) 계획 또는 529 저축 계획에 우리를 추가하기는
쉽습니다. 뮤추얼 펀드는 우리가 별도 계좌 자금 관리 서비스를 제공
해 기관들이 별도의 계좌를 관리할 수 있도록 유연성을 많이 제공합
니다.

DR_ 최근 몇 년간 가치 투자자로 투자하기 어려웠습니까? 지금은 어
떤가요?

JR_ 우리의 최근 성과는 매우 우수합니다. 우리는 지금까지 엄청난 실
적을 올리고 있습니다. 실제로 우리의 간판격인 아리엘 펀드의 수수
료 공제 후 실적은 3년, 5년, 10년, 그리고 35년 기간별로 다른 펀드
를 앞서고 있습니다. 우리는 벤치마크에 비해 실적이 상당히 우수합
니다. 이런 장기적인 성과를 올린 기업은 드물죠.

　작년에 우리는 남들이 두려워할 때 욕심을 부려야 한다는 회사 창
립 정신을 이행함으로써 좋은 실적을 기록했습니다. 1년 반 전만 해
도 코로나로 시장은 엉망이 되었습니다. 우리는 그 안에서 인기 있는
회사들의 주식을 사고, 우리의 평가 기준을 처음으로 충족시키는 주
식들에 대한 새로운 아이디어를 모색했습니다. 10년, 15년 동안 우리

가 소유하려고 했던 회사들이 마침내 코로나 위기가 최고조에 달했을 때 우리의 평가 기준을 충족했습니다.

아리엘 펀드의 35년을 포함한 38년간의 실적을 들여다보면 그것은 일종의 공포로 인한 비효율성이 시장에 존재할 때 구축된 것입니다. 1987년 시장이 하루 만에 22퍼센트 폭락했을 때, 우리는 고객들에게 전화를 걸어 돈을 더 투자하라고 권했습니다. 그것은 일생에 한 번 찾아올까 말까 할 정도로 주식을 싸게 살 기회였습니다.

그런 뒤 금융 위기가 2009년 봄까지 지속되면서 일생에서 두 번째로 주식을 싸게 살 기회가 찾아왔습니다. 우리가 좋아하는 회사들의 주식이 점점 더 저렴해짐에 따라 우리는 주식을 계속 사들였습니다. 우리는 2009년 3월 9일 주식 시장이 최저치를 기록한 이후 계속 주식을 사들였기 때문에 모닝스타 평가 대상 펀드 가운데 1위를 차지했습니다. 그리고 이 세 번째 일생일대의 기회가 코로나 시기에 찾아왔습니다.

그것들이 우리의 1년간 실적과 장기 실적 모두에 큰 영향을 미친 것들입니다. 이것이 바로 소위 '앞이 보이지 않아' 엄청난 스트레스가 모든 사람을 짓누를 때 가치 투자를 실천에 옮기는 능력입니다. 당신은 모두가 손을 놓고 있거나 주식을 팔고 있을 때 그 안에 뛰어들어갈 용기가 있어야 합니다.

DR_ 당신이 사업을 시작한 이후 전반적인 실적은 어땠나요?

JR_ 당신이 어느 달을 보느냐에 달렸지만 우리는 이 분야에서 1등입니다. 2021년 7월 말, 우리의 아리엘 펀드는 1986년 11월 이후 거의 35년 동안 수수료 제외 후 복리로 계산해보면 S&P 500 펀드에서 러셀 2500 밸류 인덱스 펀드에 이르기까지 모든 관련 벤치마크 펀드보다 11.67퍼센트 높은 실적을 달성했습니다. 하지만 매년 실적이 직선으로 상승했던 것은 아닙니다. 우리는 좋지 않은 시기도 보냈습니다. 2008년은 주식 시장 하락으로 모든 투자가에게 상당한 실망을 안겨 준 시기였습니다. 우리는 그 기간 많은 것을 배우고 발전했기를 기대합니다. 왜냐하면 그 해는 정말 힘든 한 해였기 때문입니다.

DR_ 대침체 기간, 당신의 운용 대상 자산이 약 절반 정도로 감소했습니다. 당신 회사가 살아남을 수 있을까 걱정했나요?

JR_ 우리는 살아남을 것이라고 확신했습니다. 제게는 멜러디 홉슨이라는 훌륭한 사업 파트너가 있습니다. 그녀는 38년 중 31년을 함께 일했습니다. 우리는 둘 다 보수적이어서 만일의 경우를 대비해 항상 돈을 모아 두었습니다. 저는 아버지께 멜러디는 어머니께 그것을 배웠습니다. 우리는 수입이 아주 적더라도 몇 년 동안 살아남을 수 있을 정도로 비상금을 두둑이 마련해 두었습니다. 회사의 생존에 대해 걱정하지는 않았지만, 그 시기를 보내는 것이 무척이나 힘들었습니다. 회사 설립 이후 처음으로 실시한 정리해고는 가슴이 미어질 정도로 잔인한 일이었습니다. 우리를 믿었던 투자가들을 잃는다는 것 역시 가슴 아픈 일이었습니다. 힘든 시기가 왔을 때 그들은 그냥 떠났습니다.

우리 주변에는 헐값이 된 종목들이 사방에 있었습니다. 저는 사탕 가게를 찾아간 어린아이가 된 것 같았습니다. 훌륭한 회사들이 파격적인 할인 가격으로 판매되고 있었으며 그 가운데 일부는 사모 시장 가치의 70~80퍼센트나 할인된 가격으로 거래되는 것도 있었습니다. 우리는 경제적으로 어려움을 겪고 있었지만 그때의 투자는 재미있었습니다. 우리는 시장이 다시 살아나고 우리가 싸게 샀던 주식들이 성공할 것이라는 사실을 확실히 알고 있었습니다. 우리는 주식들이 점점 더 저렴해지자 계속 사들였습니다. 그렇게 평균 매수 단가를 상당히 낮추었죠. 그것은 언젠가 환상적인 성과를 거두리라는 것을 의미했습니다.

DR_ 아직도 투자 과정에 깊이 관여하고 계십니까?

JR_ 네, 지난 38년 동안 그랬던 것처럼 여전히 그렇게 하고 있습니다. 매일 경영진들과 이야기를 나누고 그들과 분기마다 회사를 방문하며 우리가 투자한 산업과 기업에 대해 경쟁사들이 어떻게 생각하는지 들어보고 매도를 권유하는 분석가들과 대화하여 그들의 관점을 파악합니다. 이것이 제 천직입니다.

DR_ 프린스턴 시절로 돌아가 보지요. 당신은 왜 그 학교에 갔나요? 그때 당신은 농구 코치가 되고 싶어 하지 않았나요? 무슨 일이 일어난 겁니까?

JR_ 저는 1부 리그에서 농구를 하고 싶었습니다. 하지만 많은 사람이 대학에 가면 고등학교 때 수학을 잘했어도 수학으로 박사학위를 받을 가능성은 없다는 것을 깨닫습니다. 먹이사슬 위로 올라가면 올라갈수록 더욱 복잡해지는 법이죠. 다행히 저는 농구 코치가 될만한 소질은 없었지만 주식 시장을 좋아하는 또 다른 취미가 생겼습니다.

DR_ 졸업하고 무엇을 하셨나요?

JR_ 저는 윌리엄 블레어에 취직했습니다. 그것은 전형적인 프린스턴 출신들이 일하는 곳입니다. 어머니는 콘티넨탈 은행의 틸든 커밍스 Tilden Cummings와 프린스턴 동문이었습니다. 틸든은 유명한 프린스턴 졸업생인 네드 자노타Ned Jannotta에게 연락했습니다. 윌리엄 블레어의 경영 파트너였던 그는 저를 자산 관리부 사람들에게 소개해줬습니다.

그 당시 사람들은 저희를 주식중개인이라고 불렀습니다. 그들은 저를 고용했지요. 저는 윌리엄 블레어의 전문직에 고용된 최초의 아프리카계 미국인이었습니다. 그곳은 대학을 갓 졸업한 사람을 거의 고용하지 않았습니다. 저는 그들이 제 안에서 뭔가를 발견했다고 생각했습니다. 그들은 시장에 대한 저의 열정을 보았으며 제가 시장을 얼마나 좋아하는지, 시장에 관해 얼마나 많은 것을 읽었는지, 그리고 어떻게 투자에 대한 접근 방식을 개발하고 있는지를 알아보았습니다. 그들은 아마 제가 다른 사람들과 다르다고 생각했을 겁니다. 저는 독립심이 강한 집안에서 외동아들로 자라면서 스스로 생각하는 법을 배웠습니다.

DR_ 당신은 아리엘을 시작하기 위해 24살에 집을 떠났어요. 아리엘이라는 이름은 어디서 찾았나요?

JR_ 바보 같은 이야기지만, 저는 드라마 〈월튼네 사람들The Waltons〉을 즐겨 보곤 했습니다. 주인공 존 보이는 한 에피소드에서 아리엘이라는 여자와 사랑에 빠졌습니다. 저는 그 이름을 받아 적었습니다. "내가 만약 딸을 낳는다면 이름을 아리엘이라고 할 거야." 회사를 딸이 태어나기 7년 전에 설립했기 때문에 먼저 회사 이름을 아리엘이라 짓고 딸의 이름을 빅토리아로 지었습니다.

DR_ 아리엘을 시작할 자본은 어디서 구했습니까?

JR_ 고등학교 친구들에게 10달러에서 2만 달러 사이의 투자를 해 달라고 부탁했습니다. 또 증권 중개인이었던 고객들이 있었습니다. 저를 믿어준 그들에게 찾아갔습니다. 저는 제가 자란 하이드 파크의 그린우드 애비뉴에 있는 이웃들도 찾아갔습니다. 결국 아버지와 어머니도 찾아갔죠. 저는 사람들에게 어머니는 수중에 있던 현금 전부를 주셨고, 아버지는 손해를 감수할 정도까지만 밀어주셨다고 말하곤 합니다. 그것이 제 종잣돈이었습니다.

DR_ 제대로 자본을 모았군요. 당신의 초반 성적은 어땠나요?

JR_ 정말 좋았어요. 처음 몇 해 동안 우리가 투자한 주식이 좋은 성과를 낸 것이 주요했습니다. 우리는 신중하고 장기적인 투자자로서 과도한 위험을 감수하지 않는다는 것을 상기시키기 위해 〈인내심 있는 투자자The Patient Investor〉라는 소식지를 발간하는 아이디어를 생각해냈습니다. 우리는 매달 발행되는 소식지에 우리가 제일 좋아하는 주식들에 관해 이야기하고, 뒷면에 그것들의 실적을 정리했어요. 투자자들은 소식지를 통해 우리가 주식을 선택하는 이유는 물론 그런 선택이 실제로 효과가 있었는지 확인할 수 있었기 때문에 우리의 신뢰도는 향상됐습니다. 우리가 사업을 시작하고 첫 6개월이 지난 후에, 첫 번째 기관 고객인 하워드 대학교로부터 10만 달러를 받았습니다. 우리는 거기에서부터 성장했습니다.

DR_ 회사를 시작한 이후로 회사가 어떻게 변했나요?

JR_ 극적으로 변했습니다. 처음에는 일할 수 있는 사람들을 고용해야 했습니다. 저는 직장을 그만두고 일자리를 찾던 고등학교 친구를 회사의 이인자로 영입했습니다. 세 번째 직원은 백과사전을 방문 판매하던 사람이었습니다. 저는 그가 사전을 잘 파는 유능한 판매원이라면, 아리엘에서도 좋은 판매원이 될 것이라 생각했습니다.

첫해 세 명으로 시작한 우리 회사는 지금은 직원이 110명이 넘는 규모로 성장했으며 샌프란시스코, 뉴욕, 시카고, 호주 시드니에 사무실이 있습니다. 직원들의 연령대는 폭넓으며 모두 뛰어난 인재들입니다.

예전에는 제가 모든 결정을 내려야 했습니다. 이제 이러한 결정을 내리고 회사를 운영하는 데 도움을 주는 훌륭한 리더들로 구성된 팀이 있습니다. 너무 재미있어요. 사실 마치 코치처럼 일하고 있습니다.

DR_ 회사를 시작한 이래 투자 방식이 어떻게 바뀌었습니까?

JR_ 핵심 가치는 여전히 경영진이 유능하고 재무제표가 견실하지만 저평가된 훌륭한 회사의 주식을 사는 것입니다. 시간이 지남에 따라 발전한 것 가운데 하나는 우리가 수년간 독자적인 부채 등급을 개발한 것입니다. 제 동료인 찰리 보브린스코이Charlie Bobrinskoy는 우리가 투자한 회사의 대차대조표에서 안전 마진이 얼마인지 판단할 수 있는 실력을 향상했습니다. 두 번째는 행동 경제학을 열심히 배워왔다는 사실입니다. 저는 프린스턴의 투자위원회에서 대니얼 카너먼Daniel Kahneman을 알게 되었습니다. 리차드 탈러Richard Thaler도 알게 되었지요. 그는 바로 여기 우리 고향인 시카고에 살았으며 우리 모두 시카고 대학을 사랑하고 학교에 즐거이 헌신했기 때문입니다. (카너먼과 탈러 모두 노벨경제학상을 받았다.)

이러한 행동 경제학의 대가들은 우리가 매일 일하는 방식에 관한 생각을 변화시켰습니다. 즉, 우리 중 누군가는 확증편향이 있으며, 누군가는 낡은 예측치에 매여 있고, 누군가는 최근 사건을 더 선호하는 등 행동 편향이 있습니다. 이러한 행동 경제학을 잘 적용하는 것이 중요합니다. 그렇게 함으로써 우리의 행동 편향을 이해할 수 있습니다.

우리가 개선한 핵심 영역은 우리의 질문 방식에 있습니다. 우리는 사업 정보 자문사Business Intelligence Advisors라는 외부 회사를 이용합니다. 그들은 전 CIA 요원과 정부 관리들로서 고객사들이 더 좋은 질문자와 청취자가 되도록 도와주고 당신이 상대방의 대답을 통해 그들이 솔직한지 아닌지를 구별할 수 있도록 도와줍니다. 그들은 우리가 경영진과 시간을 더 효과적으로 사용하는 방법에 대해 서로 지도하는 데도 도움을 주고 있습니다.

DR_ 지난 수년간 투자자로서 배운 가장 중요한 교훈은 무엇입니까?

JR_ 하나는 확증편향에 관한 생각입니다. 어떤 주제에 대해 당신과 동의하는 사람들을 찾기는 매우 쉽습니다. 하지만 당신은 반드시 다른 모든 측면에 대한 의견을 들어야만 합니다. 당신은 결정하는 데 도움이 되도록 경쟁업체, 공급업체, 해당 업종을 좋아하지 않는 다른 자금 관리자와 대화함으로써 확인되지 않은 정보를 얻기 위해 노력해야 합니다. 그것은 무척 어려운 일입니다. 저는 항상 제가 듣고 싶어 하는 대답으로 귀결되지 않고, 사람들이 정말로 생각하는 것을 최대한 말할 수 있는 질문을 하도록 저 자신을 채찍질합니다.

두 번째 교훈은 혼자 독립적으로 판단하고 다른 사람들처럼 되어야 한다는 압박감을 느끼지 않는 능력이 중요하다는 사실입니다. 저는 반드시 전통적인 규칙을 따라야 한다고 생각하지 않습니다. 그것은 성공적인 투자에 결정적인 역할을 합니다. 저는 제 기발함을 받아들이고 남들처럼 되어야 한다는 압박을 느끼지 않는 방법을 점점 더 많이 깨우칩니다. 저는 이메일을 하지 않습니다. 저는 다른 사람들처럼 하지 않는 것이 많이 있습니다.

DR_ 왜 이메일을 하지 않으십니까?

JR_ 이메일을 하면 많은 시간이 들어가고 사람들이 제 시간을 통제하도록 만들기 때문입니다. 만약 매 순간 무언가가 삐 소리를 낸다면 당신은 회사의 장기적인 가치에 대해 생각하고 읽고 집중하기보다는 끊임없이 소음에 휩싸이게 됩니다. 저는 매일 저녁 이메일에 답장

하느라 몇 시간을 사용하는 친구들을 알고 있어요. 그들이 그 시간에 시장에 관해 읽고 생각한다면 시간을 더 유용하게 사용할 수 있을 겁니다.

제가 강조하고 싶은 마지막 교훈은 새로운 것이 아닙니다. 이것은 지난 38년간 강화되어온 것입니다. 워런 버핏은 지난 100년 동안 다우 존스는 66에서 시작해 1만 1,000 이상까지 올라갔다고 말했습니다. 그는 대침체, 여러 번의 불황, 코로나, 세상을 떠난 여러 대통령 등 여러 사건들은 우리를 놀라게 하고 충격을 주었으며 가슴 아프게 만들었다고 거듭 강조했습니다. 우리는 제1차 세계대전, 제2차 세계대전, 베트남 전쟁 등을 겪었지만 항상 다시 앞으로 나갔습니다. 미국은 사상 최고의 자본주의적 민주주의 국가입니다. 매일 등장하는 뉴스의 머리기사에 휩쓸리지 않고 앞으로 일어날 일에 대해 장기적으로 생각하는 능력은 계속 반복해서 강화되었으며, 그것은 우리의 인내심 있는 투자가 즉 '터틀turtle' 주제와 아주 잘 맞아떨어지는 교훈입니다.

DR_ 주식을 살 때, 보통 얼마나 오래 보유하나요?

JR_ 보통 5년이지만, 10년, 15년, 20년 동안 포트폴리오에 이름을 올린 기업들이 많습니다. 우리는 그것들이 비싸지면 일부를 매도하고 싸지면 더 많이 삽니다. 기업의 경영진은 우리가 주주로 남아 있는 것을 매우 좋아합니다. 왜냐하면 우리처럼 주식을 장기 보유하는 투자가들이 매우 드물기 때문입니다.

DR_ 인내심 외에 좋은 가치 투자자의 가장 중요한 자질이 무엇이라고 생각합니까?

JR_ 특히 어려운 시기에는 군중을 따라가야 한다는 압박감이 크게 작용하기 때문에 혼자 버티는 능력이 매우 중요합니다. 2008년과 2009년에는 모두가 세상은 이제 끝나가고 있다고 생각했습니다. 또 얼마 전까지 코로나로 세계가 종말을 고하고 있다고 생각했습니다. 그리고 이 바이러스가 우리 경제를 이렇게 오래 파괴할지 누가 알았겠습니까. 그것은 역사상 가장 빨리 진행된 불황이었습니다. 우리는 그때가 가장 많은 돈을 벌 수 있는 때라고 생각합니다. 모든 사람이 어쩔 줄 몰라 당황하거나 두 손 놓고 앉아 있을 때 사겠다는 용기를 내야 합니다. 제가 40년 전 말킬 교수에게 배운 것과 같이 시장은 매우 효율적입니다. 하지만 문이 열리고 기회의 창문이 열리는 때가 있습니다. 그때 바로 거기에 뛰어들어 공격적으로 주식을 살 준비가 되어 있어야 합니다. 그것이 바로 독립적으로 생각할 수 있는 능력입니다. 위대한 투자자가 되는 데 있어 그보다 더 중요한 것은 없습니다.

마지막 교훈은 멀리 내다보고 3년 후, 5년 후의 미래를 상상하는 능력입니다. 대부분 사람은 어쩔 수 없이 뉴스 머리기사에 집착해 이것 또한 지나가리라는 것을 이해하지 못합니다. 만약 제가 그들보다 멀리 내다볼 수 있다면 다른 사람들이 보지 못하는 것들을 볼 수 있는 기회를 가질 수 있습니다.

DR_ 실수로 주식을 매입했다고 판단되면 당신은 주식을 매도합니까? 실수했다고 생각하면 무슨 일을 하시나요? 아니면 당신은 실수를 별로 하지 않나요?

JR_ 우리는 여러 해 동안 실수를 많이 했습니다. 그럴 때 우리는 주식을 매도합니다. 경영진을 바꾸거나 그 기업에 개입하진 않습니다. 그건 우리가 하는 사업이 아닙니다.

DR_ 자기 돈을 투자하려는 사람이 있다면, 직접 주식을 골라 투자하는 것이 나은가요? 아니면 그 돈을 전문 투자자들에게 맡기는 것이 나은가요?

JR_ 확실히 전문 투자자를 믿는 것이 훨씬 더 안전합니다. 그러면 아마 평균적인 이익을 얻을 것입니다. 개인 투자자로서 돈을 벌 수 있는 유일한 방법은 전문 분야 안에 머무르는 것이라고 생각합니다. 스스로 아주 잘 알고 있는 산업에 투자하세요. 당신은 아마도 그곳에서 경력을 쌓았을 것입니다. 만약 당신이 30년 동안 제약 산업에서 일했다거나 30년 동안 기술 산업의 특정 부분에서 일했다면, 당신은 다른 사람들이 보지 못하는 것들을 볼 수 있는 능력을 갖추었을 겁니다. 개인 투자자로서 성공하기 위해서는 특정 분야 투자에 특화해야 합니다. 그렇지 않으면 많은 분야에서 진정한 전문가들인 전문 투자가들보다 불리하게 될 것입니다.

DR_ 누가 당신의 돈을 관리합니까?

JR_ 제 돈의 대부분은 우리 회사의 대표적 펀드인 아리엘 인베스트먼트의 주식입니다. 저는 제가 이사회에 참석하는 회사들의 지분을 상당 부분 소유하고 있습니다. 그래서 저는 제가 제 돈을 관리한다고 생각합니다. 저는 그것을 다른 사람에게 맡기지 않습니다.

DR_ 최근 몇 년간 인덱스 펀드는 꽤 잘 해왔습니다. 확실히 가격으로 보면 그들을 이기기 어렵습니다. 당신은 주가지수 펀드에 대해 어떻게 생각하십니까? 당신은 전통적인 뮤추얼 펀드만 판매하시나요?

JR_ 우리는 여기 아리엘에서 우리 스스로 관리하는 뮤추얼 펀드만 판매합니다. 우리는 각자 자신이 만든 요리를 먹습니다. 이 모든 것은 포트폴리오 관리자가 어떤 기술을 갖추고 있는지로 귀결됩니다.

DR_ 주가지수 펀드에 관해 당신은 그것들이 실제로 좋은 투자 상품이라고 생각하나요? 사실상 당신은 주가지수 펀드를 이길 수 있다고 말하고 있습니다.

JR_ 우리는 주가지수 펀드보다 더 좋은 성과를 낼 수 있는 펀드가 있다고 생각합니다. 우리가 그런 펀드 중 하나라고 믿죠. 하지만 당신이 지수에 돈을 투자한다면 대개 좋은 성과가 있을 것입니다. 아리엘에서는 주가지수 펀드를 판매하지 않습니다. 우리가 스스로 관리하는 펀드만 판매합니다.

DR_ 당신은 이제 사모펀드를 판매합니다. 그 분야에 투자하는 이유는 무엇입니까?

JR_ 우리는 지난 일 년 동안 그들을 이길 수 없다면 그들과 함께하자고 말해왔습니다. 우리 아리엘 펀드에서 가장 큰 포지션 중 일부는 시장에서 거래되는 사모펀드 주식입니다. 우리는 그 산업을 믿고, 우리 고객의 돈을 시장에서 거래되는 사모펀드 주식에 투자할 뿐만 아니라 우리 자신의 펀드도 운용하기 시작했습니다. 우리는 다양성과 포용성에 관심이 많은 이 시대에 우리가 무언가를 할 수 있으며 아프리카계 미국인 공동체와 백인 공동체 사이의 엄청난 부의 격차를 해소하는 것을 도울 수 있다고 판단했습니다. 만약 우리가 아프리카계 미국인, 라틴계 및 라틴계 기업가들에게 투자하는 펀드를 만들 수 있다면, 그것은 우리에게 좋은 성과를 가져다주는 투자 수단 및 투자 다변화뿐만 아니라 다양한 공동체에서 진정한 부를 쌓을 기회를 창출하는 데 도움을 줄 것입니다.

DR_ 투자를 통해 얻는 즐거움은 무엇입니까?

JR_ 저는 경쟁심이 매우 강합니다. 그리고 투자는 정말 재미있는 게임입니다. 아침에 일어나면 빨리 CNBC를 틀고 시장이 어떻게 시작하는 알아봅니다. 저는 회사의 포트폴리오 매니저로부터 시장 움직임에 관한 초기 징후를 받아봅니다. 그는 제게 우리가 추적하는 모든 다양한 회사와 산업 부문에 대한 새로운 조사 보고서를 보내 줍니다. 저는 그런 자료를 읽는 것을 좋아합니다. 그것을 공부하는 것을 좋아하죠. 또한 다른 뮤추얼 펀드 매니저들 및 포트폴리오 매니저들과 경쟁하는 것을 좋아합니다. 그냥 너무 재미있어요.

물론 잘할 때 더 재미있지만, 저는 단지 게임을 즐깁니다. 그것은 건초더미에서 바늘을 찾는 것 같아요. 마치 보물 사냥꾼이 땅속에 묻힌 보물을 찾아 나서는 것처럼 오해받고 잘못 취급받는 멋진 회사들을 찾는 것과 같은 일입니다. 이처럼 홀대받는 주식을 다른 사람들과 반대로 생각하면서 그것이 제대로 작동해 당신과 고객 펀드의 실적이 향상하는 것을 보는 것만큼 보람된 일은 없습니다.

DR_ 구직을 하는 젊은 전문직 종사자들에게 금융 분야를 추천하십니까?

JR_ 저는 젊은이들에게 시장을 이해하기 가장 좋은 방법은 그들이 속한 대학의 투자 사무실에서 일하는 것이라고 말해 줍니다. 저는 프린스턴에 있었을 때 프린스턴 투자회사Princeton Investment Company에서 인턴으로 일할 수 있었으면 좋았으리라 생각했습니다. 저는 리글리 필드Wrigley Field에서 콜라, 맥주, 팝콘, 핫도그를 파는 일을 했습니다. 저는 모든 다양한 자산 등급에 대해 배울 수 있는 기부금 사무실이 있었다는 사실을 전혀 몰랐습니다.

저는 젊은이들과 이야기할 때마다 '당신이 속한 지역의 기부금 사무소를 찾아보세요'라고 충고합니다. 학교에 다니는 동안에는 자원봉사자로 일하세요. 여름 방학에는 인턴십을 하세요. 그곳이 당신이 자산 관리 사업의 어떤 분야에 종사하고 싶은지 알 수 있는 최고의 장소가 될 것입니다.

DR_ 투자 동향, 새로운 주식, 시장 동향에 대한 정보를 어떻게 얻고 계십니까? 당신은 정보를 얻기 위해 무엇을 합니까?

JR_ 저는 사람들에게 제가 온종일 하는 일은 '읽기'라고 말합니다. 저는 매일 〈뉴욕타임스〉, 〈월스트리트 저널〉, 〈파이낸셜 타임스〉, 〈시카고 트리뷴〉, 〈시카고 선타임스〉 등 5개 신문을 봅니다. 아침에는 CNBC를 보면서 최신 트렌드와 뉴스를 파악합니다. 저는 할 수 있는 대로 시장에 관한 책을 많이 읽습니다. 또 행동 재무학 분야에 점점 더 많이 집중하고 있습니다. 성공한 여성 포커 플레이어 애니 듀크 Annie Duke는 최근 책을 출간하고 팟캐스트를 하고 있습니다. 우리는 그녀의 책을 연구해 왔습니다. 애덤 그랜트Adam Grant의 《싱크 어게인Think Again》을 통해 우리는 유연해지는 방법과 시장이나 개별 결정에 대한 우리의 견해를 바꾸는 방법을 배울 수 있었습니다. 너무 많은 사람이 어느 한 결정에 얽매여 새로운 환경에 적응하지 못합니다.

저는 제가 무척 존경하는 투자자들과 훌륭한 네트워크를 구축하기 위해 노력했습니다. 저는 그들과 관계를 구축함으로써 그들과 대화하고 시장에서 무슨 일이 일어나고 있는지, 그들이 걱정하는 것은 무엇인지, 우리가 보지 못하는 것 가운데 그들이 보는 것은 무엇인지 등 그들의 관점에서 시장을 바라보는 방법을 배웁니다. 저는 젊은이들에게도 비즈니스 스쿨에서 친구들과 관계를 구축하라고 권합니다. 그러면 당신은 30년, 40년 후에 시장이나 시장 밖에서 어려운 결정을 내려야 할 때 그들로부터 독립적인 조언을 받을 수 있습니다.

DR_ 휴식을 취하거나 쉬고 싶을 때 무엇을 하나요? 당신은 아직도 농구를 하시나요?

JR_ 아니요. 고관절 치환 수술 후에 더는 뛸 수 없어요. 저는 약 3년 반 전에 피아노 레슨을 받기 시작했습니다.

DR_ 저는 중년에 피아노를 배우기 시작해 그것을 숙달할 수 있는 사람이 있는지 궁금했습니다. 당신은 그렇게 하실 수 있습니까?

JR_ 여기 시카고에 있는 피플스 뮤직 스쿨의 훌륭한 선생님에게 배우고 있습니다. 그녀는 그곳의 최고 경영자입니다. 저는 점점 나아지고 있다고 생각합니다.

DR_ 제가 〈랩소디 인 블루Rhapsody in Blue〉를 연주해 달라고 하면, 바로 할 수 있나요?

JR_ 악보가 필요합니다. 제 생각에 그걸 배울 수 있을 것 같아요.

DR_ 당신은 아직도 맥도날드에서 하루에 한 끼 식사하시나요?

JR_ 여기 제 맥도날드 다이어트 콜라가 있습니다. 여기에서 매일 식사하는 것은 아닙니다. 때때로 비스킷과 다이어트 콜라를 먹지요. 감자튀김과 다이어트 콜라를 즐기기도 합니다. 또 어떨 때는 맥플러리를 먹기도 하죠.

DR_ 당신이 이사회에 있으므로 그렇게 하는 건가요?

JR_ 이건 제가 항상 해왔던 전통입니다. 대학 졸업 후 저는 맥도날드에서 신문을 읽는 것을 좋아했습니다. 또 다른 내 집 같은 곳이지요.

DR_ 컴퓨터를 사용하시나요?

JR_ 저는 줌과 같은 새로운 세계를 접하려고 아이패드를 사용하는 법을 배웠습니다. 하지만 컴퓨터를 사용해 본 적은 없어요.

DR_ 사람들이 당신에게 연락하고 싶을 때, 그들은 어떻게 당신에게 메시지를 전달합니까?

JR_ 저는 휴대폰이 있어요. 휴대폰으로 직접 전화하거나 집으로 전화하거나 사무실로 전화할 수 있습니다. 나는 사람들에게 제 전화번호가 시카고 이스트 델라웨어 거리에 있는 존 로저스로 등재되어 있다고 알려줍니다.

3 부동산

존 그레이 JON GRAY
블랙스톤 사장 겸 COO

"가장 좋은 것은 강한 확신을 가진 투자자가 되는 것이다.
자신이 잘 모르거나 이해하지 못하는 것에 많은 돈을 투자하면
대체로 결과는 좋지 않다."

태초부터 부동산은 사실상 전 세계 대부분 개인의 투자 자산이다. 집, 토지, 농장 또는 목장은 그들의 유일한 자산은 아니더라도 주요 자산이었다. 개인은 전통적으로 이 자산을 보고 만지며 가치를 이해할 수 있다는 점에서 어느 정도 안정감을 느껴왔다. 대부분 개인에게 종잇조각(주식이나 채권 등)은 그들이 정기적으로 사용하고, 보고, 즐기는 물리적 자산과 동일한 감정적 연결 고리를 제공하지 않는다. 1800년대와 1900년대에 유럽과 미국에서 부를 축적한 개인들은 다른 사람

들이 임대하거나 사용하는 부동산(토지 또는 건물)을 사는 것이 가치가 있다고 생각했다. 그리고 그러한 자산에서 얻은 경상소득(임대료)과 그러한 자산을 매각할 때 얻는 이익은 확실하고 비교적 예측 가능한 수익을 내는 경향이 있었다.

인구가 증가하고 사업이 번창함에 따라 다양한 종류의 부동산에 대한 필요성이 높아졌고, 투자자들은 부동산을 벤처캐피털 거래처럼 고수익을 가져다주지는 않지만 비교적 실패의 위험이 적은 중요한 투자 유형으로 보기 시작했다. 20세기 내내 유럽과 미국의 '핵심' 또는 전통적인 부동산은 비교적 안전했으며 한 자릿수 투자 이익을 가져다줬다.

1980년대 후반 미국에서 저축대부조합S&L 위기가 발생하자 연방정부는 결국 실패한 S&L의 부동산에 대한 통제권을 넘겨받았다. 간단히 말해서, 연방정부는 이러한 부동산 자산을 최종 재판매 가치보다 매우 낮은 가격으로 투자자들에게 팔았다. 그 결과 이런 부동산 자산의 매입자들은 매력적인 두 자릿수 수익률을 달성했다. 이로 인해 새로운 형태의 기회 포착형 부동산 투자가 탄생했다. 즉, 낮은 가격에 부동산을 사들여 재건축이나 부가 서비스에 상당한 투자를 한 뒤 투자자들에게 인수나 벤처형 수익 달성 기회를 제공하는 것이다.

더 높은 수익률을 추구하는 기회 포착형 부동산 투자에서는 일반적으로 이런 종류의 투자를 추구하는 기업이 투자자에게 성과 보수 carried interest*를 청구할 수 있다. 그 결과, 자신들의 투자금에 대한 부

---

* 사모펀드나 헤지 펀드 등 투자 상품의 수익이 높을 때 매니저에게 지급되는 이익 배당금을 의미한다.

가가치인 성과 보수의 오랜 역사를 가진 대형 사모펀드들이 부동산 시장으로 진출하는 계기가 되었다.

이런 사실은 기회 포착형 부동산 투자 세계에서 존 그레이와 블랙스톤의 부상을 잘 설명해 주고 있다. (그러나 블랙스톤은 나중에 투자 범위를 더 기본적인 부동산 즉 '핵심' 부동산 시장으로 확장했다.)

1992년 존이 펜실베이니아 대학을 갓 졸업하고 블랙스톤에 입사했을 때 회사는 부동산 투자 사업을 하지 않았다. 오늘날 블랙스톤은 존의 리더십을 바탕으로 세계에서 규모가 가장 크고 수익성이 가장 높은 부동산 투자 기업이 되었으며 2,900억 달러 이상의 자산을 관리하고 있다.

어떻게 이런 일이 일어났을까? 존은 어떻게 부동산 투자 역사상 가장 전설적인 거래 중 두 가지를 성사함으로써 자신의 명성을 확고히 하고 블랙스톤이 성공적인 부동산 사업을 구축할 수 있는 계기를 마련할 수 있었을까? 첫 번째 거래는 사상 최대 규모의 부동산 거래인 샘 젤Sam Zell의 에퀴티 오피스Equity Office를 390억 달러에 인수한 것이다. 2007년 시장 최고 수준에서 인수가 이루어졌지만, 존은 가장 바람직하지 않은 자산을 영리하게 선매하고 나머지 자산에서 수십억 달러의 이익을 블랙스톤에 안겨줬다.

두 번째 거래는 힐튼 호텔Hilton Hotels의 매입이었다. 존의 아이디어였던 이 거래는 부동산과 사모펀드의 복합 거래로 대침체 기간에 어려움을 겪던 호텔을 구하는 데 도움을 주었으며 최종적으로 140억 달러의 이익을 남기면서 인수 거래 역사상 가장 수익성이 높은 거래로 기록되었다.

뉴욕의 블랙스톤 본사에서 존과 이야기할 때 그는 자신의 성공 요인을 놀랄 만큼 높은 지능, 철저한 직업윤리, 매력적인 성격, 절묘한 타이밍 감각에 돌리지 않았다. 하지만 존은 대침체 기간 상업용 사무실 시장이 붕괴할 것으로 예상했을 뿐만 아니라 최근 몇 년간은 단독주택, 임대 아파트, 물류창고, 인디언Indian 상업용 부동산 시장의 가치가 높아질 것을 예견했다.

그러나 존의 많은 동료와 부동산 업계의 경쟁자들이 이구동성으로 말하는 것처럼 위와 같은 특징들이 그가 지루한 투자은행 업무를 처리하던 어린 대학 졸업생에서 회사의 사장 겸 최고 운영 책임자로 승진하게 된 이유다.

나는 존과 여러 해 동안 자선 단체 활동이나 사업상 교류를 통해 알고 지냈으며, 언제나 그의 자질에 감탄했다. 또한 수년 동안 세계에서 가장 큰 사업 중 하나를 건설하고 이끄는 중요 인사에게서 찾아볼 수 없는 존의 격의 없는 겸손함에도 감탄했다.

존은 현재 블랙스톤의 무수한 투자 활동을 감독하는 일을 하지만 나는 그가 세계의 리더로 활약 중인 부동산에 초점을 맞추어 존을 직접 인터뷰했다.

$

데이비드 M. 루벤스타인DR_ 당신은 부동산 투자자로 투자 세계에서 이름을 날렸고, 세계에서 가장 큰 부동산 기업을 만들었습니다. 당신은 성장하면서 부동산 투자자가 되고 싶었나요?

존 그레이JG_ 저는 부동산 투자자가 될 것이라고는 꿈에도 생각하지 않았습니다. 저는 시카고 교외에서 자랐으며 펜실베이니아 대학에 진학하기 전까지만 해도 동부 연안에 가본 적이 없습니다.

저는 대학에 갔을 때, 영어를 전공하고 싶었습니다. 저는 기자가 되고 싶었죠. 〈데일리 펜실베이니안〉에 기고도 했습니다. 학교를 1년쯤 다니면서, 사업을 좋아하는 친구들을 사귀게 되었습니다. 그들은 펜실베이니아 대학의 경영대학원인 와튼에 다녔습니다. 당시 저는 주식을 조금 갖고 있었습니다. 또 숫자를 좋아해서 복수 전공을 하기로 했습니다. 4학년 때 영어 전공자인 젊은 여성을 만났습니다. 그리고 몇 주 후 저는 작은 투자 자문 회사에 취직했습니다.

벌써 30년 전 일이군요. 그 회사가 바로 블랙스톤이었으며 제가 만난 그 여학생이 아내 민디Mindy였습니다. 저는 블랙스톤의 사모펀드와 인수합병 분야에서 일을 시작했습니다. 온종일 숫자를 다루고 고객을 위한 피치북pitchbook*을 작성했으며 동료들이 저녁 7시까지 저녁 식사를 할 수 있도록 식사 주문을 담당했습니다.

그런데 약 1년 만에 부동산 시장이 무너졌고, 선견지명이 있는 블랙스톤의 창업자 스티브 슈워츠먼과 피트 피터슨은 '부동산이 우리가 가야 할 곳'이라고 말했습니다. 그들은 부동산 사업을 시작했지만 사실상 담당할 사람이 없었습니다. 저는 그들을 도와 첫 번째 부동산 펀드를 위한 사모 투자 유치 설명서를 작성했습니다. 그들은 "당신이 적임자군요. 당신은 업무를 바꿔 부동산 그룹에 합류할 생각은 없나요?"라고 물었습니다. 저는 아내와 부모님과 이야기한 후 그들의 제안을 받아들였습니다. 그렇게 해서 저는 부동산 사업을 시작하게 되었습니다.

---

* 투자회사가 잠재적 고객에게 특정 금융상품이나 서비스를 제공하기 위해 배포하는 자료.

DR_ 부모님께 사모펀드에서 부동산 부문으로 옮겨야 할지를 상의했다고요? 당신은 부모님과 매우 가깝게 지내는 게 분명하군요. 부인은 "그곳으로 옮기는 게 좋은지 모르겠어요"라고 말씀하셨다면서요?

JG_ 제 아내와 부모님은 '제가 어떻게 생각하는지' 물었습니다. 저는 "자기 자본 투자를 한다는 생각이 정말 마음에 들어요"라고 대답했습니다. 우리가 투자 결정 여부를 통제할 수 있다는 생각이 마음에 들었죠. 또 저는 '사모펀드 업무를 담당하고 있으면 회사에서 내가 경영대학원에 가기를 바랄지도 모른다'라는 생각이 들었습니다. 부동산 업무를 하면 그럴 필요가 없다는 점도 마음에 들었죠. 저는 항상 아이들에게 "운은 핵심 역량이다"라고 강조했는데 이 일은 확실히 거기에 해당합니다.

DR_ 처음에 무슨 일을 하셨나요? 투자할 자금이 있었습니까? 제가 추측하기로 부동산 펀드가 없었던 것 같아요. 자금을 조달하기 위해 어떤 일을 하셨나요?

JG_ 우리는 회사의 자본금을 조금 사용했습니다. 사모펀드를 이용해 거래를 한 건 했지만 투자자들은 미국 부동산 시장 때문에 피해를 본 보험회사와 일본 투자자들이었습니다. 그래서 우리는 자금을 모아야 했죠. 처음에는 작은 거래로 시작했어요.

제가 작업한 첫 번째 거래는 버지니아 체서피크에 있는 그레이트 브리지 쇼핑센터였습니다. 그것은 600만 달러짜리 거래였습니다. 400만 달러를 빌렸으므로 200만 달러짜리 자본금 투자인 셈입니다. 저는 3주 동안 그곳에 머물렀습니다. 세입자를 일일이 만나보고 교통량을 계산하며 영업 상황이 어떤지 파악했습니다.

그것은 놀라운 경험이었습니다. 왜냐하면 저는 허드렛일 팀장이었으며, 웨이터이자 호텔지배인이었기 때문입니다. 이처럼 우리는 아주 작은 사업을 하고 있었기 때문에 저는 모든 일을 몸소 배울 기회를 얻었습니다.

우리는 콜로라도 스프링스에 있는 메리어트 호텔을 1,100만 달러에 거래했습니다. 엄청난 고통의 시기였기에 그때 우리는 '이 모든 일을 하지 말았어야 했어'라고 후회했습니다. 우리는 메리어트를 불과 몇 년 전 건설비의 3분의 1로 사려고 했습니다. 저는 그저 "어떻게 계약서에 서명하지?"라는 말만 되풀이할 뿐이었습니다.

하지만 그것은 믿을 수 없을 만큼 귀중한 경험이었습니다. 저는 부동산 사업을 좋아했습니다. 책상에서 일어나 비행기를 타고 사람들을 만나며 여러 장소를 두루 배울 수 있었습니다. 우리의 사업은 규모가 작았기 때문에 저는 모든 것을 접할 수 있었습니다. 그것은 제게 아주 유익한 일이었습니다.

DR_ 요즈음은 블랙스톤을 모르는 사람이 없습니다. 하지만 그 시절, 당신이 매물을 사러 가면 상대방은 "블랙스톤이 누구지요?"라고 묻지 않던가요?

JG_ 그들은 "블랙스톤이 누구야?"라고 항상 물었죠. 그러면 저는 "리먼 브러더스에서 M&A를 운영했던 스티브 슈워츠먼과 전 상무장관이었던 피트 피터슨이 설립한 회사입니다"라고 대답했습니다.

DR_ 미국 부동산 역사상 가장 유명한 두 거래에 관해 이야기해보지요. 첫 번째는 샘 젤이 만든 에쿼티 오피스 프로퍼티즈Equity Office Properties 즉 EOP 거래입니다. 그것이 무엇이었는지, 왜 그렇게 위험했는지, 그리고 당신에게 매우 좋은 거래가 되었던 이유를 설명할 수 있습니까?

JG_ 우리는 600만 달러짜리 사업에서 시작해 EOP를 인수할 정도로 매우 많이 성장했습니다. 2007년 초 우리는 EOP를 390억 달러에 인수했습니다. 이렇게 성장한 배경이 무엇일까요? 사업을 변화시킨 가장 큰 사건들이 2000년대 초반에 일어났습니다. 닷컴 버블 붕괴와 9/11 테러 이후, 미국 경제는 침체기로 접어들었습니다. 경기 침체 정도가 심각한 수준은 아니었지만 당시 연방준비제도이사회 의장이었던 앨런 그린스펀은 금리를 급격하게 인하했죠.

부동산은 불황과 금리 하락을 방어할 수 있는 투자 대상이므로 뭉칫돈이 유입되었습니다. 우리는 건물들이 매우 비싸 보였기 때문에 "어떻게 하면 가치를 찾을 수 있을까?"를 궁리하는 기회 포착형 투자자였습니다.

저는 우연히 상장된 부동산 회사들을 발견했는데, 그 가운데는 소유한 건물들을 개별적으로 거래하는 것보다 훨씬 낮은 가격에 거래되는 회사들이 있었습니다. 우리는 '새로운 상업용 부동산 저당증권 CMBS'이라는 시장을 개척했는데 부동산을 인수할 때 이것을 이용하면 일반적으로 이용하는 담보부 대출이나 고수익 대출보다 비용이 훨씬 적게 듭니다.

우리는 이 증권을 활용해 상장된 부동산 회사를 사려고 은행들을 설득했습니다. 2003년 말부터 2007년까지 12건의 거래를 통해 대형 상장 부동산 회사를 인수했죠. 우리는 상장 CMBS를 이용했으며 많은 경우 보유 부동산을 쪼개어 하나씩 매각했습니다.

과일 바구니를 생각해보세요. 포도를 원하는 사람들에게 포도를 팔고, 바나나를 원하는 사람들에게는 바나나를 팔 것입니다. 그게 바로 에퀴티 오피스 거래의 전부였습니다. 우리는 미국에서 사무실 건물을 가장 많이 보유하고 있는 회사를 인수했습니다. 우리가 거래를 시작할 때 거래 규모는 360억 달러였습니다.

매우 똑똑한 부동산 투자자인 스티브 로스Steve Roth가 운영하는 보르나도Vornado가 우리와 경쟁했습니다. 당초 우리는 부동산의 3분의 1을 매각할 계획이 있었지만 가격이 오르기 시작하면서 재고 위험이 문제가 되었습니다. 그래서 저는 샘 젤을 찾아가서 "샘, 제가 여기서 경쟁하기를 원한다면, 다음 단계 구매자들과 이야기할 수 있도록 허락해 주셔야 합니다"라고 말했습니다. 그는 우리가 그렇게 하도록 허락했습니다. 그것은 마치 앞으로 물건을 들여오고 뒤편에서 물건을 파는 가게를 운영하는 것과 같았습니다.

우리는 결국 경매에서 낙찰을 받았습니다. 사들인 부동산의 거의 3분의 2를 팔아 부채를 모두 상환한 결과 알짜배기 부동산을 보유하게 되었습니다. 우리에게는 캘리포니아, 뉴욕, 보스턴에 있는 부동산이 남았습니다. 만약 시카고 교외와 코네티컷주 스탬퍼드를 계속 보유했더라면 결과는 그렇게 좋지는 않았을 것입니다. 결국 도매 거래와 소매 거래의 차익을 추구한 결과였지만 가장 중요한 것은 핵심 부동산을 지켜낸 것이었습니다. 최종적으로 우리는 결국 투자자의 자본을 3배로 늘렸습니다.

DR_ 결국, 당신은 당신이 산 것의 3분의 2를 팔았습니다. 투자위원회에 "회사를 산다면서 자산의 3분의 2를 당장 팔겠다"라고 어떻게 설명했습니까? 사람들에게 설명하기가 어렵지는 않았나요?

JG_ 아닙니다. 그게 바로 우리의 사업 계획이었습니다. 일반적으로 우리는 3분의 1을 팔았습니다. 하지만 이 경우에는 우리가 무엇을 하는지 잘 알고 있었습니다. 거래 가격이 올라가고 우리는 사전 판매를 했습니다. 이러한 형태의 많은 거래는 거래 종결 시점이나 거래 직후에 일어나는 일이라는 것을 알고 있었습니다. 우리는 "상대적으로 열등한 자산을 매각했기 때문에 결과적으로 매우 훌륭한 부동산을 여전히 시장보다 훨씬 낮은 가격인 130억 달러에 보유할 수 있게 되었다"라고 강조했습니다. 그래서 투자자들은 안심했습니다.

DR_ 결국, 당신에게는 아주 좋은 거래였군요. 하지만 당신이 부동산을 팔았던 사람들에게 그렇게 좋은 것은 아니었습니다. 왜냐하면 당신이 거래를 마쳤을 즈음에 부동산 시장이 붕괴했기 때문입니다. 당신은 매도한 부동산 중 일부를 다시 산 적이 있나요?

JG_ 우리는 결국 그것의 일부를 다시 사들였습니다. 그 사람들은 제 친구들입니다. 거래 당시만 해도 아무도 음악이 멈출지 몰랐습니다.

DR_ 당신이 마무리한 역사상 가장 수익성이 높은 또 다른 거래에 관한 이야기를 들려주시지요. 당신은 2007~08년 시장이 붕괴하기 직전에 힐튼 호텔을 통째로 인수했습니다. 그것은 부동산 거래인가요, 아니면 기업 인수 거래인가요?

JG_ 둘 다 관련이 있습니다. 우리는 우리 회사의 부동산 사모펀드와 기업 사모펀드와 함께 거래했습니다. 힐튼은 워도프-아스토리아Waldorf-Astoria와 힐튼 하와이언 빌리지Hilton Hawaian Village와 같은 훌륭한 부동산을 소유한 것은 물론 힐튼Hilton, 앰버시 수트Embassy Suites, 힐튼 가든Hilton Garden, 더블트리Doubletree 등 놀라운 경영 프랜차이즈 사업을 영위하고 있었습니다.

그것은 주식 시장에서 거래되고 있으며 규모 측면에서 볼 때 그런 자산들을 개별적으로 사는 것보다 저렴하게 사들일 수 있다는 점에서 에쿼티 오피스 거래와 비슷했습니다. 또한 현금 흐름 대비 배수가 마음에 들었습니다. 배수가 13배에서 14배 정도의 거래는 성공적인 거래라고 생각합니다.

우리가 실수한 이유는 타이밍이 안 좋았기 때문입니다. 우리는 2007년 말에 거래를 끝냈습니다. 1년도 안 되어, 리먼 브러더스가 무너지고 세계 경제는 붕괴하였으며 세계 여행은 극적으로 감소했습니다. 회사의 수익은 20퍼센트, 현금 흐름은 40퍼센트 감소했으며 우리 회사로서는 사상 최대로 투자금의 71퍼센트가 줄어들었습니다.

하지만 우리는 사업을 믿었습니다. 여전히 중국, 중동, 유럽, 심지어 미국 등 전 세계에서 회사가 성장할 엄청난 기회를 보았습니다. 그리고 그런 하락은 본질적으로 주기적인 현상이라고 믿었습니다. 하락 최저점에서 8억 달러를 더 투자할 정도로 회사를 믿었으며 회사는 다시 성장하기 시작했습니다. 주기적인 회복이 나타난 것입니다. 우리는 결국 힐튼을 상장했습니다. 회사를 경영 프랜차이즈, 타임셰어, 부동산 사업이라는 세 개의 다른 회사로 나눠 투자자들에게 140억 달러를 벌어주었습니다. 당초 투자를 성공적으로 마무리한 것이지요.

제게는 힐튼에 대한 뼈아픈 경험이 투자가로서 가장 중요한 수업이었습니다. 우리는 최악의 시기에 힐튼을 매입했으며 결과적으로는 역대 가장 성공적인 거래로 마무리했습니다. 그것은 우리가 '훌륭한 이웃'이라고 부르는 정말 훌륭한 회사를 샀다는 것을 의미합니다. 굉장한 순풍이 불어주었지요. 세계 여행은 성장 산업입니다. 이런 브랜드들에는 엄청난 가치가 있습니다.

자본을 투자할 때 '내가 올바른 부문에 있는가?' 혹은 '나에게 그런 순풍이 불어올까?'라고 자주 묻기보다는 제가 '개별 주택'이라고 비유하는 개별 투자 대상 건에 초점을 맞춥니다. 힐튼은 근본적으로 훌륭한 사업이었으며 우리는 너무 많은 돈을 지불하고 잘못된 시기에 거래했습니다. 하지만 궁극적으로, 유능한 경영진과 적기의 재정적 지원으로 많은 돈을 벌었습니다. 힐튼 거래는 그 이후 제가 하는 모든 일에 영향을 미쳤습니다.

DR_ 힐튼 계약 이후, 미국의 부동산 시장은 나아졌지만 그렇게 좋아진 것은 아닙니다. 하지만 채무 불이행 상태에 있는 많은 주택을 매우 저렴하게 사기로 했지요. 올바른 결정이었나요?

JG_ 아주 훌륭한 결정이었습니다. 우리 부동산 사업의 핵심은 부동산을 대체 원가보다 할인해서 사는 것입니다. '사무실 건물을 짓는 데 피트당 300달러가 든다면, 피트당 150달러나 200달러에 살 수 있을까?' 그것은 일반적으로 부동산 가치 투자자로서 좋은 접근 방법입니다.

주택 위기 이후, 세계에서 가장 큰 개인 자산인 미국의 단독주택 가격은 30퍼센트 하락했습니다. 피닉스와 라스베이거스와 같은 일부 시장에서는 60년 동안 매년 가격이 오른 후 주택 가격이 거의 50퍼센트 하락했습니다. 문제는 우리가 어떻게 이것을 이용할 수 있느냐는 것이었습니다.

우리는 미국에서 임대 가능한 단독주택이 1,300만 채라는 것을 알았습니다. 대체로 의사나 변호사들은 자신들이 사는 집 이외의 다른 집을 소유하면서 그것을 임대합니다. 그들은 많은 서비스를 제공하지 않을뿐더러 투자도 많이 하지 않습니다.

우리는 "만약 우리가 대규모로 집을 사기 시작한다면 어떨까? 전문 서비스를 제공하고 자산에 투자하는 회사를 만든다면 어떨까?"라고 자문했습니다. 우리는 은행으로부터 많은 집을 살 수 있을 것이라 생각했습니다. 하지만 그런 일은 없었죠. 우리는 압류 후에 비어 있는 개별 주택을 매입했습니다. 사람들과 압류 문제로 얽히기 싫었기 때문입니다.

우리는 결국 그중 5만 채를 매입해 회사를 설립했습니다. 주택 시장이 다시 살아났습니다. 회사를 공개하면서 궁극적으로 주식을 팔아 믿을 수 없을 정도의 성과를 거두었습니다.

DR_ 부동산에는 어떤 종류가 있나요? 제가 알기로는 당신은 핵심 부동산, 핵심 플러스, 부가가치, 그리고 기회 포착형 부동산을 갖고 있습니다. 이런 네 가지 범주의 부동산은 어떻게 차이가 납니까?

JG_ 프록터앤드갬블Procter & Gamble이나 IBM과 같은 투자 등급의 채권은 매우 안전한 것으로 인식됩니다. 따라서 수익률이 낮습니다. 그렇다면 반대로 차입금이 많은 회사나 초창기 회사의 고수익 채권에서 돈을 벌 수 있습니다.

부동산도 비슷합니다. 핵심 부동산이 무엇인지 이해하려면 우량 세입자에게 장기 임대되는 자산을 생각하면 됩니다. 위험부담이 크지 않아요. 그와 반대편에 있는 기회 포착형 부동산에 관해 설명할 때 우리는 "매입하라, 고쳐라, 매도하라"라고 이야기합니다. 건물이 낡고 비어 있으면 자본이 필요하므로 당신은 그 건물을 매입해 고쳐서 팔면 됩니다. 핵심 플러스와 부가 가치형 부동산은 그 중간쯤에 있습니다. 수익률은 위험도에 따라 변화합니다.

DR_ 기회 포착형 부동산 세계에서 수익률은 어느 정도입니까?

JG_ 우리는 투자자들에게 총수익률 20퍼센트, 순수익률 15퍼센트를 제공하려고 합니다. 그것이 우리가 부동산 사업에서 30년 동안 해온 일입니다.

DR_ 주거용 부동산과 상업용 부동산 두 가지 유형의 부동산에 관해 이야기해 보겠습니다. 주거용 부동산이 상업용 부동산보다 덜 위험합니까?

JG_ 만약 그것이 매도를 목적으로 한 단독주택 건축 사업을 의미한다면 더 많은 위험이 있을 것입니다. 당신은 주택을 건축하고 판매한다는 측면에서 일종의 시장 기능을 하는 셈입니다. 만약 임대 주택을 의미한다면 아파트 단지를 생각하면 됩니다. 그것은 경기를 덜 타기 때문에 위험이 덜한 경향이 있습니다. 사람들은 자신이 사는 아파트를 포기할 수 없습니다. 약간의 변동성은 있지만, 사무실 건물이나 호텔처럼 변동성이 큰 것은 아닙니다.

저는 주거용 부동산이 변동성이 적고 더 안전하다고 말하고 싶습니다. 상업용 부동산에는 지난 10년 동안 우리에게 가장 큰 관심거리였던 창고, 호텔, 쇼핑센터, 노인 생활 시설은 물론 사무실 건물이 포함되어 있습니다. 모두 지역에 따라 위험수익률이 다릅니다.

DR_ 부동산을 바라보는 또 다른 방법은 '이미 존재하는 부동산'과 '건설할 부동산'입니다. 무언가를 건축하는 것이 더 위험하지만 더 큰 보상을 주는 것은 아닌가요? 아니면 당신은 이미 존재하는 부동산을 매입하나요?

JG_ 우리는 일반적으로 기존 부동산을 할인된 가격에 구매하려고 합니다. 그래서 라스베이거스에 있는 코스모폴리탄 호텔과 카지노를 건축 비용의 절반도 안 되는 가격에 매입했습니다. 왜냐하면 그것은 금융 위기 동안 지어졌기 때문입니다. 그것이 제게 이상적인 방법입니다. 때때로 건물을 건축하기도 하지요. 그러나 일반적으로 이미 수입을 창출하는 부동산을 매입하려고 합니다. 건물을 건축한다는 것은 마치 '3년 후에 IPO를 할 거야'라고 말하는 것과 비슷합니다. 3년 후 당신이 건물을 임대하려고 할 때 경제 환경이 바뀔 수 있고 세입자가 없을 수도 있습니다. 그래서 일반적으로 기존 부동산 거래에 치중하고 있습니다.

DR_ 경험적으로 부동산 가격은 시간이 지날수록 상승하고 가치가 높아집니다. 하지만 가끔 부동산 개발업자들이 파산하는 이유가 무엇인가요?

JG_ 부동산 시장에서 전형적으로 저지르는 실수는 장기 자산을 단기 자금으로 조달하는 것입니다. 종종 대규모 차입금에 의존하는 개발업자는 곤경에 빠질 수 있습니다. 특히 오늘날 부동산에 영향을 미칠 수 있는 또 다른 원인은 기술의 변화입니다. 기술은 우리가 살고 일하는 방식을 변화시키고 있습니다.

문 닫은 쇼핑몰을 생각해보면, 그것들은 제2차 세계대전 이후부터 10년 전까지만 해도 최고의 자산이었습니다. 백화점, 소매업체, 푸드코트 등이 모여 있는 대형 쇼핑몰은 40~50년 동안 대출 없이 매년 5퍼센트씩 성장했습니다. 그들 사업은 마치 요새처럼 탄탄했지요. 하지만 인터넷과 전자 상거래가 등장하자 어떤 일이 벌어졌나요? 새로운 기술은 기존 사업에 영향을 미쳤으며, 그들은 급격하게 영업이 위축되기 시작했습니다. 하지만 이런 현상은 장기간에 걸쳐 일어났습니다. 더 큰 문제는 일반적으로 차입금에서 시작됩니다.

DR_ 금리가 부동산에 왜 그렇게 중요한가요? 사람들이 부동산에 투자할 때 돈을 많이 빌려서 그런가요?

JG_ 일부 원인은 사람들이 부동산을 안전 자산으로 인식하기 때문입니다. 만약 대출해주는 사람이라면 더욱 그렇게 인식합니다. 따라서 당신은 부동산 자산을 기반으로 돈을 더 많이 빌릴 수 있습니다. 결국 자본 구조의 상당 부분이 차입금으로 이루어집니다. 그래서 만약 금리가 오른다면, 그것은 확실히 부동산 가치에 영향을 미치게 됩니다.

또 다른 이유는 부동산이 채권과 더 비슷하기 때문입니다. 만약 당신이 소유한 건물을 정부에 임대하고 20년 동안 고정 임대료를 받기로 했다면 금리가 올라가면 건물의 가치는 떨어집니다. 그것은 기본적으로 매일 밤 방을 빌려주는 호텔과는 다릅니다. 따라서 부동산 가격은 금리에 조금 더 민감하게 반응합니다.

DR_ 저는 어떤 사람들이 개인적으로 빚보증을 서는 것을 보았습니다. 당신은 개인적으로 보증 서는 일은 하지 않는 것 같더군요.

JG_ 개인적인 보증은 서지 않습니다. 그것은 개발업자 대부분이 80년대 후반에 배운 교훈이죠.

DR_ 부동산 업계에서 가장 유명한 말은 '위치, 위치, 위치'입니다. 당신은 어쩌면 대부분 사람은 자신이 아는 지역의 부동산에 투자하기 때문에 '지역, 지역, 지역'이라고 말할 수도 있겠네요. 당신은 전 세계에 투자했습니다. 당신은 뉴욕에 있으면서 어떻게 유럽이나 아시아 지역의 부동산 가치에 대해 알 수 있나요?

JG_ 비결은 전 세계적인 네트워크를 구축하는 것입니다. 우리는 미국 전역 및 런던, 아시아 지역 여덟 군데 등 주요 사업 거점에 사무실이 있습니다. 또한 우리와 거래하는 회사에 수만 명의 사람이 있습니다. 이런 네트워크를 구축하는 데는 오랜 시간이 걸렸죠. 우리는 30년 동안 이 일을 해왔으며, 성공적으로 사업하려면 정말 현장에서 재능 있는 사람들, 시장을 잘 아는 현지 지역 사람들이 필요합니다.

부동산에서 유리한 점 한 가지는 우리가 보는 여러 가지 경향, 특히 기술에 의해 주도되는 일들이 전 세계적으로 동일하게 발생한다는 사실입니다. 2010년에 창고를 매입하기 시작했을 때, 전자 상거래 세입자들이 많이 등장하는 것을 알게 되었습니다. 그 결과 미국에서 더 많은 창고를 사들이기 시작했습니다. 과신하는 것은 아니지만 "캐나다에서도 같은 일이 일어날 것이고, 영국, 유럽 대륙, 그리고 아시아 전역에서 비슷한 일이 일어날 것입니다."

저는 비행기로 여행을 자주 합니다. 더 이상 매일 부동산 사업에 매달려 있지 않죠. 제 동료들은 놀라운 일을 해냈는데, 그들은 전 세계에 팀을 갖추고 있으므로 마치 현지인이나 다름없습니다. 당신은 아마 우리처럼 뉴욕을 드나들면서 뭄바이에서 부동산을 살 수 없을 겁니다.

DR_ 만약 당신 팀의 누군가가 거래를 제안하고 당신이 계약을 체결하고 난 뒤 그것이 잘되지 않았다고 가정해 보지요. 당신은 '그것을 제안한 사람을 해고해야지'라고 생각합니까? 당신은 생각했던 것만큼 결과가 좋지 않을 때 어떻게 거래를 보류합니까?

JG_ 우리는 투자를 팀 스포츠로 봅니다. 누군가가 거래를 옹호했을지 모르지만, 그것을 검토하고 최종적으로 승인한 많은 사람들이 존재합니다. 개인을 비난하는 것은 좋은 관행이 아니라고 생각합니다. 우리는 진정한 팀 감각을 기르려고 노력해야 합니다.

일이 잘못될 때 해야 할 일은 예전에 많은 돈을 투자했었다는 사실에 사로잡히지 말고 오늘날 어디에서 어려운 선택을 해야 하는지 살펴보는 것입니다. 당신은 무언가를 사느라 돈을 투자했으며 이제 지분이 사라졌다고 생각합니다. 우리가 물어봐야 할 질문은 이것입니다. 지금부터 가치가 상승할 것인가? 아니면 새로운 돈을 더 투자할 것인가? 훈련된 투자자는 예전 선택을 뒤로하고 이것을 냉정하게 살펴볼 것입니다.

DR_ 부동산 투자자가 되는 즐거움은 무엇입니까? 당신이 보유한 부동산의 어떤 점이 마음에 드십니까?

JG_ 저는 사람들을 사랑합니다. 또 다른 모든 장소들에 관해 배우는 것을 좋아하죠. 저는 미국 전역, 사실상 전 세계 모든 선진국을 볼 수 있었습니다. 부동산에는 "이 동네는 어떤 느낌이 듭니다"라고 말할 수 있는 감각적인 무언가가 있습니다.

당신이 제약회사나 다른 회사에 투자한다면, "저는 이 약과 저 약의 효능에 대한 전문 지식을 가지고 있습니다"라고 말하기는 어렵습니다. 하지만 한 개인으로서 당신은 이렇게 말할 수 있습니다. "저는 여기 이웃이었습니다. 지금은 오클랜드에 있어요. 그곳은 마치 브루클린 지역이 재개발을 시작했던 것과 비슷한 점이 많습니다. 지역과 지역을 연결해 생각하면 이해할 수 있으므로 저는 이렇게 하겠습니다." 그것이 바로 부동산의 감각적인 특성입니다.

DR_ 거래는 어떻게 발굴하나요? 사람들이 항상 당신에게 전화하나요? 아니면 당신이 직접 아이디어를 내나요?

JG_ 많은 경우 먼저 전화합니다. 왜냐하면 우리 회사가 다른 회사보다 부동산을 더 많이 사고팔기 때문입니다. 사업을 시작했을 때 거래 유치가 어려운 일이었습니다. 우리는 비행기를 타고 가서 명함을 건네고 자금이 두둑하다고 말해야만 했습니다. 일단 이 일을 오랫동안 하다 보면 사람들이 우리를 알게 되고, 우리 명함이 명함첩 제일 상단에 위치하게 됩니다.

DR_ 개인 투자자가 부동산에 투자하는 가장 좋은 방법은 무엇입니까?

JG_ 몇 가지 방법이 있습니다. 미국의 몇몇 우수한 기업에 투자할 수 있는 리츠REIT(부동산 투자 신탁) 주식 시장이 있습니다. 전 세계에 리츠 시장이 있죠.

오늘날 또 다른 방법은 우리가 개인 리츠라고 명명한 상품입니다. 블랙스톤에는 남동부와 남서부에 걸쳐 주로 물류 및 임대 아파트를 보유한 브리츠BREIT라는 비상장 리츠 상품이 있습니다. 역사적으로 사람들은 개인 투자자들에게 개인 부동산을 제공하는 일을 잘하지 못했습니다. 우리는 가장 우수한 상품을 제공하는 데 주력해왔습니다. 비슷한 상품을 제공하는 다른 회사들도 있습니다.

더 모험적인 투자자들은 지역 개발자들과 협력해 투자할 수 있습니다. 제가 그것에 대해 걱정하는 것은 이해관계와 유동성이 불일치한다는 사실입니다. 일반적으로 그런 접근 방식을 따르다 보면 당신은 선택의 폭이 좁아집니다.

DR_ 당신은 지금의 경제 상황을 걱정하나요? 제가 부동산에 투자하려고 한다면 지금이 좋은 때입니까?

JG_ 저는 몇 가지 이유에서 아직은 부동산 투자에 적합한 시기라고 생각합니다. 부동산에 대한 경고는 두 가지로 나타납니다. 하나는 차입금과 자본이 너무 많다는 것입니다. 오늘날 부동산 시스템은 그렇지 않습니다. 또 다른 하나는 크레인과 건물이 너무 많다는 것입니다. 하지만 사실 우리는 신규 부동산 공급 측면에서 볼 때 역사적인 수준보다 낮은 상태입니다.

또 한 가지 짚고 넘어가야 할 것은 S&P 500지수를 보면 코로나 이전인 2020년 초부터 수익률은 리츠 수익률의 4배 정도가 됩니다. 따라서 부동산 시장은 경기 회복 단계에서 후행성을 보이고 있습니다.

왜냐하면 분명히 사람들은 실물 세계의 침체를 우려했기 때문입니다.

저는 경제가 다시 회복되면 사람들은 공간을 필요로 하므로 부동산이 약간 반등할 것으로 생각합니다. 부동산에 대한 한 가지 긍정적인 점은 인플레이션이 건물의 대체 비용을 증가시킨다는 것입니다. 그것은 기존 부동산 시장에 약간의 완충작용을 합니다.

DR_ 사람들이 예전처럼 주 5일 근무하고 뉴욕이나 이와 비슷한 도시의 모든 사무실 공간을 사용할 것으로 예상하십니까? 아니면 사무실 공간이 더 적게 필요할까요?

JG_ 제 생각에 사무실 공간은 줄여야 할 필요가 있습니다. 변형 근로제가 도입되어 어떤 사람은 계속 원격에서 일하는 사람들도 있을 것입니다. 하지만 집에서 근무했기 때문에 앞으로도 계속 그렇게 될 것이라고 가정하는 경향, 즉 일종의 '최신 편향'이 있습니다.

우리 회사를 생각해보면 함께 모여서 일할 때가 더 좋았습니다. 우리는 창의적으로 일했으며 문제도 더 잘 해결했고 신입 직원들 교육도 더 효과적으로 할 수 있었습니다. 그것이 바로 사람들이 투자 방법을 배울 수 있는 도제식 훈련입니다.

저는 사람들이 함께 모여서 일하는 것이 중요하다고 생각합니다. 어떤 회사들은 그렇게 넓은 공간이 필요 없다고 결정할 것이며, 그렇게 되면 공간이 추가로 더 많이 생길 것입니다. 사람들이 사무실 건물 소유를 염려한다면 그것은 새로운 기회를 가져다줄지도 모릅니다. 왜냐하면 몇 년 동안 역풍이 불고 시간이 흘러가면 상황이 회복될 것이기 때문입니다.

하지만 저는 미국 밖에서는, 예를 들어 중국의 경우, 건물들의 임대율이 거의 최대치로 회복했다는 것을 강조하고 싶습니다. 그리고 유럽에서는 사람들이 사는 주택에 공간이 그렇게 여유로운 편은 아닙니다. 사무실 근무와 재택근무를 함께 운영하는 것은 어려운 일입니다. 모든 지역이 동일한 것도 아닙니다. 저는 예전과는 완전히 동일하지는 않지만 사무실 근무로 돌아가야 한다는 편견이 있을 것으로 생각합니다.

DR_ 많은 사람이 플로리다와 텍사스로 이사했습니다. 아마도 따뜻한 날씨나 소득세가 없기 때문일 것입니다. 당신은 그 추세가 계속될 것으로 생각하나요? 거기는 지금 부동산에 투자하기 좋은 곳인가요?

JG_ 날씨와 적은 생활비, 특히 낮은 세금, 삶의 질과 방범 등의 이유로 사람들이 그곳으로 이사한다고 생각합니다. 텍사스는 미국에서 가장 빠르게 성장하는 주 중 하나입니다. 그런 현상은 팬데믹 이후 가속했습니다.

반면에 뉴욕시와 샌프란시스코는 경이로운 장소입니다. 기술과 혁신, 기업가정신, 이민자에 관해 생각해보면 사람들은 이 도시로 올 것입니다. 올바른 정책만 있다면, 이 도시들은 정말 번창할 수 있습니다.

DR_ 오늘날 블랙스톤은 다른 대형 사모펀드와 마찬가지로 ESG에 대해 우려하고 있습니다. 기존 건물을 살 때 환경 문제에 어떻게 대처합니까?

JG_ 우리는 투자자들에게 '앞으로 우리가 사들이는 모든 자산은 최소한 15퍼센트의 탄화수소 배출량을 줄이겠다'라고 설명합니다. 이것이 우리의 목표입니다. 우리는 건물 관리 시스템, 창문, 온도 설정 등 다양한 작업을 할 수 있습니다.

우리는 또한 특정 프로젝트에서 큰일들을 해왔습니다. 미국에서 가장 큰 아파트 단지인 스타이브센트 타운에서, 미국에서 가장 큰 도시 태양광 프로젝트를 수행했습니다. 또 이러한 분야에 투자하는 신용과 에너지 측면에서 많은 일을 하고 있습니다. 부동산은 많은 에너지를 소비하고, 많은 경우 이와 같은 건물은 비효율적일 수 있습니다. 우리는 지구를 도와주는 선한 힘이 됨으로써 우리에게 맡겨진 역할을 하려고 노력하고 있습니다.

DR_ 당신이 성장할 때, 아니 제가 당신보다 나이가 많으니 제가 어릴 때는 확실히 사람들은 자신의 집을 소유하고 싶어 했습니다. 그것이 아메리칸드림의 하나였지요. 하지만 당신은 지금 임대 주택을 많이 구입하고 있습니다. 그것은 지금 젊은이들은 주택을 임대하기를 원한다고 생각해서 그런 건가요?

JG_ 그럴 수도 있습니다. 주택 보유율이 약간 떨어졌어요. 우리는 에어비앤비와 우버 세계라는 공유경제에 살고 있습니다. 하지만 코로나 기간 동안 집을 소유하려는 사람들이 급증했습니다.

임대 주택에 대한 투자는 미국에서 2008~9년 이후 주택을 많이 짓지 않았다는 사실에 기반을 두고 있습니다. 미국에서는 인구와 노후화를 고려하면 150만 채가 필요한데 그 기간 평균 100만 채 미만의 집을 지었습니다. 그것은 단독주택뿐만 아니라 임대 주택 가격을 지탱해주었습니다. 경기가 활성화되면 주택 부족 현상은 더욱 극심해질 것입니다. 그래서 우리는 임대 주택을 투자 부문으로 보고 계속 선호합니다.

DR_ 지금까지 받은 투자 조언 중 가장 인상 깊었던 것은 무엇입니까?

JG_ 조언인지 아니면 제가 그 과정에서 배운 것인지는 모르겠지만, 확실히 가장 좋은 것은 확신하는 투자자가 되는 것입니다. 당신이 알지 못하거나 이해하지 못하는 것에 많은 돈을 투자했다면 그 투자는 실패할 가능성이 큽니다. 그러나 단독주택, 글로벌 물류, 온라인상의 모든 움직임에 관심을 가지면 최상의 결과를 얻을 수 있습니다.

DR_ 부동산에 투자한 것 중 최악은 무엇입니까?

JG_ 제가 젊고 열정적이었던 1999년에 우리는 산호세의 노스 퍼스트 스트리트에 있는 사무실 건물들을 샀습니다. 그 당시는 닷컴 버블이 있었는데, 저는 그것을 알아차리지 못했죠. 주 세입자의 이름이 '고바시닷컴Gobosh.com'이었습니다. 우리는 물리적 교체 비용의 두 배를 주고 그 건물을 샀고, 그 세입자는 거래를 한 지 3개월 만에 파산했습니다. 투자 규모는 작은 거래였지만 너무 고통스러웠습니다.

DR_ 만약 내가 10만 달러를 가지고 부동산이나 다른 곳에 투자하고 싶다면 어디에 투자해야 할까요?

JG_ 부동산에서는 개인 리츠가 있습니다. 좋은 포트폴리오로 구성된 공공 리츠에도 투자할 수 있습니다. 더 일반적으로 말씀드리자면 S&P 500이라고 생각합니다. 가격이 많이 올랐지만 20배수(평균 PE 배수) 초반에서 거래되는 것과 10년 만기 재무성 금리를 고려하면 장기 투자로서 성과가 좋을 것으로 생각합니다. 게다가 빠르게 성장하는 기술 회사들도 거기에 속해 있습니다.

DR_ 제 돈을 어디에 투자하면 안 될까요?

JG_ 사양 산업을 멀리해야 합니다. 유선전화 회사와 전통 소매업체, 전통 미디어 사업은 힘든 분야입니다. 미래에 집중해야 합니다. 특히 부동산 산업에 관해서 만약 제가 지리적으로 어디가 유망한지 조언한다면, 그곳은 창조적이며 신기술이 활발히 교류되는 지역입니다. 왜냐하면 그곳에서 경제 활동이 왕성하게 일어나기 때문입니다. 예를 들어 미국 서해안, 텍사스 오스틴, 케임브리지, 중국 선전, 런던, 암스테르담, 텔아비브, 방갈로르 등이 그런 지역에 해당합니다. 기술은 세계 경제의 성장을 주도하고 있으며, 그곳들은 투자하기에 가장 흥미로운 장소입니다.

DR_ 사람들이 당신을 찾아와 투자 조언을 구하나요?

JG_ 그들은 종종 제게 주택 가격에 관해 묻는데, 그것은 제 전문 분야가 아닙니다. 저는 사람들에게 "장기 전망에 집중하라"고 강조합니다. 우리 주변에서 볼 수 있는 스냅챗, 틱톡, 밈 주식과 같은 인스타그램 세계에 투자하는 것은 위험합니다.

우리가 스스로 생각해봐야 할 것은 '이것이 근본적으로 좋은 사업인가? 좋은 분야인가? 공급이 제한되고 수요가 많은 좋은 부동산인가?'입니다. 그리고 만약 당신이 좋은 것을 보유하고 있다면, 그것을 오랫동안 갖고 계세요. 투자할 적절한 지역을 찾아 자본을 투입한 다음, 인내심을 갖고 기다리길 바랍니다.

부동산

샘 젤Sam Zell
에쿼티 그룹 인베스트먼트 설립자 겸 회장

"당신이 무엇을 위험에 빠뜨리는지 아는 것이
궁극적으로 당신이 할 수 있는 가장 중요한 일이다."

투자 세계가 이렇게 조직화되고, 전산화되고, 철저하게 사전 준비를 중요시하기 전에는 투자 메모보다는 직감에 의지하며 거침없이 말하고 어떤 도전도 두려워하지 않는 거물급 인사들이 있었다. 실제로 도전이 힘들고 불가능한 임무일수록 그들은 더 많이 번창했다.

투자 세계에서 여전히 남아 있는 그러한 인물 중 한 사람이 바로 샘 젤이다. 그는 부동산 업계뿐만 아니라 여러 분야에서 오랫동안 가장 똑똑하고 강인한 투자자로 알려져 있다. 그는 지속적으로 다른 사람들은 회피하는 것이 최선이라고 생각하는 위험을 기꺼이 감수했고, 종종 미다스의 손이 만지는 것처럼 위험을 감수했던 것들이 좋은 결과로 이어졌다. 2017년 〈포브스〉는 샘을 '현존하는 가장 위대한 100대 경영인'으로 선정했다.

샘은 다른 사람들이 숫자만을 보면 거의 파산 직전에 있는 분야에서 투자 기회를 찾아 부활시키는 자신의 재능을 빗대어 자신을 '그레이브 댄서Grave Dancer(다른 사람의 불행으로 득을 보는 사람)'라고 불렀다.

그는 변호사 교육을 받았음에도 불구하고 부동산을 인수하고 관리하는 일을 너무 좋아한 나머지 법률 관련 일을 한 기간은 나흘에 불과했다. 그는 부동산 인수사업에 매우 뛰어나서 결국 미국에서 가장 큰 부동산 업체 에쿼티 오피스 프로퍼티즈EOP를 만들었다. 그는 2007년 시장이 절정에 달했을 때 회사를 최고의 가격에 매각했다. (존 그레이와의 인터뷰에서 밝혔지만 블랙스톤이 낙찰자였다. 하지만 블랙스톤은 거래 성사 후 몇 달 만에 최고의 부동산만 남기고 인수한 부동산의 3분의 2를 매각하여 궁극적으로는 거래를 성공적으로 마무리했다. 반대로 블랙스톤에서 부동산을 인수한 사람들은 재미를 보지 못했다.)

샘은 투자 감각과 타이밍뿐만 아니라 직설적이며 '다채로운' 언어를 구사한 것으로도 전설적인 인물이다. 그의 자서전《내가 너무 영리한가?Am I Being Too Subtle?》는 아주 적절한 제목이다. 그렇다고 샘의 직설적인 화법이 그의 추종자들이나 친구들에게 상처를 주는 것은 아니다. 그는 전 세계에 친한 친구들과 투자 파트너들이 있는 것으로 아주 유명하다. 그들 중 몇 명과 정기적으로 장기 오토바이 여행을 가는데, 거기에서 그가 얼마나 대담한지 분명하게 보여준다.

전 세계에서 샘 젤과 같은 유형의 투자가들이 사라지고 있는지도 모르지만 다행스럽게도 적어도 한 사람은 남아 있다. 바로 원조인 샘 젤이다. 그는 다른 사람들이 무덤 위에서 춤추는 것보다 힘들지 않은 일로 소일할 나이에 더 강해지고 있다.

$

데이비드 M. 루벤스타인DR_ 당신은 인기가 시들해진 물건을 사는 것으로 유명합니다. 지금은 무엇을 사고 있나요? 모든 것이 너무 비싼 이때 당신은 인기가 없고 값이 내려간 것이 무엇이라고 생각합니까?

샘 젤SZ_ 답은 가격이 현실을 반영한다는 것입니다. 저는 싼 것들은 별로 좋지 않기 때문에 싸다고 생각합니다. 우리가 알아낸 것은 단지 가격 이상의 것이 있다는 사실입니다. 우리는 지난 3,4년 동안 제가 '세대 투자'라고 부르는 것에 꽤 많은 시간을 투자했습니다. 거기에는 기존 사업이 있고 아마도 한 세대 혹은 한 사람이 사업을 운영하며 이모와 여동생, 그리고 유동성을 원하는 사람들이 딸려 있습니다. 우리는 사실상 회사의 성장을 도와주는 동안 75퍼센트의 자금을 투입하고 운영자의 역할을 허용해 왔습니다.

DR_ 1976년에 당신은 '그레이브 댄서'라는 유명한 기사를 썼습니다. 그것은 기본적으로 가치가 떨어진 자산의 무덤 위에서 춤추는 사람에 관한 내용이었죠. 당신이 무언가를 사기 위해 나타날 때, 사람들은 "샘이 그것을 사러 온 것을 보니 우리가 물건을 너무 싼 가격에 팔고 있는 것이 틀림없어"라고 말하지는 않던가요? '그레이브 댄서'라는 평판이 당신에게 불리하게 작용했나요, 아니면 도움이 되었나요?

SZ_ 아마 50 대 50 정도일 겁니다. 어떤 사람들은 겁을 먹습니다. 하지만 대부분 사람은 충분한 자신감을 느끼고 있습니다. '그레이브 댄서'라는 기사를 썼지만, 제가 정말로 지적하려고 했던 것은, 부실 자산을 사려면 가격이 최대한 떨어진 상태인 무덤에 아주 가까이 가야 한다는 점이고, 만약 조심하지 않으면 최선의 의도라 하더라도 실패할 수도 있다는 것이었습니다.

DR_ 당신은 시카고에서 성장했습니다. 당신 부모님은 폴란드 이민자이며, 당신은 부유한 가정에서 자라지 않았어요. 당신은 어렸을 때, '나는 커서 유명한 투자자가 되고 싶다'고 생각했나요? 어렸을 때나 청년이었을 때 어떤 사람이 되고 싶다고 말했습니까?

SZ_ 저는 소방관이 될 것이라고 확신했지만 후에 변호사가 되고 싶었습니다.

DR_ 미시간 대학교 학부를 다녔군요. 일리노이주를 떠난 이유가 무엇인가요?

SZ_ 미시간은 정말 훌륭한 학교였습니다. 하지만 저는 좀 더 수준 높은 학교에서 더 많은 것을 접할 수 있다고 생각했습니다.

DR_ 그런 뒤 당신은 미시간 대학교 로스쿨에도 다녔습니다. 그럼 변호사가 될 줄 알았겠군요. 부모님이 기뻐하셨겠어요? 그렇지 않나요?

SZ_ 부모님은 오로지 한 가지 목표를 강조하셨습니다. 그것은 제가 항상 자신을 돌보고 생계를 유지할 수 있도록 전문 직업을 가져야 한다는 것이었습니다. 그런 의미에서 부모님은 제가 로스쿨에 가기를 바라셨죠.

DR_ 로스쿨에 갔을 때, 즐거웠나요? 아니면 지루했나요?

SZ_ 끔찍할 정도로 지루했어요. 로스쿨에서 보낸 3년이 제 인생에서 가장 따뜻했던 시절입니다.

DR_ 저희 어머니도 제가 로스쿨에 가기를 원하셨습니다. 제가 칼라일을 창업했을 때, 어머니는 '네가 앞으로 의지할 무언가가 필요하니 변호사 자격증은 유지하라'고 충고하셨습니다.

SZ_ 맞아요.

DR_ 저는 여전히 DC 변호사회의 회원입니다.

SZ_ 당신 어머니와 제 어머니가 서로 알 수도 있었겠네요.

DR_ 로스쿨에 다니면서 아파트를 살 기회가 있었죠?

SZ_ 저는 3학년 때 집을 나왔습니다. 그때 한 친구의 집을 방문한 적이 있습니다. 그 친구는 전날 밤에 집주인이 찾아와 자신이 사는 집의 옆집을 사서 15동짜리 아파트를 지을 예정이라고 말했다더군요. 저는 "우리가 거기에 투자하는 게 어때? 우리가 그것을 운영하면 공짜로 아파트를 얻게 될 거야"라고 말했습니다. 결과적으로 그것은 아주 성공적이었습니다. 그러고 나서 우리는 다른 집, 또 다른 집, 또 다른 집을 계속 샀습니다. 건물도 몇 채 샀습니다. 제가 거리 한 블록을 사는 데까지 일 년이 걸렸습니다.

DR_ 변호사 시험에 합격한 적이 있나요? 변호사 시험을 보셨지요?

SZ_ 네, 물론이죠.

DR_ 어머니께서 '건물들을 사들이지 말고 변호사 생활을 해야 한다'고 하셨나요?

SZ_ 아닙니다. 어머님은 그런 말씀을 하지 않으셨어요. 저는 로스쿨을 졸업하기 전에 이 모든 일을 하고 있었어요.

DR_ 제 기억에 당신은 로스쿨에서 파트너를 만났지요? 로버트 루리 Robert Lurie였나요?

SZ_ 학부 때였습니다.

DR_ 그를 만났을 때, 그냥 "같이 사업을 시작하자"라고 하셨나요?

SZ_ 아니요. 그는 제가 대학생 시절 매니지먼트 회사를 설립했을 때 저의 첫 번째 직원이었습니다. 제가 앤아버를 떠날 때 그는 회사의 상당 부분을 운영하고 있었으며 저는 회사를 그에게 팔았습니다. 저는 그에게 큰 사업을 하고 싶으면 제게 꼭 연락해야 한다고 말했습니다. 3년 후, 그는 제게 전화했고 저는 흔쾌히 그를 받아들였습니다.

DR_ 부동산의 어떤 점이 투자 대상 분야로서 매력적이라고 생각하게 되었는지 궁금하군요.

SZ_ 우선, 저는 부동산보다 레버리지(또는 부채)를 더 많이 활용할 수 있는 사업 분야가 있는지 모르겠군요. 게다가 레버리지의 대부분은 비소구 금융입니다(즉, 차입자가 채무를 불이행할 시 대출자는 차입자의 개인 또는 기업 자산이 아니라 대출할 때 담보로 잡은 자산을 처분함으로써 대출금을 상환받는 금융이다). 수입이 아닌 순자산 구축을 열심히 하는 사람들에게 부동산에서 레버리지의 역할은 매우 매력적입니다. 구체적인 숫자로 나타내지는 못하겠지만, 제게는 투자된 자본을 배수로 불릴 기회가 다른 사업보다 부동산 사업에 더 많은 것 같았습니다.

DR_ 부동산 투자를 할 때 당신은 어디에서 당신 지분을 확보하셨나요? 시장인가요? 친구 돈? 아니면 개인 돈이었나요?

SZ_ 처음에는 돈이 조금 필요합니다. 제가 처음 산 건물은 1만 9,500달러였는데 계약금이 1,500달러, 토지 계약금이 1만 8,000달러였습니다. 그런 형태의 거래들이 많습니다.

DR_ 부동산 시장에서는 한꺼번에 많은 상품이 등장합니다. 당신은 그렇게 다양한 상품을 동시에 출시하고 제대로 관리하며 모두를 행복하게 만드는 것이 어렵지 않나요?

SZ_ 놀라울 정도로 이해 충돌이 없었습니다. 오피스 빌딩 구입 문제는 우리의 주택 회사인 EQR Equity Residential이나 이동식 주택 Mobile Home Park 회사인 ELS Equity LifeStyle Properties와는 상관없는 일입니다. 이동식 주택을 구입하는 것과 EQR이 충돌할 수 없습니다. 따라서 실질적으로 자산 계층의 근접성에 따라 부동산을 세 가지 주요 관점으로 살펴보는 것은 실질적으로 매우 유용합니다. 저는 그런 방식을 이용하면 새로운 거래를 찾고 운용하기에 더 좋은 기회를 창출할 수 있다고 생각합니다.

DR_ 칼라일에서는 젊은 직원들이 종종 100페이지에 달하는 자세한 투자 검토서를 준비해 저나 투자위원회를 설득하려고 합니다. 하지만 저는 종종 세계 최고의 투자자들은 투자할 때 자신의 직감이나 영감에 의지하는 것이지 100페이지에 달하는 투자 검토서에 의존하지 않는다고 생각해왔습니다. 당신은 그동안 부동산을 매입하면서 직접 실사를 하시나요? 무엇을 사거나 사지 않기로 결정하는 요인은 무엇인가요?

SZ_ 제가 100페이지짜리 검토서를 요구하지 않는 것은 확실합니다. 왜냐하면 첫째, 저는 100페이지짜리 검토서를 쓸 수 있는 사람이 있는지가 궁금합니다. 둘째는 제가 그것을 읽다가 잠들지 않을까 걱정되기 때문입니다. 우리는 매입하려는 모든 부동산을 실사합니다. 며칠 동안 영리한 사람들이 투손으로 가서 아파트 프로젝트에서 무엇을 사는지를 둘러보고 입주율을 확인하며 중개인들과 이야기를 나누고 시장에 어떤 새로운 것들이 나타나는지 감을 잡습니다. 그 정도가 적절한 실사입니다. 그런 뒤 이제 젊은 분석가들은 인터넷을 통해 많은 정보를 입수함으로써 자신들이 홍보하려는 도시나 부동산에 대해 비교적 빠르게 실사합니다. 그리고 사무실로 돌아와 자신들의 의견을 제시합니다. 저는 그 자리에 참석해 이러저러한 질문을 하며 그들과 토론합니다. 만약 그들이 제가 제기하는 도전을 성공적으로 극복하면 우리는 그 부동산을 매입합니다.

DR_ 당신은 미국에서 가장 유명한 부동산 거래 중 하나를 하셨습니다. 당신은 EOP라고 알려진 에쿼티 오피스 프로퍼티즈라는 회사를 설립했습니다. 그것은 주식 시장에서 거래되는 리츠입니다. 그 후 캘퍼스CalPERS*를 비롯한 몇몇 기관들이 EOP를 사려고 했습니다. 그러자 입찰 전쟁이 벌어졌습니다. 결국 그 시점이 시장의 최고점으로 밝혀졌습니다. 당신은 그때 팔려고 한 이유가 무엇이며 어떻게 입찰을 진행하셨나요?

SZ_ 저는 시장에서 1등으로 인정받는 것을 무척 좋아합니다. 하지만 제가 장담하건대 그건 우연이었습니다. 그런 관점에서 생각해본 적이 없어요. 하지만 우리는 내부적으로 우리가 보유한 리츠의 가치를 90일마다 점검합니다. EOP에 대해서도 똑같은 일을 했습니다. 첫 번째 제의를 받았을 때 약간 놀랐습니다. 왜냐하면 규모가 너무 커서 살만한 사람이 없다고 생각했기 때문입니다. 누군가가 실제로 우리 회사를 매입할 것이라고는 생각해본 적이 없었습니다.

다행히 그 당시 그들이 제시한 가격이 자체 분석보다 훨씬 낮았기 때문에 그 제안을 거절하고 본래 영업에 몰두했습니다. 그런 과정에

---

* 캘리포니아주 정부 공무원과 교육공무원, 지방 공공 기관 공무원에게 은퇴연금과 의료보장 혜택을 제공하는 미국 최대 연·기금.

서 중개 회사 중 한 곳에서 제게 전화를 걸어 "얼마면 될까요?"라고 물었습니다. 저는 "갓 파더 오퍼Godfather' offer* 정도는 돼야지요"라고 대답했습니다. 그러자 블랙스톤이 최초로 매수 제안을 했고 그 후 다른 회사들이 경쟁하면서 총 거래가는 360억 달러에서 390억 달러로 올라갔습니다.

DR_ 처음에 받은 제안은 아마도 경매를 통해 얻은 것보다 20~30퍼센트 낮았지요?

SZ_ 네, 맞습니다.

DR_ 알고 보니, 결국 그것을 매입한 사람들은 시장에서 가장 높은 가격에 샀더군요. 하지만 다행히 블랙스톤은 매입한 부동산의 많은 부분을 다시 매도했습니다. 만일 그들이 그렇게 하지 않았더라면, 그들은 굉장한 실수를 했을 것입니다.

SZ_ 블랙스톤은 포트폴리오의 3분의 2 이상을 팔았고, 블랙스톤 구매자들은 그렇게 하지 못했습니다.

DR_ 최근 몇 년간 부동산이 아닌 회사를 많이 사셨군요. 부동산 회사가 아닌 다른 업종의 회사를 사는 데 별 어려움은 없었나요?

SZ_ 1981년에 파트너인 밥 루리와 저는 우리가 거대 상업용 부동산 시장을 좋아하지 않는다는 사실을 되새기고 있었습니다. 로켓 엔진이나 생명공학 같은 것을 설계할 수 없다면 우리가 추구하는 게임의 규칙은 기본적으로 공급, 수요, 시장 점유율을 일대일로 처리하는 것이라고 이야기했습니다. 그것은 모두 논리적이지요. 스스로 "만약 우리가 부동산 분야에서 성공했다면, 우리는 그 성공 방정식을 다른 사

---

* 현 주주에게 유리한 조건으로 주식을 공개 매수하는 제안.

업에 적용해서 똑같이 성공할 수 있어야 한다"라고 말했습니다. 우리는 일종의 협정을 맺었고 1981년부터 10년 안에 부동산 100퍼센트에서 부동산과 비부동산을 50 대 50 비율로 바꾸자고 했습니다. 우리는 그 비율보다 더 많이 달성했고 계속 그러했습니다. 오늘날 물류, 의료, 제조업, 에너지, 농업 등으로 사업을 다변화하여 비부동산 대 부동산 비율이 아마도 7 대 3 정도일 것입니다.

DR_ 비부동산 자산에 대해서도 당신은 여전히 '그레이브 댄서'인가요?

SZ_ 그레이브 댄스를 출 수 있을 때는 그레이브 댄서가 됩니다. 1990년에 우리는 10억 달러의 펀드를 조성했습니다. 1990년에 10억 달러는 실제로 엄청난 자금이었죠. 우리는 10억 달러를 모금했고 투자 목표는 '좋은 회사, 나쁜 대차대조표'였습니다. 그 후 8년 동안 그 돈을 투자해 수확함으로써 기회를 최대한 이용했습니다.

DR_ 몇 년 동안 당신은 제가 자주 갔던 대형 기관투자자들을 찾아갔습니다. 그건 어땠나요? '위대한 샘 젤, 그레이브 댄서 씨'가 대형 연기금을 운용하는 젊은 투자 전문가들에게서 자금을 조성하는 일이 어려웠습니까?

SZ_ 아마 당신이 겪었던 어려움과 비슷했을 겁니다.

DR_ 하지만 당신이 더 유명하시잖아요.

SZ_ 우리 두 사람은 모두 목표를 달성하기 위해 자존심과 겸손을 앞뒤로 조정할 수 있었으므로 성공했다고 생각합니다.

DR_ 당신이 가지고 있는 거래 발굴, 거래 협상, 자금 조달, 부가가치 창출 등 모든 기술이 도움이 되었다고 생각하십니까?

SZ_ 물론 관련이 있을 것입니다. 하지만 만약 제가 결정을 내려야 한다면, 그것은 어떤 종류의 거래가 추구할 가치가 있는지에 대한 일종의 선천적인 감각에서 비롯한다고 말하고 싶습니다. 1980년대 어느 은행원이 자신의 책상 위에 '서부에서 가장 빨리 거절하라'라는 노란색 문구를 적어놓은 것을 보았습니다. 저는 그것을 절대 잊지 않을 겁니다. 왜냐하면 제가 정말 잘하는 일은 결실을 보지 못할 사업에는 절대로 시간을 투자하지 않는 것이기 때문입니다.

DR_ 투자 세계에서는 모든 거래에 성공한 사람은 없습니다. 당신도 그렇지 않습니까?

SZ_ 당연합니다.

DR_ 당신은 투자에서 실패했을 때 '내가 뭘 잘못했나'라고 자책하는 편인가요, 아니면 다른 사람을 탓하나요? 당신은 그런 경우 어떻게 처리합니까?

SZ_ 사업을 시작한 이후로 돈을 잃는 일은 계속 있습니다. 제가 할 수 있는 것은 프로 야구에서 연봉 2,500만 달러짜리 선수도 3할대의 안타를 친다는 사실을 기억하는 것입니다. 저는 60~70퍼센트 정도 올바르게 하려고 하지만 그것은 통제된 방식으로 보면 잘못된 것입니다. 당신을 위험에 빠뜨리는 것을 아는 것이 궁극적으로 당신이 할 수 있는 가장 중요한 일입니다.

DR_ 당신이 한 거래 중 시카고 트리뷴Chicago Tribune이 성공하지 못한 거래로 가장 눈에 띄더군요. 그 이유가 무엇인가요?

SZ_ 가장 단순하게 설명하면 우리는 신문 사업에서 연간 6퍼센트의 수입 감소가 있을 것이라는 가정하에 계약을 체결했습니다. 그러나 그것은 6퍼센트가 아닌 30퍼센트였습니다.

DR_ 투자의 매력에 관해 이야기해 보지요. 대개 투자 세계에서 투자하는 것, 즉 거래를 찾아내고 성공하는 것에 중독성이 있다고 생각합니다. 당신은 거래할 때 황홀감을 느끼나요? 그것이 당신이 투자하는 이유인가요?

SZ_ 제게 동기부여되는 것은 일하는 방식과 1+1=6을 만드는 방법을 알아내는 것이었습니다. 왜냐하면 제가 버는 것은 무엇이든 궁극적으로 기부할 것이기 때문이지요.

DR_ 이 책을 읽는 누군가는 "나는 제2의 샘 젤이 될 거야"라고 말할지도 모릅니다. 차세대 샘 젤이 되려는 이들에게 어떤 기술을 갖춰야 할지 조언해주시겠습니까?

SZ_ 저는 이렇게 말해주고 싶군요. "샘 젤은 전문적인 기회주의자입니다. 그는 기업가입니다. 그가 증명되었는지 안 되었는지 말할 수는 없지만 기업가로서 그는 자신감이 넘칩니다. 그의 사전에 실패라는 단어는 없습니다. 때로는 일이 잘 풀리지 않을 때도 있지만 샘은 같은 방식으로 문제를 보고 해결책을 찾아냅니다. 당신이 그를 관찰하거나 그에 관한 기사를 읽어서 알겠지만 샘과 같은 인물은 훌륭한 관찰자입니다. 그는 엄청난 양의 사실을 관찰하고 그것들을 분류하고 투자 결정과 어떤 관련이 있는지 찾아내는 능력을 지닌 위대한 관찰자입니다."

DR_ 누군가가 "제가 샘 젤이 될 수는 없겠지만, 저는 돈이 많고 부동산에 투자하고 싶습니다"라고 말했다고 가정해봅시다. 당신은 무엇을 하라고 추천하겠습니까? 당신처럼 경험이 있는 사람들에게 맡기라고 하시겠습니까?

SZ_ 그들이 어떤 일을 해서 그 돈을 벌었다면, 저는 분명히 그렇게 할 것입니다. 저도 다른 사람들과 함께 부동산에 투자합니다. 왜냐하면 그들은 저보다 부동산 관련 일을 훨씬 더 잘하거나 그 규모가 다르기 때문입니다. 누군가가 엄청나게 많은 돈을 가지고 있고 부동산으로 사업 다각화를 모색하고자 한다면 부동산을 전문으로 취급하는 사람이나 관련 일을 아주 잘하는 자금 관리자가 많다는 사실을 기억하길 바랍니다.

DR_ 만약 누군가가 바이아웃이나 벤처캐피털이 아닌 부동산에 투자하기를 원한다면 당신은 적절한 수익률이 얼마라고 생각하십니까? 8퍼센트, 9퍼센트, 10퍼센트, 아니면 어느 정도인가요?

SZ_ 오늘날 부동산의 자본환원율cap rate은 아마도 5퍼센트 정도일 것입니다. 총 수익률을 10퍼센트 달성하기는 쉽지 않을 것입니다.*

DR_ 당신이 사람을 고용할 때 중점을 두는 기술이 무엇인지 궁금합니다. 높은 IQ, 우수한 업무 능력, 훌륭한 교육 가운데 무엇인가요? "바로 저 사람이다"라고 말할 만한 기술은 무엇입니까?

SZ_ 저는 누가 어느 학교에 다녔는지 모릅니다. 저는 일을 못하는 하버드 졸업생들을 많이 보았습니다. 또 지방 출신자 중에 엄청나게 일을 잘하는 사람도 많이 보았습니다. IQ에 관한 한 평균 이상만 되면 충분합니다. 너무 똑똑하지 않아도 됩니다. 저는 열정과 동기부여에 훨씬 더 관심이 많습니다. 저를 위해 일했던 사람 가운데 가장 성공한 사람들은 동기부여가 가장 많이 된 사람들이었습니다.

---

* 부동산에서, 자본환원율(capital rate 혹은 capitalization rate)이란 모든 비용을 지급한 후에 얻은 부동산 수입을 부동산 전체 투자 금액으로 나눈 연간 수익률이다. 만약 사무실 건물을 100만 달러에 구매했고 그 건물을 운영하고 보험에 드는 모든 비용을 지급한 후 매년 사용 가능한 현금이 5만 달러라면, 자본환원율은 5퍼센트가 될 것이다. 만약 시장 상황이 개선되어 부동산을 매각한다면 매수자는 100만 달러보다 더 높은 가격을 지급할 것이다. 매도 가격이 더 높아지면 자본환원율은 5퍼센트 이상으로 투자 수익률은 증가한다.

DR_ 당신이 몇 년 동안 특별히 존경했던 투자자가 있습니까? 부동산 분야나 다른 분야도 좋습니다.

SZ_ 제가 가장 존경하는 비즈니스 역할 모델을 꼽으라면 그는 제이 프리츠커Jay Pritzker입니다. 제이는 과거, 현재, 미래를 통틀어 제가 만난 가장 현명한 사업가입니다. 저는 그와 20여 년 동안 함께 일하고 있으며 그것은 정말로 즐거운 경험입니다.

DR_ 제 생각에 당신의 개인적인 스타일은 보수적이지 않은 것 같습니다. 당신은 월가에서 일하는 사람이 아닙니다. 당신은 정장 차림으로 다니는 사람이 아니지요. 당신은 인습 파괴적인 인물입니다. 그게 당신에게 도움이 되었나요? 당신은 항상 그런 식이었나요, 아니면 최근에 와서 그런 식이 되었나요?

SZ_ 저는 항상 그래왔습니다. 우리 사무실에서는 1969년부터 평상복으로 일했습니다. 거래 투자자들은 우리가 어떤 옷을 입는지가 아닌 우리가 일을 더 잘하기 때문에 우리를 찾아왔습니다. 우리는 다른 무엇보다도 항상 그 사실을 증명하기 위해 노력했습니다.

DR_ 넥타이는 있나요?

SZ_ 네, 옷장 끝에 넥타이걸이가 있습니다. 그리고 매달 저는 그것을 빙빙 돌려봅니다. 그것은 마치 팝아트 하는 것 같아요.

DR_ 재밌군요. 젊었을 때부터 그랬나요 아니면 나중에 개발했나요? 만약 누군가가 당신의 농담을 좋아하지 않는다면 그것이 당신을 괴롭히나요?

SZ_ 오, 물론이죠. 저는 더 나아지는 법을 배우고 있습니다. 저는 항상 제 옆에 있는 사람에게 제 머릿속에 있는 것을 공유해왔지만 때로는 미안하기도 합니다. 저는 사람들을 불쾌하게 할 의도는 전혀 없습니다. 저는 실수를 하면 곱게 놔두기보다는 즉시 바로잡습니다.

DR_ 당신은 《내가 너무 영리한가?》라는 자서전을 쓰셨지요? 제목은 일반적으로 당신이 다른 사람에게 말해 주고 싶은 당신의 마음속 생각을 반영합니다. 당신은 빙빙 돌려 말하지 않습니다. 그게 당신에게 어느 정도는 성공적으로 작용했나요?

SZ_ 네, 그런 것 같습니다.

DR_ 만약 당신이 처음부터 다시 투자 경력을 시작한다면 뭔가 다르게 하고 싶은 것이 있습니까? 아니면 지금까지 해 오던 방식에 만족하십니까? 모든 거래가 성공한 것은 아니지요. 후회는 없나요?

SZ_ 없습니다. 그건 아마 제 성격과 더 관련이 있을 겁니다. 저는 과거를 돌이켜보면서 '이렇게 했으면 좋았을 텐데,' '저렇게 했으면 좋았을 텐데' 하고 후회하는 사람은 결코 아닙니다.

DR_ 당신만을 바라보는 사람이 많아요. 투자자들은 당신에게 돈을 투자했지요. 은행은 당신에게 대출을 해주었어요. 하지만 제가 알기로 당신은 오토바이를 타면서 전 세계를 돌아다니는 것을 즐깁니다. 그렇게 하는 것이 위험하지는 않나요?

SZ_ 저는 제 오토바이 실력에 꽤 자신 있어요, 18살 때부터 탔지요. 통계를 보면, 오토바이 사고의 대부분은 오토바이를 탄 후 첫 6개월 이내에 발생합니다. 통계적으로 볼 때 더 오래 탈수록 더 안전해집니다. 저는 제게 자유를 주는 것을 항상 추구합니다. 오토바이 타는 것도 그 한 가지에 불과합니다.

DR_ 투자 세계에 종사하는 사람들은 항상 컴퓨터 화면을 들여다 보고 있습니다. 당신은 오토바이를 타는 동안 무슨 일이 벌어지고 있는지 걱정되지 않습니까?

SZ_ 아닙니다. 저는 계속 연락하고 있어요. 예전처럼 2주 정도 오토바이를 타고 다닐 때는 이틀에 한 번꼴로 사무실로 전화해서 상황을 확인해야 했습니다. 그때는 지금과 전혀 다른 세상이었습니다.

DR_ 성공적인 투자자가 되고 싶은 사람에게 조언해 줄 말을 몇 문장으로 요약해 주시겠습니까?

SZ_ 성공적인 투자자들은 위험에 집중합니다. 위험은 불리합니다. '이익을 얻으면서 파산한 사람은 아무도 없다'는 버나드 바루크Bernard Baruch의 말은 그것을 잘 설명한 것입니다. 위험 억제에 집중하는 사람들은 궁극적으로 성공하는 비율이 더 높습니다. 만약 제가 오늘 투자자가 되려고 한다면 관찰자가 되겠습니다. 공부할 것입니다. 생각할 것입니다. 확인할 것입니다. 그렇겠지만 저는 궁극적으로 세상을 바라보며 '무엇이 잘못될 수 있을까?'라고 질문하겠습니다. 따라서 긍정적인 태도를 견지함으로써 준비 없이 실망하기보다는 위험을 미리 대처할 것입니다.

4 개인 재산/패밀리 오피스

메리 캘러한 어도스 MARY CALLAHAN ERDOES
JP 모건체이스앤컴퍼니 웰스매니지먼트 부문 CEO

"세계 최고의 자산 관리자들은 말하는 것보다 훨씬 더 많이 경청한다."

수 세기 동안 은행을 포함한 금융기관은 매우 부유한 사람들의 돈과 자산 관리를 도와준 것은 물론 그들이 후손들에게 부를 이전하고 지속적으로 관리하는 것을 도와주었다. 그동안 이런 서비스가 필요한 개인과 가족의 수는 전체 인구에 비해 적었다. 하지만 최근 몇 년 동안 선진 시장과 많은 신흥 시장의 부가 기하급수적으로 증가함에 따라, 종종 '웰스매니지먼트 wealth management'라고 불리는 이러한 유형의 서비스에 대한 수요도 증가했다.

자산 관리자들이 고객들에게 제공하는 서비스는 최근 몇 년간 부에 대한 도전이 증가함에 따라 확장되었다. 전통적으로 자산 관리자들은 투자 대상을 추천함으로써 고객들이 부를 관리하도록 도와준다 (혹은 고객들로부터 적법한 승인하에 자신들이 직접 투자하기도 한다). 그러나 이제 자산 관리자들은 그보다 훨씬 더 많은 일을 한다. 그들의 서비스에는 소득세, 특히 신탁 및 재산세, 청구서 지급, 자선 활동, 이혼 및 가족 내 문제 등에 대한 조언이 포함되어 있다. 자산 관리자들은 일반적으로 가족(또는 대가족)이 부를 유지하고 보호하는 데 일차적인 초점을 맞추지만 잘되면 부를 증가시키는 역할도 담당하게 된다.

은행이 여전히 이런 유형의 서비스를 제공하는 가장 중요한 기관임에도 불구하고 최근 기하급수적으로 늘어나는 수요를 충족시키기 위해 전 세계적으로 전문 웰스매니지먼트 회사가 많이 등장하고 있다는 사실은 놀라운 일이 아니다. 이런 은행 가운데 가장 대표적인 은행은 J.P. 모건 웰스앤드매니지먼트J.P. Morgan Asset & Wealth Management이며 그들은 현재 전 세계에서 4조 달러 이상의 고객 자산을 위탁받고 있다.

분명히 사람들은 100년 이상 J.P.라는 이름을 보고 돈을 맡겼다. 자산 관리 사업의 경쟁이 치열해지기도 하고 날이 갈수록 까다로워지는 고객들이 만족할만한 투자 기회와 수익을 제공하지 못해 유명한 많은 회사가 경쟁에서 밀려났다. 그러나 J.P. 모건은 자산 관리 사업 부문의 유능한 리더 덕분에 많은 분야에서 성공적으로 성과를 올릴 수 있었다. 그가 바로 메리 캘러한 어도스Mary Callahan Erdoes다.

그녀는 조지타운 대학교에서 수학을 전공하고 (반에서 유일한 여성 수학 전공자였음) 하버드 경영대학원에서 학위를 받은 후 25년 전에

J.P. 모건에 입사했다. J.P. 모건에서 메리는 재테크 능력과 투자 감각으로 빠르게 인정받았다. 금융 서비스 세계의 많은 부분과 마찬가지로 자산 및 부 관리 부문도 남성 중심이었지만 그녀는 J.P. 모건의 웰스매니지먼트 부문 최고 경영자로 빠르게 승진했다. 웰스매니지먼트 부문을 감독하는 역할 외에도, 그녀는 J.P. 모건 운영 위원회의 위원이며 전설적인 CEO인 제이미 다이먼Jamie Dimon이 신뢰하는 조언자로 10년 이상 활약하고 있다.

나는 웰스매니지먼트 부문의 매우 만족스러운 고객이자 뉴욕 연준의 투자자 자문 위원회의 동료로서 메리를 오랫동안 알고 지냈다. 그녀가 언젠가 제이미 다이먼의 뒤를 이을지도 모른다는 소문이 돌았다. 내심 이기적인 생각에 나는 그런 일이 일어나지 않기를 바란다. 왜냐하면 나는 고객으로서 그녀가 자산 관리 사업을 감독하는 것이 정말 좋기 때문이다. 나는 그녀의 근속 25주년을 축하하기 위해 하늘나라에 있는 J.P. 모건 씨가 가장 좋아하는 직원이 사실 그녀지만 제이미한테는 이를 비밀로 해달라는 요청을 받았다는 메모를 전달했다.

$

데이비드 M. 루벤슈타인DR_ 당신은 어렸을 때 "나는 어른이 되면 수조 달러를 관리하고 싶다"라고 말했나요?

메리 캘러한 어도스ME_ 제가 그 당시 그런 통찰력을 가졌더라면 좋았겠지만 저는 그렇게 말하지 않았어요. 제가 처음으로 돈 관리 일을 하게 된 것은 할머니의 잔고 관리였습니다. 할머니는 그 일을 해주는 대가로 제게 매달 몇 달러를 주셨습니다.

어느 날 그녀는 "너는 이제 직장을 구해야 할 것 같구나"라면서 저를 시카고 시내로 보냈습니다. 저는 투자 관리 회사인 스타인로앤드판햄Stein Roe & Farnham의 우편물실과 같은 곳에 일자리를 구했습니다. 그곳은 바로 컴퓨터실이었습니다. 방대한 포트폴리오를 담당하는 사람들을 위해 인쇄물을 분류한 다음, 다른 층으로 찾아가 사람들에게 전달했습니다. 시간이 지나면서, 그들 중 몇몇은 제가 매일 그들에게 무엇을 전달하는지 설명해주었습니다.

그때 저는 시장에 푹 빠졌고 매일 상황이 다르게 움직이며 모든 주식중개인들이 포트폴리오를 다른 방식으로 관리한다는 것도 배웠습니다. 저는 야근이라는 개념도 배웠습니다. 그것 역시 멋진 일이었습니다.

DR_ 당신은 지금 이사회의 일원으로 있는 워싱턴 D.C.의 조지타운 대학을 다녔지요? 전공이 무엇이었나요?

ME_ 저는 수학을 전공했고 부전공은 프랑스어였습니다.

DR_ 수학과에 여성들이 많았나요?

ME_ 아니요. 그 당시에는 저 혼자였습니다. 하지만 시대가 변했습니다. 요즈음은 전국 모든 대학이 스템STEM(과학, 기술, 엔지니어링 및 수학)을 장려하려고 엄청나게 노력하고 있습니다. 하지만 저는 혼자였으며 수학 전공자가 어디로 가야 하는지 몰랐습니다. 저는 월스트리트에서 뱅커스 트러스트Bankers Trust의 애널리스트 훈련 과정을 마쳤습니다. 그 훈련 프로그램 덕분에 짧은 시간 안에 엄청난 양의 공부를 집중적으로 했습니다.

DR_ 몇 년 후 당신은 하버드 경영대학원에 갔지요? 그때 같은 반에 여성들이 많았나요?

ME_ 그 당시에는 지금보다 훨씬 적었습니다. 하지만 그것은 멋진 경험이었어요. 단순히 재무 분석가가 되기 위해서가 아니라 사람들을 다루는 일을 익히기 위해 할 수 있는 다양한 일들과 필요한 훈련에 대해 안목을 넓혀주었습니다. 조직행동 과목이 제가 들었던 수업 중 아마 가장 중요했을 겁니다.

DR_ 당신은 J.P. 모건에서 25년 정도 일했고, 그곳에서 가장 중요한 부문 중 하나인 웰스앤드매니지먼트을 운영하고 있습니다. 웰스매니지먼트란 무엇이며, 자산 관리와 어떻게 다른가요?

ME_ 사람들은 두 단어를 종종 같은 의미로 사용하지만, 사실 차이점이 있습니다. 자산 관리란 개인, 기관, 국부펀드, 연기금 등을 대신해 돈을 운용하는 사업입니다. 우리는 뮤추얼 펀드, ETF, 주식, 채권, 헤지 펀드, 사모펀드 등으로 자금을 운용합니다. 자산 관리 업무는 J.P. 모건의 신탁 사업에 있어 가장 중요한 핵심 부문입니다. 웰스매니지먼트는 여기에 더해 고객의 전체 재정 상태를 이해하는 업무를 수행합니다.

우리는 고객들의 자금을 관리하는 일뿐만 아니라 그들이 주택담보대출이 필요할 때 도와줍니다. 그들이 대출이 필요할 때 대출을 받을 수 있도록 도와주죠. 또 그들의 신용카드 업무도 도와줍니다. 웰스매니지먼트는 고객들의 자산과 부채 모든 부문을 대상으로 인생 전체를 도와주려고 합니다. 고객들의 사업 계획, 증여, 가족에게 남기고 싶은 유산, 자녀들이 대학을 졸업하도록 준비해야 하는 529 플랜을 도와줍니다. 웰스매니지먼트는 고객들의 인생 전체 여정에 훌륭한 통찰력을 제공합니다.

DR_ J.P. 모건과 같은 많은 회사가 웰스매니지먼트 사업을 하고 있습니다. 어떤 것은 규모가 더 크고 어떤 것은 더 작지만, 기본적으로 당신은 부유한 사람들을 위해 돈을 관리하지요?

ME_ 그렇습니다. 오늘날 성공한 많은 자산 관리 회사는 매우 부유한 사람들을 대상으로 했던 성공적인 사업들을 모방해서 첫 월급을 받고 약간의 돈을 저축하려는 사람들을 위한 상품을 만들었습니다. 우리는 매우 부유한 가족을 위해 했던 일을 이해하기 쉬운 상품으로 만들었습니다. 당신이 체이스 은행 지점에 가면 동일한 조언을 몇 가지 들을 수 있습니다.

가장 중요한 점은 저축을 일찍 시작하는 것입니다. 지난 20년간 평균 투자액을 살펴보세요. 균형 잡힌 포트폴리오를 선택하십시오. 그것은 연평균 수익률이 약 6.5퍼센트입니다. 문제는 대부분 개인의 실제 수익률이 3퍼센트 미만이어서 절반에도 미치지 못한다는 점입니다. 왜 그럴까요? 그들은 시장 상황이 변할 때 감정적인 결정을 하기 때문입니다. 그들은 상황에 대한 과장된 선전에 쉽게 휩싸입니다. 가능한 한 빨리 그것들에 관해 조언해 주는 것이 매우 중요합니다. 이것이 바로 이 사업의 보람입니다. 즉, 사람들이 각기 다른 길을 가고 있을 때 그들에게 도움을 주며 본인 혼자서 하는 것보다 더 좋은 방식으로 할 수 있도록 도움을 줄 수 있습니다.

DR_ 그렇다면 당신이 주장하는 바는 '내가 직접 돈을 관리하겠다'라는 보통 사람들은 대체로 잘못된 시기에 매매한다는 것을 의미하나요? 아니면 그들은 적어도 자신들을 도와주는 전문적인 관리자가 있다면 받을 수 있는 보상을 받지 못한다는 의미인가요?

ME_ 어떤 사람들은 혼자서도 매우 성공적으로 투자합니다. 제가 이 일을 25년 동안 하면서 알게 된 것은 대부분 사람은 한 가지 일에 뛰어나서 엄청나게 많은 돈을 번다는 것입니다. 세계에서 가장 크고 가장 성공적인 사모펀드 회사를 운영하는 것처럼 한 가지 일에 정통하게 되면 그 누구도 그 분야에서 그들을 이길 수 없습니다. 그것이 그들이 돈을 버는 방법입니다. 그런 뒤 그들은 자신의 돈을 유지하고 계속해서 성장시키려고 노력합니다. 비법은 바로 분산 투자에 있습니다. 분산해서 투자하려면 여러 다른 분야의 일에 숙달해야 합니다. 일반적으로 다양한 투자 자산 등급, 부문, 분야를 모두 숙달한다는 것은 대부분 사람에게 어려운 일입니다. 그들은 그럴만한 시간이 없기 때문이지요. 따라서 그런 능력을 갖춘 다른 사람들의 도움을 받는 것이 성공한 사람들이 일반적으로 사용하는 방법입니다.

그렇다고 그들이 그저 1년 후에 전화해서 "어떻게 진행되는지 알려주세요"라고 말하는 것을 의미하지는 않습니다. 많은 사람이 적극적으로 참여합니다. 자산 관리 회사에 완전한 재량권을 부여한 사람들도 일부 있습니다. 제 경험으로 보면 어느 두 고객이 같은 액수의 돈을 가지고, 평생 같은 곳에 같은 투자를 하기로 한 적은 한 번도 없습니다.

DR_ 당신의 요점은 한 분야에서 두각을 나타내는 사람일지라도 투자는 다른 기술이기 때문에 투자 분야의 천재가 될 수 없다는 것이지요?

ME_ 어느 한 분야를 통달하는 데는 시간이 너무 오래 걸립니다. 저는 그것이 전문의가 되는 것과 같다고 생각합니다. 당신이 심장외과 의사라면 최고의 심장외과 의사가 되려고 노력하지 다른 모든 분야의 의사가 되려고 노력하지는 않습니다. 그것이 우리가 자금 관리 사업에서 발견한 사실입니다. 자금 관리 사업은 엄청나게 복잡합니다. 웰스매니지먼트에서 우리는 고객이 무엇이 필요한지 파악하도록 도와주고, 그런 뒤 전 세계의 훌륭한 자산 관리자들과 연결함으로써 그들이 다른 지역에서 다른 전문가들과 거래하도록 도와줍니다.

DR_ 이 글을 읽는 누군가는 "저는 2,500만 달러나 1억 달러가 없어요. 그래서 J.P. 모건의 고객이 되지 못합니다. 씨티코프Citicorp도 마찬가지입니다"라고 말할지 모릅니다. 이런 대형 은행의 웰스매니지먼트 그룹의 고객이 되려면 무엇이 필요합니까?

ME_ 대형 은행들은 일정 금액의 돈을 가지고 있지 않다면, 거래할 수 없다고 말해왔습니다. 하지만 지금 하는 모든 업무의 디지털화와 분할화가 진행되면서부터 대형 은행들의 그와 같은 태도는 완전히 바뀌었습니다. 그래서 당신의 최초 투자 금액이 수백 달러에 불과하더라도 당신은 밸런스형 뮤추얼 펀드balanced mutual fund*를 운용하는 최고의 자금 관리자들을 만날 수 있습니다. 제가 강조하려는 것은 투자를 일찍 시작해 조언도 들어보는 과정을 거치면서 자신의 길을 찾아야 한다는 점입니다. 일찍 저축할수록 일찍 배울 수 있어요. 일찍 실패해 보는 것이 장기적으로 보면 더 유익합니다. 자산 관리 회사들이 그런 점에서 당신을 도와줄 수 있습니다.

DR_ 어떤 사람이 크게 돈을 벌어 한순간에 억만장자가 되었다고 가정해봅시다. 그들이 갑자기 당신에게 전화를 하나요? 당신은 매우 부유한 사람들을 어떻게 고객으로 만드나요?

ME_ 이 사업은 신뢰에 기반을 두고 있습니다. 어느 날 아침 자신이 엄청난 부자가 된 것을 알았다고 해서 지난 수년 동안 알지도 못했던

---

* 펀드를 주식과 채권으로 구성해 위험이 중간 이하 정도인 뮤추얼 펀드.

누군가를 신뢰할 수는 없는 일이지요. 사람들을 알아가고 또한 그들의 가족도 알게 되면서 그런 가운데 이러저러한 일을 도와주며 함께 지내는 것은 마치 긴 여행을 떠나는 것과 같습니다. 당신이 그렇게 하면 할수록 더 많은 방법을 찾을 수 있고 그들에게 적절한 조언을 해줄 수 있습니다.

"현금을 확보하라" 또는 "현금화하라" 또는 "아무것도 하지 마라" 등도 조언에 해당합니다. 그것은 당신의 돈을 관리하는 일에 관한 것이 아니라 당신의 돈을 구조화하는 일에 관한 것입니다. 돈을 어디에 묻어 놔야 할지 이해하는 것이지요. 얼마를 기부할 것인지, 가족을 위해 얼마를 남겨둬야 할지, 세금을 얼마나 내야 할지 알아보는 것입니다.

DR_ 제가 돈을 관리하는 세 가지 규칙을 말씀드리겠습니다. 그리고 당신의 규칙과 일치하는지 확인해보지요. 첫째 '가진 것을 잃지 말라' 입니다. 제가 관찰한 바로는, 사람들은 자신들이 가진 돈을 두 배나 세 배로 늘리기 위해 모든 것을 잃을 수도 있는 위험을 기꺼이 감수한다는 사실입니다.

ME_ '이미 가지고 있는 것을 잃지 말라'는 것은 아주 좋은 사고방식입니다. 우리는 항상 고객들에게 "당신의 생활방식을 바꾸지 않을 정도의 돈이 과연 얼마나 되는지 파악하세요. 그 이상의 금액은 더 공격적으로 투자할 여지가 있습니다"라고 조언합니다.

DR_ 제가 하는 돈 관리의 두 번째 규칙은 '분산 투자'입니다. 모든 것을 한 바구니에 담지 않는 것이지요.

ME_ 100퍼센트 맞는 말입니다. 우리는 항상 그것을 확인합니다. 오늘날의 시장 환경에서도 확인할 수 있죠. 어떤 것들은 돈을 벌기가 매우 쉬워 보입니다. 왜냐하면 시장에는 거품이 너무 많이 끼어 있기 때문입니다. 전 세계 정부들이 돈을 쏟아부어 유동성이 매우 풍부하고 그래서 겉보기에는 돈을 벌기가 쉬어 보여도 실제로 그렇지 않을 수도 있습니다. 훌륭한 자산 관리자의 업무 중 하나는 항상 포트폴리오에 대해 스트레스 테스트*를 실시하면서 '우리가 이렇게 대규모 투자를 고수하는 게 확실히 원하는 것인가?'라고 점검하는 일입니다.

DR_ 세 번째이자 마지막 규칙은 '추구하는 수익률을 현실적으로 기대하라'입니다. 당신은 사람들에게 수익률이 다른 다양한 자산 등급이 있고 기대하는 수익률에 대해 현실적이어야 한다고 말해 줍니까? 아니면 그들은 당신에게 돈을 맡기면 자신들의 돈이 두 배가 될 것으로 생각하나요?

ME_ 금리가 지금과 같은 수준에서 그것은 매우 중요한 질문입니다. 10년 만기 국고채 금리가 1.5퍼센트라고 하면 그 이상의 것은 모두 추가 수익입니다. 만약 당신이 고객에게 '내가 국고채 금리보다 1퍼센트 더 줄 수 있다'고 말한다면, 그것은 그다지 흥미롭지 않습니다. 특히 시장이 어떤 자산에서 단기간에 10, 20, 30, 40, 50퍼센트의 수익률을 올린다면 그 말은 전혀 매력적이지 않습니다.

지난 20년간을 살펴보면, 밸런스 포트폴리오는 평균 6.5퍼센트의 수익률을 실현했습니다. 하지만 20년 동안 매년 6.5퍼센트의 수익률을 복리로 계산하면 상당히 높은 수익률입니다. 지난 1년간 많은 사람이 밸런스 포트폴리오에서 30퍼센트 수익을 보았고 그들은 그러한 수익률에 익숙해졌습니다. 그들은 누군가가 '제가 30퍼센트 더 드릴

---

* 환율, 금리 등 경제 변수가 변화할 때 포트폴리오가 얼마나 영향을 받는지를 점검하는 실험.

수 있어요'라고 말하기를 기다립니다. 하지만 만약 어떤 것이 사실이기에는 너무 좋게 들인다면 그것은 사실이 아닐 가능성이 매우 큽니다.

DR_ 자산 관리자가 되는 방법에 관해 이야기해보지요. 하버드 경영대학원이나 다른 곳에 자산 관리자가 되는 방법에 대한 특별한 과정이 있는지 모르겠습니다. 당신은 어떤 사람들을 고용하고 어떻게 그들을 훈련하나요?

ME_ 월스트리트에서의 훈련, 특히 자산 관리에 관한 훈련은 매우 긴 과정입니다. 그것은 2~3년짜리 훈련 프로그램으로 매일 반복하는 교육입니다. 매일 아침 8시 회의로 하루를 시작합니다. 저는 그것을 미니 대학이라고 부릅니다. 하룻밤 사이에 일어난 일에 대해 신문에서 읽은 내용뿐만 아니라, 그런 모든 상황이 고객의 포트폴리오에 어떻게 영향을 미치는지 이해하는 것입니다. 매일 아침 그 모든 정보를 종합하고, 나가서 그것을 각각의 상황에 적용하는 방법을 알아냅니다.

DR_ 당신이 부유한 가정을 방문했을 때 그들은 보통 돈에 대해 어떤 견해를 가지고 있나요?

ME_ 저는 일반적으로 같은 견해를 가진 가족을 만난 적이 한 번도 없습니다. 그것이 웰스매니지먼트 사업이 매우 흥미로운 이유지요. 하루하루가 한결같이 새로운 날이지요. 모든 가정은 각기 다른 새로운 질문들이 있어요. 역학 관계도 다릅니다. 어떤 사람들은 의사결정에 참여하려고 하지만 어떤 사람들은 그렇게 하지 않으려고 합니다. 어떤 사람들은 자신들의 돈을 모두 기부하려고 하지만 어떤 사람들은 그렇지 않습니다. 일부 사람들은 고국으로 돈을 가져가려고 궁리하느라 많은 시간을 보냅니다.

DR_ 애국적인 자선사업이지요.

ME_ 자선사업은 그 자체로 가족들에게 사명감에 관해 생각하도록 가르치는 것입니다. 모든 사람이 같은 생각을 하게 만드는 것은 쉬운 일이 아닙니다.

DR_ 기본적으로 고객들이 당신을 찾아와 조언을 구하나요? 그들은 자신들이 원하는 걸 말해 줍니까? 아니면 그냥 "나는 내가 뭘 원하는지 잘 모르겠어요. 내가 무엇을 해야 하는지 알려주세요"라고 요청하나요?

ME_ 성공한 사람들은 "나는 내가 무엇을 원하는지 모르겠어요"라고 말하는 경우가 거의 없습니다. 하지만 그들이 원한다고 생각하는 것에서부터 결국 끝이 나는 상황까지는 긴 여정입니다. 대부분 고객은 자신의 위험과 보상을 각자의 방식에 따라 달리 표현합니다. "돈을 잃기 싫어요." "이 정도 수입이 필요해요." "저는 이 나라들에만 투자하고 싶습니다." "저는 이 분야에만 투자하고 싶습니다." "저는 환경 문제에 매우 관심이 있고 거기에 두 배로 투자하고 싶습니다." 각각의 요구 사항은 서로 다르고 독특한 분야에 관한 것입니다. 세계 최고의 자산 관리자들은 자신이 말하는 것보다 고객들의 말을 훨씬 더 많이 들어야 합니다.

DR_ 패밀리 오피스는 언제 설립하나요? 패밀리 오피스를 설립하기 전에 일반적으로 어느 정도의 순자산을 보유해야 하나요?

ME_ 패밀리 오피스는 모든 규모의 가족에게 필요합니다. 그것은 당신 주변에 사람들을 두는 것을 의미합니다. 그들은 당신을 위해 직접 일할 수도 있고 외부 회사에서 일할 수도 있습니다. 저는 J.P. 모건을 아웃소싱 패밀리 오피스로 생각하고 싶습니다.

패밀리 오피스를 언제 설립하는 것이 타당한지에 대한 확실한 기준은 없습니다. 그것은 개인적인 취향에 따라 다릅니다. 수십억 달러를 가진 사람 중에 패밀리 오피스가 없는 사람들도 있고, 1,000만 달러를 가진 사람 중에 패밀리 오피스를 운영하는 사람들도 있습니다. 그것은 전적으로 당신이 어디에 노력하고 싶은가에 달려 있습니다.

DR_ 당신의 돈은 누가 관리합니까? 저는 당신에게 "글쎄요, 잘되지 않았는데요"라고 말해야 하는 사람이 되고 싶지는 않아요. 당신의 돈을 관리하는 사람을 어떻게 뽑나요? 아마 J.P. 모건을 이용하겠지요?

ME_ 저는 항상 J.P. 모건이 제 가족의 재산을 관리하도록 했습니다. 우리의 고객들은 제가 저의 포트폴리오를 관리하느라 많은 시간을 할애하는 것을 좋아하지 않을 것 같습니다. 저는 또한 고객들이 투자해야 한다고 생각하는 것에 제 돈을 투자하는 것이 매우 중요하다고 생각합니다. 저는 일반적으로 J.P. 모건이 판매하는 대부분 상품을 가장 먼저 구매합니다.

DR_ 엄청난 부의 이전에 대해 이야기해보지요. 베이비붐 세대는 이제 늙어가고 있습니다. 우리나라 역사상 가장 부유한 세대라고 생각되지만, 결국 이 세대는 재산의 많은 부분을 자식들에게 물려 줄 것입니다. "나는 내 아이들이 너무 많은 돈을 가지길 원하지 않아요"라고 한다든지 혹은 "제 아이들은 돈에 관해 아무것도 모릅니다. 그들이 어떤 결정도 내리지 못하게 해주세요"라고 말한다면 어떻게 처리하나요?

ME_ 세대 간의 문제는 아마도 가장 어려운 문제 중 하나일 것입니다. 그것들은 시간이 지남에 따라 변화하고 달라집니다. 미국에 살고 있다면 기본적으로 돈을 쓰는 데는 네 군데입니다. 자기 자신, 자식들,

자선 단체 그리고 정부입니다. 네 군데 사용처에 어떤 가중치를 부여할지 결정해야 합니다. 정답은 없습니다. 물론 틀린 답도 없습니다. 우리는 모두 돈을 벌기 위해 열심히 일하며, 자신의 가치를 다음 세대나 자선 단체에 어떻게 전달할 것인지, 인생을 어떻게 살아갈 것인지를 알아내려고 노력합니다.

그것은 자산 관리자가 대답할 수 있는 문제가 아닙니다. 우리가 하는 일은 그런 질문들에 대한 답을 찾는 방법을 찾은 뒤 계획을 수립해 적용하고 시간이 지남에 따라 그 계획을 제대로 수행할 수 있도록 도와주는 것입니다.

DR_ 제가 발견한 바로는 부유한 사람들이 결정하기 가장 어려운 문제 중 하나는 그들의 아이들에게 얼마나 많은 돈을 줄 것인가와 자신의 재산을 어떻게 처리할 것인가 하는 문제입니다. 사람들에게 그들의 유언장과 그들이 무엇을 할 것인지 물어봐야 할 때 어색하지 않으세요? 혹시 당신은 고객이 배우자에게 돈을 얼마나 줄지 말하지 않은 경우를 본 적이 있나요?

ME_ 그런 일은 자주 일어나요. 말하지 않는 것이 문제가 아닙니다. 어떤 일이 언제 일어나는지에 대한 역학 관계를 제대로 이해하지 못하는 것이 문제입니다. 우리는 종이 한 장에 실제로 어떤 일이 일어날지에 대해 멋진 그림을 그리려고 많은 시간을 투자합니다.

가장 어려운 대화는 고객이 "내가 죽으면"이라고 말할 때입니다. 이것들은 깊이 생각해야 하는 끔찍한 대화들입니다. 하지만 시간을 두고 충분히 일찍 그 문제를 생각해 두면 결과는 훨씬 덜 감정적으로 됩니다.

DR_ 이름은 언급하지 않겠습니다만 세계에서 가장 부유하고 유명한 투자자 중 한 명이 제게 말하길 그는 유언장을 거의 18번이나 다시 작성했다고 합니다. 그러니 매년 다시 작성한 셈이지요. 그런 뒤 그는 자식들의 판단을 얻으려고 그것을 보여주었답니다. 사람들은 보통 자식들에게 그들의 유언장을 보여주나요? 아니면 일종의 추측 게임인가요?

ME_ 매년 유언장을 바꾸는 것은 가족의 흥미로운 연례 회의가 될 것입니다. 가장 중요한 것은 그런 문제를 진지하게 토론하고 다룸으로써 재산에 수반되는 책임을 이해하는 것입니다. 왜냐하면 부란 당신이 언급한 것처럼 단지 돈을 다음 세대에게 이전하는 행위가 아니기 때문입니다. 그것은 부의 보존에 관한 것입니다. 그것은 당신의 공동체와 당신이 소중하게 생각하는 것들을 위해 옳은 일들을 하는 것과 관련이 있습니다.

때때로 우리는 그런 대화의 촉매제가 됩니다. 왜냐하면 그것은 당신이 보통의 저녁 식사 자리에서 이야기할 내용은 아니기 때문입니다. 조금 어색할 수도 있어요.

DR_ 당신은 이런 가족 문제에 대해 들을 때 때때로 정신과 의사가 되는 느낌이 드시나요?

ME_ 가끔 그런 기분이 듭니다. 우리는 자산 관리자로서 미국뿐만 아니라 브라질, 유럽, 아시아에서 매우 많은 가족을 볼 수 있습니다. 우리가 하는 일은 우리가 경험했던 모든 사례를 고객에게 전달하고, "당신이 그렇게 하면 어떻게 되는지 여기 실례가 있습니다"라고 말해주는 것입니다. 종종 가족들을 다른 가족들과 연결하고 "제가 전화해서 그들이 당신과 대화하는 데 관심이 있는지 물어보겠습니다"라고 말합니다. 그것들이 아마 우리가 할 수 있는 최고의 조언일 겁니다.

DR_ 하워드 휴스Howard Hughes는 유언장을 남기지 않고 죽은 것으로 유명합니다. 당신이 상담하는 고객의 대부분은 유언장이 있나요?

ME_ 모두가 유언장을 준비하지는 않습니다. 고객의 인생에서 해야 할 일을 확실히 확인할 수 있도록 도와주는 것이 우리의 매우 중요한 역할이라고 생각합니다. 그리고 유언장 작성은 확실히 그런 사항 중 하나입니다.

DR_ 지금의 투자 환경에 관해 이야기해 보지요. 이자율은 오랫동안 낮았습니다. 정부는 경제를 활성화하려고 많이 노력했으며 물가는 꽤 높게 올라갔습니다. 당신은 요즈음 고객들에게 경기가 둔화할 수 있으니 조심하라고 말하고 있나요? 당신은 그들에게 재무적 조언뿐만 아니라 지정학적 조언도 해주시나요?

ME_ 그럼요. 매일매일의 대화 주제는 다릅니다. 당신이 언급했듯이 투입된 유동성을 고려하면 시장은 현재 매우 견실합니다. 우리는 평균적인 불황보다 5배나 더 큰 불황을 겪었습니다. 게다가 그 일은 매우 빠르게 진행되었습니다. 미국 정부는 불황에 대처하느라 지난 다섯 번의 경기 침체에서 발생한 적자보다 더 큰 적자를 기록했습니다. 우리는 여기서 전례 없는 정책적 대응을 해왔고, 이제 시장에서 그것이 효과가 떨어지는 현상을 보고 있습니다. 당신은 장난삼아 만들어진 도지코인의 시가 총액이 300~400억 달러에 달할 때 스스로 이렇게 물어야 합니다. '이런 현상은 시스템에 넘쳐나는 유동성 때문인가 아니면 실질적으로 새로운 일들이 일어나는 것인가?'

오직 시간이 흘러야 결과를 알 수 있습니다. 하지만 그것은 당신이 가장 중요하다고 강조한 '분산 투자'와 관련이 있습니다. 모든 개별 자산의 미래에 어떤 일이 일어날지 알 방법은 없습니다. 그래서 가장 중요한 것은 이러한 포트폴리오를 적절히 다양화하는 것입니다.

DR_ 만약 누군가가 '암호화폐에 투자하고 싶다'고 말한다면, 당신은 '하면 안 된다'고 말하는지요, 아니면 그것이 가능하도록 도와주나요?

ME_ 이 모든 것의 기초가 되는 블록체인 기술은 매우 현실적이며 우리가 다른 금융 시장과 디지털로 상호작용하는 모든 방식을 바꾸고 있습니다. 디지털 화폐는 새로운 것입니다. 일반적으로 디지털 화폐가 자산에 해당하는지 안 하는지에 대한 논의가 계속 진행되고 있습니다.

많은 고객이 '그것은 자산이며 나는 투자하고 싶다'라고 말합니다. 우리의 일은 고객들이 투자하고 싶은 곳에 돈을 투자할 수 있도록 도와주는 것입니다. 그것은 매우 개인적인 일입니다. 우리는 비트코인 자체를 자산의 일종으로 생각하지 않습니다. 시간이 흐르면 그것이 가치를 지니고 있는지를 알게 될 것입니다. 오늘날 당신이 보고 있는 비트코인의 변동성은 시간이 지남에 따라 스스로 해결되어야 합니다.

DR_ 당신과 저는 2008~09년 대침체기에 금융 서비스 분야에 있었습니다. J.P. 모건의 웰스매니지먼트 부서의 고객들이 전화를 걸어 "내가 모든 돈을 잃었다고요? 나는 창밖으로 뛰어내릴 겁니다"라고 말하지 않던가요? 공황 상태였지요? 당신은 고객들을 진정시키기 위해 어떻게 대처했나요? 그 당시는 매우 힘든 시기였습니다.

ME_ 무척 어려운 시기였어요. 우리가 2008년에 경험한 대공황은 예상치 못하게 빠른 속도로 자산의 안전과 가치 보존에 대한 경각심을 불러일으켰습니다. 사람들이 "세상에, 시장이 무너지고 돈을 잃을 수도 있어요"라고 말하는 것은 오랜만이었습니다. 그들은 스스로 묻기 시작했습니다. "내 돈을 어디에 보관하지? 다른 자산과 섞는다는 것이 무슨 뜻이지? 나는 그것을 어떻게 생각해야 하지?"

저는 2008년 가을의 어느 시점에서, 매일 수십억 달러가 정신없이 이동했던 것을 기억합니다. "내 돈을 어디에 두고 싶은가?"라는 경주가 벌어졌습니다. 한때 하루에 약 10억 달러가 은행으로 들어왔습니다. 사람들이 자산의 안전과 가치 보존을 이해하도록 도와주려면 '다양화'를 이해하는 것이 핵심입니다. 지금과 같은 시기를 견뎌야 합니다. 감정적으로 행동하면 안 됩니다. 왜냐하면 세상의 마지막 날이 되면 많은 부유한 사람들은 그다음 날 돈이 필요하지 않습니다. 그것은 앞으로 수십 년에 관한 것입니다. 장기적인 비전을 유지하도록 노력하는 것이 아마도 우리가 하는 가장 중요한 일일 것입니다.

팬데믹 시기를 한번 회상해 보면 이와 비슷한 일들이 많이 일어났습니다. 2020년 3월과 그 당시의 극심한 변동성을 되돌아보면, 많은 사람이 '내 모든 자산을 팔아야겠다. 전 세계가 바뀔 것이다'라고 생각했습니다. 하지만 다른 사람들은 '와, 나는 이 기회를 이용할 수 있어. 지금 필요하지 않은 자금을 모두 어떻게 해야 할지 알아봐야지'라고 생각했습니다.

이번에도 자산의 안전과 가치 보존이라는 개념이 작동했습니다. 이제 당신은 사람들이 자산을 어떻게 관리하는지를 단기적이 아니라 장기적인 관점에서 생각하는 데 조언을 해주는 회사들에 지속적으로 돈이 흘러가는 것을 보고 있습니다.

DR_ 대침체 기간, 많은 사람은 주요 은행들이 곧 파산할 것으로 생각했습니다. J.P. 모건은 일반적으로 가장 안전한 은행으로 여겨졌습니다. 그래서 사람들은 다른 곳에서 돈을 가져와 J.P. 모건에 맡겼습니다. 당신은 어떻게 그 많은 돈을 관리할 수 있었습니까? 그렇게 빨리 많은 자금이 흘러 들어오는 것을 보고 놀랐습니까?

ME_ 저는 그토록 많은 사람이 자신의 돈이 다른 곳에서 보관되고 관리되는 것을 불편해하는지에 대해 놀랐습니다. 대침체 기간을 겪으면서 얻은 교훈과 제이미 다이먼이 JP 모건 체이스에서 일하는 우리 모두에게 보여준 리더십은 결코 잊지 못할 교훈이었습니다.

2007년 여름에 변화가 있었습니다. 2008년에 우리가 도와주던 베어스턴스Bear Stearns를 JP 모건 체이스로 흡수했습니다. 2008년 가을이 되었을 때 우리는 이미 사람들이 상황을 어떻게 대처할지 알고 있었습니다. 경영진으로서 하루에 세 번 즉, 오전 9시, 정오, 오후 5시에 회의에 참석합니다. 전 세계를 돌아다니며 어떤 문제들이 곧 닥칠지 이해하려고 노력했을 것입니다. 또 여러 가지 질문도 던졌겠지요.

어떤 일이 발생한 원인을 이해하려면 "항상 다섯 번 '왜?'를 외치라"라는 옛 속담이 있습니다. 우리는 시장의 다른 구조에 관한 '왜?'라는 질문의 50가지 답을 알고 있었습니다. 그것 덕분에 우리가 시장에서 일어나고 있는 일을 더 빠르고 더 잘 이해할 수 있었으며, 고객들이 적절하게 분산 투자하는지 확인하는 데 그것을 다시 적용해 볼 수 있었습니다.

우리는 세계적인 팬데믹에도 같은 전술을 사용했습니다. 당신은 "무엇이 변화하고 있는가? 나는 무엇을 알아야 하는가? 나는 세계의 다른 지역에서 무엇을 배웠는가?" 등의 질문에 대한 답을 알아야만 합니다. 고객들에게 그러한 조언을 제공하기 위해 대형 글로벌 기업의 역량을 활용하는 것이 우리가 매우 잘하는 일 중 하나입니다.

DR_ 당신은 경제 상황과 워싱턴 D.C.에서 일어나고 있는 모든 일을 알아야 하나요? 고객들의 질문에 답할 수 있도록 하루에 몇 번씩 보고받습니까?

ME_ J.P. 모건에 있는 그 누구도 모든 자산 종류에 대해 파악하지 못합니다. 우리는 분야별로 전문가들을 보유하고 있습니다. 지난 1년 동안 변화한 다양한 것들에 숨겨진 의미를 이해하기 위해 도움을 청할 사람들이 있습니다. 우리는 이 모든 것들을 매일 종합하고 그것들을 고객들에게 다시 전달합니다. 이 일은 연중무휴 진행됩니다.

DR_ 당신이 처음 이 사업에 뛰어들었을 때, 고객이 '내 재산 관리인을 남성으로 할 수 있나요?'라고 말한 적이 있나요? 오늘날은 그런 일이 없으리라 생각합니다만 여성인 자산 관리자에 대한 차별이 있습니까?

ME_ 다행히도 그런 일은 없었어요. J.P. 모건은 그 당시에도 성차별하지 않았으며 그런 직장문화를 지지해왔습니다. 그렇다고 해서 고객들이 자신의 돈을 관리하는 사람에 대한 선호도가 없다는 것을 의미하지는 않습니다. 훌륭한 웰스매니지먼트 회사가 해야 할 일은 고객들에게 적합한 담당자를 확실하게 선택하도록 도와주는 것입니다. 왜냐하면 자금 관리 업무는 긴 여행을 떠나는 여정이며 당신은 누군가를 믿어야 하기 때문입니다. 그 일을 제대로 하려면 고객에게는 물론 다른 가족 구성원들에게도 융통성이 있어야 합니다. 모든 가족 구성원이 자신의 부를 관리해줄 사람으로 동일한 사람을 선호하는 것은 아닙니다. 회사의 진정한 강점은 고객의 요구 조건을 수용하는 방법에 있어 매우 유연하게 대처할 수 있는 데 있습니다.

DR_ 당신이 지금까지 받은 최고의 투자 조언은 무엇인가요?

ME_ '만약 그것이 사실이기에 너무 좋게 들린다면 그것은 아마 사실이 아닐 것이다'라는 조언입니다.

DR_ 고객들이 하지 말아야 할 가장 중요한 투자 조언은 무엇인가요?

ME_ 당신이 쉽게 이해할 수 없는 것에 투자해서는 절대 안 됩니다. 월 스트리트의 문제점 중 하나는 사람들이 단어의 머리글자를 따서 만든 두문자어를 너무 많이 사용해 무언가를 매우 복잡하게 설명하는 것입니다. 훌륭한 투자 자문가라면 복잡한 문제들을 단순하게 설명할 수 있어야 합니다.

DR_ 만약 누군가가 내일 당신에게 전화를 걸어 '저는 당신의 다른 고객들에 비해 그렇게 부유하지는 않지만, 지금 10만 달러가 있어요. 그것을 어딘가에 투자하고 싶습니다'라고 말한다면 그 사람에게 뭐라고 말할 건가요?

ME_ 분산 투자가 잘 이루어져 균형 잡힌 포트폴리오에 투자하라고 권할 겁니다. 그렇게 되면 자금 관리자들은 장기간 운용할 수 있습니다. 투자 원금은 복리로 재투자되어 충실하게 불어날 것입니다.

DR_ 고객들에게 해서는 안 되는 일로 가장 강조하는 것은 무엇입니까?

ME_ 모든 달걀을 한 바구니에 담지 말아야 합니다.

DR_ 여기 제 프로듀서는 40살에 은퇴하려고 합니다. 그녀가 무엇을 해야 하는지에 대해 좋은 투자 조언이 있나요?

ME_ 가능한 한 빨리 그리고 가능한 한 자주 푼돈이라도 투자를 시작하세요. "내가 매일 1달러를 두 배로 받을까, 아니면 백만 달러를 한 번에 받을까?"라는 질문이 있습니다. 1달러가 매일 두 배로 증가하면 한 달 후에는 100만 달러 이상으로 불어납니다. 투자와 복리, 이것이 바로 모든 질문의 정답입니다.

DR_ 당신은 세계에서 가장 큰 웰스매니지먼트 회사를 운영하고 있습니다. 회사를 운영하면서 좌절도 겪겠지만 그것이 가져다주는 즐거움은 무엇입니까?

ME_ 진정한 기쁨은 우리가 관리하는 대형 연기금을 도와준다는 사실입니다. 우리가 내리는 모든 크고 작은 결정들이 사람들이 은퇴한 뒤 매년 한 달에 몇백 달러를 추가로 받을 수 있다는 것을 의미할 수 있습니다. 그것은 누군가의 삶을 근본적으로 바꿀 수 있습니다.

DR_ 젊은이들에게 미래의 직업으로 웰스매니지먼트를 추천하시겠습니까?

ME_ 재산 관리는 모든 사람에게 중요한 삶의 구성 요소입니다. 왜냐하면 당신이 돈을 투자하는 방법을 더 철두철미하게 이해하면 자기 자신은 물론 가족을 도와줄 수 있으며, 다른 사람들도 도울 수 있기 때문입니다. 당신은 그렇게 할 수 있으며 잘하기 위해서 많은 돈이 필요한 것도 아닙니다.

DR_ 저는 사모펀드가 최상의 직업이라고 여러 번 말했습니다. 하지만 당신은 웰스매니지먼트가 최상의 직업이라고 말하는 것 같군요. 그렇죠? 왜냐하면 당신은 다른 사람들의 돈을 보존하고 불려주기 때문입니다.

ME_ 정확히 맞는 말씀입니다. 우리가 희망하는 것처럼 사람들이 더 나은 노후생활을 할 수 있도록 돕는 일은 가치 있는 일이며 그것은 제게 큰 기쁨을 줍니다.

개인 재산/패밀리 오피스

던 피츠패트릭 Dawn Fitzpatrick
소로스 펀드 매니지먼트의 CEO 겸 최고 투자 책임자

**"우리는 모두 이 사업에서 가끔 틀린다.
당신이 뛰어난 투자자가 되려면 제대로 하는 일이
전체의 50퍼센트를 조금 넘기만 하면 된다."**

지난 100년 동안 록펠러Rockefellers, 멜론Mellons, 핍스Phippses, 밴더빌트 Vanderbilts, 케네디Kennedys 등 미국에서 가장 부유한 가문들은 패밀리 오피스를 운용해 가족의 돈을 관리하는 것은 물론 자선 활동, 부동산, 부동산, 보험, 법률 및 부동산 문제를 다루었다. 이러한 패밀리 오피스는 종종 J.P. 모건 같은 자산 관리자와 동일한 서비스를 제공한다. 그러나 막대한 부를 가진 가족들은 통제를 더욱 강화하면서 프라이버시를 보호하고 전문적인 요구 사항에 집중하기 위해 자체적인 '내

부' 자산 관리자를 선호하는 것 같다. 패밀리 오피스의 모든 전문가는 보통 한 가족의 이익과 필요에 초점을 맞추지만, 해가 지날수록 점점 더 관리해야 하는 가족 수가 늘어난다.

전형적으로 패밀리 오피스는 부의 보존에 중점을 두었기 때문에 투자 유형은 상당히 보수적이었다. 패밀리 오피스는 부를 일으킨 창업자가 살아있다면 금융이나 비즈니스 세계에서 물러나고 오랜 시간이 지난 뒤에야 비로소 만들어졌다.

최근 몇 년 동안, 비교적 젊은 나이에 상당한 부를 축적한 사람들은 상속인들의 요구뿐만 아니라 그들 자신의 일을 관리하기 위해 패밀리 오피스를 설립했다. 그리고 자산가가 여전히 금융계에서 활동하고 있으면 이러한 패밀리 오피스는 배당금 수취 역할 이상을 담당한다. 실제로 그들은 사모펀드, 벤처캐피털 및 성장 캐피털에 종종 주요 투자자로 투자함으로써 가족들에게 상당히 큰 규모의 새로운 부를 창출했다. 델Dell과 몇몇 프리츠커Pritzker 패밀리 오피스와 같은 회사는 잠재적으로 꽤 수익성이 높은 새로운 부문에 투자하기 위한 자본을 보충하기 위해 다른 투자자들로부터 많은 돈을 모았다.

이러한 추세의 결과로, 패밀리 오피스는 투자 세계에서 점점 더 중요한 위치로 부상했다. 일반적으로 패밀리 오피스는 규제나 관료적 제약 없이 신속하게 움직일 수 있으며 통찰력, 연줄, 평판 등을 통해 투자에 실질적인 가치를 추가할 수 있다.

나는 칼라일의 공동 CEO에서 물러나고 회사의 공동 경영 의장이 된 후, 사모펀드 세계의 많은 동료들의 선례를 따라 패밀리 오피스인 디클러레이션 캐피털을 설립하여 자산을 분산 투자하고 칼라일이 추구하지 않는 분야에 투자함과 동시에 세 자녀를 투자 활동에 참여시켰다. 하지만 나의 노력은 이 분야에서 나보다 훨씬 앞서고, 훨씬 더 많이 투자하며, 훨씬 더 훌륭한 투자의 리더로 인정받는 몇몇 다른 사람들에 비하면 수수했다.

패밀리 오피스에 자신의 자산을 투자한(비록 지금은 대부분 자산이 재단에 편입되었음) 투자 리더 중 한 명이 조지 소로스George Soros다. 그는 수십 년 동안 선구적인 헤지 펀드 투자자이자 그의 투자자들에게는 성공적인 부의 창조자였다. 헤지 펀드가 투자 세계에서 그렇게 잘 알려지거나 지속적으로 주요한 존재가 되기 전인 1969~70년에 이미 소로스는 헤지 펀드를 만들었으며 수십 년 동안 매우 활동적이고 실무적인 펀드 리더로 활동했다.

그 결과 소로스는 전 세계에서 가장 부유한 전문 투자자로 인정받으며 눈부시게 활약했다. 그는 주식과 채권에 투자했지만, 그의 강점은 일반적으로 거시 시장 추세를 포착해 그러한 추세에 크게 투자하는 능력이었다. 최근 몇 년 동안 소로스는 다른 사람들에게 그러한 업무를 넘겨주었기 때문에, 그는 대체로 자선 및 정치 활동에 더 많은 시간을 투자하고 자신의 재산은 패밀리 오피스가 관리하고 있다. 현재 그는 가족과 재단 자산의 투자를 여성 투자 전문가의 선구자로 존경받는 던 피츠패트릭Dawn Fitzpatrick에게 맡겼다.

보통 소로스는 자신의 상당한 재산을 직접 관리하지는 않지만, 정교한 시장 타이밍과 예지력에 대한 명성 덕분에 그의 패밀리 오피스는 여전히 시장의 관심을 받고 있다. 따라서 던의 투자 결정은 사람들의 엄청난 관심을 불러일으킨다.

던은 와튼 스쿨을 졸업했으며, 오코너앤어소시에이츠O'Connor & Associates라는 자기 자본 투자회사에서 경력을 시작하여 UBS가 회사를 인수했을 때까지 그곳에 머물렀다. 마침내 그녀는 오코너의 최고 투자 책임자CIO가 되었으며, 궁극적으로 UBS 자산운용의 최고 투자 책임자로서 5,000억 달러 이상의 투자를 감독했다. 그곳에서 그녀의 뛰어난 성과를 지켜본 우리 회사를 비롯한 많은 회사가 그녀를 영입하려고 했지만 승자는 조지 소로스였다. 그는 자신의 상당한 개인 재산과 재단의 자산을 관리하는 고삐를 기꺼이 비범한 투자자에게 넘겨주었다.

나는 뉴욕 연준 투자자문위원회에서 던과 함께 일한 적이 있다. 위원회의 다른 사람들과 뉴욕 연준 관계자들이 그녀의 말을 경청하는 모습을 보면 그녀가 투자 세계에서 엄청난 존경을 받고 있다는 사실은 분명하다.

그녀의 투자 비법은 복잡하지 않다. 소로스의 철학에 대한 민감성, 높은 지능, 추진력 있는 직업윤리, 대규모 투자에도 주눅 들지 않는 성향, 동료들의 말을 경청하는 자세와 아울러 아마도 빠지지 않고 매일 달리기를 하는 일관성 등이 그녀의 투자 비법이다. 하지만 나는 그녀에게 또 다른 비결이 있으리라 생각했다.

$

데이비드 M. 루벤스타인DR_ 당신은 이제 소로스 패밀리 오피스와 조지 소로스가 상당한 재산을 기부한 재단의 최고 투자 책임자입니다. 당신은 소로스와 그의 가족, 재단 이사회 또는 투자위원회에 어떤 책임을 지고 있습니까?

돈 피츠패트릭DF_ 저는 재단의 5인 투자위원회에 보고합니다. 그 위원회는 다양한 자산의 전문 투자자들로 구성되어 있습니다.

DR_ 수많은 탁월한 투자 전문가들이 여러 해 동안 조지 소로스를 위해 일했습니다. 하지만 최고 투자 책임자로서 여성은 당신이 첫 번째입니다. 투자 업계 일각에서 이직률이 높다고 악명이 높은 자리를 맡게 된 계기는 무엇입니까?

DF_ 제 자리는 자리 바뀜이 빈번했습니다. 저는 제가 돈을 관리하는 능력과 팀을 관리하는 능력을 모두 갖추고 있다고 확신합니다. 회사에 들어가면서 장기적인 성공을 위해 플랫폼을 설치할 수 있는 구조를 요청했습니다. 저는 소로스 펀드 매니지먼트SFM, Soros Fund Management의 CEO와 CIO 역할을 동시에 맡은 첫 번째 사람입니다. 투자를 고려할 때, 실현할 수익에 영향을 미치는 요소는 일선 포트폴리오 관리자뿐만이 아닙니다. 투자 실적이 좋아도 성공은 장담할 수 없었고, 따라서 살아남는다는 것은 결코 당연한 일이 아니었습니다. 하지만 우리는 전문 투자자로서 '계산된 위험'을 감수하는 사업을 하고 있습니다. 저는 그 자리가 충분히 그럴만한 가치가 있는 위험이라고 판단했습니다.

DR_ 이전에 당신은 단기 수익과 분기별 숫자가 절대적 기준이었던 증권 회사에서 일했습니다. 대형 패밀리 오피스를 위한 자금 투자를 감독하는 것은 어떤가요? 당신은 장기적인 목표를 추구합니다. 예전에 했던 일과는 아주 다른데, 그게 문제가 되던가요?

DF_ 헤지 펀드든 장기 운용사든 주식 시장에 초점을 맞추고 있는 많은 자산운용업계는 매주 또는 매월 단위로 수익률을 관리해야 합니다. 그것 때문에 우리는 역효과가 나는 경우를 종종 봅니다. 우리에게는 중장기 투자 지평을 지닌 정말 탁월한 투자자인 고객이 한 분 있

던 피츠패트릭

179

다는 사실이 엄청나게 큰 이점입니다. 저는 투자팀이 그 이점을 어떻게 활용할지에 대해 생각하도록 촉구합니다.

DR_ 당신은 채권에서 통화, 사모펀드, 성장 자본에 이르기까지 다양한 유형의 자산 범주에 초점을 맞추고 계십니까? 또 특별히 추구하지 않는 분야가 있습니까?

DF_ 아니요. 우리의 투자 의무는 광범위합니다. 세계 모든 곳에 모든 자산 종류에 투자할 수 있습니다. 또한 장점이 있는 분야와 없는 분야에 대해 지적으로 정직해지려고 노력합니다. 그 실례가 상품 commodity입니다. 그 분야는 수직적으로 통합된 투자자와 거래자들에게 매우 유리합니다. 그래서 우리는 상품에 대한 방향성 투자를 할 수 있지만 상대 가치 투자나 복잡한 방식으로 거래하지는 않을 것입니다. 재단의 가치에 부합하지 않는 투자를 피하는 것이 중요합니다. 예를 들어, 사설 교도소에 자금을 대지는 않을 것입니다.

DR_ 당신은 조지 소로스처럼 직접 투자하나요? 아니면 기본적으로 투자 담당 관리자들을 고용하고 그들을 관리하는 방식을 택하고 있나요?

DF_ SFM 플랫폼의 장점은 내부적으로 돈을 관리하면서 외부에 투자를 위탁할 수 있다는 것입니다. 제가 입사한 이후에 우리는 실제로 직접 운영의 비중을 더 많이 늘렸습니다. 당신이 외부에 있는 헤지펀드나 장기 투자용 펀드로 자산을 운용한다면 그들은 단일 투자자를 위해서가 아니라 100명 또는 1000명 등 다수의 투자자의 효용 곡선을 관리해야 합니다. 우리가 볼 때 타사들이 자산 관리 상품을 구성하는 방식 사이에 공백이 있습니다. 그 공백들 사이에 존재하는 기회가 너무 큽니다. 우리는 독창성을 살려 그런 기회들을 식별하고 활용하려고 노력합니다. 단일 파트너와 함께 채권과 주식 모두를 투자 대상으로 하는 기업 및 프로젝트에 해결책을 제공할 수 있는 능력도 기회를 창출합니다.

현재 우리가 보유한 주식의 약 70퍼센트는 내부에서 직접 관리하고 있습니다. 사모 대출 자산의 95퍼센트는 내부적으로 관리하고 있는데, 이는 투자 결과에 영향을 미칠 수 있기 때문입니다. 만약 어떤 일이 잘못되면, 우리는 그것을 통해 유지하고 관리할 수 있습니다. 우리가 외부에 할당한 부문은 대부분 사모펀드와 벤처 투자입니다.

DR_ 매년 전체적으로 달성하고자 하는 특정 수익률이 있습니까?

DF_ 매년 특정 수익률로 관리하는 것은 위험합니다. 왜냐하면 그것을 달성하려다 보면 잘못된 순간에 큰 위험을 감수할 가능성이 매우 크기 때문입니다. 즉, 우리는 몇 가지 다른 숫자와 대비해 벤치마킹하거나 평가합니다. 우리는 대형 대학교 기부금 운영 회사들의 수익률과 비교합니다. 단순하고 수동적인 60/40 포트폴리오(주식 60퍼센트, 채권 40퍼센트)를 살펴보고 투자위원회에서 정한 자체 정책 포트폴리오를 운영합니다. 정책 포트폴리오는 표준 자본 및 성장 버킷(대형주 및 성장주), 자본 보존 버킷 및 실물 자산 버킷으로 구성되어 있습니다. 동료 그룹, 수동적 그룹, 맞춤형 그룹의 3가지 벤치마크와 비교해서 우리가 잘하고 있는지를 결정합니다.

DR_ 처음에 어떻게 투자 사업에 뛰어들게 되었습니까? 무엇이 당신을 투자자가 되고 싶게 만들었나요?

DF_ 저는 선천적으로 호기심이 많고 경쟁심이 있습니다. 어렸을 때, 70년대 다닥다닥 붙은 복층식 주택에 살았으며 모든 집의 문은 이웃에 열려 있었습니다. 저는 이웃인 마티 아틀라스의 집으로 어슬렁 어슬렁 내려가곤 했는데, 그는 어린 저에게 주식 페이지를 읽고 회사 내용을 추적하는 방법을 가르쳐 주었습니다. 제가 12~13살이었을 때, 그가 에드윈 르페브르Edwin Lefevre의 월가 고전인《어느 투자자의 회상Remincences of a Stock Operator》을 건네주는 바람에 저는 그 책에 푹 빠져들고 난 뒤부터 투자자가 되는 데 집중했습니다.

DR_ 당신의 가족도 투자 사업에 종사했습니까?

DF_ 전혀 아닙니다. 조부모님은 아일랜드에서 이민을 오셨고, 아버지는 컴퓨터 컨설팅 사업을 하셨습니다.

DR_ 언젠가 투자자가 될 거라고 기대하고 와튼에 갔나요?

DF_ 네, 물론입니다. 제가 고등학교 때 가장 가고 싶었던 학교가 와튼이었으며 저는 입학하자마자 재무관리 공부에 집중했습니다. 저는 펜실베이니아 투자 동맹Pennsylvania Investment Alliance에 가입해 선생님과 동료 학생들에게서 최대한 많은 것을 배웠습니다.

DR_ 와튼을 졸업하고 뭘 하셨나요? 시카고 거래소에서 보낸 날들은 어땠습니까? 그 당시 그곳에는 여성들이 많았나요?

DF_ 와튼을 졸업하고 바로 오코너앤어소시에이츠에 들어갔습니다. 그곳은 자산 전반에 걸쳐 파생상품을 전문적으로 다루었으며 상대 가치 거래 전략을 컴퓨터 프로그램으로 수립한 최초의 회사였습니다. 실력을 중시하며 지적 능력이 우수한 사람들이 많아 일하기 좋은 곳이었습니다. 저는 미국 증권 거래소에서 일한 뒤 시카고 옵션 거래소CBOE의 트레이더가 되었는데, 그곳은 거래소에서 직접 일을 배우기에 아주 좋은 곳이었습니다. 거기에는 여자가 많지는 않았습니다.

제가 자랄 때만 해도 여자 스포츠 팀이 오늘날처럼 어디에나 있지 않았습니다. 저는 운동가 집안 출신인데 가족들은 대부분 체격이 좋지만, 저는 반에서 가장 작았습니다. 만약 학교에 여자팀이 없었다면 부모님은 저를 남자아이들과 함께 하는 스포츠팀에 넣어 그들과 경쟁해야 했을 것입니다. 거기에는 눈물도 변명도 없지요. 그런 마음가짐이 제게 도움이 되었습니다. 그래서 제가 직장 생활을 하면서 거래소나 어떤 자리에 갔을 때 낯선 장소에 있다고 느껴본 적이 없습니다.

DR_ 저는 오코너가 멋진 아일랜드식 이름이었기 때문에 당신이 그 회사에 들어간 것처럼 여겨지는데요.

DF_ 우연의 일치겠지만 오코너는 제 어머니가 결혼하기 전에 가졌던 성이었습니다.

DR_ 뛰어난 투자자가 되려면 무엇이 필요합니까? 훌륭한 투자자가 되기 위해 꼭 필요한 자질은 무엇이라고 생각하십니까?

DF_ 저는 호기심을 가져야 한다고 말씀드리고 싶습니다. 어떤 답도 당연한 것으로 받아들여서는 안 됩니다. 당신은 항상 이유를 묻고 계속 이유를 물어보면서 토끼굴로 내려가야 합니다. 또한 자신이 잘하는 것과 못하는 것을 스스로 깨닫고 자신의 부족한 부분을 보완할 수 있는 팀과 인재를 주변에 두려는 의지가 있어야 합니다. 이 산업에서 돈을 벌려면 당신은 합의된 관점이 아닌 독특한 관점을 가져야 하는 것은 물론 시간이 지남에 따라 합의된 관점의 중심에 서야 합니다. 당신은 자신만의 의견으로 독립적인 사고방식을 할 수 있는 사람이라는 자신감으로 거기에 투자해야 합니다.

제가 마지막으로 강조하고 싶은 것은 이 사업에서 우리는 모두 가끔 틀린다는 사실입니다. 50퍼센트 이상만 맞으면 정말 잘하는 것입니다. 자신이 틀렸다고 판단하면 겸손하게 바로 포지션을 정리하고 계속 움직일 수 있는 규율을 갖춰야 합니다.

DR_ 당신은 현재 여러 분야의 관리자를 감독하고 있습니다. 특정 자산의 비율을 어떻게 결정하며 채용할 관리자한테 기대하는 자질은 무엇입니까?

DF_ 그것은 기회 설정에 관한 것입니다. 잠재적 수익 흐름과 거기에 따른 위험이 무엇인지 생각한 다음 이와 유사한 다른 수익 흐름을 비교합니다. 두 가지 매력적인 수익원이 매우 다르게 보인다면, 즉, 한 가지가 수익을 실현하지 못할 가능성이 있을 때 수익을 실현할 다른 수익원이 있다면 분명히 그것은 훨씬 더 매력적입니다.

우리가 자금을 할당하거나 포트폴리오 관리자를 고용할 때 어떤 자질을 찾는지 설명해 드리자면, 먼저 '자기 인식'에 대해 이야기합니다. 저는 관리자들이 자신의 장점이 무엇이며 그 이유를 설명할 수 있기를 바랍니다. 저는 10점 만점에 항상 10점을 맞을 수 있다고 장담하는 관리자가 싫습니다. 왜냐하면 그것은 불가능하기 때문입니다. 이기려고 치열하게 일하는 관리자를 원하지만 그들은 언제나 실패할 수 있으므로 실패로부터 배울 수 있어야 합니다. 왜냐하면 이 업계에서는 실패가 불가피하기 때문입니다.

포트폴리오 관리자를 고용할 때, 그들이 평생 우리와 함께 일하기를 바랍니다. 하지만 때로는 규제나 다른 이유로 기회가 사라지기도 합니다. 또한 좋은 관리자는 부가가치 수익 창출보다는 자산 구축에 집중하는 경우를 자주 봅니다. 투자 전략은 항상 가능성의 제약을 받습니다. 즉, 특정 안전 등급 이상의 자산을 보유한다면 그것의 수익률은 저하할 것이 분명합니다. 그보다 더 나쁜 것은 관리자들이 자신들의 능력을 넘어서 자신들도 이해하지 못하는 방식으로 투자하는 것입니다. 직접 또는 외부 펀드와 관계없이 당신이 누구를 고용하든 고객의 이익을 최우선에 두는 것이 중요합니다. 그건 당연한 일이지만 쉬운 일이 아님을 알고 있습니다.

DR_ 만약 관리자의 성과가 시원치 않다면 당신은 그들에게 시간을 얼마나 더 주나요? 1년인가요? 5년인가요? 얼마나 기다리세요?

DF_ 우리가 그들과 헤어져야 하는 시기는 관리자가 돈을 벌지 못할 때라기보다는 사실 우리가 투자 자본을 두 배, 세 배로 불리려고 할 때일 것입니다. 시장 환경을 고려할 때 수익이 우리가 기대하는 것과 비슷한지에 따라 평가합니다.

때로는 손해를 보는 관리자도 있지만 그 사유가 합리적이라면 그것은 사실상 기회를 의미합니다. 그런 점을 파악하고 그 관리자에게 더 오래 투자하면 할수록 그에 대해 자신감을 더 많이 가질 수 있습니다. 하지만 잘못된 이유로 손해를 보는 관리자가 있다면 당연히 해고해야 합니다.

DR_ 당신의 경험상 최고의 자금 관리자들은 일반적으로 어떤 특징이 있습니까?

DF_ 그들은 자신의 경험과 지식을 통해 자신들의 장점을 잘 이해하고 있습니다. 그들은 시장을 존중합니다. 압박감 속에서도 침착하고 호기심이 많습니다. 또 정보 수집 능력이 뛰어나며 그것을 완전히 소화합니다. 우리는 모두 확증편향을 가지고 있습니다. 그들은 그것이 어디에서 작용하는지 이해한 상태에서 투자합니다. 그들은 열린 마음을 가지고 있습니다. 그들은 사실로 증명되지 않는 어떤 의견에도 휘말리지 않습니다.

DR_ 조지 소로스만큼 부유하지는 않지만 패밀리 오피스를 조직하기에 충분한 자산을 가진 사람들에게, 패밀리 오피스가 잘 작동하기 위한 중요한 자질은 무엇입니까? 그동안 칭찬하고 싶었던 패밀리 오피스가 있습니까?

DF_ 우선, 패밀리 오피스의 목적을 이해할 필요가 있습니다. 매년 가족 자산에서 얼마나 많은 돈을 쓸 계획인지 혹시라도 엄청난 지출이 있을 경우를 대비해서 일종의 비자금을 원하는지 또 세대교체 계획은 어떠한지에 대해 이해하는 것이 중요합니다. 많은 경우, 사람들은 수익에 초점을 맞춥니다. 하지만 달리 생각하면 그것은 그들이 허용하는 손해 한도를 이해하는 것입니다. 그것을 이해하지 못하면, 위기 상황에 부딪혔을 때 갑자기 최악의 순간에 자산을 처분할 수 있기 때문입니다. 따라서 이런 대화를 사전에 해두는 것이 좋습니다. 그렇게 해야만 포트폴리오에 손해가 날 때, 훨씬 더 쉽게 그들과 소통할 수 있기 때문입니다. 또한 요즘은 ESG에 관해 대화를 나눌 필요가 있다고 생각합니다. "관련하여 무엇을 기대하는가?" "포트폴리오에 포함하고 싶지 않은 영역과 금기 사항은 무엇인가?" 등에 대해 나누죠.

DR_ 당신은 함께 투자하는 관리자들과 회사를 위해 ESG에 주력하고 있습니까?

DF_ 우리는 두 가지 모두에 집중합니다. ESG에서 중요시하는 것은 투명성과 책임감입니다. ESG와 관련된 많은 조치는 초기 단계에 머물고 있으며 현재 발전하고 있습니다. 그래서 우리는 그것에 관해 대화해야 합니다. 일반적으로 관리자급과 우리가 투자하는 회사 모두에서 발견한 것은 모두가 이것을 잘하고 싶어 한다는 것입니다. 때때로 그들은 실행할 도구가 없거나 어디에서 시작해야 할지 모릅니다.

우리는 진정한 해결책을 제시하려고 노력합니다. 이것이 하나의 여정이라고 생각합니다. 그리고 기업들과 관리자들과 그 여정을 함

께 하려고 합니다. 우리는 회사의 다양성diversity, 형평성equity, 포용성
inclusion을 의미하는 DEI 수치와 관련하여 분위기 동향을 보고하는 것
은 물론 그것들의 진전 상황도 알려줘야 합니다.

DR_ 수탁자로서 돈을 관리할 때, 조지 소로스와 같이 대담한 내기를
하는 것이 적절하다고 생각하나요, 아니면 너무 위험하다고 생각하
나요?

DF_ 조지가 영국 파운드화에 내기를 걸었을 때 유명한 일화가 있습니
다. 그의 트레이딩 대표 가운데 한 명이 그에게 "우리가 이 일로 모든
것을 잃을 수 있다는 것을 알고 있지요?"라고 말하자 조지는 이렇게
대답했답니다. "괜찮아요. 나는 처음부터 다시 만들 수 있어요."

저는 진심으로 그것이 사실이라고 생각합니다. 그는 타고난 정력
가입니다. 지칠 줄 모르죠. 정보를 종합하고 이해하는 측면에서, 조
지보다 잘하는 사람은 아무도 없습니다. 저는 재단 자산을 운용할 때
모든 것을 다 잃고 다시 시작할 여력이 없습니다. 그러므로 제가 보
고하는 투자위원회에서 인출 한도와 유동성 요구에 관해 이야기하고
그 맥락을 따라 포트폴리오를 관리합니다. 그렇긴 하지만 흥미로운
것 중 하나는 제가 SFM에 들어왔을 때 포트폴리오가 너무 다양했다
는 것입니다. 포트폴리오가 너무 다양하다는 사실은 평범하게만 해
도 된다는 것을 의미하기 때문에 여기 온 이후로 저는 포트폴리오를
더 단순화해 집중적으로 운용했습니다.

DR_ 이런 식으로 돈을 관리하면서 당신은 어떤 즐거움을 느끼나요?

DF_ 제가 이 산업에서 가장 좋아하는 것은 매일매일 도전해야 하는
일이 다르고 배울 것이 많다는 사실입니다. SFM 플랫폼과 관련하여,
이러한 과제를 해결하는 측면에서 우리는 특히 우리의 규모에 비해

다른 어떤 자산 풀보다 자유가 더 많습니다. 그건 정말 재미있습니다. 또한 헌신적인 팀과 함께 일하고 있습니다. 우리가 가진 기술과 운영하는 재단을 보면, SFM은 세계 최고의 직장입니다.

DR_ 조지 소로스는 '재귀성reflexivity(원래의 자리로 되돌아오는 현상)'이라는 단어를 만들었습니다. 그는 한 방향으로 일이 진행되면서 반등하기 전에 당신이 예상할 수 있는 것보다 그 방향으로 더 일이 진행된다면 추세를 포착했다고 판단해 큰 내기를 걸어야 한다고 주장합니다. 당신도 그렇게 따라 하나요? 아니면 그가 직접 돈을 관리했을 때처럼 대담하게 뛰어들지는 않는 건가요?

DF_ 우리는 그런 현상을 봅니다. 당신이 방금 말씀하신 대로 그는 암호화폐에 관심을 두고 있지만, 그런 맥락에서 게임과 시장은 조금 달라졌습니다. 이전에는 정보의 비대칭성 때문에 자산을 그러한 방식으로 운영하기가 더 쉬웠습니다. 지금보다 더 다양한 통화들이 있었고 중앙은행들은 지금보다 덜 정교했습니다. 우리가 그런 일을 많이하지 않는다는 말을 장황하게 했군요. 우리는 다른 방법으로 돈을 벌고 있으며 시장에서 설정된 기회는 조지가 수십억 달러를 벌었을 때와는 매우 다르게 변했습니다. 조지가 오늘날 투자한다면, 그는 전성기 때와는 다른 방식으로 수십억 달러를 벌었을 것입니다.

DR_ 당신은 자신의 성공을 어떻게 측정하십니까? 일정한 수익률, 투자 자본의 배수, 혹은 투자위원회의 방침 준수 등 어떤 기준이 있나요? 패밀리 오피스를 운영할 때 성공 여부를 어떻게 판단합니까?

DF_ 분명히 저는 조지와 투자위원회를 기쁘게 하고 싶습니다. 저는 앞서 설명한 것처럼 60/40으로 운영하는 대형 대학 기부금을 벤치마크로 하여 정책 포트폴리오를 비교합니다. 하지만 결국, 그것은 재단이 좋은 일에 쓸 수 있도록 연간 10억 이상의 자금을 확보하는 것입니다. 그들은 인권 운동의 가장 큰 민간 자금 제공자입니다.

성공에 관해 말씀드리면 저는 제가 여기 있는 동안 창출하는 수익도 중요하지만 지속 가능한 SFM을 만들고 싶습니다. 다시 말해, 제가 여기 있는 동안, 그리고 제가 떠난 후 수십 년 동안 좋은 수익을 낼 수 있는 인재들과 절차와 팀이 있는지 확인하고 싶습니다. 때때로 사람들은 그들이 떠나면서 회사가 엉망이 되기를 바랍니다. 그것이 자신들의 가치를 증명해준다고 생각하기 때문이지요. 하지만 저는 그렇게 생각하지 않습니다.

DR_ 다른 직업을 추구하지 않은 것에 대한 후회는 없습니까?

DF_ 아니요. 저는 이 업계에서 일하게 되어 정말 행운이라고 생각합니다. 저는 매일 침대에서 벌떡 일어납니다. 언젠가 은퇴하거나 반쯤 은퇴했을 때는 가르치는 일을 하고 싶지만 지금은 이 일이 좋습니다.

DR_ 머리를 식힐 때 사무실 밖에서 하는 것은 무엇입니까? 저는 당신이 어렸을 때 훌륭한 트랙 선수였다는 것을 알고 있습니다.

DF_ 저는 일 때문에 무척 바쁘게 생활합니다. 또한 학교에 다니는 세 아이들의 엄마입니다. 저는 두 개의 이사회에 참석하죠. 하나는 학교 이사회, 또 다른 하나는 바클레이스 은행의 이사회입니다. 저는 맡겨진 모든 일을 잘하길 원합니다. 그래서 시간이 많이 필요하죠. 하지만 저는 여전히 달리는 것을 좋아합니다. 그것은 제 나름의 명상법이죠. 저는 매일 꽤 오랫동안 달리고, 여전히 꽤 빠르게 달릴 수 있답니다. 책 읽는 것도 좋아해요. 조부모님이 물려 주신 도서관이 있는데, 그곳에서 독서를 즐깁니다.

DR_ 당신의 자녀들도 사모펀드 즉, 투자 세계에 발을 들여놓으리라 생각합니까?

DF_ 그들은 모두 제가 하는 일에 흥미를 느끼는 것 같아요. 지난 1년 동안 밈 주식과 암호화폐가 우리 젊은이들의 관심을 사로잡았습니다. 제 아이 중 적어도 한 명은 주식 거래와 투자 업무를 할 것 같습니다.

DR_ 제가 부모로서 실패했는지 성공했는지 모르겠습니다만 제 아이 셋 모두 사모펀드에 있습니다.

DF_ 아이들이 아버지가 하는 일을 좋아하다니 좋은 일이네요.

5   기금

폴라 볼렌트 Paula Volent

록펠러 대학교의 부사장 겸 최고 투자 책임자,
보든칼리지의 전 최고 투자 책임자

> "실수가 끝날 때까지 기다리는 것은 옳지 않다.
> 일단 실수했거나 자신감을 잃었다고 판단하면
> 행동으로 옮겨야 한다."

1800년대 후반과 1900년대 초반, 미국 대학의 기금은 영국의 주요 대학들의 기금에 비해 규모가 상대적으로 확실히 적었다. 1900년에 하버드 대학교 기금은 1,300만 달러였고 예일 대학교 기금은 500만 달러였다.

당시에는 대학 운영에 드는 상대적인 비용이 훨씬 적었고 건물, 학생, 교직원, 장학금도 적었으며, 규제 및 관리 비용도 훨씬 적었다. 따라서 대부분 대학은 기금의 규모나 기금에서 나오는 의미 있고 안정적인 수입원의 필요성에 특별히 초점을 맞추지 않았다.

그런 현상은 1930년대와 1940년대에 바뀌었다. 대학들은 기금이 커지면 그들이 학문적 차별성을 추구하는 데 있어 경쟁력을 확보할 수 있다는 사실을 깨달았다. 게다가 지아이 빌GI Bill(제대 군인 지원법)을 활용해 대학 교육을 받으려는 제대 군인들이 증가함에 따라 대학의 운영 비용이 증가하기 시작했다.

1940년대 후반과 1950년대 초반, 하버드의 회계 담당자인 폴 캐벗 Paul Cabot이 대학 기금을 상장 주식에 투자하기 시작한 결과 종전의 투자 방식보다 하버드의 수익률이 훨씬 더 높아졌다. (미국의 대학 기금은 주로 고정금리채나 또는 채권에 투자했다.) 다른 대학들도 그 뒤를 따랐으며 주식은 대학 기금 투자에서 점점 더 중요한 부분이 되었다.

그러나 1985년부터 대학의 기금 투자는 31세의 예일대 경제학 박사 출신인 데이비드 스웬슨David Swensen이 예일대 기금의 투자를 담당하면서 완전히 바뀌었다. 이후 30년 이상 데이비드는 대학 및 대학 기금의 투자 방식을 변화시키고 지속적으로 평균 이상의 수익률을 달성하면서 이 희귀한 투자 세계의 본보기가 되었다. 데이비드가 1985년 기금 관리를 시작한 이후 2021년 일찍 세상을 떠날 때까지, 그는 재임 기간(2021년 6월 30일까지) 13.7퍼센트의 연간 수익률을 달성했다. 컨설팅 회사인 케임브리지 어소시에이츠Cambridge Associates가 그의 재임 기간의 수익률을 대학 기금의 평균 수익률과 비교한 결과 그는 500억 달러 이상의 가치를 창출했다.

데이비드 스웬슨은 처음에는 사람들이 너무 위험하다고 여겼던 사모펀드, 벤처캐피털, 부동산, 헤지 펀드 등 비유동성 자산에 투자를 많이 함으로써 대학 기금 운용 분야에서 독특한 혁신을 시도했다. 그는 자신의 펀드를 운용할 여력이 없는 신생 외부 자금 관리자들을 활용했다. 그 결과 예일은 중요한 투자자로 부상했고 일반적인 수수료보다 낮은 수수료를 지불했다. 알려진 것처럼 장기간에 걸친 그의 기금 운용 성과는 탁월했다. 다시 한 번, 다른 대학들과 다른 비영리 기금들도 그 뒤를 따랐으며 그 결과 사람들은 '기금' 투자 방식 즉 유동성은 적지만 일반적으로 더 높은 성과를 내는 자산에 투자하는 방법을 받아들이기 시작했다. 이런 투자 방식을 따른 결과, 대학들은 2021 회계연도에 세인트루이스의 워싱턴 대학교(65퍼센트), 보든(57퍼센트), 듀크(56퍼센트), 매사추세츠공과대학(56퍼센트), 프린스턴(47퍼센트), 예일(40퍼센트), 하버드(34퍼센트) 순으로 눈부신 업적을 달성했다.

많은 사람이 알다시피 데이비드 스웬슨이 이룩한 또 다른 혁신적인 업적은 다른 대학 및 기금 단체 등에서 막대한 기금을 운용하는 전문가들을 훈련시킨 것이었다. 그들 가운데 2000년부터 2021년까지 보든 칼리지 기금Bowdoin College endowment을 이끈 폴라 볼렌트Paula Volent가 있다. 그녀는 현재 록펠러 대학의 기금을 관리하고 있다. 그녀가 보든 칼리지의 기금을 운용하는 기간 달성한 수익은 그녀의 멘토인 데이비드 스웬슨을 포함한 모든 아이비리그 대학들의 기금 투자 수익을 능가했다.

폴라가 투자 세계에 발을 들여놓은 것은 전통적인 방식이 아니었다. 그녀는 대학과 대학원에서 미술사가이자 미술 보존가로 훈련을 받았으므로 때가 되면 미술관으로 진출할 것이라 생각했다. 그러나 예상치 못했던 금융에 관한 관심으로 인해 그녀는 예일 경영대학원에 진학했다. 그곳에서 그녀는 데이비드 스웬슨의 인턴으로 활동하며 얼마 후 그의 명저인 《포트폴리오 성공 운용Pioneering Portfolio Management》의 집필을 도왔다.

그녀가 보든 대학 기금을 관리하기 시작했을 때만 해도 기금의 규모는 4억 6,500만 달러에 불과했다. 따라서 기금이 최고 수준의 투자 관리사들과 거래하는 것은 도전적인 과제였다. 더욱이 그녀에게 닥친 더 큰 도전은 폴라의 재임 초기에 대학 또는 대학 기금을 운용하는 여성이 거의 없었다는 사실이다. 당시 남성들이 지배하던 기금 투자 세계에서 그녀가 받아들여지는 것은 쉽지 않은 일이었다.

그러나 폴라의 성공을 향한 추진력과 날카로운 지성, 그리고 위험을 감수하려는 의지는 승리의 공식이 되었다. 이후 그녀는 최첨단 생물 의학을 연구하려는 대학을 도와 달라는 요청을 거부할 수 없어 2021년에 록펠러 대학의 기금을 관리하는 자리를 수락했다.

나는 워싱턴 국립미술관 투자위원회에서 투자 업무를 담당할 재능 있는 투자 전문가를 찾고 있을 때 폴라를 알게 되었다. 미술에 대한 그녀의 관심과 국립미술관에서 일한 경력을 볼 때 그녀가 적임자처럼 보였다. 이후 투자위원회에서 그녀와 (이 책에서 인터뷰한) 킴 루Kim Lew를 포함한 그녀의 동료들이 투자에 대해 얼마나 박식한지를 깨닫기까지는 오랜 시간이 걸리지 않았다.

$

데이비드 M. 루벤슈타인DR_ 제가 지난 수년간 만난 대부분의 뛰어난 투자 전문가들은 거의 어렸을 때부터 투자를 좋아했던 것 같습니다. 그들은 대학과 대학 졸업 후 투자자가 되는 법을 배우는 데 많은 시간을 보냈습니다. 당신처럼 원래 예술 분야를 전공한 사람이 나중에 전문 투자가로서 중요한 인물이 되는 경우는 흔치 않은 일입니다. 당신은 어떻게 예술을 전공하다가 투자계의 거물이 되었습니까? 예술에 관한 관심이 투자자가 되는 데 도움이 되었습니까?

폴라 볼렌트PV_ 저는 가족 가운데 처음으로 대학에 진학했습니다. 아버지는 심한 난독증을 앓으셔서 초등학교 3학년도 마치지 못했죠. 아버지는 그림을 그렸고, 발명가였으며, 호기심이 많았습니다. 어머니는 가정주부였죠. 저는 호기심 많은 아이였으며 독서광이었습니다. 서가에 있는 책은 모두 읽었지요.

저는 교육의 중요성, 특히 재정 지원의 중요성에 대해 관심이 많기 때문에 보든에서 제가 한 일을 자랑스럽게 생각합니다. 저는 보스턴에 있는 에머슨 칼리지Emerson College에 다녔습니다. 저는 언어치료사가 될 거로 생각했어요. 왜냐하면 직장 일을 하면서 결혼 생활도 할 수 있다고 생각했기 때문입니다. 제가 에머슨에 있는 동안 미술사 수업을 듣고 그에 관한 논문을 썼습니다. 저는 우연히 하버드의 포그 미술관 마조리 B. '제리' 콘Marjorie B. 'Jerry' Cohn의 작업실 앞에서 그녀가 작업하는 장면을 보았습니다. 그녀는 내게 "보고 싶으면 들어와서 보세요"라고 말했습니다.

저는 학생들에게 언제 행운을 가져다줄 우연과 마주칠지 모른다고 말해 줍니다. 제리 콘과의 만남은 예술 작품의 복원에 대한 저의 호기심을 불러일으켰습니다. 저는 미술관에서 많은 시간을 보내는 바람에 결국 에머슨을 떠났습니다. 잠시 일을 했으며 그 후 혼자서 대학 학비를 마련해야 했기 때문에 주 정부 장학금을 받아 뉴햄프셔 대학에 갔습니다. 그곳에서 미술사를 전공으로 선택하고 화학을 부

전공으로 했습니다. 제가 뉴햄프셔 대학을 졸업했을 때, 저는 브라운 대학과 보든 대학으로부터 자신들의 박물관에서 근무해 달라는 연락을 받았습니다. 저는 학부 졸업 후 바로 보든에서 큐레이터 보조로 일했습니다.

DR_ 결국 당신은 예일대 경영대학원에 진학했습니다. 당신은 어떻게 전공을 바꾸게 됐습니까?

PV_ 보든 이후에 저는 클라크 미술 연구소의 보전 실험실에서 잠시 일했습니다. 그리고 뉴욕 대학교 미술 대학에서 제가 좋아하는 미술사 석사 학위를 받았습니다. 또한 뉴욕대의 보존 센터에서 예술품 보존 학위를 받았습니다. 저는 뉴욕 역사 학회에서 인턴을 한 뒤 샌프란시스코에 있는 팰리스 오브 파인 아트의 종이 보존 스튜디오에서 인턴을 했습니다. 그러고 나서 로스앤젤레스 카운티 박물관의 종이 보존 연구소에서 마지막으로 인턴을 했죠. 인턴십을 마친 후 LA에 기반을 둔 민간 보존 회사와 함께 일했습니다. 많은 갤러리, 개인 수집가, 예술가들과 함께요. 그런 뒤 예술가들, 수집가들과 함께 그들의 예술 작품을 복원하기 위해 개인적인 사업을 시작했어요. 사업을 시작하면서 직원, 급여, 보험 문제를 다루어야 했기 때문에 금융에 대해 조금은 알아야 한다는 것을 깨달았습니다.

저는 UCLA에서 야간 경영학 수업을 들었는데 그때 담당 교수가 이렇게 물었습니다. "당신은 경영학에 꽤 소질이 있군요. 사업을 할 생각은 없나요?" 저는 제가 어떻게 이 모든 예술 작품들을 복원했는지, 그리고 그것들 가운데 사람들이 복원비를 지급할 수 없어 어떤 문제가 발생했는지에 대해 생각했습니다. 그런 일이 발생하면 이런 소형 박물관에서는 조각이 떨어져 나간 예술품들을 감상할 수밖에 없습니다. 저는 단순히 예술 작품을 복원하는 일 이상의 것에 관심이 생겼습니다. 저는 보존에 중점을 두는 박물관 임원이 될 것으로 생각했습니다.

UCLA의 야간 과정 교수님은 예일 경영대학원의 채용 담당자 중 한 명을 알고 계셨습니다. 그 당시 예일 경영대학원에는 공공 및 민간 경영학 석사 과정MPPM이 있었습니다. 구겐하임 미술관의 관장인 톰 크렌스Tom Krens도 예일 경영대학원에 다녔죠.

저는 예일대에 지원해 수시로 합격했습니다. 같은 시기에 국립미술관으로부터 윌리엄 R 레서William R. Leisher 장학금을 받으라는 제안도 받았죠. 미술관은 그림 보존 전문가였던 레서가 뇌암으로 사망하자 그를 기리기 위한 장학금을 마련했습니다.

저는 예일 대학교 입학을 포기하고 국립미술관에 들어가 현대 미술 작품들을 보전하는 일 외에도, 전 세계의 역사적인 예술가들의 자료를 수집해 문서화하고 분석하는 작업을 담당했습니다. 정말 멋졌어요. 그러다 톰 크렌스와 다시 이야기를 나누었는데 그는 "당신은 아직 예일에 갈 수 있는 선택권이 있어요. 당신은 거기에 가야 합니다"라고 조언했습니다.

저는 예일대에 가기로 했습니다. 남편과 저는 아이를 가지려고 노력해왔지만 잘 되지 않았습니다. 그런데 예일대에 입학하려던 시기에 임신이 되었습니다. 저는 예일대에 입학했으며, 2월에 딸이 태어났습니다. 그들은 제게 이틀만 쉬고 오라고 충고했지만 저는 그렇게 할 수 없었습니다.

딸이 태어난 지 한 달 정도 되었을 때, 저는 안절부절못했습니다. 박물관장이 되기 위해 계속 배우고 싶었죠. 저는 박물관이 기부금에 의존한다는 사실을 알고 데이비드 스웬슨을 찾아갔습니다. 그는 훌륭했어요. 우리는 많은 대화를 나누었습니다.

그는 제 이력서를 보더니 "당신도 알다시피 당신은 투자에 대해서는 아무것도 몰라요. 이곳에서 서류를 작성해 보면서 우리가 무엇을 할 수 있는지 살펴봅시다"라고 제안했습니다. 그래서 저는 데이비드와 함께 일했습니다. 저는 투자 안내문, 법률 문서, 투자 메모, 실사 과정을 정리했고 데이비드는 제게 조금씩 프로젝트를 주기 시작했습니다.

저는 미술사학자로 교육을 받았고 미술품 보존 분야도 연구해왔습니다. 또 미술사를 연구하려면 여기저기 흩어져 있는 모든 이질적인 정보들을 종합해야 합니다. 무엇이 잘못될 수 있는지 이해하려면 예술 작품에 대해 대대적인 보전 작업을 시작하기 전에 미리 연구하고 실험해야만 합니다. 그것은 제가 투자 관련 실사 절차를 준비하는 것과 직접적인 유사점이 있습니다. 저는 여러 다른 부분들을 모두 종합해 투자 여부를 결정하고 무엇이 잘못될 수 있는지도 파악하려고 노력합니다. 거기에는 좌뇌는 물론 우뇌도 필요합니다.

저는 예일 경영대학원에서 학위를 마쳤습니다. 투자 사무소에서 온종일 일했으며 데이비드의 조교 일도 맡았습니다. 그는 세스 클라만, 마이클 프라이스Michael Price와 같은 투자자들을 자신의 예일대 수업에 초대했습니다. 저는 또한 여름에 게티Getty의 투자 사무실에서 인턴으로 일했습니다. 데이비드는 제가 전통적인 포트폴리오와 예일대 기부금 포트폴리오의 관리 방식을 비교해보기를 원했습니다. 저는 게티와 함께 그들의 첫 사모펀드 투자를 위한 실사를 돕고 현금 관리에 관한 큰 프로젝트를 수행했습니다.

저는 어린 딸을 업고 학교에 다니며 예일대 경영대학원을 졸업했습니다. 투자 관련 도서인 세스 클라만의 《안전 마진Margin of Safety》은 사람들의 많은 관심을 받았습니다. 데이비드는 경쟁심이 발동해 책을 쓰고 싶어 했으며 제가 작가라는 사실을 알고 있었습니다. 당시 저는 LA에서 일하려고 디즈니의 투자 사무실에 취직했습니다. 데이비드는 제게 두 달 정도 더 머물면서 《포트폴리오 성공 운용》이라는 책의 집필을 도와 달라고 부탁했습니다. 하지만 그 작업은 3개월 이상이 걸릴 분량이었습니다. 제가 디즈니에서 일하는 것을 포기하자 데이비드는 제게 투자 사무소의 선임 연구원 자리를 주었습니다. 우리는 약 1년 동안 책을 쓰면서 매우 긴밀하게 협력했습니다.

예일대 투자 사무소에서 일할 때, 데이비드는 사모펀드, 벤처캐피털 등 모든 새로운 자산에 투자하고 있었습니다. 그는 헤지 펀드가 무엇을 해야 하는지 생각하면서 '절대 수익률'이라는 개념을 도출했습니다. 데이비드가 이끌던 예일 투자 사무소는 이 모든 혁신적인 일들을 하고 있었습니다.

저는 재무관리에 관한 아무런 사전 지식 없이 예일대에서 들어갔습니다. 예일 경영대학원에 입학했을 때 베이시스 포인트가 무엇인지도 몰랐으며 산수부터 다시 시작해야 했습니다. 데이비드는 가르치고 조언해주는 것을 좋아했습니다. 너무 기본적인 질문이란 것은 없었습니다.

DR_ 데이비드는 사람들에게 무엇에 투자해야 하는지 말하는 편인가요? 아니면 사람들과 아이디어를 활발히 교환한 뒤 그것들을 승인할지 안 할지를 기다리는 유형의 사람인가요? 투자 업무가 어떻게 이루어졌나요?

PV_ 펀드 매니저들이 뉴헤이븐으로 자주 찾아왔습니다. 밥 쉴러Bob Shiller나 스티브 로스Steve Ross와 같은 예일대 교수들은 사무실을 방문해 직원들과 점심을 함께 하곤 했죠. 업무는 공동으로 이루어졌지만 정말로 기회를 찾아내는 사람은 데이비드였습니다.

그가 예일대 투자팀에게 가르친 교훈은 비효율성을 찾는 것, 다른 사람들이 보지 못하는 것을 보는 것, 그리고 '스스로 요리해 먹을 줄 알' 정도로 혁신적이고 총명한 사람들을 지원하는 것 등입니다. 그는 자산 관리 수수료를 부과해 부자가 되는 대형 자산 관리자들을 좋아하지 않았습니다. 특히 부동산 자산 부문에서는 더 소규모 관리자들을 원했습니다.

최종 결정은 그의 몫이었지만 우리는 예일의 투자위원회에 투자 권고안을 제시해야 했습니다. 위원회에 토론 주제와 방대한 보고서를 제시하고 위원들은 그것들을 논의하고 투표했습니다. 저는 그런 원칙과 투자 결정 절차를 보든에도 도입했습니다. 실사 보고서를 작성하기 위해 많은 일을 해야 하고 그것은 투자 의사 결정에 결정적인 부분이었습니다. 하지만 방대한 보고서와 투자 권고안을 작성하는 데 막대한 시간을 쏟아붓고도 저는 마지막 순간에 "이전만큼 설득력이 없어"라고 말하곤 했습니다.

DR_ 예일대에서 몇 년 동안 근무하셨나요?

PV_ 저는 1996년부터 2000년까지 예일대에 있었습니다.

DR_ 4년 후에 "이제 혼자 사업할 때가 되었다"라고 말했나요? 어떻게 보든에서 자리를 얻었나요?

PV_ 엘렌 슈만Ellen Shuman은 예일 대학교 동료였습니다. 보든칼리지 졸업생인 그녀는 제게 이렇게 귀띔해 주더군요. "있잖아, 보든칼리지에는 전업 투자 담당자가 없어." 그곳에는 회계 담당자가 있었고 투자 자문사로 투자회사인 케임브리지 어소시에이츠를 활용하고 있었지만 내부적으로 투자를 감독하는 사람은 없었습니다. 제가 보든에 도착했을 때 스탠 드러켄밀러Stan Druckenmiller는 투자위원회의 의장이었습니다. 그는 일찍부터 헤지 펀드를 포트폴리오에 편입했지만 투자 결정을 하는 내부 프로세스가 없었습니다. 투자위원회는 펀드 매니저들을 회의에 초대하고, 위원회는 회의 후 자세한 분석 없이 투자 여부를 투표했습니다. 저는 보든에 가서 인터뷰했습니다. 보든이 혁신적이라고 생각했고 그곳은 정말 기업가적이었습니다.

2000년 6월에 기금의 규모는 4억 6,500만 달러였습니다. 저는 닷컴 버블이 꺼지기 시작한 그해 7월에 보든에 합류했습니다. 제가 근무한 지 일 년 만에 기금은 약 4억 달러로 떨어졌습니다. 처음 일 년 동안 포트폴리오에 관한 설명을 듣고 이해하려고 노력했습니다. 제가 성공한 비결 중 하나는 '투자위원회의 위험 프로파일은 무엇인가? 보든칼리지의 위험 프로파일은 무엇인가? 이곳은 예일과 비교해 금액이 적고 완전히 다른 위험 프로파일을 갖고 있다'라는 점을 이해한 것이었습니다.

DR_ 당신은 우리 시대의 가장 유명한 투자 전문가인 스탠 드러켄밀러와 데이비드 스웬슨과 함께 일했지요. 그들의 유사점이 무엇이며 다른 점은 무엇인가요?

PV_ 그들은 모두 훌륭한 멘토였습니다. 데이비드는 아주 관대합니다. 그는 예일 대학을 위해 무언가 중요한 일을 해야 한다는 사명감을 심어주었습니다. 그는 헤지 펀드를 운용할 수도 있었고 훨씬 더 많은 돈을 벌 수도 있었지만 학생들과 함께 일하는 것을 좋아했습니다. 그는 우리가 학생들의 재정 지원을 위해 돈을 벌고 있다는 사실을 좋아했습니다. 그는 우리에게 호기심을 심어주었으며, 글쓰기 기술과 비판적 사고에 엄격했습니다. 우리가 보고서를 작성하면 그는 빨간색으로 수정했습니다. 그 덕분에 글쓰기 실력이 향상되었죠.

스탠은 놀라우리만치 마음이 넓고, "예, 아니요"라고만 말할 정도로 말수가 적은 사람입니다. 대부분 사람들이 시장을 내림세로 해석할 때, 그는 시장의 전환을 탁월하게 파악합니다. 스탠으로부터 배운 것은 리스크 관리입니다. 만약 모르는 것이 있으면 적당히 넘어가려고 하지 말고 "모르겠어요, 다시 검토할게요"라고 말해야 합니다. 투자 종목을 추천할 때는 모든 것을 완벽하게 준비하고 투자위원회에 참석해야 합니다.

데이비드도 같은 방식으로 일합니다. 자신이 맡은 일을 완수해야만 합니다. 기금은 기관에 중요한 자금이므로 그것을 그냥 여기저기 뿌리고 다니면 안 됩니다. 그 자금을 어디에 투자할지 사려 깊게 생각해야 합니다.

제가 보든에 왔을 때 투자계에서는 보든을 아는 사람이 아무도 없었습니다. 아무도 보든칼리지를 알지 못했으므로 처음 5년 동안 제가 했던 일은 최고 경영자들을 찾아가 보든칼리지를 소개하고 기부금이 대학 재정을 지원하기 위해 무엇을 할 것인지를 설명하는 것이었습니다. 보든칼리지는 저명한 졸업생들을 많이 배출해왔으며 '공익'에 오랫동안 헌신해온 대학입니다.

보든에서 근무하기 시작한 처음 몇 년간 저는 외부로 나가서 보든의 브랜드를 선전하고 최고의 투자회사들과 접촉했습니다. 우리에게는 벤처 투자금이 없었습니다. 제로였죠. 그래서 저는 최고의 벤처캐피털 회사들을 찾아 나섰습니다. 마침내 세쿼이아 캐피털이 "좋아요. 당신은 우리의 새로운 전략인 차이나 펀드에 50만 달러를 투자할 수 있습니다"라고 투자를 허락했습니다. 저는 그것을 투자위원회로 가져와 투자 허락을 받았습니다. 지금 세쿼이아는 대학이 이용하는 가장 크고 성공적인 투자회사 중 하나입니다. 보든은 현재 투자계에서 훌륭한 브랜드로 알려져 있습니다.

DR_ 당신이 2000년에 시작했을 때, 기금은 4억 6,500만 달러였습니다. 당신이 2021년에 보든을 떠났을 때 기금의 규모는 얼마였습니까?

PV_ 약 27억 2,000만 달러입니다.

DR_ 아이비 대학들보다 내부 수익률이 더 높았다면서요?

PV_ 네, 맞아요. 데이비드는 "스승을 능가하는 학생은 위대하다"라는 레오나르도 다빈치의 인용문이 담긴 멋진 편지를 제게 보냈습니다. 한번은 그가 제 사무실에서 제가 하는 일을 어깨너머로 보고 있었습니다. 그는 "와, 당신이 예일대를 이기고 있어요"라고 감탄했습니다.

보든칼리지의 위험 프로파일과 투자 관리사 선발은 다른 대학들과 매우 달랐습니다. 예를 들어, 지난 10년 동안 보든은 채권에 거의 투자하지 않았습니다. 또 우리는 일반적으로 현금을 많이 보유하지 않으면서 유동성 확보에 모든 초점을 맞춥니다. 현재 보든은 1년, 3년, 5년, 10년, 20년의 기간 동안 기부금 수익률의 상위 10퍼센트 안에 들어갑니다. 행운이 계속되기를 바랍니다.

DR_ 대학 기금에 익숙하지 않은 사람들에게, 기금은 어떤 목적으로 사용되나요? 워싱턴 D.C.의 정부 인사들은 때때로 이러한 대학들이 너무 큰 기금을 운용한다고 비판합니다. 대학 기금의 주된 목적은 무엇입니까?

PV_ 기부금은 영구적인 지원을 위한 것입니다. 보든에서는 여전히 제임스 보든James Bowdoin 3세의 기금을 보유하고 있습니다. 그는 땅 한 구획과 도서관 책 몇 권, 그리고 1,000달러 정도를 기부했습니다. 우리가 기부금의 원래 가치를 보전하면 거기에서 나오는 수익을 사용할 수 있습니다.

보든칼리지의 운영 예산의 약 40퍼센트가 기금에서 나오고, 학자금 지원의 81퍼센트는 기금의 수익금에서 나옵니다. 저는 몇몇 기금이 정말 규모가 크다는 사실에 동의합니다. 하지만 시장이 변동하는 것과 마찬가지로 기금도 변동합니다. 데이비드의 책에서 알 수 있듯이 기금이 있으면 대학은 학생들의 등록금에 의존하지 않아도 됩니다. (평균적으로 많은 대학에서 학생 등록금은 학생 일인당 교육 비용의 절반도 안 되는 경우가 많습니다. 만약 대학들이 기금 수입, 정부 지원 또는 장학금 형태의 자선 단체 지원을 이용할 수 없다면, 대학들은 학생 대부분이 감당할 수 없는 수준의 등록금을 책정해야 할 것입니다.)

우리는 팬데믹과 같은 시기에 등록금이 떨어지고 기금의 지원을 받지 못하는 많은 학교가 파산하는 것을 볼 수 있었습니다. 또한 기금은 학교가 정부 보조금에 의존하지 않고 혁신적인 연구를 수행할 수 있도록 지원합니다.

DR_ 당신이 매년 달성하려는 목표 수익률이 있습니까? 당신은 매년 대학의 비용을 충당하기 위해 기부금에서 얼마를 지출해야 합니까?

PV_ 우리는 5퍼센트를 목표로 합니다. 그 5퍼센트에 인플레이션을 더한 수치를 달성하려고 노력하고 있습니다. 록펠러 대학에서는 12분기 이동 평균치를 조금 고려하고 전년도 지출에 인플레이션율을 고려한 수치를 지출 규칙으로 삼고 있습니다.

DR_ 제 기억이 맞는다면, 1940년대 후반에 캐벗 가문의 폴 캐벗이 하버드의 회계 담당자가 되면서부터 기금을 더 적극적으로 관리했습니다. 그 당시에는 2억 달러 정도였죠. 그는 기금을 더 적극적으로 투자하기 시작했습니다. 맞나요?

PV_ 확실합니다. 보든은 캐벗과 관계를 맺었습니다. 왜냐하면 투자회사인 케임브리지 어소시에이츠를 설립할 때 거기에 보든, 하버드, 그리고 몇몇 다른 학교들이 참여했기 때문입니다. 하지만 캐벗은 그 전부터 적극적인 경영을 시작하는 데 중요한 역할을 했습니다. 캐벗 이전에는 대부분 대학 및 대학 기금은 주로 교직원 부동산 담보 대출과 철도 주식 같은 소득 창출 자산에 투자했습니다. 그들은 또한 경상 수입만 사용할 수 있으므로 채권을 많이 보유하고 있을 겁니다. 그 후 70년대에 포드 재단은 주식에 대한 중요한 보고서와 수입뿐만 아니라 투자 이득도 사용할 수 있는 총수익 정책의 개념을 제시했습니다. 사람들은 수입뿐만 아니라 이익에서 사용할 수 있는 지출을 더 적극적으로 관리하기 시작함으로써 채권보다 주식을 더 많이 보유하는 것으로 초점을 바꾸는 계기가 되었습니다.

DR_ 이야기를 계속하자면 데이비드 스웬슨의 혁신은 사람들이 전통적으로 해왔던 것보다 훨씬 높은 비율로 (사모펀드, 벤처 자본, 성장 자본, 부실 채권 등) 대체 투자에 집중한 것이었습니다. 그것이 그가 높은 수익을 이룬 비결인가요?

PV_ 데이비드는 비효율성을 활용하면 유동성 프리미엄을 받을 수 있다는 것을 이해했기 때문에 대체 투자 방안을 제시했습니다. (즉, '비효율적'이거나 쉽게 거래할 수 없는 자산은 일반적으로 투자자들이 즉각 판매할 수 있는 유동성이나 효율성의 대가로 '프리미엄'을 지급하는 자산보다 낮은 가격으로 평가된다.) 또한 데이비드는 시장 진입 시기를 정말 잘 잡을 줄 아는 사람이었습니다. 그는 용감했습니다. 그는 시장 침체기에 시장에 진입하곤 했지요. 또 그는 투자 포트폴리오의 균형을 맞추는 데 매우 능숙했습니다. 여행하는 동안에도 블랙베리로 투자 포트폴리오를 재조정하곤 했죠. 그는 중국의 부상을 일찌감치 내다 보았습니다. 그의 호기심과 새로운 일을 하려는 의지, 용기 등이 제가 데이비드에게 끌렸던 이유라고 생각합니다. 그는 경제학자 존 메이너드 케인스를 가장 존경했으며 '세상의 지혜는 비전통적인 방법으로 성공하는 것보다 전통적인 방법으로 실패하는 것이 평판에 더 유익하다고 가르친다'라는 케인스의 말을 자주 인용했습니다.

대체 투자는 거대한 우산입니다. 그것은 개인 신용일 수 있습니다. 그것은 헤지 펀드가 될 수 있습니다. 그것은 인수 금융이 될 수 있습니다. 그것은 차고에서 발명품을 만드는 사람일 수도 있습니다. 데이비드는 이 모든 것을 아우르려고 했습니다. 데이비드는 비전통적인 투자자였습니다.

DR_ 사람들은 기금 운용과 관련해 두 가지 중요한 결정을 내려야 합니다. 하나는 채권, 주식, 대체 투자 등 자산 간 배분 문제이고, 다른 하나는 기금의 자금을 투자하기 위한 외부 자금 관리자로 누구를 선정해야 하는가 하는 문제입니다. 당신은 두 가지 문제 가운데 어느 것이 더 어려우며, 어느 것이 더 중요하다고 생각하시나요?

PV_ 경영대학원에서는 자산 배분이 수익 대부분을 차지한다는 것을 배웁니다. 기부금 세계가 더욱 정교해짐에 따라 투자 자산 종류 간의 차이가 모호해졌습니다. 예를 들어, 벤처캐피털의 경우 그들은 포트폴리오 중 많은 부분을 상장 주식으로 보유하고 있습니다. 그리고 바이킹Viking이나 론 파인Lone Pine같은 자금 관리자들이 운영하는 하이브리드 펀드들은 시장성 있는 포트폴리오에 사모 주식을 보유하는 것을 볼 수 있습니다. 따라서 투자 자산 종류 간의 차이가 매우 모호해지고 있습니다.

저는 보든의 성공은 자금 관리자 선발에 있었다고 말하고 싶습니다. 우리는 매년 자산 할당을 어떻게 해야 하는지 연구했으며, 벤처캐피털 또는 민간 부동산과 같은 유동성이 없는 자산에 대한 투자를 정기적으로 조정해야 하는지 아닌지를 분석하는 데 도움이 되는 지표를 사용했습니다. 언제 돈을 돌려줄지는 자금 관리자가 결정하기 때문에 유동성이 부족한 대체 투자를 매년 재조정할 수는 없습니다. 대체 투자 수단에 대한 투자 금액을 늘릴수록 자본 지출과 기관의 지출 인출에 따른 유동성 창출 능력을 고민해야 합니다.

왜 채권에 투자합니까? 유동성을 위한 건가요? 디플레이션 헤지 수단인가요? 인플레이션 헤지 수단인가요? 자산 종류별로 투자 이유가 있습니다. 보든에서도 예일에서도, 자금 관리자 선택이 자산 배분보다 아마 조금 더 중요할 것입니다.

DR_ 당신은 어떠한 자금 관리자를 찾고 있습니까?

PV_ 우리가 하는 많은 일은 다른 주제들을 보는 것입니다. 저는 매일 아침 〈월스트리트 저널〉과 〈파이낸셜 타임스〉를 읽습니다. 세스 클라만은 항상 그가 본 최고의 아이디어는 〈월스트리트 저널〉의 뒷면에 있다고 말했습니다. '오, 재미있네'라고 말할 만한 주제를 찾죠. 그런 다음 수익의 기회가 어디에 있는지, 비효율성이 어디에 있는지 생각합니다.

저는 가능한 한 많은 자금 관리자와 만나는 것을 좋아합니다. 많은 경우 관리자들로부터 특정한 것에 대해 같은 말을 듣게 되는데, 그 가운데는 시장을 다르게 인식해 다른 견해를 가진 사람들도 있습니다. 또한 저는 관리팀이 어떻게 구성되어 있는지 봅니다. 대부분은 관리자를 만날 수 있으며, 관리자들은 당신이 원하는 정보를 제공할 수 있는 분석가가 필요합니다. 저는 자신들의 주식을 정말로 잘 알고 있으며 전후 사정을 이해하고 철저한 실사 과정을 수행하는 관리자를 찾고 있습니다.

최근에 우리는 펀드 매니저들에게 팀의 다양성을 요구합니다. 그런 요구는 점점 더 증가하게 될 것입니다. 보든은 펀드에 대해 오랫동안 실사한 다음 투자했습니다. 일단 그 펀드에 가입하면 큰 변화가 없는 한 충성스러운 투자자가 되려고 노력합니다.

저는 투자 기회가 매력적이지 않을 때 돈을 돌려주는 관리자들을 좋아합니다. 또한 투자 기회에 관해 이야기할 때 테이블까지 두드려가며 '저는 비효율성을 이용하기 위해 새로운 자금이 필요합니다'라고 전화하는 매니저들을 좋아합니다. 제가 한 가장 성공적인 투자는 관리자들이 최악의 실적을 냈을 때였습니다. 저는 포트폴리오를 이해하고 그들과 의사소통을 잘했으므로 자금을 추가로 투자했습니다.

DR_ 이미 가입 신청이 초과한 펀드 매니저들의 수익률이 더 높았습니까? 아니면 자금이 필요해 당신을 찾아온 사람들의 수익률이 더 높았나요?

PV_ 저는 20년 동안 2군팀 포트폴리오를 운영했습니다. 스탠 드러켄밀러는 항상 저에게 전화를 걸어 "기금 포트폴리오에 멋지게 이바지할 수 있는 훌륭한 젊은이를 만났습니다"라고 말하곤 했습니다. 하지만 검증을 하기가 어려웠습니다. 그들은 과거 기록이 없습니다. 어떻게 사업을 운영할지 알 수 없었죠. 그렇게 우리는 2군팀을 시작했습니다. 그것은 성공적이었으며 좋은 수익의 원천이었습니다.

그것은 일종의 패턴 인식입니다. 훌륭한 포트폴리오 매니저가 될 수 있는 회사는 많이 있지만 그들은 사업을 운영하는 방법을 알지 못합니다. 그래서 투자회사는 의견 차이나 다른 비슷한 이유로 인해 해체됩니다. 제가 성공했던 것은 일찍부터 포트폴리오 관리자를 관찰하고 시간이 지남에 따라 그들을 추가하는 관리자나, 보든과 기관 및 관리자의 임무를 설명해주는 우리와 같은 투자자들을 원하는 정말 좋은 관리자를 만났기 때문입니다.

DR_ ESG와 다양성에 대해 살펴보겠습니다. 당신이 경력을 시작했을 때, 대학이나 대학 기금을 운용하는 여성들은 그리 많지 않았습니다. 당신이 그 일을 하려고 할 때, 당신에 대한 편견이 있었나요? 사람들은 '여자는 이 일을 할 수 없다'라고 말했나요, 아니면 '그게 무슨 문제입니까?'라고 말했나요? 오늘날에도 여전히 문제인가요, 아니면 더는 문제가 아닌가요?

PV_ 그것은 분명히 제가 극복해야 할 문제였습니다. 회의에 참석해보면 여자들은 소수였습니다. 저는 자산운용업계에 종사하는 여성들과 젊은 여성들에게 힘을 실어주는 일에 적극적입니다. 시마 힝고라니 Seema Hingorani는 걸즈 후 인베스트Girls Who Invest라는 단체를 시작했으며, 저는 처음부터 그곳에서 그들과 함께 일했습니다. 저는 또한 위민 인 파이낸스Women in Finance의 100명과 함께 일합니다. 여성들이 운영하는 벤처캐피털 회사들과 많은 여성들을 멘토링하고 있습니다. 저는 그런 노력이 결실을 맺기를 바랍니다.

문제들이 조금 나아졌지만 해결된 것은 아닙니다. 예를 들어, 여성 벤처 투자가들에게 자금 조달 문제는 정말 어려운 일입니다. 저는 예일 경영대학원이나 보든에서 여성들에게 이렇게 조언합니다. "여러분은 자산 관리 분야에서 좋은 경력을 쌓을 수 있습니다." 저는 걸즈 후 인베스트 소속 여성들을 인턴으로 채용하고는 마치 ESG의 다양성 항목을 모두 이행한 것으로 표시하는 기관들을 싫어합니다. 젊은 여성들이 최고 경영자로 승진할 수 있는 경로를 마련해야 합니다.

DR_ 만약 오늘 펀드 매니저가 당신을 찾아와 놀라운 실적을 자랑하지만 그들이 모두 백인 남성이라고 한다면 당신은 "저는 투자는 하겠지만 다른 사람을 고용할 수 있나요?" 혹은 "우리는 당신을 고려조차 하지 않을 것입니다"라고 말하는지요?

PV_ 저는 마음을 열고 대화하고 싶습니다. 그것이 제가 하고 싶은 일입니다. 작년에 걸즈 후 인베스트 인턴이 있었는데 펀드 매니저들을 모두 조사하며 조직도를 보고 여성들이 어디에서 일하는지 살펴봤습니다. 이들 중 상당수는 컴플라이언스 및 회계 부문 등 관리 부문에서 일하고 있었으며 포트폴리오 관리자로 일하는 사람들은 많지 않았습니다. 우리는 그런 점을 펀드 매니저들과 공유하고 토론했습니다.

DR_ 어떤 사람들은 성별, 인종적 다양성이 더 나은 수익으로 이어지게 한다고 말합니다. 당신은 어떻게 생각하나요?

PV_ 다양성은 문화적으로 중요합니다. 그것은 사람과 관련한 문제이며 또한 그들의 강점에 관한 문제이기도 합니다. 저는 포트폴리오를 운영해야 할 자리에 P&L Profit and Loss을 운영해본 경험이 없는 여성을 고용하지 않을 것입니다. 또한 경험을 쌓고 여성들이 훌륭한 투자자로 발전할 기회를 줄 수 있는 기업에 투자하려고 합니다. 일부 소비자 부문과 벤처캐피털과 같은 특정 부문에서 여성은 해당 부문의 소비자로서 남성이 가져다주지 못하는 무언가를 가져옵니다. 우리 사회가 더욱 다양해지고, 그런 다양성이 기업의 운영과 변화에 반영되도록 움직이는 경영자가 기업의 번영을 이끌 것이라 생각합니다.

DR_ 당신이 투자하고 1년 후에 실수했다는 것을 깨달았을 때, "나는 내일 이것을 정리할 거야"라고 말합니까? 아니면 "당분간 그것을 가지고 갈 거야"라고 말합니까? 당신은 실수에서 어떻게 벗어나나요?

PV_ 먼저, 저는 관리자들과 많은 회의를 통해 그것이 실수인지 아니면 단지 시장 변동의 결과인지 이해하려고 노력합니다. 저는 실수가 저절로 끝나기를 기다리지 않습니다. 일단 실수했다고 판단됐거나 확신을 잃었다면 행동해야 합니다. 가만히 있으면 결코 돈을 벌 수 없습니다. 그것은 나쁜 전략입니다.

DR_ 당신이 대학 기금을 운용할 때, 당신이 받는 보수는 일반적으로 대중들에게 알려져 있습니다. 그것은 당신이 헤지 펀드에서 일하는 것에 비해 적지요. 그렇다면 이것이 매력적인 직업인 이유는 무엇입니까?

PV_ 제가 말했듯이, 저는 이민 1세대 출신 대학생이었습니다. 저는 대학은 물론 대학원을 다닐 때도 항상 재정적인 지원에 의존했습니다. 또 저는 항상 비영리 기관에서 일해왔습니다. 기금이나 재단을 운영하면서 더 좋은 세상을 만들고, 보든이나 록펠러 대학 같은 곳에 진학할 엄두도 내지 못하는 학생들에게 교육의 기회를 제공하는 것처럼 사회를 위해 무언가 중요한 일을 하고 있다는 자부심을 갖고 있습니다.

매일 다른 자산 등급에 대해 생각해야 하므로 기금을 운용하는 것은 기업가적인 일입니다. 미래의 기금이나 미래의 학생들을 위한 돈을 버는 것과 현재의 학생들을 위해 돈을 버는 것 사이의 균형을 어떻게 유지해야 할지를 생각해야 합니다. 그것은 지적으로 흥미로운 일입니다. 저는 헤지 펀드에서도 그렇게 할 수 있다는 것을 알지만 여기에서의 사명감과는 차이가 있습니다.

DR_ 누군가가 이 인터뷰를 읽고 있다면, 그들은 이렇게 물어볼 것입니다. "저도 폴라처럼 되고 싶어요. 어떻게 훈련을 받나요? 미술 학교에 가서 미술 보존을 배워야 할까요? 대학이나 대학 기금 분야에 취업할 준비를 하려면 어떻게 해야 할까요?"

PV_ 경험과 기회를 개방적으로 받아들이면 뜻밖의 기쁨을 맛보게 될 겁니다. 저는 글쓰기, 비판적 사고, 호기심을 배우는 인문 교육이 정말 중요하다고 생각합니다. 기금 관리 산업에 종사하는 많은 사람은 미술사, 역사 또는 영문학 학위를 가지고 있습니다. 학부에서는 모든 분야에 호기심을 갖고 탐구할 필요가 있습니다. 모든 사람이 MBA를 받아야 한다고 생각하지는 않지만, 제 경우 MBA가 제 인생을 바꾸어 놓았습니다.

DR_ 앞으로 5년 정도에 관해 이야기해 봅시다. 대학 기금들은 그들이 투자하는 방식을 어떻게 바꿀 것 같습니까?

PV_ 팬데믹 때문에 교육에 대한 사고방식이 많이 변화했습니다. 기술을 더 많이 활용한 혼합형 학습방식이 더 많아졌습니다.

시장에 거품이 꽤 많이 끼었습니다. 몇몇 벤처 거래의 속도와 가치 평가가 매우 성공적이지만 그것이 얼마나 오래 지속될까요. 연방준비제도이사회FRB의 전 이사였던 케빈 워시Kevin Warsh는 제게 "황금시대의 종말이 다가오고 있다"라는 이메일을 보내왔습니다. 현재 투자 세계에 있는 많은 사람이 팬데믹이 시작한 바로 며칠을 제외하고는 단 한 번도 시장 침체나 높은 인플레이션율을 경험한 적이 없습니다 우리는 이제 포트폴리오를 다양화해야 합니다. 이제 세계화가 뒷걸음치고 과거 우리가 가졌던 전략과 주제 중 일부는 작동하지 않을 가능성이 있다는 사실을 깨달아야 합니다. 또한 블록체인이든 생명 공학적 발견이든 혁신이 우리 생활의 일부분이라는 사실을 깨달아야 하며 그 분야에 발을 들여놓고 그것을 배워야만 합니다.

저는 주식, 사모펀드 혹은 복수 전략 자산에 투자하든 자산 종류의 경계가 모호해졌다고 생각합니다. 앞으로는 지난 5년과 같은 수익을 내기는 어려울 것입니다.

DR_ 마지막 질문입니다. 당신은 국립미술관의 첫 여성 관장이 되지 못한 것을 후회하나요? 당신이 계속 예술계에 남아 있었다면 그 자리는 당신이 차지했을 텐데요. 전공 분야를 변경한 것을 후회하지는 않았나요?

PV_ 아니요, 저는 제가 하는 일을 좋아합니다. 너무 재미있어요. 저는 여전히 예술품을 수집하고 예술 분야에서 여러 가지 활동을 계속하고 있습니다. 또한 매일 어디에 기회가 있고 어떤 도전이 기다리고 있는지 알아내는 것을 즐기고 있습니다. 후회는 없습니다.

기금

킴 루 Kim Lew

컬럼비아 투자 관리 회사 사장 겸 CEO,
카네기 회사 전 최고 투자 책임자

"우리는 장기적 안목으로 투자한다."

수십 년 동안 대형 재단들은 대학들이 투자하는 방식을 따라 그들의 기금을 투자했다. 즉 처음에는 보수적인 채권에 투자했고, 그 후에는 상대적으로 안전한 주식 즉, '주류' 투자 자산에 투자했다. 그러나 수십 년 전부터 주요 대학들이 기부금에 대한 더 높은 수익을 추구하면서 '대체 투자'(즉, 더 위험하지만 더 높은 수익을 제공할 수 있는 투자)를 시작하자 대형 재단들도 그 뒤를 따랐다. 수익률을 높여야 한다는 압력이 높아짐에 따라 대학과 재단 모두 기저 자산의 장기적 특성을 활용하여 대체 포트폴리오를 구축하는 쪽으로 방향을 틀었다. 이러한 투자를 관리하는 복잡성을 고려할 때, 대규모 투자팀을 보유한 대규모 대학과 기금이 앞장서고 상대적으로 소규모 기관들이 그 뒤를 따랐다.

대학들은 학생 장학금, 연구, 자본 프로젝트, 교수진 및 학생 활동을 지원하기 위해 비교적 예측 가능한 연간 수입을 마련하려고 기부금을 운용한다. 기부금의 연간 수입의 일정 부분은 보통 이러한 종류의 경비를 지원하기 위해 제공된다. 비록 학생 등록금이 비싸고 매년 2~4퍼센트씩 증가하지만, 등록금으로는 학생들에게 들어가는 실제 교육 비용의 극히 일부만 보전할 뿐이다. 재단 기금은 실제로 장기 보조금 약속을 준수하기 위해 안정적이고 예측 가능한 수익이 훨씬 더 필요하다. (게다가 그들은 등록금처럼 꾸준하게 들어오는 수입을 기대할 수 없다.)

기부금 투자, 특히 대체 투자 분야에서 당대의 리더 중 한 명이 바로 킴 루다. 그녀는 포드 재단Ford Foundation을 이끌었으며 그 후 카네기 회사Carnegie Corporation의 최고 투자 책임자로 일했다. 그녀는 2020년에 컬럼비아 대학교의 기부금을 관리하는 컬럼비아 투자 관리 회사Columbia Investment Management Comp의 회장 겸 CEO로 취임했다.

재단과 대학 기금은 투자 접근법에서 유사점이 많이 있지만, 대학 기금에는 그들의 재정적 요구를 충족하는 데 도움이 되는 동문 기부금과 정부 보조금이 있다. 재단은 일반적으로 필요한 자금을 자신들의 기부금에만 의존하므로 현금 수요에 특히 민감할 수밖에 없다. 나는 킴 루가 특히 재단과 대학 기금의 차이점을 잘 설명할 수 있는 인물이라고 생각했다.

그녀는 와튼 스쿨과 하버드 경영대학원을 졸업한 후 처음에는 비영리 기관의 투자 분야를 자신의 진로로 보지 않았다. 훨씬 더 높은 보상과 명성, 더 나은 직업적 기회를 제공하는 월스트리트 경력이 훨씬 더 매력적이었다. 그러나 포드 재단의 한 임원과의 예상치 못한 만남으로 인해 그녀는 이 분야를 더 좋은 진로로 보게 되었다. 그 당시 투자계의 어떤 진로든 유색인종 여성은 힘든 도전에 직면해야 했다.

킴의 아버지는 중국인이었고, 어머니는 아프리카계 미국인이었다. 그녀의 부모님이 모두 17살 때 그녀를 낳았다. 부모님의 가족들은 모두 그들의 결혼과 출산을 반기지 않았다. 하지만 그녀의 부모님은 그녀를 밝고 명성하게 키웠다. 킴이 투자 경력을 시작할 때 여성이 전문 투자자가 되는 것은 분명히 극복해야 할 도전 중 하나였다. 내가 작년에 국립미술관의 투자위원회의 위원으로 경험이 풍부한 전문가를 물색하고 있을 때 내가 상담한 모든 사람이 추천한 인물이 킴이었다.

이 인터뷰는 내가 진행한 〈블룸버그 웰스〉 TV 시리즈의 일부로 컬럼비아 대학의 야외에서 진행되었다. 그곳의 사이렌 소리와 머리 위의 항공기, 근처의 공사 현장이 우리가 뉴욕에 있다는 사실을 끊임없이 상기시켜 주었다.

$

데이비드 M. 루벤슈타인DR_ 컬럼비아 기부금 규모는 대략 어느 정도인가요?

킴 루KL_ 약 143억 달러입니다.

DR_ 왜 대학들은 그렇게 큰 기부금을 운용하나요? 기부금 규모가 모두 20년이나 30년 전보다 더 커진 것 같습니다.

KL_ 대학들의 기부금은 학생들 장학금뿐만 아니라 교수 연구비 충당과 건물 건설 같은 자본 프로젝트에도 사용됩니다. 이러한 요구는 매일 증가하고 있습니다. 예를 들어, 컬럼비아 대학은 상당히 광범위한 기후 문제를 해결하려고 노력하고 있습니다. 따라서 해결책을 찾기 위해 많은 연구를 수행해야 하고, 지원하는 학생도 많이 있습니다. 기부금은 이처럼 큰 문제들을 해결하고 미래의 지도자가 될 학생들을 교육하기 위해 그 규모가 점점 커지고 있습니다.

DR_ 최근에 대학 기부금의 수익률이 매우 좋습니다. 투자 관리자들이 너무 똑똑해서 그런가요, 아니면 시장이 꽤 좋았기 때문인가요?

KL_ 두 가지가 모두 어우러진 결과입니다. 우리는 특히 똑똑하고 시장보다 훨씬 더 성과가 좋은 관리자를 뽑고 싶습니다. 그러나 시장은 강세를 보였습니다. 다양한 일을 더 효율적으로 할 수 있게 해주는 기술이 너무 많고, 사람들은 그런 기술을 이용함으로써 새로운 아이디어와 기회를 많이 발견합니다.

지금은 모두가 수익률 목표를 달성하기 위해 주식 투자 기회를 찾고 있습니다. 그들은 자금을 투자하기에 가장 적합한 투자처를 결정하기 위해 그것들을 서로 비교합니다. 이런 현상은 모든 좋은 아이디어들이 마치 경매의 입찰처럼 비교되고 있다는 것을 의미합니다.

높은 수익률 목표를 지닌 기관들에 의해 관리되는 많은 돈이 투자처를 찾기 위해 대기하고 있습니다. 그래서 당신은 최고의 아이디어 중 일부가 점점 더 비싸지는 현상을 볼 수 있습니다.

DR_ 아마 20세기 초나 그 이전에 대학 기부금이 처음 시작되었을 때만 해도 그것들은 매우 소소하게 운용되었습니다. 점차 그들은 고정

금리채나 채권 이외의 것에 투자하기 시작했습니다. 소위 '대체 투자'라는 종목에 투자한 비중이 많이 증가했습니다. 지금 당장 대체 투자가 기부금 운용 과정에서 그렇게 중요한 부분을 차지하는 이유는 무엇인가요?

KL_ 대체 투자는 대체 수단이 아니라 점점 더 투자 포트폴리오의 핵심적인 내용이 되었습니다. 처음에는 한때 그 분야에 투자하는 것이 이례적이어서 대체 투자라고 불렸습니다. 하지만 그것들은 장기 자산이기 때문에 특히 재단이나 기부금 운용을 위한 훌륭한 투자 수단입니다. 당신은 투자한 돈을 바로 돌려받을 수 없습니다. 그것은 정말 미래를 위한 투자입니다. 컬럼비아 대학교는 수백 년 동안 더 존재할 것이므로 10년이나 20년 안에 만기가 도래하지 않는 투자도 가능합니다.

DR_ 일반적으로 대학은 매년 운영 비용을 충당하기 위해 기부금에서 일정 비율(아마 4퍼센트에서 6퍼센트)을 받습니다. 컬럼비아도 그렇게 하나요?

KL_ 네. 그렇습니다.

DR_ 그래서 당신은 매년 최소 4퍼센트에서 6퍼센트를 벌어야 합니까? 아니면 지급 비율이 무엇이든 간에 어떤 일정한 수익률을 달성해야 하나요?

KL_ 이사회가 지급금을 결정합니다. 우리는 그것에 관여하지 않습니다. 저는 제가 하는 일을 성공적으로 수행하려면 이사회에서 결정한 지급금과 인플레이션을 고려한 금액을 벌 수 있어야 합니다. 왜냐하면 지금부터 1년 후에 학생들에게 지급하는 금액은 올해 그들에게 지급하는 금액보다 증가할 것이기 때문입니다. 저는 지급금에 인플레이션율을 더한 것을 확실히 벌어주고 싶습니다.

DR_ 트럼프 감세안에 대학의 기부금도 세금을 내야 한다는 조항이 처음으로 들어갔습니다. 몇몇 대학들은 이미 세금을 내고 있습니다. 비영리 대학 기부금에 세금을 부과하는 이유에 대한 이론적 배경은 무엇입니까?

KL_ 이것과 관련해서 많은 연구가 있습니다. 사회를 의미 있는 방식으로 지원할 수 있는 일이 많이 있습니다. 때때로 사람들이 세금 문제만 생각하면 어찌할 바를 모르는 것 같습니다.

DR_ 당신은 기부금 관리를 위해 외부 자금 관리자를 고용합니까, 아니면 사내 직원을 고용하여 직접 투자를 하게 합니까?

KL_ 우리는 외부 관리자를 이용합니다.

DR_ 자금 관리자를 고용할 때 관리자의 실적, 다양성, ESG에 대한 이행을 살펴보십니까? 당신의 판단 기준은 무엇입니까?

KL_ 저는 우선 그들의 전략을 봅니다. '그들의 전략은 독특한가? 그것이 그들에게 엄청난 수익을 가져다줄 기회를 제공하는가?' 그런 뒤저는 그들의 조직을 살펴봅니다. '그들은 자신들의 전략을 지원할 수 있는 합리적인 조직을 구축하고 운영하는가?' 그러고 나서 저는 그들이 우리의 생각과 일치하는지 살펴봅니다. '나와 컬럼비아가 추구하는 방향이 일치하는가? 우리를 파트너로 생각하는가? 높은 청렴도를 갖추고 있는가? 우리가 추구하는 가치에 헌신하고 있는가? 우리처럼 그들도 장기적으로 생각하고 있는가?'

이런 단계를 거치고 나면 우리는 이 모든 항목에 대한 우리의 분석이 사실로 구현됐는지를 뒷받침할 만한 실적을 살펴봅니다. 많은 경우 사람들은 실적부터 살펴보지만 사실 실적이란 관리자가 과거의 상황에서 무엇을 했는지를 말해주는 것에 불과합니다. 저는 그들이 앞으로 무엇을 할 것인지 알고 싶습니다. 따라서 그들이 앞으로 성공하기 위해서는 무엇이 필요한지 생각합니다. 그런 다음 그들이 과연 그런 기술을 가졌는지 판단하기 위해 실적을 살펴봅니다.

DR_ 누군가가 전화를 걸어 "저는 컬럼비아 재단에 프레젠테이션하고 싶습니다. 저는 유명한 컬럼비아 졸업생이고 학교에 큰 기부를 했으며 우리 회사에는 컬럼비아 졸업생들이 많이 일하고 있습니다"라고 말한다면 그게 차이가 있나요?

KL_ 우리의 모든 동문을 만나고 조직의 이익을 위해 장기적으로 최선의 결정을 내리는 것이 우리의 책임입니다. 컬럼비아는 사람들을 교육하는 것은 물론 창의적이고 재능 있는 사람들을 육성하는 훌륭한 일을 잘하고 있습니다. 하지만 우리는 우리에게 필요한 수익을 창출하고 기관의 가치를 지원하는 일을 하는지 확인하면서 먼저 기부금의 이익을 위해 일합니다.

DR_ 당신은 대형 재단인 카네기 코퍼레이션의 최고 투자 책임자로 일한 후 컬럼비아에 왔습니다. 대학을 위한 투자와 재단을 위한 투자를 관리하는 것의 차이점은 무엇인가요?

KL_ 두 가지 분명한 차이점이 있습니다. 근본적으로 재단의 투자에서 가장 중요한 것은 무엇보다 유동성을 확보하는 문제입니다. 새로운 자금의 유입이 없으므로 유동성을 확보할 수 있어야 합니다. 그렇게 하려면 재단 보조금에 따른 지출, 대체 투자에서 지원하지 못한 지출 약속 등 포트폴리오 관리를 위해 모든 것을 재조정해야 합니다.

반면에 대학 기금에는 새로운 자본 유입이 있습니다. 학생들의 등록금, 동문의 기부금, 그리고 다른 자금원도 있습니다. 즉, 대학에는 준비금이 있는 셈이지요. 따라서 중요한 문제는 유동성이 아닙니다. 대학이 예상 수익률에 기초하여 예산을 편성하고 지출하다 보면 위험에 빠질 수 있으므로 대학 기금에서 중요한 문제는 변동성입니다. 그래서 당신은 다른 문제들을 해결하려고 노력해야 합니다.

DR_ 대학 기금은 매년 대학의 지속적인 자금 수요를 지원하기 위해 대학에 제공할 기금의 지급 비율을 결정할 수 있습니다. 기부금의 투자 성과를 포함한 여러 가지 사항에 따라 매년 대학에 지급하는 비율은 4퍼센트, 5퍼센트, 6퍼센트가 될 수 있습니다. 적정 지급 비율은 대학 이사회에서 결정합니다. 대조적으로 재단은 연방법에 따라 재단 기부금의 최소 5퍼센트를 재단의 수혜자에게 지급해야 하지요?

KL_ 5퍼센트입니다.

DR_ 1년에 5퍼센트를 지급해야 한다면 투자를 다르게 해야 하나요?

KL_ 네, 하지만 차이점은 우리가 가진 것의 5퍼센트를 지급해야 한다는 것입니다. 따라서 시장이 하락하면 지급해야 할 금액이 줄어듭니다. 즉, 고정 비용을 관리하는 것입니다. 잘 운영되는 재단에서는 대부분의 지출이 보조금이기 때문에 고정 비용이 거의 없습니다. 우리는 보조금을 삭감하고 싶지 않지만, 삭감할 수는 있습니다. 하지만 대학에서는 거의 모든 비용이 고정되어 있으므로 지출을 줄이기가 훨씬 더 어렵습니다.

DR_ 때때로 졸업생들과 다른 기부자들은 '대학은 석유나 가스 또는 사회적으로 논란이 되는 자산에 투자해서는 안 된다'라고 말합니다. 당신은 그런 문제들을 어떻게 처리하나요?

KL_ 모든 기관의 투자 부문은 기관이 추구하는 가치와 일치하는 것에 투자하는 것이 매우 중요합니다. 반면에 저는 기부금 운영의 최고 경영자로서 주된 목표가 수익이기 때문에 가능한 한 투자 제한을 적게 하고 싶습니다. 하지만 우리는 기관의 가치를 희생하면서까지 그렇게 할 수는 없다고 생각합니다.

컬럼비아 대학이 '지속 가능성'의 가치를 추구하는 것은 매우 분명합니다. 대학은 기후 학교와 지구 연구소를 운영합니다. 대학 이사회가 이런 종류의 세계 문제를 해결하기로 했다면 그것은 그들이 추구하는 가치라고 결정한 것입니다. 제가 최고 경영자가 되기 위해 면접을 볼 때, 그들은 제게 그것이 매우 중요하다는 것을 분명히 했습니다. 저는 그 점에 대해 전혀 논쟁하지 않았습니다. 그 이유는 당연히 대학의 기부금은 대학의 가치와 완전히 일치하는 방식으로 관리되어야 한다는 것을 확실히 하고 싶었기 때문입니다.

이와 마찬가지로 대학은 시간이 지남에 따라 다양성, 형평성, 포용성의 문제 즉, DEI 문제를 진정으로 추구해야 합니다. 대학들은 DEI 문제를 전략적으로 접근해 그들이 지원하는 각 부서와 교직원, 직원, 판매업자들에게 지역사회를 어떻게 지원할 것인지에 대해 전략적으로 생각해보라고 요청했습니다. 이와 비슷하게 우리도 기부금 운용에 그것을 도입할 것입니다. 우리가 지원하는 다양한 관리자의 수를 늘리고, 출신 국가를 반영할 수 있도록 철저히 살펴보고 노력할 것입니다.

DR_ 대학의 투자 관리자라는 직업의 매력은 무엇인가요? 사모펀드의 투자 관리자보다 더 매력적인가요?

KL_ 이것은 가장 놀라운 직업입니다. 우리는 분명히 많은 사람이 지원하고 싶어 하는 위대한 일을 수행하는 훌륭한 기관입니다. 저는 제가 성장하면서 만나볼 것이라고 상상도 못 했던 사람들과 대화할 수 있습니다. 그리고 여기 대학에는 전문가들이 많이 있습니다. 매일 조금씩 더 배울 수 있으며, 매일 위대한 일을 하는 기관에 영향을 줄 수 있습니다. 저는 더 좋은 직장이 생각나지 않습니다. 매일 저는 더 똑똑해지고 제가 하는 일로 기분이 좋아집니다.

DR_ 어느 한 기부자가 "저는 컬럼비아 대학에 큰돈을 기부할 의향이 있으며 그것이 잘 투자되고 있는지 확인하고 싶습니다"라고 말했다고 가정해봅시다. 그러면 당신은 돈을 잃지 말아야 한다는 압박을 받나요?

KL_ 컬럼비아 대학에 대규모 기부를 할 능력이 있는 사람이라면 누구나 시장을 이해하며 시장의 변동성도 이해합니다. 우리는 장기적인 비전으로 투자합니다. 물론 어떤 기부자도 적절한 위험 조정 수익을 창출하지 못하는 곳에 투자하면 안 됩니다. 만약 그들이 투자할 수 있고 단지 특정한 명분을 지지할 수 있다고 판단하면 그들은 그렇게 할 것입니다. 하지만 우리는 개인이 할 수 없는 분야와 찾기 어려운 기회에 투자할 수 있습니다. 우리는 항상 '당신은 이 기관의 발전을 위해 장기적인 투자를 하고 있으며 우리는 최선을 다해 투자할 것입니다'라고 주장합니다.

DR_ 당신이 어떻게 이 자리에 오게 되었는지 이야기해보죠. 당신의 아버지는 중국인이고, 어머니는 아프리카계 미국인이며, 당신은 그들이 10대일 때 태어났습니다.

KL_ 네, 그것은 가족들 사이에서 매우 논란이 많았습니다. 17살짜리가 아이를 낳는다는 것은 결코 바람직하지 않습니다. 그 일로 아버지는 오랫동안 가족들과 소원해졌습니다. 하지만 부모님은 부부로서 관계가 단단했어요. 그들은 자녀 교육에 헌신적이었습니다. 결과적으로 저와 오빠는 둘 다 학업이 우수했습니다.

DR_ 어디서 자랐어요?

KL_ 저는 여기 할렘에서 태어났고, 그래서 마치 집에 다시 온 것 같습니다. 할렘에서 태어나 할머니와 함께 몇 년 동안 그곳에 머물렀습니다. 그런 뒤 제가 6살 때 브롱크스로 이사했습니다.

DR_ 어느 고등학교를 나왔나요?

KL_ 브롱크 과학 고등학교입니다.

DR_ 꽤 괜찮은 학교군요.

KL_ 다른 사람들은 동의하지 않겠지만, 저는 그곳이 이 도시에서 가장 좋은 학교라고 생각합니다.

DR_ 와튼에 갔을 때, '와, 이 사람들은 꽤 똑똑하고 부유한 특권층이네'라고 생각했나요? 아니면 그런 말을 하지 않았나요?

KL_ 당신 말이 맞습니다. 저는 브롱크스에서 자랐을 뿐만 아니라, 브롱크스의 임대 주택 단지에서 자랐습니다. 그곳에 사는 사람들은 전 세계에서 온 사람들이고 펜실베이니아 대학은 고사하고 대학에 간 사람들은 거의 없었죠. 펜실베이니아가 제가 처음으로 여행한 곳입니다. 펜실베이니아에서 만난 첫 번째 사람은 알래스카에서 왔습니다. 그 일은 제게 충격적이었죠. 경제적 배경이 매우 다른 사람들이 전 세계에서 펜실베이니아로 왔습니다. 비록 그 당시에는 경제적 배경의 차이가 그렇게 명확하게 드러나지 않았죠. 우리는 모두 캠퍼스에 살았으며, 모두 같은 기숙사에 머물렀고, 같은 식당에서 같은 식사를 했습니다. 지금은 가난한 가정 배경을 가진 학생들이 과거 제가 학교에 다닐 때보다 훨씬 더 힘든 시기를 보내는 것이 분명합니다. 과거와는 달리 지금은 부의 격차가 분명하게 드러납니다.

DR_ 졸업할 때, '나는 대학의 최고 투자 책임자가 될 거야'라고 말했나요?

KL_ 저는 회계학을 전공했습니다. 왜냐하면 저는 그것이 의미하는 것을 잘 이해했기 때문입니다. 저는 회계사가 될 것으로 생각했습니다. 회계 법인의 면접을 몇 번 봤는데, 그곳 문화가 제게 가장 어울리는 문화는 아니라고 느꼈습니다. 그래서 저는 주변 사람들에게 "내가 할 수 있는 일이 무엇이라고 생각하세요?"라고 물어봤습니다. 그들은 한 결같이 "회계학 전공이니까 은행에 들어갈 수 있다. 신용 분석가가 될 수도 있고 투자은행에 들어갈 수도 있다"라고 조언했습니다. 저는 상업 은행을 선택하고 케미칼 은행Chemical Bank에 취직했습니다. 저는 그곳에서 그 당시 가장 놀라운 신용 교육 연수를 받는 기회를 얻었습니다. 정말 멋진 결정이었어요.

DR_ 당신은 결국 하버드 경영대학원HBS에 다녔습니다. 그곳에 입학하는 것은 어렵지 않았나요?

KL_ 도전적이었습니다. 그 당시에 제가 선택할 수 있는 경영대학원들이 많이 있었습니다. HBS에서는 학생들이 수업 시간에 발표하고 자신을 표현하며 자신의 아이디어를 지지하도록 호소할 정도로 도전적이었기 때문에 저는 하버드에 가기로 했습니다. 그 당시, 저는 대중 연설에 어려움을 겪고 있었습니다. 저는 HBS가 저 자신을 더 잘 표현하고 자신감을 쌓는 방법을 배울 기회를 줄 것으로 생각했습니다.

DR_ 하버드에 갔더니 자신감이 생겼나요?

KL_ 어떤 분야에서는 그랬습니다. 어떤 분야는 그저 위협적이었습니다. 그곳은 당신이 자신 있어 하는 분야에서 경쟁력 있는 전 세계 사람들과 함께 있는 곳입니다. 많은 사람에게, 그것은 정말 도전적일 수 있습니다. 당신은 지원 시스템을 찾아야 합니다. 당신을 걱정해 주고 당신이 소속감을 느낄 수 있도록 전적으로 도와주는 관리자와 교수진이 있는 것이 중요합니다. HBS가 저를 위해 그런 일을 해줬습니다.

DR_ 당신은 HBS를 졸업하고 어떤 직업을 선택하려고 했나요?

KL_ 저는 푸르덴셜Prudential 그룹으로 갔습니다. 좀 더 구체적으로 말씀드리면 사모투자 그룹인 푸르덴셜 캐피털Prudential Capital에 갔습니다. 그곳은 일반적인 신용 제공보다 한 단계 앞선 투자 방식을 추구합니다.

DR_ 그 후에, 당신은 결국 포드 재단에서 일하게 되었는데 어떻게 그 자리를 얻으셨나요?

KL_ 대체로 운이 좋았습니다. 함께 경영대학원을 다닌 한 친구의 어머니는 포드 재단의 연구가, 기술 분석가, 그리고 대체 투자 담당 임원이었습니다. 친구는 그 회사가 채용 면접을 하고 있다는 사실을 듣고는 "우리 어머니는 투자 업무를 하고, 너도 투자 업무를 하고 있으니 한 번 연락해서 이야기해야 봐"라고 조언했습니다. 그래서 저는 그녀를 찾아갔습니다. 그녀는 베티 페이건Betty Fagan이었으며 제 인생 최고의 멘토였습니다.

우리는 정말 잘 지냈어요. 그녀는 저에게 당시 최고 투자 책임자였던 린다 스트럼프Linda Strumpf와 주식 그룹을 이끌었던 할리데이 클라크Halliday Clark를 소개해주었습니다. 저는 그들과 멋진 대화를 나누었습니다. 그들은 주식 시장에 대한 경험도 없고 기술에 대한 경험도 없는 저를 1994년에, 기술 부문이 역사상 최고의 활황을 맞기 시작하는 바로 그 시점에 주식 분석가로 고용했습니다.

DR_ 하지만 결국 카네기Carnegie로 옮기셨지요?

KL_ 2007년에 그랬죠. 저는 사모펀드를 담당했으며 또 다른 멋진 여성 최고 투자 책임자인 엘렌 슈만Ellen Shuman을 위해 일했습니다. 그녀는 포드 재단과는 매우 다른 투자 철학을 가지고 있었습니다. 제가 포드에서 일할 때, 그들은 주로 주식과 채권으로 구성된 전통적인 포트폴리오를 운영했습니다. 반대로 카네기는 일반적으로 우리가 말하는 기부 모델 즉, 예일 모델인 주로 대체 투자로 구성된 포트폴리오를 운영합니다. 그것은 대체 투자를 배울 기회를 제공했습니다. 그것은 또한 우리가 모든 종류의 자산에 대해 광범위하게 토론하는 기회도 제공했습니다. 저는 그곳에서 CIO가 되는 방법을 배울 수 있을 것으로 생각했습니다.

DR_ 당신은 결국 CIO가 되었습니다. 컬럼비아 대학 기부금 관리회사의 대표로 승진하는 데 당신이 여성이거나 유색인종이라는 사실이 걸림돌이 되었습니까? 아니면 전혀 영향을 받지 않았나요?

KL_ 투자 분야는 관계 중심적이고 네트워크 중심적이므로 여성들과 유색인종들이 기회를 얻으려면 넘어야 할 산이 많이 있습니다. 성장하는 과정에서 주변에 투자 관련 일을 알려줄 사람이 아무도 없는 저와 같은 사람들은 다른 사람들과는 달리 주목을 받기는커녕 눈에 띄지도 않습니다.

다행히 저는 업계의 리더로 성장하도록 용기를 주는 곳에서 공부했습니다. 그 결과, 저는 컬럼비아에서 중요한 사람들을 알게 되었습니다. 하지만 그것은 흔치 않은 일입니다.

DR_ 많은 사람이 암호화폐에 열광하고 있습니다. 당신은 그것을 어떻게 생각하십니까?

KL_ 기부금, 특히 컬럼비아 기부금과 같은 곳은 그것에 대한 나름대로 견해를 갖고 그것이 미래에 실행 가능한 통화나 전략 수단이 될 것인지에 관해 생각해야 합니다. 우리는 그것을 자세히 추적하기 위해 투자를 조금 합니다.

저는 그것이 의미심장한 효과를 가져올 것으로 생각합니다. 시장에는 다양한 수단들이 많이 있습니다. 스테이블 코인stable coin(시간이 지나도 가치를 유지하는 디지털 통화), NFTnon fungible token(대체 불가능한 토큰), 블록체인 등 다양한 종류가 있습니다. 사람들은 그것을 매우 다양한 용도로 사용하고 있습니다. 지금 분명히 암호화폐는 존재합니다. 그것은 분명히 앞으로 어떤 역할을 할 것입니다. 하지만 그것이 어떤 역할을 할지는 확실하지 않습니다. 우리는 전문성을 개발할 사람들과 관계를 맺고, 그 전문성을 활용해 어느 쪽으로 갈지 결정할 수 있도록 암호화폐에 약간 투자해 보는 것이 중요합니다.

이 시점에서 그것은 우리가 투자 규모를 크게 늘릴 대상은 아닙니다. 그것은 변동성이 심합니다. 위험이 많이 있지만, 우리가 지금 거기에 대한 투자를 통해 당장 보상을 받아야 하는 것도 아닙니다. 하지만 우리는 장기 투자자이므로 새로운 길을 개척할 수 있는 능력이 있으며 암호화폐도 그중 하나입니다.

DR_ 지난 25년 동안 인플레이션율이 연 2퍼센트 이하로 매우 낮은 수준이었습니다. 그러나 이제 코로나 때문에 공급망 문제가 발생하여 인플레이션율은 적어도 연간 6~7퍼센트 정도로 1970년대 수준으로 되돌아갔습니다. 당신은 이 문제에 어떻게 대처하실 건가요? 고객에게 비용을 전가하기 위해 더 높은 가격을 책정함으로써 더 높아진 생산 비용을 안전하게 보전할 수 있는 기업을 찾아내는 방법은 무엇인가요?

KL_ 우리가 역사적으로 인플레이션과 싸우기 위해 사용했던 많은 수단이 더는 예전과 같은 방식으로 작동하지 않습니다. 사람들은 종종 소매업과 부동산을 인플레이션의 방어 수단으로 생각했지만 그것은 점차 방어력이 떨어지고 있습니다. 이와 비슷하게 상품도 인플레이션에 대비하는 수단으로 생각되어 왔지만, 그것 역시 문제가 있습니다. 장기적으로 보면 주식은 인플레이션에 대한 대비책이 되어 왔습니다. 우리는 인플레이션에 대비하여 위험회피 가능성이 있는 다양한 기회로 구성된 다양한 포트폴리오를 구축하는 과거의 방식을 지속할 것입니다.

인플레이션의 속도가 빠른지 느린지, 인플레이션이 일시적인가 지속적인가 등 인플레이션의 종류에 따라 인플레이션을 회피하는 방식도 달라져야 합니다. 저는 인플레이션이 어디로 진행되고 있는지 예측할 수 있는 경제학자가 아닙니다. 제가 해야 할 일은 다양한 유형의 인플레이션과 싸울 수 있는 다양한 옵션이 있는 다양한 포트폴리오를 구축하고 그것을 세심하게 관리하는 것입니다.

DR_ 미국 정부는 약 28조 달러의 빚을 지고 있습니다. (2022년 6월 1일 기준 미국의 국가 부채는 30조 4,000억 달러이다.) 이번 회계연도에 약 1조 5,000억 달러가 추가되었습니다. 당신은 이것이 걱정되나요?

KL_ 오랫동안 저는 인플레이션과 달러의 가치에 대한 잠재적인 영향 때문에 부채에 대해 걱정했지만, 그것을 엄청나게 걱정하지는 않았습니다. 하지만 우리는 인플레이션에 훨씬 더 큰 영향을 미치는 생산 능력의 제약에 주목하기 시작했습니다. 그것은 점점 더 큰 걱정거리가 되고 있습니다. 하지만 다른 지역과 시장은 미국을 신뢰합니다. 왜냐하면 달러화의 가치가 정부의 약속으로 뒷받침되기 때문입니다.

저는 사람들이 우리에 대해 자신감을 느끼는 세계에 계속 투자해야 한다고 생각합니다. 하지만 매일 다른 세력들이 등장하고 있습니다. 우리는 그것을 의식해야 하며 조심해야 합니다. 부채 수준은 우리가 지켜보고 주목해야 할 부분입니다. 하지만 만약 당신이 달러를 인쇄할 수만 있다면, 당신은 빚을 갚을 수 있습니다.

DR_ 대통령이 당신한테 전화를 걸어 "미국 경제를 개선하기 위해 제가 무엇을 할 수 있을까요? 추천할 만한 정책이 있나요?"라고 질문한다면 어떻게 대답하겠습니까?

KL_ 부의 분배 문제가 중요합니다. 저는 '못 가진 자'가 너무 많고 '가진 자'가 너무 적다면 경제가 지속될 수 없다고 생각합니다. 우리는 좀 더 공평한 사회를 만들기 위해 노력해야 합니다. 컬럼비아와 같은 기관들은 세계를 공평하게 교육하고 그것을 더 잘해 보려고 노력합니다. 하지만 경제는 구매력 있는 사람들이 필요합니다. 우리는 소비자가 필요합니다. 매우 부유한 사람들이 우리가 판매하려는 모든 상품을 소비하는 것은 아닙니다. 그것은 바로 우리가 살펴봐야 할 부분입니다. 그것은 부의 편중을 둘러싼 문제와 기회를 가진 자와 못 가진 자의 문제를 다룰 필요가 있다는 것을 의미합니다. 그것은 엄청나게 중요한 문제입니다. 저는 우리가 그 문제들을 쉽게 고칠 수 있다고 생각하지 않습니다. 하지만 지금 우리가 안고 있는 어떠한 문제도 쉽게 해결할 수 있는 것은 아닙니다.

DR_ 우리가 언급했듯이, 대학들은 대체 투자의 비중이 높습니다. 하지만 지금까지처럼 높은 수익률은 지속될 수 없습니다. 당신은 "대체 투자의 비중을 줄이거나 대체 투자의 위험을 회피할 방법을 모색해야 한다"라고 생각하십니까?

KL_ 저는 대체 투자가 계속해서 실행 가능한 투자가 될 것으로 생각합니다. 대체 투자와 사모 투자가 계속해서 우리 포트폴리오의 주요 부분이자 주요 수익원이 될 것입니다.

저는 우리가 반드시 선택적으로 행동해야 한다고 생각합니다. 전략적으로 부채를 활용해 가치를 창출하는 사람들이 있습니다. 저는 그것을 잘못된 것으로 생각하지 않습니다. 단지 저는 부채를 능숙하게 다루는 사람들과 투자하고 싶습니다.

DR_ 대학 기부금이 최근 몇 년간 대체 투자 덕분에 성과가 매우 좋습니다. 지금 당장 당신은 주식 시장 지수나 채권 지수를 사고 싶으면 쉽게 살 수 있습니다. 하지만 누군가가 '컬럼비아 기부금과 똑같이 하고 싶다'라고 말한다면, 그들은 그것을 반영하는 지수를 살 방법은 없지 않나요?

KL_ 현재는 없습니다. 하지만 그것을 개발하기 위해 노력하는 사람들이 있습니다. 그들은 사모 시장에서 가치 창출을 하는 모든 요소를 끄집어내 그 모든 기회를 활용할 수 있는 바스켓이나 구조를 만들려고 합니다. 그것은 매우 힘든 일입니다. 하지만 사람들은 그것을 위해 일하고 있습니다. 저는 지금 누군가가 그걸 정확히 알아냈는지는 모르겠습니다.

사실 사모 시장에 수동적으로 참가하고 싶지 않을 것입니다. 수동적 성과란 일반적으로 평균적인 성과이며, 사모펀드의 평균적인 성과는 당신이 떠안아야 하는 유동성 위험을 충분히 보상하지 못합니다. 대신에, 최고의 펀드 관리자들 즉 성과가 전체 4분의 1 안에 드는 펀드 관리자들에게 투자하기를 원할 것입니다. 그렇게 하려면 당신은 적극적으로 관리자를 발굴해야 합니다. 자산 종류별로 가장 숙련된 관리자의 특성을 파악하고, 해당 관리자에게 접근한 다음, 당신이 투자에 참여할 수 있도록 그들을 설득해야 합니다. 그들은 성과가 좋으므로 투자가들은 펀드가 필요로 하는 자금보다 더 많이 투자하려고 함으로써 항상 모집 금액이 초과 예약되기 때문입니다.

DR_ 당신이 기부금 일부를 투자할 외부 관리자들을 선택하면, 그들은 당신이 할당한 자금을 투자할 재량권이 있습니다. (외부 관리자가 투자 결정을 내린다. 킴과 같은 사람들은 관리자의 전반적인 성과를 검토하지만 관리자의 일상적인 거래에 관여하지 않는다.) 당신은 아마도 관리자들의 전문 영역과 과거 성과를 기반으로 그들을 선발했을 것입니다. 당신이 관리자 A와 함께 투자한다고 가정해봐요. 그들은 과거 실적이 화려하며, 주식 종목을 잘 추천하고 ESG를 잘합니다. 그들은 컬럼비아 대학 졸업생들입니다. 하지만 그들의 1년 후 성적이 좋지 않다면 당신은 그들과 작별 인사를 하나요 아니면 그들에게 2년이나 3년 정도 기회를 더 주나요?

KL_ 저는 항상 "성과 부진의 원인을 설명할 수 있는가?"를 기준으로 판단합니다. 모든 전략에는 좋은 때와 나쁜 때가 있습니다. 그들이 시장보다 실적이 저조하다고 해서 그들이 좋은 관리자가 아니라는 것을 의미하지는 않습니다. 우리는 구체적인 전략을 위해 관리자를 선정하기 때문에 그들이 그들의 전략에 따라 적절하게 실행했는지 살펴봅니다. 그들이 예측할 수 없는 특이한 위험이나 일시적인 이유로 실적이 저조했는가? 만약 그렇다면 비록 지금 실적은 저조했지만 회복력이 강할 것입니다. 그렇다면 그들에게 시간을 더 주어야 합니다.

저조한 성과를 내게 된 원인이 무엇인지 그리고 그것이 그들의 초과 성과 달성의 능력이 없어진 결과인지를 이해하는 것이 중요합니다. 만약 그런 이유가 아니라면 그들을 계속 유지해야 합니다. 그 점이 바로 우리가 다양한 포트폴리오를 운용하므로 얻는 이점 중 하나입니다.

DR_ 오늘날 투자 환경을 볼 때, 무엇이 당신을 가장 불안하게 하고 무엇이 가장 낙관적으로 만드나요?

KL_ 저는 항상 기술과 기술이 세계의 많은 문제를 해결하는 방법에 대해 가장 낙관적입니다. 저는 우리가 기후 문제에 대한 해결책도 찾을 것이라고 믿습니다. 또 저는 많은 의학적 문제들에 대한 해결책들이 있을 것이라고 믿습니다. 생명공학 분야에는 기회가 넘쳐나고 문제를 해결할 수 있는 훌륭한 사람들이 많이 있습니다. 그런 것들이 저를 엄청나게 낙관적으로 만듭니다.

저는 투자자로서 전 세계 많은 문제의 결과를 예측할 수 없다는 사실을 가장 비관적으로 생각합니다. 우리는 세계 지정학적 문제의 결과를 예측할 수 없으므로 그것들을 중심으로 투자하지만 가능한 한 최대한 위험을 회피하려고 노력합니다. 하지만 그것은 예측하기 어렵습니다. 저는 각국 정부 간의 관계에 대해 많이 생각합니다. 또한 부채의 증가 문제와 그것이 장기적으로 경제의 안정성에 미칠 영향에 대해 깊이 생각합니다.

투자는 예측 가능성의 수준을 의미합니다. 그것은 또한 신뢰 수준과 분석 능력을 의미하기도 합니다. 하지만 이런 많은 문제는 각기 특이하고 예측할 수 없습니다. 우리는 결과를 통제할 수 없습니다. 그게 걱정입니다.

DR_ 당신이 칵테일파티에 가면 사람들이 "내 돈으로 뭘 해야 한다고 생각하세요?"라고 물어봅니까? 사람들이 당신에게 항상 투자 조언을 구하나요?

KL_ 저는 '의사가 제병은 못 고친다'라고 말해줍니다. 저는 기관 투자가입니다. 저는 개인 투자자가 아닙니다. 컬럼비아 대학의 위험 허용 범위와 투자 기간은 개인과 매우 다르므로 저는 주식 조언이나 시장 조언을 하지 않습니다.

DR_ 지금까지 받은 최고의 투자 조언은 무엇입니까?

KL_ 제가 받은 최고의 투자 조언은 우리가 위험을 감수하는 일을 하고 있다는 것입니다. 수익을 내고 싶다면 기꺼이 위험을 감수하고 그 위험을 최대한 분석하고 완화하며 투자의 수익 잠재력이 위험과 일치하는지 확인해야 합니다. 하지만 위험을 피할 수는 없어요.

DR_ 투자자들이 저지르는 가장 흔한 실수는 무엇인가요?

KL_ 가장 흔한 실수는 무리를 따라가서 투자하는 것입니다. 즉 투자가 자신의 기관에 적합한지 확인하지 않고 다른 사람들이 하는 대로 투자하는 것입니다. 돈을 버는 방법은 무수히 많습니다. 효과적인 전략도 무수히 많습니다. 모든 투자가 당신의 전략과 일치하는 것은 아닙니다. 집단 사고방식이 작용할 때가 많습니다. 그건 큰 실수입니다.

DR_ 당신의 큰아이가 "제가 창의적인 일을 해서 10만 달러를 벌었어요. 엄마는 투자 전문가니까 10만 달러를 어떻게 해야 할지 알려주세요"라고 도움을 청한다면 어떻게 답해 주시겠습니까?

KL_ 저는 아이에게 개인 투자자들을 상대하는 전문가에게 가서 확실하게 투자하라고 말할 것입니다. 젊은 사람들은 그들의 미래에 투자할 필요가 있습니다. 젊은 사람마다 미래가 서로 다릅니다. 제 딸은 변호사가 되고 싶어 합니다. 그녀는 로스쿨 비용을 마련해야 합니다. 그것은 자금을 훌륭하게 사용하는 방법입니다. 다른 젊은이들은 그들이 아직 무엇을 하고 싶은지 확신하지 못했기 때문에 그것에 대해 생각하는 동안 돈을 어딘가에 맡겨야 합니다. 자신들이 그 돈을 무엇에 사용해야 할지 결정할 때까지 그들은 소매 투자에 매우 능숙한 재능 있는 사람에게 자신들의 돈을 맡겨야 합니다.

DR_ 혹시 당신은 "이것은 절대 피해야 합니다. 그것은 지금 당신 돈으로 하는 것 가운데 최악의 일입니다"라고 조언하는 것이 있습니까?

KL_ 그 질문에 대한 대답은 "당신은 생활 자금으로 10만 달러가 필요합니까?"라는 질문으로 대신하고 싶군요. 만약 당신이 생활 자금으로 10만 달러가 필요하다면, 당신은 암호화폐에 투자하면 절대 안 됩니다. 그것은 변동성이 너무 큽니다. 만약 이것이 단지 재미 삼아 돈을 투자해보는 것이라면 그렇게 할 수는 있을 것입니다.

DR_ 당신의 직장 생활 초기와 비교해 현재 투자 분야에서 여성의 역할이 더 커졌다고 생각하십니까? 당신은 여성들의 역할이 예전보다 훨씬 더 중요해질 것으로 예상하시나요?

KL_ 그렇습니다. 우리는 다양한 유형의 사람들이 세상에 대해 생각하는 방식이 전통적인 투자자들이 생각하는 방식과 다르다는 것을 점점 더 이해하게 되었습니다. 그것이 사실인지 아닌지 말하기는 어렵습니다. 우리는 여성들이 남성들보다 더 장기적 관점에서 생각하며 단기적인 거래만을 위한 투자보다는 장기적인 파트너십을 시작하는 것을 더 선호한다고 판단합니다. 물론 그것은 논쟁의 여지가 있습니다. 제가 확실히 아는 것은 당신이 어떻게 자랐는지와 당신의 경험에 따라 투자한다는 것입니다. 그들은 전통적인 투자자들이 이해할 수 없는 시장, 즉 아마도 자금이 부족한 시장을 진정으로 이해합니다. 바로 그곳에 돈을 벌 기회가 있습니다.

DR_ 컬럼비아 대학에서 워런 버핏을 제외하고 가장 유명한 졸업생은 알렉산더 해밀턴Alexander Hamilton(미국 건국의 아버지 중 한 명으로서 조지 워싱턴 정부 재무부 장관)입니다. 만약 알렉산더 해밀턴이 당신에게 전화를 걸어 "내 투자 기부금은 어떻게 되고 있나요?"라고 묻는다면, 당신은 뭐라고 대답할 것인가요?

KL_ 제 생각에 알렉산더 해밀턴은 컬럼비아 기부금이 지금까지 해왔던 것만큼 잘 해왔고 재능 있는 지도자들을 많이 교육했다는 사실에 자부심을 느낄 것입니다. 그는 모든 유형의 사람들을 위한 기회에 믿을 수 없을 정도로 집중했습니다. 그리고 이 대학이 지금까지 했던 일과 그것을 지원하기 위해 기부금이 했던 역할을 보고 전율을 느낄 것입니다.

Part 2

투자의
새로운 강자들

대체 투자

제2차 세계대전 이후 투자 세계는 전통적인 채권, 주식, 부동산 투자보다 훨씬 더 높은 수익을 내기 위한 투자 방법이 탄생해 성장한 덕분에 완전히 바뀌었다. 우리는 이런 새로운 종류의 투자 방법을 '대체 투자'라고 불렀는데, 이는 그것들이 전통적인 투자의 대안이었다는 것을 의미한다.

이런 종류의 투자 방법을 뒷받침하는 이론은 투자 전문가들은 항상 투자 자산의 가치를 높일 방법을 적극적으로 모색한다는 것이다. 그들은 단순히 주식이나 채권을 고르는 것 이상으로 회사 경영에 관여하며, 이사회에 참가하고, M&A를 위한 투자자를 물색하며 경영 인재를 모집하는 등 자산의 가치 증대를 위해 다양한 일을 적극적으로 추진한다. 이런 '부가가치' 서비스의 경우, '대체 투자' 전문가들은 종종 20퍼센트 수준의 투자 수익을 요구한다. (가끔 특별한 대체 투자자의 경우 더 높지 않을 수도 있음.)

대체 투자 유형 중 첫 번째는 벤처캐피털 분야다. 벤처캐피털이 처음에는 '어드벤처' 캐피털로 불렸다는 것은 거짓말일 수 있지만, 그 당시에는 새로운 회사를 만들고 성장시키는 위험이 진정한 모험으로 여겨졌다는 것은 의심의 여지가 없다.

1940년대 후반에 만들어진 최초의 현대식 벤처캐피털 펀드에 곧바로 또 다른 '대체' 투자 방법인 '헤지 펀드hedge fund'가 등장했다. 헤지 펀드는 처음에는 다양한 기술(예를 들어 주식을 공매도하는 것)을 통해 투자의 하락 가능성을 대비할 수 있도록 허용되었으므로 헤지된 펀드라고 불렀다.

1970년대에는 상당한 차입금을 이용해 기업의 인수를 촉진하고 수익을 향상할 수 있는 또 다른 대체 투자 펀드인 '바이아웃 펀드buyout fund'가 탄생했다.

처음에 사람들은 이런 종류의 대체 투자가 상당히 위험하다고 인식했으며 1979년이 되어서야 미국 노동부는 대체 투자를 민간 연기금이 그들의 자본을 투자할 수 있을 만큼 충분히 '신중한' 투자라고 생각했다. 잠시 후 공적 연기금이 민간 연기금의 뒤를 이어 이들 대체 투자 수단에 투자하기 시작했다.

사람들이 그런 분위기를 일반적인 현상으로 인식하고 몇몇 대체 투자 수단이 꽤 매력적인 수익을 달성하면서부터 대체 투자 세계는 기하급수적으로 성장했다. 성장 자본, 부실 채권, 민간 신용, 세컨더리 등의 다른 대체 투자 분야도 나중에 탄생했다.

노동부가 미국에서 이 산업의 성장을 실질적으로 허용한 지 거의 반세기가 지난 오늘날, 대체 투자는 투자 산업의 거의 주류가 되었으며, 대부분 투자자는 포트폴리오의 꽤 큰 비중인 5~35퍼센트 이상을 여기에 투자해야 한다고 생각한다. 오늘날 대체 투자 시장규모는 11조 달러 이상이다.

1 헤지 펀드

세스 클라만 Seth Klarman
바우포스트 그룹의 설립자 겸 CEO

> "가치 투자는 경제학과 심리학의 교차점에 존재한다.
> 나는 가치 투자를 정확히 계산하려는 사람과
> 역발상 투자가의 결혼에 비유한다."

세계적으로 유명한 투자자들을 대상으로 가장 존경하는 인물을 한 사람 꼽으라고 비공식적으로 설문 조사한다면 그 사람은 바로 '세스 클라만'이 될 것이다.

세스는 40년 동안 세간의 이목을 거의 받지 않고 보스턴에 기반을 둔 가치 지향 헤지 펀드인 바우포스트를 이끌었다. 이 기간 4년을 제외하고 펀드의 연간 총 수익률은 15퍼센트를 넘었다. 이는 장기 투자를 고려할 때 타의 추종을 불허하는 기록이다.

그 펀드의 비밀은 무엇이었을까? 세스는 어떤 기준으로 판단해도 훌륭한 투자자다. 그는 독서광으로서 가치 투자 아이디어로 이어지는 엄청난 양의 정보를 흡수한다. 또한 현금을 곁에 두고 적절한 기회를 참고 기다릴 줄 아는 매우 끈질긴 인내심의 소유자다. 그리고 무엇보다 중요한 것은 중요한 문제에 관한 결정 권한을 하부 이양한 60명 이상의 막강한 투자팀을 운영한다는 사실이다.

표준적인 투자자 분류 기준이 항상 완벽한 것은 아니지만, 세스를 본질적인 가치보다 할인된 자산에 투자하기를 원하는 투자자, 즉 '가치' 투자자로 부르는 것이 타당하다. 그는 최신 투자 유행이나 추세를 쫓아 투자하는 것을 꺼리고, 투자 자산을 상당 기간 보유한다. 역사상 가장 유명한 가치 투자자는 워런 버핏이고, 세스 클라만은 그와 자주 비교되는 인물이다.

세스는 1991년 출판된 《안전 마진》에 자신의 투자 접근법을 설명했으며, 그 책은 벤저민 그레이엄의 《증권 분석Security Analysis》에 필적하는 투자 고전이 되었다. 《안전 마진》은 이미 오래전에 절판되었으므로 구하기가 어렵다. 아마도 아마존에서 수천 달러에 거래되고 있을 것이다.

세스가 그렇게 좋은 평가를 받은 책의 개정판을 내지 않는 이유는 아마도 자신의 투자 접근법을 홍보하고 싶지 않은 마음 때문일 것이다. 그는 아이들의 건강과 민주주의 수호를 위한 자신의 자선 활동에 대해서는 더 공개적이다.

내가 세스를 처음 만난 것은 자선 활동에서였다. 그는 보스턴 어린이 병원 행사와 관련해 나에게 인터뷰를 요청했다. 나는 그에게 그것은 역할이 바뀐 것이며 도리어 사람들의 관심사는 그의 인터뷰라고 말했다. 결국 우리는 서로를 인터뷰했다.

인터뷰를 준비하면서 나는 우리 둘 다 볼티모어에서 자랐으며 서로 몇 마일밖에 떨어져 있지 않은 곳에 있었다는 사실을 알았다. 하지만 아쉽게도 우리는 서로 마주친 적이 없었다. 만약 내가 그를 좀 더 일찍 만났더라면 투자에 대해 훨씬 더 많이 배웠을 것이다.

$

데이비드 M. 루벤슈타인DR 워런 버핏과 당신은 가장 성공한 가치 투자자로 유명합니다. 가치 투자자란 정확히 무엇인가요? 성공적인 가치 투자자가 되려면 어떤 기술이 필요한가요?

세스 클라만SK 가치 투자의 기본적인 원칙은 1달러를 50센트, 때로는 60센트 또는 70센트에 사는 것입니다. 사실상 할인된 가격으로 물건을 사는 것이지요. 1920년대와 1930년대 초기에 벤저민 그레이엄은 가치 투자에 관한 글을 썼습니다. 그는 시장이 '탐욕'과 '두려움'이 어우러진 인간의 행동에 영향을 받는다고 판단했습니다. 시장은 때때로 너무 높게 상승하거나 너무 낮게 하락할 수 있습니다. 이때 가치 투자자는 기업이나 자산의 가치를 평가함으로써 앞으로 좋은 수익을 낼 수 있는 투자 대상을 찾아냅니다.

가치 투자자가 되기 위해 가장 필요한 기술은 인내심과 절제심입니다. 평가 절하된 투자 대상이 항상 존재하는 것은 아닙니다. 당신은 그런 때가 오기를 기다려야 합니다. 지적 정직성은 믿을 수 없을 정도로 중요한 자세입니다. 진정으로 생각하는 것이 무엇인지 파악하고, 항상 돌이켜보며 중심을 잡고, 만약 자신이 틀렸다면 실수로부터 기꺼이 배우겠다는 마음 자세가 중요합니다. 호기심도 도움이 됩니다. 세부 사항에 대한 주의, 패턴 인식, 특정 상황에 대한 많은 아이디어 등도 필수적인 기술입니다.

DR_ 가치 투자가 처음 투자 방법으로 채택된 이후 어떻게 발전해 왔습니까?

SK_ 모든 투자 방법은 지난 80년간 진화해 왔습니다. 투자는 기본적으로 미국 개척 시대의 황량한 서부처럼 미개척 분야였습니다. 100년 전만 해도 진정한 투자 전문가가 없었습니다.

지금은 확실히 더 정교하게 투자를 분석합니다. 분명히 지난 50~60년 동안 컴퓨터는 우리가 모두 알고 있는 스프레드시트, 최근의 빅데이터, 인공지능 등 발전 단계를 거치면서 기업에 영향을 미치는 마이클 포터Michael Porter의 '다섯 가지 힘Five Forces'의 도입과 함께 투자 분석에 커다란 역할을 하고 있습니다. 요즘 기업과 이를 파괴하는 기술력에 대한 이해가 훨씬 더 정교해지고 있습니다. (하버드 경영대학원 교수 마이클 포터는 업계의 경쟁력, 고객의 힘, 공급업체의 힘, 신규 진입자의 잠재력, 대체 가능성 등 기업의 성과에 항상 영향을 미치는 다섯 가지 핵심 역량을 분석하는 방법을 개발했다.)

궁극적으로, 가치 투자는 경제학과 심리학의 교차점에 있습니다. 저는 가치 투자란 계산기처럼 정확하게 계산하려는 사람과 대중과 다르게 생각하려는 투자가의 결혼이라고 우스갯소리를 했습니다. 가치 투자는 다른 투자 방법과 더불어 고도로 정교하게 진화했지만, 가치를 평가하는 다양한 방법을 사용해 투자 자산의 가치 하락을 방지해야 한다는 투자의 기본 원칙은 그대로 유지하고 있습니다.

DR_ 현재처럼 주식 시장이 활황이고 고성장 경제 상황에서 가치 투자자가 될 기회가 많이 있습니까? 지금 가치 투자자가 되는 것이 조금 외로운 일은 아닌가요?

SK_ 그럴 때도 있었지만 지금은 전혀 그렇지 않습니다. 제가 가장 먼저 강조하고 싶은 것은 가치 투자가에게는 시장 전체가 저렴하게 될 필요가 없다는 것입니다. 가치 투자가는 비효율적인 가격 덕분에 저렴하게 구매할 수 있는 투자 자산 몇 가지만 있으면 됩니다. 당신에게 훌륭한 투자 대상이 10개만 있으면 당신은 투자 포트폴리오를 구축할 수 있습니다. 시장 전체가 필요한 것은 아닙니다.

그런데도 주식 시장은 역사적 기준으로 볼 때 분명히 비쌉니다. 하지만 시장이 올라갈 때까지 올라갔다고 주장하는 사람들이 계속해서 틀렸습니다. 저는 주식 시장이 어디에 있어야 하는지에 대해 어떤 영웅적인 주장도 하지 않을 것입니다. 하지만 우리 회사가 발견한 것 중 하나는 가치 투자는 벤저민 그레이엄이 집중했던 것처럼 주식이나 심지어 채권에만 머물지 않으며, 때때로 사모 투자, 부동산, 구조화된 상품 등 새로운 시장에도 투자해야 한다는 것입니다. (구조화된 상품이란 주택담보대출 증권처럼 때로는 풋 옵션이나 콜 옵션과 같은 '파생 상품'을 사용한 투자 수단을 의미한다.) 현재 우리는 기회가 있는 대부분 분야에서 우리가 할 수 있는 많은 일을 찾고 있습니다.

DR_ 첨단 기술, 암호화폐, 소프트웨어, 전자상거래 회사들을 사고 싶은 유혹을 뿌리치기가 어렵지 않나요? 당신은 지금 어떤 분야에서 가치를 찾고 있나요?

SK_ 저는 그 어떤 유혹을 뿌리치는 것도 어렵다고 생각하지 않습니다. 가치 투자가는 일정한 규율을 따르고 있습니다. 뭔가가 이치에 맞지 않거나 이해할 수 없을 때 우리는 투자하지 않습니다. 저는 시장이 달아오르거나 다른 사람들이 어떤 일을 한다고 해서 거기에 마음을 뺏기지 않습니다. 저는 분명히 제가 뭔가를 놓쳤다는 것을 확인하고 싶습니다. 하지만 저는 암호화폐와 같은 분야에서 기회를 찾을 수 없었으므로 단지 가격이 상승한다고 해서 추격 매수할 생각은 없습니다.

그것이 바로 벤 그레이엄이 다양한 방법으로 가르친 심리학입니다. 즉, 주가는 기업을 부분적으로 대변하는 것이므로 당신이 시장을 쫓아가지 않고 기업의 가치를 파악해 훨씬 더 낮은 가격에 구매할 수 있다면 그것이 바로 가치 투자입니다. 기회의 영역에서 보자면 주식 시장의 일부가 간과되고 있습니다. 특정 부문은 인기를 얻고 또 다른 부문은 인기를 잃어갑니다. 그래서 우리는 주식 시장에서 어느 정도 기회를 잡을 수 있습니다.

당신이 이미 예상한 것처럼 우리는 지난 1년 반 동안 기회를 찾고 있습니다. 부동산 시장의 일부가 타격을 입어 어려움을 겪고 있습니다. 코로나 때문에 건설 공사가 지연되고 한동안 신규 임대 계약을 하는 사람이 없었기에 지금 가치 투자자들은 부동산 부문에서 많은 기회를 찾을 수 있습니다.

다시 말씀드리지만, 사모 투자 분야에서 자본이 사방에 있는 것처럼 보이지만 구하기 어려운 경우도 많이 있습니다. 즉, 기업들이 자본에 접근하거나 원하는 시간에 원하는 만큼 자본을 조달하는 데 어려움을 겪는 개별적인 상황이 바로 자본을 투자할 기회입니다.

DR_ 당신은 시장이 붕괴하고 어려운 기회가 오기를 기다리면서 많은 자금을 현금으로 확보하고 있나요?

SK_ 우리는 현금을 잔여물 정도로 생각합니다. (즉, 현금은 당신이 찾을 수 있는 좋은 투자처를 모두 찾고 난 후에 남는 것입니다.) 우리는 좋은 기회를 발견했을 때 그것에 투자합니다. 그렇지 않을 때는 현금을 보유하게 됩니다. 저평가되지 않았거나 가격이 잘못 책정되지 않은 자산에 투자하지 않습니다. 그래서 우리가 보유한 현금은 잔여물입니다. 하지만 때때로 상당한 현금을 보유할 때도 있습니다. 지금 당장 현금보유 수준은 시장을 고려할 때 직관에 반하기는 하지만 역사상 가장 낮은 수준으로 유지하고 있습니다. 하지만 우리는 좋은 기회를 발견하면 투자합니다. 우리는 상향식 투자자이지 하향식 투자자가 아닙니다. 즉, 시장이 어디에 있어야 하는지에 대한 거시적인 관점에서 투자하는 것이 아니라 주식은 주식대로, 증권은 증권대로, 투자는 투자대로 하나하나씩 검토하며 투자합니다.

DR_ 당신은 1991년에 《안전 마진》이라는 책을 출판했습니다. 당신이 말하는 '안전 마진'은 무엇을 의미하나요?

SK_ 저는 벤저민 그레이엄의 《현명한 투자자The Intelligent Investor》의 장 제목을 노골적으로 도용했습니다. 그레이엄의 말을 빌리자면, '안전 마진'은 실수의 여지, 불운의 여지를 남겨두는 것을 의미합니다. 안전 마진을 확보하고 투자한다는 것은 부정적인 면에 초점을 맞추면서 가치보다 낮은 가격에 투자하는 것을 의미합니다. 투자 대상물을 충분히 싸게 살 수 있다면 설사 일이 잘못되더라도 투자한 돈을 돌려받거나 심지어 돈을 벌 기회가 있다는 것을 의미하죠.

장기 투자와 투자 포트폴리오의 규모가 크면 안전 마진의 개념은 결정적으로 중요합니다. 투자자들이 반드시 대처해야 할 것 중 하나는 투자 자산이 위험한 상황에 빠져들었을 때 어떻게 행동할 것인가 하는 문제입니다. 만약 투자자들이 안전 마진을 확보하지 않고 투자했을 경우 투자 자산들이 험난한 상황으로 치닫는다면, 투자자들은 꼼짝달싹하지 못할 가능성이 큽니다. 때때로 드라이 파우더dry power(사모펀드나 벤처캐피털 펀드 투자 약정액 중 투자를 집행하지 않은 자금)를 보유하려는 의지인 안전 마진을 확보하면 시장이 불안해질 때 심리적 안정 상태를 유지할 수 있습니다.

DR_ 당신은 《안전 마진》을 개정할 생각은 없으신가요? 1991년 이후 어떤 것을 배웠나요?

SK_ 개정판을 낼지 또 다른 책을 쓸지 고민 중입니다. 그동안 그럴 시간이 없었어요. 회사 일과 다른 활동들 때문에 여전히 너무 바쁘지만, 언젠가 그렇게 할 겁니다. 책을 썼을 당시 제 경력은 10년 정도였죠. 이제 거의 40년이 되었군요. 그동안 많은 것을 배웠기를 바랍니다. 제가 개정판을 낸다면 업데이트할 내용이 과연 무엇일까요? 가치 투자에 관한 초기 아이디어는 공공 금융 시장 즉, 주식 시장과 채권 시장을 중심으로 형성되었습니다. 저는 그것을 확장하려고 합니다. 왜냐하면 앞서 말했듯이, 우리는 사적 자산, 사모 주식, 부동산, 사적 구조화 금융에서 기회를 발견했기 때문입니다. 그것들은 이제 우리 투자 펀드의 상당한 부분을 차지하고 있으며 제가 높게 평가하는 투자 분야입니다. 그것들은 우리가 투자 발굴 네트워크를 구축하고 실제 실력과 경험을 개발하는 기회를 제공하며 우위를 차지할 수 있는 영역으로서, 우리는 여기에서 지능적이며 성공적으로 투자할 수 있습니다.

저는 또한 팀의 중요성에 관해 쓸 것입니다. 당신의 팀원은 누구인가요? 어떻게 그들에게 동기를 부여하나요? 문화는 모든 조직에 매우 중요합니다. 투자 과정이 중요하고 더 나아가 과정의 일관성이 가장 중요합니다. 대니얼 카너먼은 올리비에 시보니Olivier Sibony와 캐스 선스타인Cass Sunstein과 공동으로 집필한 새 책《노이즈: 생각의 잡음 Noise: A Flaw in Human Judgment》에서 잡음에 관해 이야기했습니다. 어떤 면에서 잡음은 의사 결정 과정의 비일관성을 초래합니다.* 우리는 투자자로서 회사의 리더로서 목요일이든 화요일이든, 1월이든 7월이든, 기분이 좋든 나쁘든, 시장이 상승하든 하락하든, 동일한 결정을 내리는 것이 중요합니다. 의사 결정 과정은 투자 원칙을 적용하는 데 결정적으로 중요합니다.

DR_ 이 책의 독자들이 얻어 갔으면 좋겠다고 생각하는 투자의 주요 원칙들을 요약한다면 무엇일까요?

SK_ 정말 중요한 두 가지 원칙은 장기적인 접근과 재량권을 최대한 확보하는 것입니다. 재량권을 갖는다는 것은 기본적으로 한 가지만을 보고 있지 않다는 것을 의미합니다. 즉, 사일로에 갇혀 좁게 보는 것이 아니라 여러 시장과 지역, 다양한 유형의 투자를 검토할 수 있는 권한을 갖추는 것입니다. 왜냐하면 어떤 것의 가격이 잘못 책정될지 모르기 때문입니다. 더 넓게 보면 볼수록 가격이 잘못 책정된 것을 발견할 가능성이 커집니다.

그다음에는 무슨 일이 일어나고 있는지 확실히 알기 위해 깊이 파고드는 능력을 보유해야 합니다. 그래야 워런 버핏이 항상 하던 말처럼 회의 석상에서 꿰다놓은 보릿자루가 되지 않을 것입니다. 체계적인 매입과 매도 접근법 및 안전 마진 개념과 함께 위험 회피가 필수

---

* 이 분석에서 잡음이란 인간의 편견, 집단 역학 또는 감정적 사고 등과 같은 요인들의 결과로 일관성이 없고 결점 있는 의사결정 방식이다.

적인 능력입니다. 많은 사람이 매도할 줄을 모릅니다. 증권이나 투자가 최대 가치에 도달할 때 매도하는 것이 중요합니다. 그렇게 하려면 독립적이고 때로는 반대로도 생각할 수 있는 능력이 대단히 중요합니다.

DR_ 당신은 기준에 맞는 투자를 어떻게 찾나요? 조사, 친구들과 대화, 동료들이 가져온 아이디어, 블룸버그 터미널 등을 활용합니까, 아니면 그냥 생각합니까? (블룸버그 터미널은 데스크톱 컴퓨터로 전문 투자자, 특히 트레이더에게 최신 재무 정보와 시장 데이터를 제공한다.)

SK_ 저는 제 동료들과 잠재적인 기회를 찾기 위해 투자 대상물을 샅샅이 뒤집니다. 우리는 광범위하게 실사합니다. 우리 아이디어의 매력, 장점 및 단점에 대해 논의하고 토론합니다. 또한 받은 편지함을 투자 포트폴리오로 발전할 수 있는 흥미로운 아이디어로 채우는 것도 투자의 한 부분입니다. 받은 편지함을 채운다는 것은 시장 전반에 걸쳐 어떤 것이 저렴한지뿐만 아니라 그것이 싼 이유도 파악하기 위해 잠재적인 투자 파이프라인을 개발하는 것을 의미합니다.

DR_ 가치 투자자로서, 당신은 항상 가격이 오르기를 바라나요, 아니면 너무 비싸다고 생각하는 자산들을 공매도하나요?

SK_ 공매도 투자는 전혀 안 합니다. 공매도는 매입의 반대 투자이므로 위험을 줄이는 투자라고 생각하기 쉽습니다. 하지만 그렇지 않습니다. 자산을 매입하면 본전만 손해 보지만 자산을 공매도하면 무한정으로 손해를 볼 수 있습니다. 그래서 우리는 공매도를 정말로 싫어합니다. 공매도 투자는 하지 않지만 언제나 시장이 상승하기를 기대하는 것은 아닙니다. 투자한 자산이 하락할 때, 일을 제대로 했다면 그것이 더 좋은 거래가 될 수 있다는 것을 알고 있습니다. 가격이 하락하는 자산을 보유하고 있다면 우리는 그것을 다시 점검하고 확인함으로써 기회가 되면 투자 금액을 증액합니다. 그것이 레몬을 레모네이드로 바꾸는 방법입니다.

DR_ 코로나19에 어떻게 대처하셨나요? 그것이 당신의 포트폴리오에 악영향을 미쳤습니까, 아니면 당신이 많은 것들을 싸게 살 기회를 주었습니까?

SK_ 우선 코로나는 전 세계에 너무나 비극적인 상황을 가져왔습니다. 많은 사람이 목숨을 잃었습니다. 게다가 많은 사람이 건강과 직장을 잃고 고통에 시달리고 있습니다.

코로나는 투자자들이 대비해야 할 새로운 우발적인 사건 중 하나입니다. 그것은 상황을 제대로 알지 못하므로 행동하지 못하는 전형적인 사례이죠. 포트폴리오를 활용하지 못하는 것은 물론, 엄청나게 투기적인 투자는 실행할 수 없습니다.

코로나는 투자 심리의 판도를 바꾸는 계기가 되었습니다. 그것은 과도하게 투자함으로써 위험에 과도하게 노출된 투자자들의 한계를 시험했습니다. 2020년 3월 코로나로 주식 시장은 몇 주 동안 하락하며 큰 혼란을 초래했습니다. 항상 자산 등급을 주목하던 우리 회사는 부실 채권, 주택담보대출 증권, 주식 시장에서 투자할만한 몇 가지를 매우 빨리 발견했습니다. 그러나 경제의 기본 체력 역시 떨어졌으므로 실제 구매 기회는 매우 제한적이었습니다. 경제는 아마도 거의 백 년 만에 최악의 침체기로 빠져들었습니다. 가격이 하락했다고 해도 모든 것이 헐값인 것은 아니었습니다. 하지만 일련의 기회를 점검하던 중 우리는 자본을 투자하기에 좋은 것들이 있다는 사실을 발견했습니다.

DR_ 우리는 안전 마진을 이야기했으며 당신도 벤저민 그레이엄의 유명한 책을 언급했습니다. 가치 투자자가 반드시 읽어야 할 책은 무엇인가요?

SK_ 투자 관련 도서뿐 아니라 많은 책을 추천하고 싶습니다. 저는《현명한 투자자》를 좋아합니다. 또 사람들에게 대니얼 카너먼의《생각에 관한 생각Thinking, Fast and Slow》을 읽어 보라고 권합니다. 저자는 '우리는 어떻게 결정을 내리는가?', '우리의 행동 편견은 무엇인가?' 등 뇌가 어떻게 작동하는지를 설명하고 있습니다. 그의 최근 저서《노이즈》역시 인간의 의사 결정 과정에 관한 것입니다.

저는 마이클 루이스Michael Lewis의 책이라면 무엇이든 추천해 드리고 싶어요.《머니볼Moneyball》은 진정한 가치 투자에 관한 책입니다. 루이스는 종종 많은 가치를 더해주는 반대론자나 다른 생각을 하는 사람에 대해 글을 씁니다. 또 로저 로웬스타인Roger Lowenstein이 쓴 것이라면 무엇이든 추천하고 싶습니다. 그는 워런 버핏의 일대기를 썼습니다. 저는 짐 그랜트의 역발상을 좋아합니다. 그는 미국 금융에 관한《머니 오브 더 마인드Money of the Mind》라는 책을 썼습니다. 금융의 심리적 측면을 파헤친 책으로 모든 투자자는 그의 사고방식을 알아야 합니다.

DR_ 만약 누군가가 당신의 펀드에 투자할 수 없는데 가치 투자자가 되고 싶어 한다면 무엇을 추천하시겠습니까? 그들은 다른 가치 투자 회사를 찾아야 하나요, 아니면 그들 스스로 가치 투자 기술을 배워야 하나요?

SK_ 직업을 가진 평범한 개인이 전업 가치 투자자가 되는 것은 어렵지만, 정말 열정적이라면 가치 투자의 원칙을 독학할 수 있습니다. 제 친구 가운데는 스스로 연구하고 정말 흥미로운 아이디어를 생각해내는 친구도 있습니다. 그러나 대부분의 경우 가치 기반 뮤추얼 펀드나 자신 대신 투자해주는 전문 투자자를 찾는 것이 좋습니다.

DR_ 당신이 존경하는 다른 투자자들이 있나요? 워런 버핏 말고요.

SK_ 워런 버핏과 찰리 멍거(버크셔 헤서웨이의 부회장)는 전 세계 투자자들에게 엄청난 영향을 끼쳤습니다. 저의 전 동료였던 데이비드 에이브럼스David Abrams가 전형적인 인물입니다. 그는 위대한 사상가이자 훌륭한 작가입니다. 그는 보스턴에서 헤지 펀드를 운용하고 있으며, 몇십 년 동안 큰 성공을 거두었고, 주식 시장 하락을 잘 방어하고 있습니다.

DR_ 당신은 가치 투자에 대해 강의하고 있습니까?

SK_ 그럼요. 저는 종종 하버드 경영대학원, 컬럼비아 경영대학원, 예일 대학원, 그리고 와튼과 같은 대학원에서 초청 연사로 강의합니다. 저는 그것이 제가 받은 것을 세상에 다시 돌려주는 중요한 방법이라고 느낍니다. 저는 젊은 사람들과 이야기하는 것을 좋아합니다. 그것은 저에게 신선한 자극을 줍니다.

DR_ 정치에 대한 당신의 관심은 어디에서 비롯됐습니까? 정치적 기부를 통해 어떤 영향을 주기를 바라나요?

SK_ 저는 통치 방식이 훌륭한 정부와 민주주의 보장에 관심이 있습니다. 따라서 민주주의 원칙을 지키고 국가의 이익을 정당이나 개인의 이익보다 우선시하는 사람들을 지지합니다. 하지만 그것은 당신이 예상하는 것보다 훨씬 더 드문 일입니다.

DR_ 당신에게 자선 활동은 얼마나 중요한가요? 구체적으로 어떤 분야에 관심이 있나요?

SK_ 제게 자선사업은 매우 의미가 있습니다. 만약 당신이 제가 자랑스러워하는 것을 묻는다면, 물론 제가 설립한 바우포스트와 고객들에게 이익을 안겨준 회사의 투자 기록일 것입니다. 하지만 저는 제 아내와 제가 가족 재단에서 나오는 보조금을 통해 우리가 성취한 것을 세상에 다시 돌려주는 능력과 헌신이 특히 더 자랑스럽습니다. 우리는 보스턴 지역, 매사추세츠주 이외의 지역 그리고 전 세계 여러 곳에서 도움의 손길이 필요한 사람들을 수시로 지원합니다. 의학과 과학 연구에 초점을 맞추고 있으며, 미국의 섭식장애 연구의 가장 큰 후원자 중 하나일 것입니다.

우리 가족 기금이 가장 중점을 두는 일을 하나만 꼽으라면 그것은 미국 민주주의를 강화하고 개선하는 일입니다. 즉, 제 아이들과 손자들이 당신과 내가 민주주의 국가인 미국에서 살면서 받았던 축복을 똑같이 받을 수 있도록 민주주의를 보호하는 것이지요.

DR_ 우리 둘 다 볼티모어 출신이지만, 당신은 인생의 대부분을 보스턴에서 살았습니다. 당신은 아직도 볼티모어 오리올스Orioles를 응원하나요, 아니면 지금은 보스턴 레드삭스Red Sox를 응원하나요?

SK_ 1980년대 초, 제가 보스턴에 살기로 했을 때 저는 어느 팀을 응원할지 선택해야 한다는 것을 깨달았습니다. 그들은 일 년에 18번 서로 경기를 합니다. 나는 1918년 이후 80년 넘게 월드시리즈에서 우승하지 못한 보스턴의 비참한 상황에 마음이 더 끌렸습니다. 그리고 제가 볼티모어의 경기를 보는 것보다 보스턴의 경기를 보는 경우가 훨씬 더 많다는 사실을 깨달았습니다. 하지만 제 마음속엔 아직도 볼티모어에 대한 애정이 있습니다. 레드삭스 경기가 없으면 오리올스를 응원합니다.

헤지 펀드

레이 달리오 Ray Dalio

브리지워터 어소시에이츠 설립자,
공동 최고 투자 책임자, 이사회 구성원

"당신은 독립적으로 판단해야 한다.
사람들이 합의한 내용은 이미 가격에 반영되어 있으므로
거기에 투자해서는 돈을 벌 수 없다."

세계 최초의 헤지 펀드는 1949년 알프리드 W. 존스Alfred W. Jones가 만들었는데, 처음에는 '헤지된(가격 하락 위험을 대비한)' 펀드라고 불렸다. 그는 주식 시장이 하락함으로써 자신의 투자 금액이 줄어드는 것을 방지하려고, 즉 자신의 투자를 '헤지'하기 위해 주식 공매도와 같은 투자 기법을 사용했다. 그 이후로, 시장 하락에 대비하기 위해 무수히 많은 헤지 펀드가 탄생했다.

그런 펀드의 매력은 시장 하락으로부터 투자 원금을 보호한다는 데 있다. 전통적인 뮤추얼 펀드나 '매수 중심' 투자 펀드는 법과 규정에 따라 시장 하락에 대비하는 투자 기법의 사용이 제한되므로 시장이 조정받을 때나 하락할 때 더 취약하다.

일반적으로 유동적이거나 쉽게 거래할 수 있는 자산과 증권에 투자하는 헤지 펀드는 투자 위험을 회피할 필요가 없으며, 실제로 많은 헤지 펀드가 전통적인 의미에서 투자 위험을 회피하지 않는다. 그러므로 '헤지 펀드'라는 용어를 사용하는 것은 많은 경우에 잘못된 명칭일 것이다.

존스의 '헤지된' 펀드에는 또 다른 참신함이 있었다. 그는 전통적인 뮤추얼 펀드나 매수 위주 펀드보다 훨씬 높은 수수료율인 수익의 20퍼센트를 수수료로 부과했다.

존스의 뒤를 이은 펀드들은 존스와 동일하거나 더 높은 수수료율 부과하기 시작했다. 확실히 이처럼 높은 수수료는 매우 영리하며 의욕적인 투자 전문가들을 시장으로 끌어들였다. 그리고 그들은 전반적으로 (어려운 시장 기간에서 명백한 예외를 제외하고) 이따금 괄목할 만한 수익을 달성했다. 그러나 워런 버핏은 10년을 두고 보면 수수료율이 낮고 변동성이 적은 주식 인덱스 펀드가 전체적인 헤지 펀드의 성과보다 앞설 것이라고 장담했다.

그렇다면 왜 투자자들은 헤지 펀드에 투자할까? 버핏의 장담에도 불구하고, 상당수의 투자자는 성과가 매우 좋은 헤지 펀드를 선택할 수 있다고 생각했고, 따라서 지난 수십 년 동안 헤지 펀드 산업으로 많은 자본이 유입됐다. 많은 주요 헤지 펀드의 경우, 일반적으로 투자 기간을 더 장기로 보면 투자 성과는 긍정적이었다. 따라서 펀드 매니저들은 상당히 부유해졌다. 만약 헤지 펀드가 400억 달러를 운용하고 특정 연도에 20퍼센트의 수익, 즉 80억 달러를 벌었다면 그들이 받는 수수료는 수익의 20퍼센트인 16억 달러에 달한다. 그리고 이것은 투자 업계의 일반적인 기준으로 봐도 매우 찾아보기 힘든 수준으로 고위 헤지 펀드 전문가들(특히 설립자들)은 엄청나게 큰 수입을 올린다.

어느 시점에서든 주요 시장에서 수천 개의 헤지 펀드가 운용되고 있는 것이 확실하다. 이런 헤지 펀드 중 많은 펀드가 그렇게 성공적이지 않기 때문에 탄생과 소멸을 반복한다. 헤지 펀드를 시작하는 것은 어렵지 않다. 그들은 일반적으로 다른 헤지 펀드나 투자은행에서 투자 경험이 있는 사람들이다. 몇 년, 심지어 10년 혹은 그 이상 매우 성공적인 헤지 펀드가 분명히 존재하지만 일반적으로 1~2년 성과가 나쁘다 보면 투자자들이 자본을 회수함에 따라 (몇 개월 또는 심지어 수년이 걸릴 수도 있지만) 헤지 펀드를 청산하게 된다. 몇 가지 명백한 예외를 제외하고, 헤지 펀드의 리더들은 상승장과 하강장을 통해 매년 일관된 실적을 내기 어렵다는 것을 알고 있다.

이런 현실 때문에 사람들은 브리지워터 어소시에이츠Bridgewater Associates가 이룩한 업적에 더욱 주목한다. 브리지워터는 1975년 설립되어 47년의 역사를 자랑하며 창립 이래 다른 어떤 헤지 펀드보다 더 많은 순이익을 창출했고 현재는 1,500억 달러 이상을 관리하며 세계에서 가장 큰 펀드가 되었다.

브리지워터가 다른 헤지 펀드 조직이 할 수 없었던 일을 할 수 있었던 이유는 무엇일까? 거의 반세기 동안 시장의 부침을 견디며 다른 펀드가 따라올 수 없는 규모로 확장할 수 있었던 이유는?

간단하게 대답하면 브리지워터의 설립자인 레이 달리오 덕분이다.

그는 회사 설립 이후 줄곧 최고 경영자이자 최고 투자 책임자로 일했다. 최근 들어 대부분의 다른 펀드 설립자들이 금융 시장 이외의 문제에 집중할 때 레이는 여전히 공동 최고 투자책임자, 이사회 구성원, 회사의 지도자로 활동하고 있다.

이런 결과는 레이의 초창기 경력을 생각하면 전혀 예측할 수 없었던 일이다. 상품 거래자였던 그는 주먹으로 상사의 얼굴을 가격해 결국 직장에서 쫓겨난 적이 있다. 또 한때 몇 가지 거래를 잘못해 전 재산을 날리는 바람에 아버지한테 돈을 빌리기도 했다. 하지만 레이는 인내했다. 그는 실수에서 교훈을 얻었다. 자신의 삶뿐만 아니라 투자 활동을 위해 일련의 원칙들을 개발하기 시작했다. 그리고 그 원칙을 브리지워터가 하는 모든 일에 적용했다. 그 원칙들은 분명히 효과가 있었다. 수익률은 수년 동안 일관적일 뿐만 아니라 많은 경쟁 펀드들을 능가했다.

하지만 그것은 레이에게 충분하지 않았다. 그는 자신의 펀드가 시장을 능가하는 수익을 달성하는 것보다 더 큰 바람이 있었다. 그는 자신의 성공을 이끈 원리들을 다른 사람들에게 설명하고 싶어 2017년 〈뉴욕타임스〉 베스트셀러 1위에 오른 《원칙Principles》을 출판했다. 게다가 최근 몇 년 동안 그는 과도한 정부 부채나 인위적으로 낮은 금리와 같은 다양한 재정 및 경제 문제에 관해 신문 기사와 공개 강의를 통해 대중을 교육하는 데 관심을 보였다. 2021년 그는 역사적인 사회 주기에 대한 자신의 관찰과 미래의 제안을 설명하기 위해 또 다른 베스트셀러인 《변화하는 세계 질서The Changing World Order》를 출판했다.

투자자로서 그리고 작가이자 공공 교육자로서 레이 달리오를 보면 그는 분석적이며 논리적이고 사려 깊고 합리적이며 '아름다운 마음'의 소유자인 것이 확실하다. 나는 레이를 더 기빙 플레지The Giving Pledge* 회의에서 처음 만났을 때 이런 모든 자질을 보았으며 여러 차례 그를 인터뷰하면서 이를 다시 확인할 수 있었다.

그는 성공한 다른 투자자들처럼 자선 활동에도 깊이 헌신하며, 환경, 건강 및 교육과 관련된 프로젝트에 자신의 자원과 시간을 제공하는 데 전념하고 있다. 요즈음 '르네상스 사람'(문학과 회화를 비롯한 여러 분야에 능하고 관심도 많은 사람)이라는 용어가 일부 사람들에게 과도하게 사용되지만, 레이 달리오에게는 그 말이 꼭 들어맞는 말이다.

$

데이비드 M. 루벤슈타인DR_ 당신은 세계에서 가장 큰 헤지 펀드를 만들었고 여전히 투자 결정에 깊이 관여하고 있습니다. 당신은 어렸을 때 롱아일랜드에서 자라면서 투자자가 되기를 열망했나요?

레이 달리오RD_ 누군가가 비디오 게임을 하고 싶어 하는 것과 같은 수준이었습니다. 저는 캐디를 했는데 그때 만난 사람들은 투자에 관심이 있었습니다. 저는 한 번 캐디피로 받은 50달러를 주식 시장에 투자했습니다.

제가 처음 산 주식은 주당 5달러도 안 되는 회사였습니다. 저는 주식을 더 살 수 있어 마음이 설렜습니다. 저는 돈을 많이 벌 것 같았습니다. 말도 안 되는 생각이었죠. 회사는 파산 직전이었답니다. 하지만

---

* 2010년 워런 버핏, 멜린다 프렌치 게이츠, 빌 게이츠가 설립한 기부 단체로 매우 부유한 개인들과 가족들은 순자산의 적어도 절반을 그들이 생존해 있는 동안 혹은 그들이 사망했을 때 자선사업이나 프로젝트에 기부하겠다고 서약한다.

운 좋게도 회사가 인수되는 바람에 주가가 세 배로 올랐습니다. 저는 주식 투자 게임에 푹 빠졌습니다. 당시 저는 주식 투자를 직업으로 생각하지 않았습니다. 그냥 재미있고 돈도 벌 수 있는 게임이라고 생각했죠. 제대로 하기만 하면 돈도 많이 벌 수 있을 것 같았습니다. 저는 돈을 잃게 되는 것은 꿈에도 생각하지 못했습니다. 너무 순진했지요.

DR_ 투자에 대한 당신의 견해는 전 세계적으로 널리 알려져 있습니다. 《원칙》은 세계적인 베스트셀러가 되었습니다. 당신은 이렇게 진지하게 자신을 돌아본 책이 중국과 같은 나라를 포함해 전 세계에 수백만 부가 팔릴 수 있다는 사실에 놀랐나요?

RD_ 매우 놀랐습니다.

DR_ 당신은 경제적으로 매우 성공했으며 브리지워터에서 투자 운용을 다른 사람에게 쉽게 넘겨줄 수 있었습니다. 당신은 헤지 펀드를 위해 정기적으로 투자 결정을 내리고 투자 게임이 주는 압박에서 투자의 즐거움을 찾나요?

RD_ 네, 그렇습니다. 저는 세상이 어떻게 돌아가고 있으며 앞으로 무슨 일이 일어날지 알아내려고 노력하며 그것에 베팅하는 게임을 좋아합니다. 또한 제가 주요 책임을 넘겨준 사람들의 멘토 역할을 하는 것을 좋아합니다.

DR_ 투자의 즐거움과 자선 프로그램을 통해 적극적으로 기부하는 즐거움을 어떻게 비교할 수 있을까요?

RD_ 저는 둘 다 좋아합니다. 하지만 그 두 가지는 매우 다릅니다. 자선 활동은 제게 명확한 피드백을 주지 않으므로 성과를 판단하기가 상대적으로 더 어렵습니다. 투자할 때는 객관적으로 투자 성과를 소수점 셋째 자리까지 측정해 더 나은 기회를 얻을 수 있어 좋습니다.

하지만 저는 자선 활동이 사람들과 환경을 도와주는 일에 훨씬 더 직접적으로 연결되어 있다는 사실을 발견했습니다. 저는 투자를 통해 공적 연금 기금의 혜택을 받는 사람들처럼 경제적으로 넉넉지 않은 사람들은 물론 대다수 사람이 더 나은 삶을 살 수 있도록 도와주고 있다는 것을 머릿속으로는 알고 있지만, 여전히 투자 활동과 사회적 이익 간의 직접적인 연관성은 훨씬 덜 명확합니다. 자선사업은 훨씬 더 개인적으로 직접 도와줍니다. 하지만 저는 둘 다 좋습니다. 성격은 매우 다르지만 둘 다 보람 있는 두 회사를 사실상 운영하고 있습니다.

DR_ 투자 접근 방식에는 거시경제 중심, 가치 투자, 롱, 숏 등 다양한 형태가 있습니다. 당신의 헤지 펀드가 세계에서 가장 큰 규모가 될 수 있게 해준 주요 접근 방식은 무엇이라고 생각하십니까?

RD_ 저는 국제 경제의 거시적 흐름에 중점을 두는 투자자입니다. 즉, 전 세계 경제를 살펴보고 그것들의 상호 연관성을 분석하여 어떻게 작동하는지 알아내려고 노력합니다. 그런 뒤 앞으로 일어날 것으로 예상되는 방향에 베팅하면 그것은 성과를 가져다줍니다. 저는 그렇게 투자하는 것을 좋아합니다. 그런 방식을 따르다 보면 세상일이 어떻게 돌아가는지에 대한 제 견해와 무슨 일이 일어날지에 대한 제 이론이 현실화됩니다. 어느 나라를 막론하고 전 세계의 주식, 채권, 통화, 상품 등 모든 시장의 유동성이 풍부합니다. '연방준비제도나 다른 중앙은행들이 금리를 올리기 시작하면 성장률은 어떻게 될까? 또 생산성은 어떻게 될까? 정치와 외교 관계가 시장에 어떤 영향을 미칠까?' 그것들이 제가 매일 씨름하고 베팅하는 질문들입니다.

DR_ 당신은 롱아일랜드에서 고등학교를 나왔지요? 당신도 인정했듯이 수석으로 졸업하지 못했지요?

RD_ 저는 열등생이었습니다. 저는 고등학교에 다니기가 싫었습니다. 대학도 간신히 들어갔죠. 하지만 좋아하는 과목을 선택할 수 있고 흥미로운 것을 공부할 수 있어서 대학은 좋았습니다.

DR_ 당신은 대학을 다니면서 일도 했습니다. 그런 뒤 하버드 경영대학원에 들어갔습니다. 그 학교에 입학하고 나서 놀랐나요? 왜 하버드를 선택했나요?

RD_ 저는 대학에서 성적이 아주 좋았습니다. 하버드 경영대학원에 들어가는 것을 당연하게 여기지는 않았지만, 놀라지도 않았습니다. 단지 가슴이 마구 뛰더군요. 왜냐하면 그곳은 전 세계에서 가장 똑똑한 학생들이 모인 곳이기 때문입니다. 그런 환경에 있을 수 있다는 것은 매우 가슴 벅찬 일입니다. 저는 이전에 그런 환경에 있었던 적이 없었습니다.

저는 학교에 간 첫날 매우 흥분해서 온종일 마음이 가라앉지 않았습니다. 학교가 사례 연구 방식으로 수업을 진행하는 것이 마음에 들었습니다. 거기서는 가만히 앉아서 듣기만 할 수 없습니다. 수업 시간에 들은 것을 기억하고 다시 복습하면서 시험에 대비해야 합니다. 우리를 실제 사례에 집어넣고 "당신이라면 어떻게 접근할 것인가?"에 대해 토론하는 것은 올바른 판단력을 훈련하는 효과적인 방식입니다. 그것은 우리가 눈을 뜨고 크고 넓게 볼 수 있는 경험을 맛보게 했습니다.

DR_ 졸업 후 대형 투자회사에 입사하지 않은 이유가 있습니까?

RD_ 저는 어렸을 때 여러 다른 시장에서 거래해본 경험이 있습니다. 그 후 대학에 다니면서 저는 증거금이 적게 들어가는 상품 시장에서 거래하기로 했습니다. (증권회사가 투자금과 상품 가격의 차이에 대한 대출이나 신용을 일으켜 줌으로써 구매하는 상품 가격보다 투자 자금이 적게 필요하다.)

중개인이 제공하는 많은 신용을 사용함으로써, 적절한 가격에 적절한 상품을 구매하면 큰 이익을 얻을 수 있었습니다. 그래서 저는 상품 거래를 시작했습니다. 그전에는 주식을 거래했습니다.

저는 1973년에 졸업했습니다. 1972년 여름, 저는 메릴린치의 상품 담당 이사를 찾아갔습니다. 그리고 하버드 경영대학원 출신으로서 상품 분야의 일을 한 최초의 사람이 되었죠.

당시 재정적인 어려움을 겪고 있던 도미닉앤드도미닉Dominick & Dominick에서 상품 담당 이사직을 제안받았습니다. 저는 그 당시 세계에서 가장 뜨거운 시장의 한복판에 던져졌습니다. 왜냐하면 석유 파동과 원자재 쇼크가 있었기 때문입니다. 주식 시장은 하락하고 있었는데, 저는 그 기회를 잡았습니다. 그 후 다른 증권 회사의 상품 담당 이사로 자리를 옮겼습니다. 하지만 그곳에서 상사와 크게 싸우는 바람에 오래 일하지 못했습니다. 저는 1975년에 브리지워터를 설립했습니다.

DR_ 브리지워터의 자본금을 어떻게 조달했나요?

RD_ 자본을 조달하지 않았습니다. 그것을 회사라고 생각하지도 않았습니다. 저는 기관투자자들에 투자 조언을 해주고 약간의 돈을 받는 사람이었습니다. 저는 제 계좌를 직접 운용했습니다. 경영대학원을 함께 다닌 친구와 방 두 개짜리 아파트에서 살았는데 친구가 이사를 나가는 바람에 그 방을 사무실로 사용했습니다. 저를 도와준 사람은 몇 명 있었습니다. 같이 럭비를 했던 친구와 어시던트가 한 명 있었죠. 자본금 조달은 없었어요. 저만 그 일을 하고 돈을 벌고 있었습니다.

DR_ 브리지워터를 언제, 왜 시작했나요?

RD_ 1975년에 시작했습니다. 저는 모범적인 직원이 아니었습니다. 제 방식대로 사는 사람이었으며 급기야 상사와 싸우기도 했지요. 1975년 새해맞이 파티에서 우리는 술에 취해 다투다 저는 주먹을 날렸습니다. 다른 사람을 위해 일하는 게 아니라 저 자신을 위해 일하는 것이 제 적성에 맞았죠.

DR_ 당신은 당신의 투자 경력과 삶을 관철하는 '원칙'에 관한 책을 썼습니다. 브리지워터를 세계에서 가장 큰 헤지 펀드로 만들 수 있었던 원칙들은 무엇인가요?

RD_ 제가 브리지워터를 설립하는 데 도움을 준 가장 중요한 원칙은 '고통을 반성하면 발전한다'였습니다. 저는 고통이 스승이라는 사실을 힘들게 배웠습니다. 1982년 고통스러울 정도로 엄청난 실수를 저질렀을 때, 저는 그 교훈을 깨달았습니다. 그 실수로 저는 값비싼 대가를 치렀으며 많은 것을 배웠습니다. 저는 1975년에 브리지워터를 시작했습니다. 1979년 폴 보커Paul Volcker가 연준의장으로 취임했습니다. 1980년은 인플레이션 시기였죠. 연준은 '인플레이션 타파'를 외치며 매우 엄격한 통화 정책을 시행했습니다. 저는 미국과 은행들이 외국 정부에 그들의 상환 능력을 훨씬 초과하는 많은 자금을 빌려주었으므로 국가 채무 불이행 사태가 올 것으로 예상했습니다.

그것은 그 당시 논란의 여지가 있는 관점이었습니다. 저는 사람들로부터 많은 주목을 받았습니다. 멕시코가 1982년 8월에 국가 채무 불이행을 선언했고 다른 많은 나라가 그 뒤를 따랐으며, 저는 이 국가 부채 위기 때문에 전 세계가 경제 불황을 맞이할 것으로 생각했습니다. 하지만 1982년 8월 18일 주식 시장이 정확히 바닥을 쳤습니다.

연준이 통화 정책을 완화하는 바람에 금리는 폭락하고, 모든 주식이 올랐습니다.

저는 그 실수로 많은 돈을 잃었습니다. 회사의 모든 직원을 해고했고, 파산 지경에 이르러 고지서를 처리할 길이 없어 아버지한테 4,000달러를 빌려야 했습니다. 이 일이 제게 일어난 가장 좋은 일 중 하나라고 말하는 이유는 그것이 제가 틀릴 수 있다는 두려움을 줬기 때문입니다. 저는 대담하게 생각하는 것과 실패할 가능성 사이에서 균형을 맞춰야 했습니다. 저는 돈을 크게 벌 생각만 했지 돈을 크게 잃을 생각을 하지 못했습니다. 따라서 그것은 제가 했던 일을 반성하는 계기가 되었습니다.

그 당시, 저는 위험한 정글의 안전한 편에 서 있는 것 같았고 저에겐 선택의 여지가 있었습니다. 저는 안전한 쪽에 머물며 평범한 삶을 살 수도 있었고 아니면 위험한 정글을 건너가 멋진 삶을 살 수도 있었습니다. 저는 평범한 삶을 살고 싶지 않았기 때문에, 정글을 안전하게 건널 방법을 찾아야만 했습니다.

제가 겪은 고통스러운 실수는 의사결정에 대한 모든 접근법을 바꾸어 놓았습니다. 제가 배운 가장 중요한 두 가지 교훈은 제 생각에 동의하지 않는 가장 현명한 사람들을 찾아 제 생각에 대한 스트레스 테스트를 해야 한다는 것과 위험을 줄이면서 높은 수익을 유지할 수 있도록 투자를 다양화하는 방법을 배워야 한다는 것이었습니다.

사람들이 깨닫지 못하는 것은 투자 다양화가 수익률 감소와 무관하다는 사실입니다. 만약 당신이 똑같이 현명하게 베팅하면서 투자를 다양화할 수 있다면, 베팅의 평균 수익은 같지만 훨씬 더 적은 위험을 감수하는 셈입니다. 그것은 투자에만 해당하는 말이 아니라 인생에도 적용되는 말입니다. '반성하라.' 그것은 제가 브리지워터를 운영하는 방법과 삶에 접근하는 방법에 큰 영향을 미쳤습니다.

그렇게 하려면 저는 제가 볼 수 없는 것들을 발견함으로써 저를 도와주는 사람들과 함께 정글을 헤쳐나가야 한다는 것을 깨달았습니다. 반대로 저는 그들이 볼 수 없는 것들을 발견하고 그들을 도울 수 있었습니다. 우리는 정글을 건너면서 서로를 돌봐주었습니다. 그것이 접근법이었습니다. 그 일은 너무 보람 있고 즐거워서 위험한 정글을 떠나 성공의 땅에 안주하고 싶지 않았으며 지금도 그러고 싶지 않습니다.

제가 겪은 매우 고통스러운 실수는 제가 알고 있는 어떤 것보다 모르는 부분에 잘 대처하는 방법을 아는 것이 더 중요하다는 사실을 가르쳐 주었습니다. 그것은 또한 이렇게 아이디어를 중시하는 방식으로 운영하는 것이 중요한 일을 하고, 의미 있는 관계를 유지하는 데 얼마나 필요한 일인지 일깨워주었습니다. 그때부터 지금까지 우리는 손실은 제한적으로 관리하면서 엄청난 이익을 달성했으며 중요한 작업을 수행하고 의미 있는 관계를 유지하고 있습니다.

이런 모든 결과는 저의 뼈아픈 실수를 통렬하게 반성한 덕분입니다. 그것은 고통스러운 실수를 바라보는 방식을 바꾸어 놓았습니다. 저는 제가 저지른 실수를 해답을 찾으면 상금으로 보석을 주는 퍼즐처럼 볼 수 있게 되었습니다. 그 보석들은 제가 앞으로 겪게 될 상황들을 더 잘 처리하기 위해 사용할 수 있는 원칙들입니다. 저는 그런 귀중한 원칙들을 깨달을 때마다 모두 적어두었습니다. 그 덕분에 그것들을 더 깊이 생각하고, 다른 사람들에게 전달하고, 미래에 참조할 수 있었습니다. 저는 또한 그런 원칙들을 컴퓨터 프로그램으로 만들어 투자 결정에 이용하고 점검하는 데 사용했습니다.

DR_ 보통 헤지 펀드 종사자들은 오랜 시간 그렇게 일관되게 일할 수 없으므로 몇 년, 아니 어쩌면 5년 안에 그만둡니다. 당신은 40년 넘게 꾸준히 그 일을 했으며 헤지 펀드 세계에서 가장 큰 펀드를 만들었습니다. 당신이 그렇게 할 수 있었던 가장 중요한 요인은 무엇이라고 생각하세요? 원칙을 따르는 일관성인가요? 똑똑한 사람들을 고용했기 때문인가요?

RD_ 첫째, 제가 설명해드린 것처럼 하락 위험을 제한적으로 만들면서 상승 여력을 극대화하는 방법을 찾는 것입니다. 둘째, 제가 작성한 원칙을 알고리즘 결정 규칙으로 변환하여 과거에 어떻게 작동했는지 검증할 수 있습니다. 이런 결정 규칙은 제가 수익 흐름이라고 부르는 실적 자료를 생성합니다. 그런 다음 저는 이 기준들을 컴퓨터에 프로그래밍하여 각 기준에 따른 수익 흐름이 서로 균형을 맞추도록 잘 설계한 투자 포트폴리오를 구축합니다. 저는 원칙을 기록하고 알고리즘에 집어넣는 과정을 통해 다른 나라에서 다른 시간대에 어떻게 작동하는지 확인할 수 있도록 제 기준을 검증하고 수정할 수 있는 능력을 갖추었습니다. 그런 식으로 그것들을 결합할 수 있는 능력이 저와 브리지워터에게 잘 작용했습니다.

셋째, 회사의 문화가 핵심입니다. 의견 차이를 인정하고 성과주의적 의사결정을 존중하며 최고의 아이디어가 승리하는 조직 문화를 갖추는 것이 가장 중요합니다. 그것이 바로 우리가 서로의 생각에 도전함으로써 서로를 높은 수준까지 끌어올릴 수 있는 회사 문화입니다.

DR_ 만약 누군가가 '좋은 투자자가 되려면 무엇이 필요합니까?'라고 물어보면 당신은 무엇이라고 대답하나요?

RD_ 독자적인 사고와 겸손, 다른 사람들과의 협업 능력, 회복력 등의 자질을 최고 수준으로 갖춰야 합니다. 시장에서 다른 사람들이 모두 생각하는 방식대로 투자해서는 돈을 벌 수 없으므로 독자적으로 판단할 줄 알아야 합니다. 사람들이 공통으로 생각하는 것은 이미 가격에 반영되어 있기 때문입니다. 겸손하게 자신이 잘못되었다는 것을 진심으로 두려워하면 올바른 일을 할 가능성을 높일 수 있습니다. 또한 다른 사람들과 협업을 잘해야 합니다. 왜냐하면 그들은 당신에게 없는 것을 보충해주고 당신이 하는 일을 검증할 기회를 주기 때문입니다. 때로는 손해 보는 일이 일어나므로 회복력도 갖추어야 합니다. 손실 규모를 감내할 수 있는 수준으로 제한할 수 있다면 성공한 것입니다.

DR_ 투자자가 되는 가장 큰 즐거움은 무엇입니까?

RD_ 사람마다 즐거움을 얻는 이유가 모두 제각각입니다. 따라서 저는 일반적으로 투자의 가장 큰 즐거움이 무엇인지 대답할 수 없습니다. 하지만 글로벌 거시 투자자가 되는 것이 제게 얼마나 큰 기쁨을 가져다줬는지 설명할 수 있습니다. 세상이 어떻게 돌아가는지 알아내고 거기에 성공적으로 투자하는 것이 또 하나의 임무입니다.

DR_ 투자 경력을 되돌아보면서 후회되는 점이 있나요? 무엇이 당신에게 가장 큰 자부심을 주나요?

RD_ 저는 고통스러운 실수를 많이 해왔지만 실수하지 않는 삶을 바라지는 않습니다. 근본적으로 제가 1982년에 빈털터리가 된 것을 후회할까요? 전혀 그렇지 않습니다. 저는 끔찍한 실수가 발전의 계기가 되는 성찰로 이어지는 학습 과정을 좋아합니다. 그래서 저는 어떤 후회도 하지 않습니다. 뼈아픈 실수는 물론 제게 주어진 삶에 매우 감사하며 살고 있습니다.

DR_ 가장 자랑스러운 것은 무엇입니까? 세계에서 가장 큰 헤지 펀드를 만든 것인가요?

RD_ 제가 인생에서 가장 원했으며 가장 자랑스럽게 생각하는 두 가지는 다른 사람들에게 의미 있는 일과 의미 있는 관계를 제공한다는 사실입니다. 저는 그것이 중요하다고 생각합니다. 게다가 저는 회사, 자선 활동, 그리고 가정에서 그것을 꽤 잘 해냈다고 생각합니다. 또한 저는 개인적으로 잘 진화해서 다른 진화에 기여하고 싶었습니다. 제가 보기에, 모든 것은 진화하고 또다시 진화에 이바지합니다. 사람은 자신의 DNA를 갖고 태어나 주어진 환경에서 현실과 상호작용하며, 지식을 축적하고 육체를 보전하면서 죽음에 이를 때까지 진화합니다. 저는 그것을 꽤 잘해오고 있다고 생각합니다.

DR_ 인생의 이 시점에서 투자 세계 안팎을 통틀어 정복하고 싶은 새로운 세계가 또 있나요?

RD_ 저는 너무 많은 분야에 관심이 있습니다. 그래서 제게는 다양하고 심도 있는 도전 과제가 많이 놓여 있습니다. 세계는 여러 분야에서 혁명적인 변화를 겪고 있는데 저는 변화 그 자체를 이해하려고 노력하는 것에서 짜릿함을 느낍니다. 투자 활동과 자선 활동이 모두 재미있습니다. 특히 해양 탐험에 커다란 영향을 미치려는 사람들과 좀 더 평등한 기회를 마련하기 위해 최선을 다하는 사람들을 도와주는 일에서 전율을 느낍니다. 그리고 무엇보다 가슴이 설레는 것은 가족들, 특히 손주들과 함께 좋은 시간을 보내는 것입니다.

DR_ 당신은 초월명상超越瞑想의 신봉자가 되었습니다. 이점은 무엇입니까? 그것이 당신이 더 훌륭한 투자자가 되는 데 도움이 되나요?

RD_ 제가 성공을 거둔 것은 무엇보다도 초월명상 덕분이었습니다. 그것은 저에게 상상력과 집중력 또 평정심을 주었습니다. 또한 스트레스를 줄여 준 덕분에 건강을 유지할 수 있었습니다. 저는 1969년부터 오랫동안 초월명상을 수행했습니다. 인도를 방문해 초월명상을 직접 체험한 비틀스에게 영감을 받았죠.

그것이 어떻게 작용하는지 설명해 보죠. 거기에는 만트라mantra라는 의미가 없는 말이 있습니다. 당신이 머릿속에서 그것을 묵묵히 반복하면 다른 생각을 할 수 없으므로 잡다한 생각들이 사라집니다. 그러면 만트라가 사라지고 잠재의식 상태가 됩니다. 그 상태가 바로 마음이 평정심을 찾고 창의성이 솟아나는 상태입니다. 초월명상은 또 다른 스트레스를 주는 것이 아니라 긴장을 풀어주는 정신 운동입니다. 그것은 종교적인 것이 아닙니다. 이는 명상하지 않을 때도 효과를 볼 수 있습니다.

DR_ 당신은 다른 몇몇 훌륭한 투자자들보다 더욱 적극적으로 당신의 관점과 원칙에 관해 이야기하고 글을 써왔습니다. 당신은 투자 세계에서 교육적으로나 학문적으로 다른 사람을 도와줄 책임이 있다고 생각하십니까?

RD_ 네, 저는 우리가 삶의 단계에서 배운 가치 있는 것들을 다른 사람들에게 전달해야 한다고 믿습니다. 우리가 배운 것들은 다른 사람들에게 가치 있을 수 있습니다. 따라서 저는 그런 것들을 전달하지 않고 그냥 무언가를 시작하고 중단하는 것은 잘못이라고 생각합니다. 우리는 우리가 배운 것을 그냥 그들 앞에 내놓기만 하면 됩니다. 그것을 받아들이고 받아들이지 않는 것은 그들이 결정할 문제입니다.

DR_ 최근 몇 년 동안 당신은 중국에서 가치 투자를 신봉했습니다. 당신은 중국 경제가 과열되거나 정부가 너무 규제를 많이 하는 것 때문에 관심을 두게 되었나요? 중국 경제에 대해 걱정하는 것은 없습니까?

RD_ 저는 1984년에 중국에 진출했습니다. 덩샤오핑은 1978년에 권력을 잡았고 그들은 개방형 개혁 정책을 추진했습니다. 저는 외국 자본의 창구 기능을 독점했던 CITIC China International Trust Investment Corporation 의 초대를 받았습니다. 그들은 세계 금융 시장에 대해 알기 원했죠. 저는 폐쇄적인 국가 안을 들여다보고 싶었고 그곳 사람들을 좋아하게 되었습니다. 당시 돈을 벌 목적보다는 중국을 알기 위해 자주 방문했습니다.

그 이후로 제가 중국과 매우 밀접하게 접촉해온 사실은 경이롭습니다. 37년 동안, 저는 가까이에서 세계 역사상 가장 큰 경제적 기적을 목격했으며 그 일에 어느 정도 이바지했습니다. 그 기간 10억 명 이상의 1인당 소득은 26배 증가했고, (기아 인구 비율로 측정한) 빈곤율은 88퍼센트에서 1퍼센트 미만으로 떨어졌으며, 기대 수명은 10년 증가했습니다. 저는 중국과 친밀한 접촉을 통해 그들이 이룩한 경제적 업적을 제대로 이해하고 찬사를 보낼 수 있었습니다.

저는 아메리칸드림을 달성할 수 있었습니다. 그래서 미국에 감사하고 미국을 사랑합니다. 저를 좌절시키고 슬프게 하는 것은 미국과 중국이 모두 승리하는 윈윈 게임을 만들기 위해 서로 이해하기보다는 두 국가 모두 손해를 보면서 비참한 상태로 치닫는 상황입니다. 저는 두 국가의 상호 이해를 증진하기 위해 최선을 다하겠지만 그것은 생각만큼 쉽지 않은 일입니다.

DR_ 당신은 미국 경제를 볼 때, 지난 10년, 20년, 30년 동안 인위적으로 낮게 유지한 금리 수준과 연방 부채의 증가를 걱정하십니까?

RD_ 네. 저는 정비사와 같은 사람이기 때문에 제 고민의 이면에 숨어 있는 역학 관계를 설명하겠습니다. 어떤 물건의 가격은 그것을 구매하는 데 지출한 총금액을 판매한 수량으로 나눈 수치입니다. 저는 부채와 돈이 어떻게 만들어지고 그것들이 판매되는 재화와 서비스의 양과 비교해 시스템을 통해 어떻게 전달되는지를 봅니다. 저는 어느한 사람의 부채는 다른 사람의 자산이며 부채와 금융 자산이 많을 때 인플레이션과 성장의 균형을 맞추는 것이 더 어렵다는 것을 알고 있습니다. 그리고 저는 그것들의 규모가 크면 클수록 부채가 증가하는 속도도 빨라진다는 것을 알고 있습니다. 경제와 연준이 작동하는 방식을 살펴보면 연준은 경제가 너무 취약할 때마다 경기를 부양하려고 소비를 진작시키기 위해 돈과 신용을 경제 체제에 투입합니다. 그렇게 하면 사람들은 상품, 서비스, 금융 자산에 대한 지출을 증가함으로써 행복해집니다. 저는 돈과 신용의 양을 보고 인플레이션을 추정할 수 있습니다. 지금 연준은 막대한 부채와 시중에 풀린 돈 때문에 발생한 높은 인플레이션을 억제하기 위해 적자와 부채 규모가 모두 큰 상황에서 이것들에 제동을 걸려고 합니다.

이것이 스태그플레이션의 공식입니다. 연준이 균형 법안을 준수하는 것은 채무자가 부채를 상환할 수 있는 금리가 채권자가 인플레이션을 보상받기 위해 요구하는 금리보다 너무 낮은 수준이기 때문에 매우 어려울 것입니다. 저는 이것이 바로 우리가 직면한 현실이라고 생각합니다. 미국은 기축통화를 찍어낼 수 있는 유일한 국가이므로 여러 가지 이점과 경제력이 있지만 현재 일련의 상황들은 미국이 그처럼 지나친 특권을 유지하는 것을 어렵게 만들고 있습니다.

DR_ 암호화폐에 대해 어떻게 생각하세요?

RD_ 암호화폐는 구조와 수용성 면에서 주목할 만한 성과를 이뤘습니다. 가치를 저장하는 데 도움이 되고, 전 세계적으로 받아들여지며, 공급이 제한되는 특성으로 마치 디지털 금과 같습니다. 암호화폐는 흥미롭지만, 저는 중앙은행이 그것들을 준비금으로 보유할 것이라고 기대하지 않기 때문에 금을 대체할 것인지 의심스럽습니다. 암호화폐의 소유권과 움직임 또한 추적할 수 있습니다. 만약 암호화폐가 진정으로 성공하고 법정 통화와 경쟁하는 상황이 발생하면 저는 정부가 그것들을 불법화하리라 생각합니다.

반면에 그것들은 여러 다양한 형태로 빠르게 진화하면서 기능이 더 좋은 대체 디지털 자산이 될 수도 있습니다. 제가 꽤 확신하는 한 가지는 우리가 알고 있는 돈이 사람들로부터 선택받는 통화가 되기 위해 경쟁할 대안 형태의 돈에 비해 가치가 떨어지고 덜 사용될 것이라는 사실입니다. 부채자산인 돈은 교환의 매개체는 물론 훌륭한 가치 저장 수단이 되어야 하고, 법정 통화 역시 부채자산이므로 채무자에게 용납할 수 없을 정도로 높은 부담을 지우지 않는다면 훌륭한 가치 저장 수단이 될 수 없기 때문입니다. 앞으로 정부가 허락한다면, 우리는 어떤 통화가 가장 좋은 것인지 명확하지 않으므로 몇 가지 다른 통화를 보유하게 될 것입니다.

헤지 펀드

스탠 드러켄밀러 Stan Druckenmiller

투자자 겸 자선 사업가.
두케스너 캐피털 매니지먼트 전 회장,
소로스 퀀텀 펀드 전 수석 포트폴리오 매니저

**"돈을 번다는 것. 그것이 강력한 동기 유발의 조건은 아니다.
하지만 나는 이기는 것을 무척 좋아한다."**

지난 30년 동안 (당시 조지 소로스의 퀀텀 펀드를 관리하던) 스탠 드러켄밀러가 영국 파운드가 명백히 과대 평가됐다고 판단하고 공매도를 결정한 것만큼 전 세계적인 관심을 불러일으킨 투자 결정은 없었다. 영란은행이 파운드화를 평가절하했을 때 소로스 펀드의 수익은 10억 달러를 넘었는데, 이는 당시 단일 거래가 달성한 수익으로는 전례가 없는 금액이었다.

그전까지만 해도 스탠은 투자 전문가 정도로 알려진 투자자였다.

그는 두케스너 캐피털 매니지먼트Duquesne Capital Management를 성공적으로 이끌었으며 시장에 널리 알려진 소로스 퀀텀 펀드Soros Quantum Fund를 관리하도록 발탁된 인물이기 때문이다. 영란은행 거래 이후 전 세계의 모든 사람이 그의 이름을 알게 되고 시장에 대한 그의 견해를 듣고 싶어 했다.

스탠의 투자 스타일은 말로 표현할 수 없다. 전반적으로 그는 유동성이 풍부한 자산에 투자한다. 유동성이 풍부한 시장에서 그는 거시적 투자자(자신이 예측하는 거시경제 또는 지정학적 추세를 포착하기 위해 설계된 방식으로 투자)이면서 주식 투자자(의미 있게 가격이 상승하거나 하락한다고 믿는 주식에 투자)이며 자신의 (혹은 자신이 존경하는 다른 사람의) 견해와 조사 결과에 따라 투자하는 투자자이기도 하다. 하지만 그는 그러한 자신의 견해들을 지속적으로 재검토하는 투자자다.

스탠은 투자 업무를 하겠다거나 돈을 많이 벌어야 한다는 강박관념에 사로잡혀 살지 않았다. 그는 미시간 대학교에서 경제학 박사 학위를 따려고 했지만 진로를 바꿔 피츠버그 내셔널 은행Pittsburgh National Bank에 들어갔고 투자 부서에서 일했다. 그는 1981년에 자신의 헤지 펀드를 시작해 거시적 투자, '가치주' 투자, 부실 채권 투자 등 다양한 투자 기법을 구사했다. 스탠의 성공적인 펀드 운용 결과를 지켜본 조지 소로스는 그를 퀀텀 펀드의 관리자로 발탁했다. 하지만 스탠은 자신의 펀드를 계속 관리해야 한다고 주장했다. 2000년 스탠이 퀀텀 펀드를 떠나 두케스너로 복귀하자 두케스너 투자자들은 기뻐했다.

하지만 2010년에 그는 투자자들의 자본을 돌려주고 자신의 자금만 관리하기로 했다. 결과적으로 그의 투자 실적은 비공개가 되었지만 투자 업계는 그가 거시경제 관점에서 투자 대상을 찾고 신중하게 투자 주식을 선정함으로써 시장을 크게 능가하는 창의적인 투자 방법을 계속 찾고 있다는 것을 확실히 알고 있다.

수년 동안 EF 허튼EF Hutton 증권사는 "EF 허튼이 말할 때 사람들은 귀를 기울인다"라고 광고했다. 스탠 드러켄밀러 역시 그가 말할 때 모든 사람이 귀를 기울인다. 이는 역사적인 영국 파운드화 투자에 기인할 수 있지만 그것은 수십 년 전에 일어났던 일이다. 오늘날 그가 존경받는 이유는 그가 두케스터 펀드를 운용하면서 수십 년간 투자자들에게 안겨준 수익이 다른 사람들이 샘을 낼 정도였기 때문이다. 또한 사람들이 그를 존경하는 이유는 의심할 여지 없이 겸손한 자세와 실수한 것을 솔직히 인정하고 공을 적절하게 다른 사람들과 기꺼이 공유하려는 태도 때문이다.

말수가 적은 스탠은 공개적인 회의를 통해 자신의 견해를 소개하고 성공을 자랑하는 것을 좋아하지 않는다. 오히려 그는 스스로 투자 결정을 내리고, 실행하고, 이익을 실현하고, 자신이 한 일에 대해 말하지 않는 것을 좋아한다. 그는 지금도 여전히 시장을 이기기 위한 투자 게임을 즐기고 있지만, 자신의 많은 시간을 교육, 의학 연구, 지역사회의 빈곤 퇴치 운동 등 광범위한 자선 활동을 위한 자본 확충에 투자하고 있다.

나는 메모리얼 슬론 케터링 암 센터의 투자위원회에서 일하면서 그를 알게 되었다. 그는 투자위원회의 의장직을 맡고 있었으며 그의 지도력 덕분에 투자 성과는 상당히 우수했다. 그가 적절한 질문과 정보에 초점을 맞추고 투자 직원들을 지도하며 투자위원회를 이끄는 모습을 보면 그것은 마치 투자 기술 달인의 수업을 듣는 것 같다.

$

데이비드 M. 루벤슈타인DR_ 당신은 미시간대학의 경제학 박사 과정을 떠나 피츠버그 내셔널 은행PNB의 애널리스트로 취직했습니다. 그 결과 지난 40년 동안 가장 성공적인 투자자 중 한 사람으로 손꼽히고 있습니다. 박사 학위를 받았다면 당신의 삶이 어떻게 달라졌을지 생각해본 적이 있나요? 일이 이렇게 된 것에 대해 후회는 없나요?

스탠 드러켄밀러SD_ 후회하지 않습니다. 저는 보든칼리지에서 영어를 전공했습니다. 3학년 때 경제학 수업을 들었고, 신문을 읽으며 세계에서 어떤 일이 일어나고 있는지 살폈습니다. 학부에서 경제학을 배우면서 저는 마치 한 줄기 빛을 본 것 같았습니다. '보이지 않는 손', 비교우위, 한계비용 등 모든 경제학 개념이 마음에 들었습니다.

저는 가르치는 것을 좋아합니다. 그래서 경제학 교수가 되려고 미시간 대학으로 갔습니다. 그러나 대학원에서 가르친 경제학은 온 세상을 수학 공식에 가두려는 것 같아 경제학이 마치 어려운 과학을 탐구하는 것처럼 여겨졌습니다. 저는 그것이 제대로 작동하지 않을 것이라는 사실을 알고 있었습니다. 게다가 그것을 특별히 잘하지도 못했습니다. 저는 PNB에서 투자 애널리스트로 일해 달라는 제안을 받기 전까지 잠시 버몬트에서 건설 관련 일을 했습니다.

DR_ 그럼 당신은 건축계의 거물이 될 수도 있었겠네요?

SD_ 제가 건축업을 했다면 실패했을 겁니다. 아마 다른 모든 것에서도 실패했을 것입니다. 장모님은 저를 이디오 사방idiot savant*이라고 부릅니다. 저도 그 말에 전적으로 동의합니다. 저에겐 한 가지 재능이 있었는데 운이 좋게도 그 분야에서 일하게 되었습니다.

DR_ 어떻게 보든에 진학했나요? 그곳은 훌륭한 학교지만, 당신이 자란 곳과는 멀리 떨어져 있지 않나요?

SD_ 저는 버지니아주 리치먼드에서 고등학교를 다녔습니다. 저는 SAT 수학 영역은 괜찮았지만 언어 영역은 엉망이었습니다. 보든은 SAT 점수를 크게 중요시하지 않는 학교 가운데 최고의 학교입니다. 보든은 요구 조건이 없었습니다. 그것은 아무것도 제대로 알지 못하는 18세 소년에게 좋게 받아들여졌죠. 저는 보든에 입학하게 되어 기뻤습니다. 그곳은 제게 좋은 경험을 제공했습니다.

DR_ 그것은 당신과 보든 모두에 좋은 일이었군요.

당신이 평생 어떤 일을 하든지 간에 당신은 항상 조지 소로스와 함께 영국 파운드를 대상으로 역사적인 배팅을 한 사람으로 기억될 것입니다. 당신은 배팅에 성공하지 못하면 인생이 끝날지도 모를 것이라고 걱정했나요? 사람들이 그 배팅이 당신이 평생 한 일 가운데 유일한 일인 것처럼 말할 때 화가 나지 않던가요?

SD_ 저는 전혀 걱정하지 않았습니다. 그것이 우리가 큰 투자들을 할 수 있었던 이유입니다. 제 설명은 간단합니다. 도이치 마르크와 영국 파운드는 연동되어 움직입니다. 두 통화는 미리 합의된 고정 환율로 거래되고 있었습니다. 독일 경제는 동독과 통일 덕분에 호황을 누렸습니다. 저는 독일연방은행이 인플레이션 억제에 총력을 기울인다는 사실을 알고 있었습니다. 그것은 독일이 바이마르 공화국(1919년~1933년의 독일 공화국) 시절 살인적인 초인플레이션을 경험했기 때문

---

* 어떤 한 분야에서는 매우 뛰어나지만 다른 분야에서는 반대로 두드러지게 능력이 뒤처지는 사람.

입니다. 독일 마르크화의 높은 이자율로 영국 파운드화가 고평가되는 바람에 영국 경제는 심각한 타격을 입고 있었습니다.

솔직히 제가 파운드화를 공매도할 때 영란은행이 파운드화를 평가절하할 것이라고는 생각하지 않았습니다. 저는 그저 최대 손실 한도를 0.5퍼센트 정도라고 생각했습니다. 0.5퍼센트 이상 잃을 가능성은 없지만, 20퍼센트를 벌 수 있는 거래였습니다. 그것이 제가 생각한 위험 보상 비율(목표 이익을 얻기 위해 감수할 수 있는 손실 위험 비율)에 따른 투자였습니다.

저는 1992년 8월에 실행에 옮겼습니다. 파운드 공매도에 10억 달러만 투자했습니다. 저는 퀀텀 펀드가 70억 달러까지 투자할 수 있다고 생각했습니다. 그때 영국이 파산하기 전날, 독일연방은행 총재는 〈파이낸셜 타임스〉에 그들은 더는 파운드화와 연동하기를 원하지 않는다는 기사를 썼습니다. 그보다 더 미묘한 언어로 묘사했지만 근본적으로 보면 그다지 미묘한 표현은 아니었습니다. 저는 그 시점에서 우리의 투자가 실제로 잘될 수 있다는 사실을 깨달았습니다.

우리는 파운드 평가절하에 150억 달러를 베팅하려고 했습니다. 그것이 우리의 목표였습니다. 처음에 저는 조지를 찾아가 펀드 가치의 100퍼센트인 70억 달러를 투자할 것이라고 설명했더니 그는 약간 의아하다는 표정을 지으며 제 논리에 동의하지 않는다고 말했습니다. 그가 동의하지 않았던 것은 100퍼센트까지 투자하는 것이었습니다. 그는 그 거래가 일생에 단 한 번 찾아오는 한 푼도 잃지 않는 거래이므로 200퍼센트까지 투자하기를 바랐습니다. 엄청나게 큰돈을 벌 수 있는 거래였지요.

저는 사람들이 그것을 어떻게 평가하든 개의치 않습니다. 저는 제가 돈을 번 이유를 잘 알고 있습니다. 아이러니한 것은 제가 파운드화 공매도보다 파운드화 평가절하의 후유증을 이용해 훨씬 더 많은 돈을 벌었다는 사실입니다. 저는 파운드화 평가절하와 동일한 논리를 따라 영국 주식과 길트gilt(영국 국채), 유럽 채권을 사들였습니다. 그 거래는 거의 2년 동안 기금에 이익이 되었습니다.

DR_ 조지 소로스가 "더 많이 투자해"라고 말했지만, 사실 그것은 당신의 생각이었습니다.

SD_ 네, 완전히 제 것이었습니다. 조지를 험담하려는 것이 아닙니다. 그 당시 그는 자선사업을 하고 있었지만 우리가 하려는 일의 규모에 영향을 준 것은 확실합니다. 아이러니한 것은, 어쨌든 우리는 70억 달러밖에 투자하지 못했다는 사실입니다. 왜냐하면 그날 밤 평가절하 소식이 전해졌기 때문입니다. 사실, 시장은 하룻밤 사이에 기능을 상실했습니다.

DR_ 모든 사람이 투자에 대한 당신의 조언이나 생각을 따르는 것 같습니다. 당신은 공개적인 논평은 특별히 조심해야 한다는 책임감을 느끼나요?

SD_ 저는 책임감을 느낍니다. 10년이나 20년 동안 투자 주식을 보유하는 워런 버핏과 달리, 저는 상황이 바뀌면 불과 2주 안에 판단을 뒤집을 수 있습니다. 저의 투자 성과는 올바른 투자 기간으로 결정된다기보다는 이론적 기반을 갖추고 열린 마음으로 의사결정을 하면서 손실을 감수하는 데 달려 있습니다. 그래서 저는 투자 포지션에 대해 공개적으로 논평할 때마다 항상 이렇게 말합니다. "저는 2~3주 안에 마음을 바꿀 수도 있습니다. 이것이 제가 운영하는 방식입니다. 제가 바뀔 수 있으므로 여러분은 단기 투자에 관해 제가 말하는 모든 것에 귀를 기울여서는 안 됩니다."

DR_ 투자 아이디어나 논리가 떠올랐을 때 당신이 하는 일을 남들에게 알리지 않으려고 노력합니까?

SD_ 네, 저는 그것에 대해 특별히 조심합니다.

DR_ 당신에게 투자의 즐거움은 무엇입니까? 기회를 분석하고, 시장을 이기고, 돈을 벌고, 더 많은 돈을 기부하기 위해 당신의 뇌를 사용하는 데서 즐거움을 찾습니까?

SD_ 무엇보다도, 그것은 지적 자극입니다. 세상의 모든 사건은 어딘가에서 안전에 영향을 주기 때문에 저의 신경을 곤두서게 합니다. 은퇴한 많은 사람이 재미로 혹은 생계를 위해 투자하는 것은 우연이 아니라고 생각합니다. 저는 오늘과 비교해서 지금부터 18개월 후의 세계가 어떻게 바뀔지와 안전 가격이 어떻게 될지 상상하는 것을 좋아합니다. 돈을 번다는 것이 강력한 동기 유발의 조건은 아닙니다. 약간 병적이지만 저는 이기는 것을 좋아합니다. 매일 신문에서 성적표를 확인할 수 있습니다. 투자 성과가 나빠지고 있을 때 숨을 곳이 없습니다.

DR_ 몇 년 전에 당신은 다른 사람들의 돈 관리를 중단하고 당신 자신의 돈을 투자하고 있습니다. 그것이 부담이 덜한 건가요, 아니면 더 부담스러운 건가요? 왜 다른 사람의 돈 관리를 중단하셨나요?

SD_ 저는 제가 100억 달러가 넘는 자금을 관리하는 데 특히 효과적이라고 느껴본 적이 없습니다. 제 스타일대로 일을 하려면 저는 마음대로 결정을 바꾸고 행동할 수 있어야 합니다. 제가 운용하는 펀드는 1년에서 18개월 정도 유지됩니다. 어떨 때는 그렇게 오래가지도 않습니다. 운용 자산 규모가 100억 달러 이상이 되면 저는 얼어붙는 것 같습니다. 20억 달러나 30억 달러 정도라면 사용할 수 있는 레버리지 전략을 적용할 수 없죠. 저는 그런 규모의 자산을 운용하는 것은 효과가 떨어진다고 판단했습니다. 그래서 1993년에 두케스너 펀드의 규모를 줄이기 위해 투자자 자본을 평가해 모두 돌려주기 시작했습니다. 그것이 제가 7년 후에 소로스를 떠난 주된 이유 중 하나입니다. 비록 투자자들에게 모든 수익을 돌려줬지만, 제 자산이 계속 불어남으로써 언젠가 펀드 규모가 점점 더 큰 문제로 대두될 것이라는 사실을 깨달았습니다.

저 자신의 돈만 관리라는 것이 부담이 덜 한지 더 한지에 관한 답을 들어보시면 실망이 매우 크실 겁니다. 제 고객들은 항상 훌륭했습니다. 그들은 불평한 적이 없습니다. 하지만 저는 여전히 고객이 없는 것이 이득이라고 생각합니다. 그렇다고 압박이 없는 것은 아닙니다. 어떤 이유에서든 저는 승리하려는 열망이 가슴에 있습니다. 그래서 어느 경우나 압박감을 똑같이 느끼고 있습니다.

DR_ 사람들은 당신을 매크로 투자의 원조나 거장 중 한 명으로 생각합니다. 매크로 투자는 정확히 무엇을 의미하며 그것이 어려운 이유는 무엇입니까?

SD_ 저는 피츠버그 내셔널 은행에서 은행 및 화학 산업 애널리스트로 사회생활을 시작했습니다. 은행의 애널리스트로서 유동성과 연방준비제도와 같은 내용을 배웠습니다. 주식 시장에서 어디에 투자해야 할지를 결정하기 위해 금리와 통화 예측 기법을 사용하곤 했는데 그 덕분에 '채권 선물이나 통화에 투자하면 안 되나?'라는 생각이 들었습니다. 그것들은 주식보다 더 예측하기가 쉬웠습니다. 선물 시장이나 통화 시장은 인기 있는 종목을 발굴하는 주식 분석보다 진정한 경제적 변수에 따라 움직이는 시장입니다.

저의 투자 철학은 주식, 채권, 통화, 원자재와 같은 투자 대상들을 모두 모아 놓은 화살통을 마련해야 한다는 것입니다. 항상 특정 분야에만 투자할 필요가 없습니다. 그것은 당신이 주식 시장을 이해할 수 없다면 거래할 수 있는 다른 시장이 존재한다는 사실을 일깨워 줍니다.

'매크로 투자'는 일반적으로 하향식으로만 베팅하는 펀드들에 더 많이 적용되는 용어로 그들은 대부분 채권과 통화, 주식 선물에서 돈을 법니다. 제가 처음 배운 투자 방식 때문에, 저는 항상 상향식 투자 방법을 사용합니다. 사실, 제 경제 예측은 실업률과 같은 거시적 지표에서 나온 것이 아닙니다. 그것들은 제가 기업에 대해 처음부터 얻은 정보에서 나옵니다. 저는 일종의 하이브리드 투자자 즉 '다중 자산 관리자'라는 용어가 어울릴 것 같습니다.

DR_ 당신은 특정 회사나 특정 산업에 집중적으로 베팅합니다. 그것이 당신이 말하는 매크로 베팅입니까?

SD_ 맞습니다.

DR_ 당신이 은행에 들어갔을 때가 처음으로 투자를 시작했을 때인가요?

SD_ 엄밀히 따지자면 그런 것은 아니지만 제 개인 투자를 말하자면 그때가 맞습니다.

그곳에서 저는 믿기 힘들 정도로 훌륭한 멘토를 만났습니다. 그는 저를 연구 책임자로 임명했습니다. 저는 그 당시 25살이었지만 30, 40대 직원들이 저에게 보고를 했습니다. 은행의 포트폴리오 관리자들은 제가 작성한 목록에 있는 종목만 살 수 있었습니다. 그런 의미에서 보면 그 당시 제가 투자를 하고 있었을지도 모르지만, 은행을 떠나 두케스너를 시작하기 전까지는 실제 돈으로 투자하지는 않았습니다.

DR_ 두케스너를 시작했을 때 당신의 초기 투자자는 누구였나요? 또 성과는 어땠나요? 저는 두케스너라는 이름을 사용할 수 있다는 사실에 놀랐습니다.

SD_ 저는 그 이름이 멋지고 매력적이라고 생각했습니다. 왜 그런 생각을 했는지는 모르겠지만 그 이름에서는 확실히 피츠버그의 풍미가 강하게 드러나죠. 저는 뉴욕에서 열린 모임에서 금에 관해 이야기했습니다. 거기에서 저는 조 오소리오Joe Ossorio라는 사람을 만났습니다. 그는 드라이스데일 증권Drysdale Securities이라는 회사를 운영하고 있었는데 저에게 도대체 은행에서 무슨 일을 하느냐고 물었습니다. 저는 "제가 다른 일을 할 수 있나요?"라고 되물었죠. 조는 그때 전체 투자 부서의 책임자로서 1년에 4만 3,000달러를 벌고 있었습니다. 그는 "나는 당신과 단지 대화하는데 한 달에 1만 달러를 지급할 것이고, 당신은 그 돈으로 투자회사를 시작할 수 있습니다"라고 말했습니다. 그것이 두케스너를 시작하게 된 첫 자금이었습니다.

DR_ 뉴욕에 사셨나요, 아니면 피츠버그에 사셨나요?

SD_ 일주일에 이틀은 뉴욕, 주말을 포함해서 5일은 피츠버그에서 삽니다.

DR_ 처음에 어떻게 조지 소로스와 연결이 되었나요? 그를 위해 일할 때도 여전히 두케스너를 운영했나요?

SD_ 네, 그렇습니다.

DR_ 당신은 소로스와 처음에 어떻게 연결되었습니까?

SD_ 저는 소로스의 《금융의 연금술The Alchemy of Finance》을 읽었는데, 그 책에서 '제국의 서클'이라는 장이 제 눈을 사로잡았습니다. 거기에는 통화에 대해 소로스가 어떻게 생각하는지가 담겨 있었습니다. 메릴린치의 매도 전담 딜러와 그 책에 관해 이야기를 나누던 중, 그는 "소로스를 만나보시겠어요? 제 아내가 거기서 일해요"라고 말했습니다. 그래서 저는 통화 문제에 관해 이야기를 나누려고 소로스에게 연락했고 만나게 되었습니다.

DR_ 만약 당신이 그 책을 읽고 이해했다면, 당신은 대단한 사람에 속합니다. 저는 그 책을 이해하지 못했습니다.

SD_ 저는 4장만 이해했습니다. 나머지 부분은 조금 개략적인 내용입니다. 일단 그 부분을 제외하면 당신은 그가 자신이 지지하는 이론을 전혀 사용하지 않는다는 것을 알게 될 겁니다.

DR_ 위대한 투자자들의 자질은 무엇이라고 생각하십니까? 그들이 공통적으로 가지고 있는 자질은 어떤 것이 있나요?

SD_ 저의 원래 멘토는 PNB의 스페로스 드렐스Speros Drelles였습니다. 저는 그로부터 투자 업무에 관해 제가 알고 있는 대부분을 배웠다고 말할 수 있습니다. 조지에게서 배운 것은 매우 간단했습니다. 그것은 투자 규모를 조정하는 일에 관한 것이었습니다. 투자의 옳고 그름에 관한 것이 아니라 판단이 옳을 때 얼마를 벌고 판단이 틀릴 때 얼마를 손해 볼 것인가에 관한 것입니다. 만약 당신이 어떤 것에 확신이 들면 돈을 크게 투자해 크게 돈을 벌어야 합니다.

생각해보면 워런 버핏이든, 칼 아이칸이든, 조지 소로스든, 거의 모든 위대한 투자자는 경영대학원이 가르친 것보다 훨씬 더 큰 초 집중력의 소지자들입니다. 제가 조지에게 배운 것은 투자 규모를 조정하는 방법이었습니다.

DR_ 미국에서 인플레이션이 고개를 들기 시작했습니다. 당신은 이것이 한동안 문제가 된다고 생각하나요? 지금과 같은 대대적인 부양책과 막대한 차입금을 고려할 때, 당신은 달러의 가치가 걱정되나요?

SD_ 인플레이션에 대한 답은 제가 모른다는 것입니다. 저는 연준이 적어도 그들이 가지고 있는 자신감을 투영하고 있다는 사실에 주목하고 있습니다. 우리가 이전에 논의한 것처럼 이런 현상은 제 마음을 바꾸게 하는 일입니다. 하지만 1960년대처럼 경기 부양을 위해 재정 정책과 통화 정책을 5차례나 10차례 하다 보면 당신은 연준이 사람들이 이야기하는 것을 일시적인 것으로 간주한다는 사실을 깨닫게 됩니다. 라틴 아메리카와 다른 나라의 경제를 통해 제가 경험한 것은 일단 사람들이 인플레이션에 관해 이야기하기 시작하면, 이미 때가 너무 늦었다는 것입니다. 저는 인플레이션을 매우 걱정합니다. 하지만 제가 틀릴 수 있습니다. 어떻게 될지 지켜보시지요.

저는 재정 적자가 큰 문제라고 생각합니다. 10년 전에 전국을 돌아다니며 정부 보조금 정책에 관한 연설을 했습니다. 금리를 제외하고 저는 그 당시에는 합리적이라고 생각했던 이자율 4퍼센트를 기준으로 설명했는데 모든 지표가 제가 예상했던 것보다 나빠졌습니다. 금리는 역사적으로 가장 낮은 수준입니다. 실제로 금리가 정상화된다면, 우리는 부채를 상환할 수 없을 것입니다. 저는 아무리 생각해도 연준이 인플레이션을 부추기는 이유를 이해할 수 없습니다.

DR_ 기후 변화가 인류와 경제에 미치는 영향은 중요한 문제입니다. 하지만 당신은 그 문제를 일상적인 투자 결정에서 배제하고 있나요? 다시 말해 투자 결정을 내릴 때, 당신은 기후 변화가 당신의 투자에

미칠 영향을 걱정하나요 아니면 그것은 현재의 투자와 너무 동떨어
진 주제인가요?

SD_ 앞서 말했듯이, 전 세계의 모든 사건은 어떤 것의 가격에 영향을
미칩니다. 기후 변화는 금속 가격에 큰 영향을 미칩니다. 은이 없이는
태양 전지판을 만들 수 없죠. 기후 변화에 따라 전체 전력망을 새로
구축해야 하므로 구리 가격이 크게 올랐습니다.

　아이러니한 것은, 당장은 세계의 인프라를 재건하기 위해서 에너
지가 필요하므로 에너지 가격이 매우 강세라는 사실입니다. 기후 변
화는 또한 재정 상황에 영향을 미칩니다. 그것은 모든 것에 영향을
미칩니다. 분명히 지구 온난화는 세계에 매우 중요한 문제이면서 동
시에 저의 투자 전략에도 중장기적으로 영향을 미칩니다.

DR_ 당신이 투자할 대상을 찾을 때, 당신은 독서, 투자 커뮤니티에서
다른 사람들과 토론한 내용, 직원들의 조사 자료, 혹은 어디선가 우연
히 마주치는 친구들의 의견 등에 의존하나요? 당신이 직감이나 직관
에 기초한 결정을 내릴 때 자세한 연구 자료가 얼마나 중요한 역할을
하나요?

SD_ 위에 언급한 내용 가운데 독서라고 말하고 싶군요. 저는 차트를
많이 사용합니다. 왜냐하면 시장의 움직임을 표시하는 차트는 때때
로 제가 모르는 것들을 일깨워 줍니다. 만약 제가 투자한 것과 관련
해 시장이 예상대로 움직이지 않았다면 저는 차트를 이용해 그 원인
을 열심히 찾아낼 것입니다. 오늘날처럼 빠르게 움직이는 세상에서,
만약 제가 어떤 투자 아이디어가 있다면 먼저 조사를 합니다. 조사
결과가 제가 판단한 것을 확인해주지 못한다면 저는 투자 결정을 기
꺼이 철회할 것입니다. 저는 조사보다 앞서 나가겠지만 조사 결과가

투자 논리를 확인해주지 못한다면 절대로 투자하지 않을 것입니다.

DR_ 당신이 내린 투자 결정이 효과가 없는 것처럼 보일 때, 당신은 자신이 틀렸다고 말하고 얼마 만에 투자금을 회수하나요? 일주일, 한 달, 어느 정도 기간인가요? 당신이나 다른 투자가들은 투자 자금을 1년 이상 유지하나요?

SD_ 저는 몇 년 동안 투자 포지션을 유지합니다. 앞으로 몇 년 동안 투자 포지션을 유지할 것인가를 놓고 열흘 정도 고민한 적도 있습니다. 제가 투자한 결정을 뒷받침했던 논리가 변화하고 세상이 변한다면 저는 투자금을 회수합니다. 저는 40년 동안 한 번도 스탑로스를 실행한 적이 없습니다.* 가격이 내려갔기 때문에 무언가를 파는 것은 가장 나쁜 개념입니다. 하지만 제가 투자했던 이유가 바뀌면 저는 즉시 손해를 보고 팔 것입니다.

DR_ 당신은 암호화폐를 투자 대상으로 바람직하다고 생각하십니까?

SD_ 저는 암호화폐에 대해서 잘 모릅니다. 저보다 상황을 더 잘 아는 사람들이 많이 있습니다. 블록체인 기술은 아마도 아직 발견하지 못한 일부 결제 시스템에 중요하게 사용될 것입니다. 그것은 아마 사모펀드 영역에 가깝습니다. 스탠포드나 MIT 출신의 25세 청년에게 물어보는 것이 좋을 것입니다.

DR_ 기업인수목적회사SPAC를 어떻게 생각하십니까?

SD_ 그들은 모든 자산의 가격만을 쫓아다는 사람들이라고 생각합니다. SPAC 자체에는 문제가 없지만 연방준비제도이사회 의장인 제롬

---

* 스탑로스 주문은 주식이 특정 가격에 도달하는 즉시 이유와 관계없이 중개인이 고객의 주식을 매수하거나 매도하는 주문이다. 이러한 주문은 일반적으로 주가가 하락할 때 추가 손실을 방지하거나 주가가 상승할 때 이익을 확정하기 위해 사용된다.

파월의 헬리콥터 돈 뿌리기 아래에서는 훌륭한 투자 수단이 아닙니다.

DR_ 투자자의 자질 가운데 기존의 통념에 반대하는 기질이 중요하다고 생각하나요?

SD_ 엄청나게 중요합니다. 자신의 감정에 맞서 싸우는 의지도 상당히 중요합니다. 가격이 올라가면 더 사고 싶은 마음이 생기고 가격이 내려가면 빨리 팔고 싶은 마음이 생기는 것은 당연합니다. 따라서 당신은 계속해서 자신의 감정과 기존의 통념에 맞서 싸워야 합니다.

DR_ 당신의 자선 활동에서 주된 관심사는 무엇이며 그것들에 얼마나 많은 시간을 할애하십니까?

SD_ 저는 미국을 사랑합니다. 그 이유는 아메리칸드림 때문입니다. 하지만 그것은 덧댄 조각처럼 얼룩져 있습니다. 미국 전역에 아메리칸드림에 도전할 기회가 없는 아이들이 많이 있습니다. 그것이 제프 캐나다Geoff Canada가 할렘 칠드런즈 존Harlem Children's Zone(할렘 지역에 거주하는 저소득 가정과 어린이들을 도와주는 비영리 기관)을 꿈꿨을 때 그를 지지했던 이유입니다. 블루 메리디안 파트너스Blue Meridian Partners는 할렘 칠드런즈 존의 버전 10.0과 같은 곳으로 관심 대상이 더 넓습니다. 저와 제 아내 피오나Fiona는 건강 문제와 환경 문제에 관심이 커 뉴욕대와 슬로안 케터링 암 센터에서 활동합니다. 저는 환경 보호 펀드EDF, Enviromental Defense Fund의 이사회 구성원으로 있습니다. 한 가지 말씀드리고 싶은 것은 그것이 저의 투자 철학인 '크게 투자하라'와 다르지 않다는 것입니다. 우리는 자신이 관심이 있는 분야에서 훌륭한 경영진과 훌륭한 지도자를 찾아 그들을 끝까지 지원해야 합니다.

DR_ 모교 보든이나 메모리얼 슬론 케터링과 같은 비영리 기관의 투자위원회를 감독하는 것을 좋아하나요? 그것이 즐거운가요, 아니면 부담이 많은가요?

SD_ 약간 부담이 됩니다. 위원회는 제 방식대로 투자할 수 없습니다. 저는 많이 틀렸으며 틀렸을 때는 투자 포지션을 정리합니다. 만약 제가 무언가를 추천하고 다음 분기에 위원회가 열리지 않으면 저는 위험하다고 느낍니다. 가장 중요한 것은 훌륭한 최고 투자 책임자를 찾아 저와 반대되는 목소리를 내는 투자 관리 부서를 담당하도록 하는 것입니다. 하지만 압박감이 있습니다. 일종의 의무감이지요. 제가 그 일을 즐기는지는 모르겠지만, 저는 그것이 제가 해야 할 일이라고 생각합니다. 그래서 그 일을 하는 겁니다.

헤지 펀드

짐 사이먼스 Jim Simons

르네상스 테크놀로지스 설립자,
수학자 겸 박애주의자

"내가 성공할 수 있었던 진정한 비결은
내 주변에 훌륭한 사람들이 모이게 한 것이다."

전통적으로 위대한 투자자들은 중요한 투자 결정을 내릴 때 그들의
직관에 의존해왔지만, 일단 그들은 일반적으로 일련의 정보나 데이
터를 검토하고 난 뒤에 그 직관을 적용했다. 그렇게 하는 것은 기계
를 이용한 의사결정이 인간의 의사결정보다 더 우수할 수 없다는 이
론적 배경 때문이다.

　아마도 대부분의 투자 분야에서 그것은 여전히 사실일 것이다.
그러나 시장에서 거래되는 증권, 상품, 통화와 같은 일부 영역에서

는 최고의 데이터를 사용하는 정교한 컴퓨터의 출현으로 퀀트 투자 quantitative investing(객관적 수치지표를 기준으로 매매하는 방식)라는 새로운 투자 방식이 탄생했다. 이런 투자 방식에서는 시장에 매우 짧은 기간 동안 존재하는 비효율성을 이용하기 위해 복잡한 컴퓨터 파생 알고리즘을 개발함으로써 컴퓨터를 이용한 초고속 매매가 가능해져 잠재적으로 매우 높은 수익을 실현할 수 있다.

지난 30년을 돌이켜볼 때 퀀트 투자의 거장은 논란의 여지가 없이 짐 사이먼스였다. 그의 르네상스 테크놀로지스Renaissance Technologies 헤지 펀드는 거의 불가능하다고 여겨지는 투자 수익을 달성했다. 그의 대표적인 메달리온 펀드Medallion fund는 지금은 직원들만 이용할 수 있지만, 과거 30년간 연평균 순이익률을 살펴볼 때 40퍼센트를 넘어섰다.

투자 세계에서 흔히 있는 일이지만, 짐의 엄청난 수익을 보고 많은 사람이 비슷한 투자회사를 설립하기 위해 수학 및 계량 분석 전문가들을 끌어모았다. 그리고 짐의 회사를 비롯한 모든 회사는 인간이 적절하게 프로그래밍한다면 컴퓨터의 투자 결정이 인간보다 더 빠르고 더 정확하다는 개념을 기본 철학으로 삼고 있다. 투자의 특정 영역에서 기계가 인간을 능가할 수 있다는 것은 투자 세계에서 혁명적인 발상이었지만 지금은 널리 받아들여지고 있는 개념이다.

짐은 일찍이 수학에 집중하는 바람에 투자 세계에는 뒤늦게 발을 들여놓았다. 그는 세계적인 수학자로 나이 30세에 뉴욕주립대학교 스토니 브룩의 수학과를 개설했다. 그러나 그는 수학계에서 드물게 자신의 전문 분야인 수학을 뒤로하고 수학을 투자에 적용할 수 있는 방법을 개발하기 시작했다. 그 결과 투자 세계가 완전히 바뀌었다.

짐의 회사는 거래 프로그램 개발에서 수학과 과학 기술이 핵심인 산업을 일구었다. 많은 사람이 그를 쫓아 다양한 퀀텀 투자의 세계로 뛰어들었지만, 그가 다년간에 걸쳐 이룩한 실적을 능가한 사람은 없었고, 조만간 그렇게 할만한 사람도 없을 것이다. 짐의 성공은 당연히 수학 및 과학 연구를 발전시키려는 그의 박애주의적 노력을 한층 빛나게 했다.

짐과 함께 투자했던 친구들이 소개해준 덕분에 나는 그를 여러 해 동안 알고 지냈다. 하지만 어리석게도 함께 투자하지 않았다. 최근 몇 년 동안, 나는 고등연구소 이사회에서 그와 함께 활동했다. 그는 당연히 투자 천재의 자질을 발휘해 연구소의 기금을 운용한 결과 뛰어난 실적을 거두었다. 또한 우리는 더 기빙 플레지의 최초 서명자가 되었으며 첫 회의부터 함께 시간을 보냈다. 나는 뉴욕에 있는 짐의 재단 사무실에서 그를 인터뷰했다.

$

데이비드 M. 루벤슈타인DR_ 훌륭한 투자자들은 젊었을 때부터 투자나 사업에 어느 정도 관심이 있었습니다. 당신은 주로 수학에 집중했지만, 그것이 투자와 관련된 것은 아니지 않습니까?

짐 사이먼스JS_ 전적으로 맞는 말씀입니다.

DR_ 당신은 비교적 일찍 자신이 수학에 재능이 있다는 사실을 알고 있었나요?

JS_ 저는 아주 어렸을 때부터 수학을 좋아했습니다.

DR_ 당신은 MIT에서 수학을 전공하고 버클리에서 박사 학위를 받았습니다. 그것은 매우 어려운 일이죠. 학위를 따는 데 시간이 얼마나 걸렸나요?

JS_ 저는 MIT를 3년 만에 졸업하고 대학원을 1년 다녔습니다. MIT에서 저를 천성선Shiing Shen Chern이라는 사람과 함께 연구하라고 버클리로 보냈습니다. 그때 그는 안식년이었으므로 저는 다른 사람과 함께 일했습니다. 천성선은 당시 미분 기하학 분야를 개척한 위대한 기하학자였습니다. 우리는 제가 2학년 때 친구가 되었습니다. 저는 고등학교를 졸업한 지 6년 만에 박사학위를 받았습니다.

DR_ 당신의 전문 분야는 어떤 것인가요? 제가 이해할 수 있는 분야가 아닐테지만요.

JS_ 미분 기하학입니다. 저는 고차원적인 것들의 최소 표면에 관한 분야를 연구했습니다. 그 분야를 연구한 지 5년 만에 많은 문제를 해결할 수 있는 논문을 발표했죠. 제 논문은 거의 60년이 지난 지금까지도 인용되고 있습니다. 학술적 인용 횟수가 1,750회인데 그것은 굉장한 숫자입니다. 그 결과 저는 몇 년 후에 기하학의 오즈월드 베블런상Oswald Veblen Prize in Geometry을 받았습니다. 하지만 저는 천과 함께 몇 가지 연구를 했다는 사실 덕분에 오늘날 유명해졌습니다.

DR_ 당신은 미국 정부가 암호를 해독하는 것을 도와주는 일을 하면서 수학과 교수가 되려고 했습니다. 당신이 뉴욕주립대학교 스토니 브룩에 수학과를 개설했을 때 특히 그 일이 흥미롭고 성취감이 있었습니까? 직업을 바꿔 투자 세계에 진출하게 된 계기는 무엇인가요?

JS_ 제가 처음 투자한 것은 아주 어렸을 때였는데 결과가 아주 좋았습니다. MIT에 다닐 때, 콜롬비아에서 온 친구가 두 명 있었습니다. 그들은 똑똑한 사람들이었습니다. 제가 MIT를 졸업한 후, 그들 중 한 명과 모터스쿠터 여행을 떠났습니다. 보스턴에서 부에노스아이레

스까지 가려고 했는데 보고타까지밖에 못 갔죠. 대단한 여행이었습니다.

버클리에서 박사학위를 받은 후, MIT에서 학생들을 가르치기 위해 보스턴으로 돌아왔습니다. 그해 겨울, 콜롬비아로 내려가 그 두 사람에게 "너희들이 함께 회사를 차릴 때까지 떠나지 않을 거야"라고 말했습니다 저는 그들이 매우 똑똑해 훌륭한 사업가가 될 수 있으며 좋은 회사를 차릴 수 있다는 것을 알고 있었습니다. 그래서 제가 그곳에 있는 동안 회사 하나를 차렸고, 저는 약간의 돈을 투자했습니다. 간신히 10퍼센트를 투자했지요. 그들의 장인 중 한 명이 50퍼센트를 투자했습니다. 그들은 저보다 더 부유해 그들이 나머지를 충당했습니다. 저는 친척들에게 돈을 빌려 투자했기 때문에 빌린 돈을 빨리 갚고 싶었습니다.

저는 MIT에 있다가 하버드에서 3년 있었습니다. 그 기간 학생들을 가르치면서 콜롬비아에서 시작한 사업을 병행했습니다. 저는 코드 해독을 하는 국방 분석 연구소의 프린스턴 사무실에서 일했습니다. 콜롬비아에 있는 회사가 제가 기대했던 것만큼 빨리 궤도에 오르지 못해 빚을 갚고자 급여를 많이 주는 곳에 지원한 것이죠.

연구소는 암호 해독 작업을 했습니다. 지금은 사람들이 그 일을 알고 있지만, 그 당시 저는 아내에게조차 무슨 일을 하는지 말할 수 없었습니다. 아내가 "오늘 하루 어땠어요?"라고 물으면 "괜찮았어요"라고 대답하는 게 고작이었습니다. 그곳에서 저는 기하학 문제를 해결하는 데 반 정도의 시간을 할애하고 나머지 절반은 암호 해독 작업을 했습니다. 저는 맡겨진 일을 잘 수행했습니다.

그곳에 있는 동안 제가 말씀드린 논문을 완성했으며 암호 해독 분야에서 오랫동안 숙제로 남아 있던 문제들을 해결했습니다. 국방분석연구소Institute for Defense Analyses의 모체였던 국가안보국National Security Agency은 제가 생각해낸 알고리즘을 구현하기 위해 특별한 용도의 컴퓨터를 만들었습니다. 제가 알기로는 10년 전쯤까지도 그 장비가 여전히 가동되고 있었어요. 맥스웰 테일러Maxwell Taylor라는 이름을 기억하나요?

DR_ 유명한 장군이지요.

JS_ 국가안보국을 이끌었던 맥스웰 테일러 장군은 〈뉴욕타임스〉에 우리가 베트남에서 얼마나 잘하고 있는지 그리고 우리가 그 과정을 계속 유지해야만 하는지 등에 관한 표지 기사를 썼습니다. 저는 다른 의견이었습니다. 저는 담당 편집자에게 편지를 썼습니다. "테일러 장군과 함께 일하는 모든 사람이 그의 견해에 동의하는 것은 아닙니다. 월남전은 우리가 할 수 있는 가장 어리석은 일이었으며 가능한 한 빨리 전쟁에서 벗어나야 합니다." 제가 근무하던 직장 때문에 제 편지는 바로 잡지에 실렸습니다.

아무도 한마디 말이 없었습니다. 몇 달 후 한 남자가 제게 찾아와 이렇게 말했습니다. "저는 〈뉴스위크〉지의 비상근 기자입니다. 국방부에서 근무하는 사람들 가운데 전쟁에 반대하는 이들과 인터뷰하고 있습니다. 하지만 그런 사람을 찾기가 정말 어렵더군요. 저와 인터뷰하시겠습니까?" 그때 저는 29살이었습니다. 전에는 아무도 저에게 인터뷰하자고 한 사람이 없었지요. 그래서 저는 "물론입니다"라고 인터뷰에 응했습니다.

그리고 그날 저는 가장 현명한 일을 한 가지 했습니다. 제가 인터뷰했다는 사실을 현지 상사에게 보고했죠. 그는 곧바로 "테일러에게 보고해야 해"라고 말하더니 자신의 사무실로 들어가 테일러에게 전화했습니다. 그는 사무실에서 나오더니 저에게 "당신은 해고예요"라고 말했습니다 저는 '종신 직원을 해고할 수 없다'고 항변했더니 그는 "종신 직원과 임시 직원의 차이를 알고 있나요? 종신 직원은 계약서가 없어요"라고 하더군요.

그래서 저는 해고당했습니다. 하지만 전혀 걱정하지 않았습니다. 제가 방금 언급한 기사 때문에 학교에서 자리를 얻게 될 것이라는 사실을 알고 있었습니다. 사실 저는 여러 곳에서 제안을 받았는데 스토니 브룩이 제게 수학과 학과장 자리를 제안했습니다.

그들은 인기 없는 학과의 학과장을 찾는 데 어려움을 겪고 있었습니다. 저를 인터뷰한 교무처장은 "내가 인터뷰한 사람 중에 실제로 그것을 원하는 사람은 당신이 처음이에요"라고 하더군요. 저는 이렇게 말했습니다. "수학자들이 대부분 학과장이 되는 것을 원하지 않기 때문에 저는 정말 그 일을 하고 싶어요. 골치 아픈 일이지만 재미있을 것으로 생각합니다."

저는 서른 살에 스토니 브룩에 왔어요. 그 당시 주지사였던 넬슨 D. 록펠러Nelson D. Rockefeller가 주립 대학을 좋아했기 때문에 재정이 넉넉했습니다. 우리는 아주 우수한 수학과를 만들었습니다. 저는 훌륭한 사람들을 많이 뽑았으며 제가 채용하는 일을 좋아한다는 사실도 깨달았습니다.

저는 그곳에 있던 초창기에 현재 천-사이먼스 이론이라는 과제를 연구한 결과 3차원에서 멋진 결과를 도출했으며 그것을 천에게 보여주었습니다. 그는 "우리는 이것을 모든 차원에서 증명할 수 있다"면서 "함께 일해 보자"라고 말했습니다. 우리는 함께 작업해 마침내 논문으로 완성했습니다.

그것은 매우 우수한 수학 논문이었지만, 물리학자들은 이런저런 이유로 5~6년 후에야 그것을 받아들이기 시작했습니다. 지금 우리 논문은 물리학의 거의 모든 분야에 적용됩니다. 저는 물리학을 전혀 몰랐으므로 그런 결과를 보고 매우 놀랐습니다. 우리 이론은 끈 이론 및 응집물질물리학, 양자 컴퓨터에 적용되고 있습니다. 요즈음은 천 사이먼스 중력이라고 불리며 천체물리학에도 이용되고 있습니다. 그것은 제게 일어난 일 중 가장 놀라운 일입니다.

DR_ 왜 학계에 계속 남아 있지 않았나요?

JS_ 콜롬비아 사업은 성공했고, 저는 약간의 돈을 벌었습니다. 설립자 중 한 명의 장인이 이 모든 결과에 너무 만족해 우리 가족을 수익자로 지정한 버뮤다 신탁Bermuda trust을 만들었습니다. 왜냐하면 아이디어는 제가 냈고, 신탁 자금 10만 달러는 그가 투자했기 때문입니다.* 그것은 아주 멋진 일이었습니다. 그 직후, 콜롬비아 친구들이 저를 찾아와 투자를 제안했습니다.

저는 원자재 거래를 하는 수학자를 알고 있었습니다. 그는 실적이 꽤 좋아 저는 그에게 이렇게 부탁했습니다. "우리에게 돈이 조금 있습니다. 우리는 당신과 함께 투자하고 싶어요." 신탁에서 10만 달러를 투자하고, 다른 친구들이 꽤 많은 돈을 투자했습니다.

그는 고정 수수료는 없었지만 수익의 10퍼센트 정도를 가져가기로 했습니다. 저는 "좋습니다. 하지만 당신이 돈을 너무 많이 잃으

---

* 버뮤다 신탁은 일반적으로 신탁의 수익자와 자산의 법적 소유권을 분리하는 법적 구조다. 이 신탁은 특히 신탁자의 사망 혹은 이혼 등 법적 지위와 관계없이 신탁의 수익자가 당초 계획한 이익을 확실히 확보하려고 할 때 이용된다.

면 중단해야 합니다"라고 말하자 그는 "너무 많다는 것이 무슨 의미입니까?"라고 물었습니다. 저는 "30퍼센트 손실을 보면 중단해야 해요"라고 대답했습니다. 또 문을 막 나서면서 "아, 그리고 돈을 너무 많이 벌어도 거래를 중단해야 합니다"라고 말했습니다. "무슨 의미지요?" "아! 그건 당신이 수수료를 공제하고 우리 돈의 10배를 벌면 거래를 중단해야 한다는 뜻입니다." 그런 뒤 우리는 좀 더 생각해 볼 시간을 가졌습니다. 그는 그 제안을 거절할 수 없었습니다. 그리고 9개월 만에 그는 투자금을 10배로 불렸습니다. 신탁에 10만 달러가 아니라 100만 달러가 쌓였습니다. 그 결과 저는 거래하는 것에 흥미를 갖게 되었습니다.

DR_ 아직도 스토니 브룩에서 가르치고 계시나요?

JS_ 저는 아직 스토니 브룩에 있으면서 현재 수학 연구의 비중을 줄이고 통화 거래에 뛰어들었습니다. 그것은 수학에 기초한 것은 전혀 아닙니다. 몰입해야 하는 일이지만 결과는 괜찮습니다.

DR_ 그러면 투자를 전업으로 할 수도 있다는 말씀입니까?

JS_ 저는 제네바 대학에서 1년을 보냈지만, 이미 통화 거래를 조금 하고 있었습니다. 제가 돌아왔을 때, 저는 수학과를 떠났습니다. 저는 1년 동안 시간제로 근무하다가 투자 사업에 바로 뛰어들었습니다.

DR_ 어느 시점에 르네상스라는 투자회사를 시작하기로 하셨습니까?

JS_ 처음에는 림로이Limroy라고 불렀습니다. 그것은 버뮤다 회사였지만, 누구나 거기에 투자할 수 있습니다. 저는 그 회사를 작은 팀으로 운영했습니다. 우리는 시장에서 거래했지만, 벤처캐피털에도 투자했습니다. 시장 거래는 아주 잘되었습니다. 벤처캐피털 투자 중 일부는 잘되었고, 일부는 잘되지 않았습니다. 급기야 어느 시점에서 이사회는 '이 벤처캐피털 투자 건들은 더는 보고 싶지 않고 단지 시장 거래만 하고 싶다'라고 생각했습니다. 저는 림로이를 폐쇄하고 수학을 기반으로 한 메달리온 펀드를 시작했습니다. 지난 몇 년 동안, 우리는 통계 연구만 계속했습니다.

DR_ 메달리온 펀드를 시작할 때 스토니 브룩을 떠났나요?

JS_ 저는 이미 학교를 떠난 상태였습니다. 펀드를 시작하기 몇 년 전에 대학을 떠났죠. 하지만 여전히 스토니 브룩에 살고 있었습니다. 우리는 지난 몇 년간 배운 것들을 바탕으로 메달리온 펀드를 시작했습니다. 짐 액스Jim Ax라는 사람에게 펀드 운용을 맡겼는데, 그는 펀드 운용 장소를 캘리포니아로 옮기고 싶어 했고, 저는 여전히 다른 일들에 관여하고 있었기 때문에 그렇게 해도 '좋다'라고 허락했습니다.

그는 처음 약 6개월 동안 펀드를 잘 운용하더니 그 뒤부터는 계속해서 돈을 잃기 시작했습니다. 저는 "당신은 당신이 사용하는 시스템을 이해해야 합니다"라고 조언했습니다 그는 "시스템이 매우 복잡합니다"라고 대답하더군요. 저는 "이를테면 그냥 3차원으로 단순화해 보세요"라고 제안했습니다.

저는 그가 시스템의 모든 부가 기능을 내버려 두고 트렌드를 따라 투자했다는 것을 깨달았습니다. 몇 년 전만 해도 원자재 시장에서 트렌드를 따라 거래하는 것이 성과가 좋아 사람들은 통화 시장에서도 트렌드를 따라가며 거래했습니다. 모든 사람이 같은 방향으로 뛰어드는 바람에 결과적으로 거래 성과가 좋지 않게 되었습니다. 저는 거래를 중단하라고 지시했지만 그는 따르지 않았습니다. 이후 헨리 라우퍼Henry Laufer라는 직원이 액스가 사용하지 않던 단기 거래 시스템을 발견했고 결국 우리는 신속한 거래가 가능한 훌륭한 시스템을 함께 개발할 수 있었습니다.

DR_ 여전히 원자재 거래를 합니까?

JS_ 모든 원자재와 통화를 거래했지만 주식은 전혀 거래하지 않았었습니다. 저는 메달리온 투자자는 물론 모든 투자자에게 "우리는 공부할 시간을 가질 것입니다. 당신이 원한다면 돈을 돌려받을 수 있습니다"라고 안내했습니다. 거의 모든 사람이 그대로 펀드에 남아 있었습니다. 시스템 개발 작업은 6개월이 걸렸습니다. 마침내 우리는 '헨리 라우퍼 시스템'을 개발했습니다. 헨리 라우퍼라는 이름을 붙였지만 사실 저도 시스템 개발에 이바지했습니다. 그런 뒤 우리는 시스템을 실제 거래에 적용하고 나서는 다시는 뒤돌아볼 필요가 없어졌습니다.

DR_ 저는 수학자는 아니지만, 당신이 한 일을 이해할 것 같군요. 당신의 아이디어는 주식이나 다른 투자 자산의 움직임을 관찰하면서 시장의 이상 현상들을 파악하는 것이었습니다. 이상 현상이 발생하면 그것이 없어지기 전에 그것을 이용하려고 재빨리 거래하는 것이지요. 달리 표현하면 비효율성을 이용하는 것입니다. 즉 시장에 비효율성이 발생하면 그와 반대되는 거래를 하고 그것이 효율적으로 되는 시점에서 청산 거래를 하는 것이지요?

JS_ 네. 가끔은 그런 이상 현상들이 아주 오랫동안 지속되기도 합니다. 어떨 때는 절대 사라지지 않기도 하죠. 하나하나는 규모가 작은 것이지만 여러 가지 이상 현상들을 함께 모아 놓으면 규모가 정말 커집니다.

DR_ 수학의 마법사가 된 것이 이것을 알아내는 데 도움이 되었습니까?

JS_ 물론이지요.

DR_ 수학을 모르는 사람도 이런 일을 할 수 있을까요?

JS_ 할 수 없을 겁니다.

DR_ 이 작업을 시작하면서 이상 징후를 찾는 데 매일 깊이 관여했습니까? 아니면 수학 모델들이 이상 징후가 무엇인지 보여주었기 때문에 당신은 판단할 필요가 없었습니까? 컴퓨터 모델이 이상 징후를 분명하게 찾아냅니까? 아니면 당신은 모델이 보여주는 것이 마음에 들지 않을 때도 있나요?

JS_ 우리는 모든 데이터를 갖고 있습니다. 우리가 최종적으로 핵심 티커ticker 데이터를 찾게 되면 단순히 검색해보거나, 누군가 "만약 이런 일이 일어나고 저런 일이 일어난다면 어떻게 될까요? 제가 말해드릴 테니 모델을 시험해보고 효과가 있는지 확인해봐요"라며 새로운 아이디어를 생각해냅니다. 우리가 고용한 아주 훌륭한 과학자들이 항상 이상 징후를 찾고 있으므로 우리의 논리 사슬은 발전하고, 발전하고, 또 발전합니다.

DR_ 당신이 수학자들과 과학자들을 고용했다고요?

JS_ 과학자들이 반드시 수학자는 아닙니다. 그들은 물리학자일 수도 있습니다. 우리는 천문학자 두 명을 고용했습니다. 하지만 첫 번째 시기에는 여전히 선물 시장에 초점을 맞췄습니다. 더 큰 시장인 주식 시장을 시작하지 못했던 것은 우리가 어떻게 해야 할지 몰랐기 때문이었습니다. 하지만 우리는 주식 시장을 어떻게 접근해야 하는지에 대한 아이디어를 가지고 있었으며 우리가 작업하는 동안 밥 머서Bob Mercer와 피터 브라운Peter Brown 두 사람이 저와 함께 일하기 위해 합류했습니다.

저는 몇 년 전에 고용했던 닉 패터슨Nick Patterson 덕분에 그들의 이름을 알게 되었습니다. 그는 국방 분석 연구소에서 근무했습니다. 그는 엄청나게 일을 잘했으며 우리를 많이 도와주었습니다. 그는 "당신은 반드시 밥 머서와 함께 일해야 해요. 그는 매우 훌륭한 사람입니다"라고 제게 추천했습니다. 저는 밥을 인터뷰한 뒤 함께 일하자고 제안했습니다. 그는 "저는 항상 제 밑에 있는 피터 브라운과 함께 일합니다. 당신은 그 친구도 고용해야 합니다"라고 하더군요. 저는 "좋습니다. 당연히 그렇게 해야지요"라고 동의했습니다.

저는 한 사람은 선물 분야에 배치하고 다른 한 사람은 새롭게 시작하는 주식 분야에 배치했습니다. 몇 달 후 그들은 이렇게 말했습니다. "우리가 함께 일하게 되어 정말 좋습니다. 우리는 이런저런 일을 하고 싶습니다." 저는 "좋습니다. 주식 시스템이 작동하도록 만듭시다"라고 말했습니다. 우리는 매우 작은 규모로 거래했음에도 불구하고 시스템이 제대로 작동하지 않았습니다. 그들은 시스템 개발에 2년 정도를 더 투자했습니다. 저는 마침내 "잠깐, 당신들에게 시간을 6개월 더 주겠습니다. 하지만 그 뒤에도 시스템이 제대로 작동하지 않는다면 포기해야 합니다"라고 말했습니다. 두세 달 만에, 그들이 이런저런 문제점을 해결한 결과 시스템이 작동하기 시작했습니다. 주식 거래 시스템은 메달리온의 주요 부분입니다.

DR_ 그들도 수학자였나요?

JS_ 컴퓨터 과학자들입니다.

DR_ 당신은 주식 시장에서 큰 투자자가 되기 시작했습니다. 당신은 통화 시장을 떠났나요? 둘 다 하고 있었나요?

JS_ 아직도 둘 다 하고 있습니다.

DR_ 당신은 다른 사람들보다 더 높은 연간 목표 달성률을 기록하는 것이 분명해졌을 때 자신이 세계에서 가장 훌륭한 투자자 중 한 명이 되고 있다는 사실을 깨달았나요, 아니면 그런 식으로는 절대 생각하지 않았나요?

JS_ 저는 '내가 훌륭한 투자자인가?'라고는 생각해보지 않았습니다 '나는 많은 돈을 벌고 있다'라고 생각했어요. 물론 메달리온에는 외부 투자자들이 있었지만, 모두가 돈을 찾아가지 않고 그대로 두었기 때문에 펀드 규모가 점점 더 커지고 있었습니다. 메달리온은 복리로 엄청난 수익률을 올리고 있었지만 현금 거래를 하므로 펀드 규모가 커지는 데는 한계가 있었습니다. 만약 당신이 막대한 자금으로 빠르게 거래한다면 당신은 시장을 크게 움직일 수밖에 없습니다. 따라서 펀드는 그 정도 규모로 커질 수 없습니다.

우리는 직원들 투자는 모두 받았지만 외부 투자자들은 받지 않기로 했으며 그 일을 마무리하기까지 2~3년이 걸렸습니다. 2005년이 되어서 비로소 메달리온 펀드는 100퍼센트 직원 소유가 되었습니다.

DR_ 나중에 외부 투자자들을 다른 펀드로 유치했나요?

JS_ 네, 그렇습니다. 메달리온 투자자는 지금도 여전히 모두 직원뿐입니다.

DR_ 메달리온은 수년간 40퍼센트 정도의 수익률을 기록했다고 알려져 있습니다.

JS_ 그보다 더 높습니다. 40퍼센트 이상입니다.

DR_ 당신은 수학이나 과학 같은 분야에 집중하고 있지요?

JS_ 사이먼스 재단Simons Foundation은 1994년에 설립되었습니다. 우리는 이미 상당한 액수의 돈을 기부했으므로 아내는 재단을 설립해야 한다고 생각했습니다. 그렇게 하면 기부금에 대한 세금 감면을 받을 수 있었지만 사이먼스 재단에서 나올 필요는 없었습니다. 그녀는 집에서 수표 발행이나 관련 업무를 1년 동안 했습니다. 그런 뒤 작은 사무실을 얻고 두 사람을 고용했습니다. 저는 돈을 벌 때마다 계속해서 기부했습니다. 그런 방식으로 재단은 잘 운영되고 있었습니다.

2010년에, 저는 르네상스 펀드의 일을 그만두고 재단에 전념했습니다. 그 당시는 우리가 수학과 과학을 지원하는 데 거의 100퍼센트 집중하던 때였습니다. 나중에 저는 르네상스 펀드 이사회의 의장이 되었지만, 그들의 일에 전혀 관여하지 않았습니다. 르네상스 펀드는 잘 운용되었으므로 저는 제 모든 시간을 재단에 사용할 수 있었습니다.

DR_ 만약 당신이 훌륭한 투자자가 되는 방법에 대해 누군가에게 조언한다면, 뭐라고 말할 건가요?

JS_ 운이 좀 필요할 것 같네요. 저는 강연할 때 가끔 '수학, 상식, 행운'이라는 제목을 사용합니다

DR_ 그게 핵심인가요?

JS_ 제가 성공할 수 있었던 진정한 비결은 주변에 훌륭한 사람들이 모이게 한 것입니다. 저는 사람 뽑는 일을 좋아합니다. 저는 메달리온 펀드에서 세상에서 가장 똑똑한 사람들과 함께 일하고 있습니다.

DR_ 자신보다 더 똑똑하다고 여겨지는 사람을 고용하는 것이 두렵지 않습니까?

JS_ 저보다 더 똑똑한 사람이 있다면, 훨씬 더 좋은 일이지요. 저의 성공 비결은 좋은 사람을 발굴하는 것입니다.

DR_ 매우 인상적인 말씀이군요. 당신의 부모님은 생전에 당신의 엄청난 성공을 보셨나요?

JS_ 네, 그랬습니다. 아버지는 알츠하이머로 돌아가셨지만, 제가 아주

잘 지내고 있다는 것을 알고 계셨어요. 저는 그들을 돌봐드렸습니다. 어머니는 더 오래 사셨으며 두 분 모두 아들이 성공한 모습을 보셨습니다.

헤지 펀드

존 폴슨 John Paulson

폴슨앤코 설립자

"가장 중요한 것은 당신이 다른 사람들보다
더 잘 알고 있는 특정 분야에 집중하는 것이다.
그것이 당신에게 유리하다."

2007~09년의 금융 위기가 발생한 원인은 여러 가지가 있지만 필요
한 자금을 대부분 서브 프라임 모기지로 조달한 주택 시장의 붕괴가
가장 중요한 원인이다. 그것은 차입자가 담보 대출을 받을 때 필요한
정상적인 신용 기준을 충족하지 않아도 되고 일반적으로 계약금을
내지 않아도 되는 담보 대출이었다. 그러나 시장 붕괴 이전에 투자자
들은 종종 여러 대출을 한데 묶어 증권화함으로써 일반적인 주택담
보대출보다 높은 금리를 지급한 서브 프라임 모기지 대출에 열광적

으로 투자했다.

투자자들은 많은 차입자가 (집값이 크게 하락한 가운데) 높은 이자율을 감당하지 못해 발생한 서브 프라임 모기지 사태 직전까지 고수익 투자 상품인 서브 프라임 모기지 대출에 모두 혈안이 되어 있었다. 경기가 둔화되자 투자계에 시장 폭락의 가능성을 경고하는 목소리가 분명히 있었다. 아마도 서브 프라임 모기지 시장 역시 폭락은 아니더라도 하락을 예상해 공매도한 사람들이 많이 있었을 것이다.

뉴욕에는 그 당시까지만 해도 그다지 유명하지 않았던 헤지 펀드 매니저인 존 폴슨이 있었다. 그는 (폭락은 아니더라도) 하락을 예상했을 뿐만 아니라 본능적으로 엄청난 베팅을 했다. 그는 (상장회사의 성공적인 합병에 베팅하는) 위험 차익 거래에 전문적으로 투자했지만 그것은 자신의 경력에서 배팅 규모가 가장 큰 것이었다. 폴슨은 정확하게 모기지 시장의 하락에 베팅했고 200억 달러 이상의 수익을 올렸다. 그것은 의심할 여지 없이 월가 역사상 투자자 한 사람이 달성했던 이익 가운데 가장 규모가 큰 성공적인 투자였다.

그 투자 덕분에 존은 무명 시절의 막을 내렸다. 그는 즉시 세계에서 가장 유명한 헤지 펀드 투자자가 되었으며 사람들은 그의 자선 활동 프로젝트는 물론 투자에 대한 생각을 열심히 뒤따라갔다.

존은 엄청난 부와 명성을 얻었으며 센트럴 파크 보호협회Central Park Conservancy 및 하버드 대학교에 상당한 기부금을 제공함으로써 이름을 날렸지만, 뉴욕 공립학교 교육의 산증인이자 뉴욕 대학교 경영학과 졸업생, 하버드 경영대학원의 베이커 스콜라Baker Scholar(졸업생 상위 5퍼센트에 수여하는 상)로서 겸손하게 처신했다.

나는 다양한 사업과 사교 활동 과정에서 존을 알고 존경해왔으며 그가 미국 외교협회의 이사회에 합류했을 때, 그와 가장 많은 시간을 함께 보냈다. 내가 알기로 나를 포함한 모든 사람이 다음번 서브 프라임 모기지 사태와 같은 엄청난 기회가 언제 올지 듣고 싶어 하는 것 같았다. 그러나 그런 문제들에 관해, 존은 현명하게 자기 생각을 다른 사람에게 알리지 않았으며 그런 유형의 정보는 자신의 사업을 위해 혼자 간직하고 있었다.

$

데이비드 M. 루벤슈타인DR_ 당신은 월가 역사상 가장 유명한 투자 중 하나를 했습니다. 2006년경 얼마간 당신은 주택담보대출 시장에서 공매도를 실행했습니다. 보도된 바에 따르면 당신과 당신의 투자자들은 그 거래로 약 200억 달러를 벌었습니다. 지난 20년 동안 단일 거래로 그보다 더 많은 수입을 올린 사례는 없었죠. 당신은 혹시 그 거래가 잘못될지도 모른다고 걱정하지는 않았나요?

존 폴슨JP_ 우리는 모기지 시장의 일부가 과대 평가되어 붕괴할 것이라고 꽤 확신했습니다. 따라서 과대 평가된 증권에 집중적으로 투자했으며 우리가 예상했던 일이 일어났습니다.

DR_ 당신은 비밀을 지키려고 노력했을 것입니다. 당신이 무엇을 하는지 다른 사람들이 아는 것을 원하지 않았겠지요. 당신이 비밀을 지키는 방법은 무엇이었으며, 그 정도 규모의 공매도가 가능한 증권을 어디에서 구했나요?

JP_ 우리는 합병 차익 거래 회사를 운영하며 약 60억 달러를 관리했습니다. 그것은 꽤 큰 규모입니다. 하지만 우리는 1986~87년 헤지 펀드순위에서 50~75위권에 머물렀으므로 업계 1위로 도약하는 방안을 모색하고 있었지만 경쟁은 매우 치열했습니다.

저는 80년대 후반 드렉셀Drexel이 붕괴했을 때 투자 등급 회사채의 가치 하락에 베팅하는 공매도를 지원할 수 있는 전문적인 투자 기법을 개발했습니다. 그것은 상대적으로 손실 규모는 작지만 이익 규모는 상당히 큰 구조로 짜인 투자 방식입니다. 하지만 투자 등급 회사채가 채무 불이행 상태에 빠질 가능성은 매우 희박합니다.

그러나 우리는 금융 회사에서 이런 현상이 주로 발생한다는 사실을 발견했습니다. 이런 기업들은 차입 비율이 매우 높아 자산 가치가 조금만 하락해도 자본이 완전히 잠식되는 구조를 지니고 있습니다. 따라서 만약 그런 회사들이 실패하면 그들이 발행한 무담보 채권의 가치는 대부분 제로가 될 것입니다. 우리는 드렉셀 사태 당시 금융회사들의 채권을 공매도하여 약간의 성공을 거두었습니다. 우리는 훗날 결국 파산했던 콘세코Conseco와 같은 일부 보험 회사의 채권을 공매도했습니다. 저는 신용 등급이 잘못 매겨진 증권을 항상 찾고 있었습니다.

우리는 마침내 서브 프라임 모기지 증권에서 그런 증권을 발견했습니다. 그것은 주택담보대출을 묶어 증권으로 만들고 그 증권을 다시 신용 등급 'B'에서 'AAA'까지 약 18개 트랑쉬로 나눈 독특한 구조의 증권입니다. 우리는 대출 묶음에서 7퍼센트 손실이 발생하면 'BBB' 트랑쉬 자체가 없어지는 방식으로 구조화된 'BBB' 트랑쉬에 초점을 맞췄습니다.

우리는 주택 시장이 과대 평가되었으므로 주택담보 증권이 거품 상태에 있으며, 이들 대출 묶음의 손실률이 7퍼센트를 초과해 아마도

20퍼센트까지 높아질 것으로 판단했습니다. 우리는 그 분야에 관한 연구를 많이 했습니다. 모기지 시장의 움직임을 매우 자세히 살피면서 기초 증권의 성과를 추적했습니다. 그것들은 계속 악화하고 있었습니다.

그때 우리는 그것들을 대규모로 공매도하기 시작했습니다. 하지만 우리는 총 250억 달러 이상의 유가증권을 공매도했기 때문에 그 사실을 숨길 수 없었습니다. 우리는 월가의 모든 주요 은행들과 함께 활발하게 투자했습니다. 그들은 모두 투자 한도가 있었는데 50억 달러 이상을 투자할 수 있는 은행은 없었습니다. 우리는 모든 은행의 트레이딩 데스크와 거래했으므로 우리가 하는 일을 비밀에 부치는 것은 불가능하지는 않더라도 어려운 일이었습니다.

DR_ 그 당시에 골드만삭스가 투자 자문사였다고 보도되었는데 그게 사실인가요?

JP_ 그들은 투자 자문사가 아니었습니다. 그들은 거래 상대방이었습니다. 그들은 활발하게 거래했으며 증권을 매도하려면 누군가로부터 그것들을 매입해야만 했습니다. 우리는 증권을 골드만삭스에 매도하고 그들은 그것들을 다른 모든 증권사처럼 다른 투자자에게 되팔았습니다.

DR_ 만약 당신이 200억 달러를 벌었다면, 당신은 얼마나 많은 위험을 감수했습니까? 당신이 공매도한 것이 모두 제로가 될 가능성이 있었나요?

JP_ 네. 그렇습니다. 당시 우리는 약 60억 달러를 관리하고 있었습니다. 우리는 투자자들에게 "우리는 모기지 담보 증권을 헤지하기 위해 보험료를 2퍼센트 지급하려고 합니다"라고 설명했습니다. 우리는 연간 2퍼센트의 비용을 들여 관리 자산의 액면 가치의 200퍼센트에 해당하는 채권을 공매도할 수 있었습니다. 그런 뒤 우리는 "이들 유가 증권이 채무 불이행 사태에 빠져 채권 가격이 50퍼센트로 떨어지면 수익은 100퍼센트가 되고 채권 가격이 0퍼센트로 떨어지면 수익은 200퍼센트로 올라갑니다"라고 알려주었습니다. 그 당시 우리가 관리하는 펀드의 수익률은 연간 10~12퍼센트 정도였습니다. 저는 "우리가 손실 시나리오에 따라 주요 펀드에 속한 증권이 채무 불이행 사태에 빠지지 않으면 2퍼센트를 잃습니다. 하지만 이를 고려하더라도 우리는 여전히 8~10퍼센트의 수익을 낼 수 있습니다"라고 안내했습니다.*

모든 투자자는 "당신이 그것을 믿는다면 그렇게 하세요. 우리는 우리가 투자한 돈을 위험하게 하고 싶지 않습니다. 그것은 위험과 보상의 상충관계가 좋아 보입니다"라고 말했습니다.

하지만 이런 증권들은 비대칭적으로 작동합니다. 수익을 100퍼센트로 올리려면 당신은 1퍼센트의 위험을 감수해야 합니다.

DR_ 그렇게 쉬운 일은 아닙니다. 왜냐하면 아무도 당신이 한 일을 제대로 따라 하지 못했기 때문입니다. 혹시 당신은 "내가 잘못했을지도

---

* 이를 달리 설명하면, 채권의 액면가가 1,000달러이고, 미래에 채권을 1,000달러에 매입할 수 있는 헤지 수수료가 1퍼센트(즉, 10달러)라고 한다면, 채권의 가치가 하락하지 않으면 헤지 비용은 10달러이다. 이는 헤지 비용은 펀드의 전반적인 수익을 감소시키지만, 펀드의 연간 수익률은 10퍼센트이므로 헤지 비용을 고려해도 펀드 수익률은 9퍼센트가 된다. 이 정도 수익률은 허용 가능한 수익률이다. 만약 채권이 채무 불이행 상태에 빠져 가치가 없어진다면, (1퍼센트의 수수료를 받기 위해) 헤지 수단을 제공했던 거래 상대방은 채권의 전체 가치, 즉 1,000달러를 헤지 펀드에 지급해야 한다. 따라서 이런 거래는 헤지에 대한 투자 비용과 비교할 때 믿기 어려울 정도로 막대한 이익을 창출할 수 있다.

몰라. 나는 어쩌면 많은 돈을 잃을 수도 있어"라며 잠 못 이루는 밤이 있었나요, 아니면 그렇게까지 걱정하지는 않았나요?

JP_ 다시 말하지만, 하방 위험은 매우 제한적이었습니다. 다른 사람들이 그렇게 하지 않은 이유는 투자 등급의 담보부 증권이 채무 불이행 사태에 빠진 경우가 없었기 때문이라고 생각합니다. 그것들은 재무성 증권 다음으로 가장 안전한 증권으로 여겨졌습니다. 근본적으로 그것은 그때까지 사실이었습니다. 다른 사람들이 간과한 것은 발행 증권의 내용이 그 기간만큼 나쁜 적이 없었다는 사실입니다. 과거에 그런 채권들이 채무 불이행 상태에 빠지지 않았다는 것과 미래에 발행되는 유가증권이 채무 불이행 상태에 빠지는 것과는 무관합니다.

DR_ 신문을 읽거나 TV에서 블룸버그를 보면서 어느 날 갑자기 그런 생각이 떠올랐나요? 그런 아이디어는 어디에서 나왔나요?

JP_ 우리는 사람들이 신용(또는 부채) 증권을 공매도하지 못하는 전문 분야를 개발했습니다. 신용 증권의 공매도가 어려운 이유는 당신이 공매도하려면 실제로 그 증권을 빌려야 하며 빌리는 기간 수수료를 부담하기 때문입니다. 신용 증권은 일반적으로 장기 보유 상품으로 거래 빈도가 낮아 증권을 빌리는 자체가 어렵습니다. 게다가 증권이 채무 불이행 상태에 빠지지 않는다면 증권 차입 비용이 꽤 커지게 됩니다. 따라서 단기 신용 전략에서 이익을 내는 것은 결코 쉬운 일이 아닙니다. 이런 이유로 신용 증권을 공매도하는 사람은 거의 없었습니다.

하지만 공매도 거래의 비대칭성 때문에, 저는 대규모로 빌려 공매도할 수 있으며 채무 불이행 상태에 빠질 가능성이 있는 신용 증권을 찾는 일을 절대 포기하지 않았습니다. 마침내, 2006년 우리는 당시 재무성 증권 시장보다 더 큰 시장이었던 모기지 담보부 증권 시장에서 모든 신용 공매도의 원조를 발견했습니다. 하지만 신용부도스와프credit default swap(증권 부도에 대한 일종의 보험) 덕분에 공매도할 증권들을 빌릴 필요가 없었습니다. 증권의 가격이 하락하면 이익을 보는 공매도처럼 단지 증권에 대한 신용부도스와프를 매입하기만 하면 동일한 효과를 볼 수 있었습니다.

우리는 한 번에 1억 달러, 하루에 5억 달러, 그리고 어떤 경우에는 하루에 10억 달러의 주택저당채권 담보부 증권을 공매도했습니다. 이런 공매도 포지션을 설정할 수 있을 만큼 유동성이 풍부했습니다.

DR_ 보도에 따르면, 당신은 투자에 성공한 후 한때 국세청 앞으로 10억 달러 이상의 수표를 발행해야만 했습니다. 국세청에 10억 달러가 넘는 수표를 쓰는 것이 기분이 좋았나요 아니면 조금 고통스러웠나요?

JP_ 우리는 미 재무성뿐만 아니라 뉴욕주와 뉴욕시를 열렬히 지지합니다. 우리는 정당한 금액의 세금을 냈습니다.

DR_ 당신은 사무실에 미국 정부 앞으로 발행한 10억 달러가 넘는 수표를 보관하고 있나요? 아니면 그 수표를 보관하지 않고 있나요?

JP_ 저는 수표를 가지고 있지 않지만, 뉴욕주 정부 및 연방정부 앞 세금 신고서를 모두 갖고 있었습니다.

DR_ 사람들은 항상 당신을 찾아와 "좋은 아이디어가 있어요"라고 말할 것입니다. 그것은 이미 10년도 더 된 일이지만 당신의 아이디어만큼 좋은 아이디어를 생각해낸 사람이 있나요?

JP_ 그것은 매우 어려운 일입니다. 저는 이렇게 특별한 모기지 시장만큼 비대칭적인 것을 찾지 못했습니다. 비대칭적이란 말은 손해 규모는 적고 이익의 규모는 100배를 넘기 때문에 큰 위험을 감수하지 않고도 잠재적으로 많은 돈을 벌 수 있다는 의미입니다. 대부분의 거래는 대칭적입니다. 돈을 많이 벌려면 위험을 많이 감수해야 하며 손해를 볼 때 결과는 고통스럽습니다.

DR_ 당신은 항상 좋은 것이 있으면 저에게 알려주겠다고 말했습니다. 아직 그렇게 좋은 것을 찾지 못했나요?

JP_ 오늘날 가격이 가장 잘못된 분야는 신용 부문입니다. 10년 만기 국채 금리는 약 1.3퍼센트, 30년 만기 국채 금리는 약 2퍼센트입니다. 우리는 인플레이션 시기에 접어들고 있습니다. 현재 인플레이션율은 장기 수익률을 훨씬 초과합니다. 시장에서는 이 인플레이션이 일시적이라는 인식이 있습니다. 저는 시장이 경기 회복은 단지 일시적인 현상으로 결국에는 가라앉을 것이라는 연방준비제도이사회의 시각을 받아들이고 있다고 생각합니다. 그러나 인플레이션이 진정되지 않거나 연준이 목표로 하는 2퍼센트 수준으로 가라앉거나 3~5퍼센트대에 머물면 결국 금리는 상승하고 채권 가격이 하락할 것으로 보입니다. 그런 시나리오에서 금리가 더 높은 수준으로 올라가게 되면 매우 높은 수익을 제공할 수 있는 채권과 이자율과 관련된 다양한 옵션 전략이 있습니다.

DR_ 당신은 그것만큼 좋은 다른 거래를 계속 찾고 있나요?

JP_ 우리는 당연히 그런 거래를 찾고 있습니다. 하지만 현실적이어야 합니다. 우리는 금리와 금 가격과 관련해 25배의 잠재적 수익률을 가져오는 거래를 더 작은 규모로 시행했습니다. 만약 인플레이션이 현재 시장이 예상하는 것보다 더 높은 수준으로 올라간다면, 우리는 은금 가격이 상승하고 금리가 더 높아질 것으로 생각합니다. 만약 그

두 가지 일이 동시에 발생한다면 그것은 분명히 어려운 일이지만 우리는 25배의 이익을 창출할 수 있는 포지션을 구축할 것입니다.

DR_ 당신은 유명한 거래를 마친 후에 금이나 금 선물을 많이 매입했습니다. 당신은 금에 대한 열렬한 신봉자입니다. 금은 현재 온스당 약 1,700달러입니다. 당신은 지금이 금에 투자하기에 좋은 때라고 생각하나요?

JP_ 네, 그렇습니다. 우리는 금이 인플레이션 시대에 매우 좋은 투자 수단이라고 믿습니다. 우리는 예전에 금 가격이 포물선 모양으로 급격히 상승했을 때 어떤 일이 벌어졌는지 보았습니다. 그것은 우리가 2년 동안 두 자릿수의 인플레이션을 경험했던 70년대 일이었습니다. 금 가격이 포물선을 따라 상승하는 이유는 기본적으로 투자 가능한 금의 양이 제한적이기 때문입니다(제 생각에 그 규모는 대략 수조 달러 정도입니다). 반면에 금융 자산의 총 규모는 200조 달러에 가깝습니다.

만약 당신이 수익률 2퍼센트짜리 장기 재무부 채권을 소유하고 있는데 금리가 5퍼센트까지 오른다면 그 채권들의 가치는 실질적으로 떨어지게 됩니다. 마찬가지로 만약 당신이 금리가 0퍼센트인 은행 예금을 보유하고 있는데 인플레이션율이 4퍼센트라면 당신의 돈의 가치는 실질적으로 잠식되는 상태입니다. 인플레이션이 발생하면 사람들은 고정 금리 자산에서 벗어나려고 합니다. 그들은 현금 보유도 하지 않으려고 합니다. 특히 인플레이션 시기가 시작한다면, 투자해야 할 대상은 논리적으로 금입니다. 그러나 현금과 고정 금리 자산에서 빠져나가는 돈의 양이 투자 가능한 금의 양보다 많으므로 금의 수요와 공급의 불균형이 발생함으로써 금값이 상승하게 됩니다. 그리고 이런 금값 상승은 다시금 금에 대한 수요를 증가함으로써 다시 금값이 상승하는 현상이 이어집니다.

DR_ 당신이 엄청난 거래를 성공적으로 마무리하자 당신은 세계적으로 유명해졌습니다. 그것이 삶을 어떻게 변화시켰나요? 갑자기 사람들이 당신에게 전화하기 시작하던가요? 고등학교 친구들이 학교 다닐 때부터 당신이 언젠가 성공하리라는 것을 알고 있었다며 기부금을 달라고 전화를 하진 않던가요? 당신의 인생은 어떻게 바뀌었나요?

JP_ 2007년 2월에 투자자 중 한 명이 저에게 전화를 걸었던 것을 기억합니다. 그는 "존, 저는 방금 월별 실적표를 받았어요. 실수가 있었던 것 같군요. 66퍼센트라고 적혀 있던데 6.6퍼센트를 의미하는 거지요?"라고 물었습니다. 저는 "아니, 66퍼센트가 맞아요"라고 대답했습니다. 그는 이렇게 말을 이었습니다. "그건 불가능해요. 저는 소로스, 폴 튜더 존스Paul Tudor Jones를 비롯한 다른 투자자들에게도 투자했습니다. 1년 동안 66퍼센트 수익을 낸 사람은 아무도 없습니다. 어떻게 한 달 만에 66퍼센트나 오를 수 있지요?"

그 직후, 모든 투자자는 이런 결과를 받았고 그 내용이 언론에 유출되어 결과적으로 〈월스트리트 저널〉의 표지 기사로 선정됨으로써 전 세계에 알려지게 되었습니다. 그런 실적은 일 년 내내 지속되었습니다. 신용 펀드는 800퍼센트 가까운 수익을 내고 청산되었습니다. 이런 실적은 일종의 세계적인 현상이 되었습니다. 우리는 매우 유명해졌습니다. 그리고 그것은 긍정적인 의미에서 제 삶을 변화시켰습니다. 당시 우리의 운용 자산 규모는 5대 헤지 펀드 중 하나가 될 정도였습니다. 그것은 우리에게 많은 기회의 문을 열어 주었습니다.

DR_ 당신은 이처럼 대형 헤지 펀드를 운용하고 있으면서도 월스트리트에서 성공한 많은 사람처럼 당신의 돈을 패밀리 오피스에 맡겼습니다. 왜 그렇게 했나요?

JP_ 사람들은 두 가지 방법 중 하나를 선택합니다. 어떤 사람은 사업하는 것을 좋아해 자금을 더 많이 유치하고, 파트너십을 확장하며, 훗날까지도 이어질 수 있는 무언가를 만들기 위해 인프라를 개발합니다. 그것은 별도의 가치를 창출합니다.

개인적으로, 저는 사업의 영업적인 측면을 별로 좋아하지 않았습니다. 저는 돈을 모으거나 투자자들을 만나러 가는 것을 좋아하지 않아요. 그런 것들은 스트레스를 많이 받는 일입니다. 저는 투자 자체를 좋아합니다. 일단 우리가 어느 정도 성공하고 나서 우리는 자금 조달 측면의 비중을 줄이기 시작했습니다. 그러자 투자자들이 자연스럽게 빠져나가고 우리는 그들을 대체하거나 더 많은 자본을 끌어들이지 않았습니다. 시간이 지남에 따라 펀드의 관리 대상 자산 가운데 저 자신의 자금이 점점 더 많은 부분을 차지하게 되었습니다. 점차 우리는 실제 투자를 담당하는 직원들의 비중이 20~25퍼센트인데 비하여 관리 직원들의 비중이 75~80퍼센트까지 증가했습니다.

저는 컴플라이언스, 자금 조달, 투자자 보고, 법무, 인사 업무를 담당했습니다. 결국 저는 사업을 관리하느라 너무 많은 시간을 투자한다는 사실을 깨닫고 투자에만 집중해야겠다고 결심했습니다. 2020년 6월, 우리는 외부 투자자들에게 자본을 돌려주고 패밀리 오피스로 변신했습니다.

DR_ 경제 상황에 대해 잠시 이야기해 보지요. 당신은 인플레이션을 언급했습니다. 제가 카터 대통령을 모시고 백악관에서 일할 때, 저는 두 자릿수의 인플레이션과 씨름하고 있었습니다. 물론 다른 사람들도 함께 작업했지요. 당신은 인플레이션을 걱정하십니까? 그것이 경제적 측면에서 지금 당신의 주된 관심사인가요?

JP_ 저는 인플레이션을 걱정하지 않는다고 말하는 편이 맞겠군요. 왜냐하면 우리는 고정 금리 자산이 없기 때문입니다. 우리는 현재 시장이 예상하는 것보다 인플레이션이 더 심해질 것으로 생각하기 때문에, 인플레이션율이 더 높아질 때 이익을 낼 수 있는 구조로 포트폴리오를 조정했습니다. 만약 인플레이션이 예상보다 더 높은 수준이 된다면 우리 포트폴리오는 이익을 많이 내게 될 것입니다.

DR_ 당신은 연준이 너무 오랫동안 인위적으로 금리를 낮게 유지했다고 생각하십니까?

JP_ 그들이 인위적으로 금리를 낮게 유지했나요? 네, 그렇습니다. 그들이 '너무 오랫동안' 인위적으로 금리를 낮게 유지했나요? 전 그렇게 생각하지 않습니다. 우리는 코로나로 전체 경제가 무너져 내릴지도 모를 최악의 금융 위기를 걱정했습니다. 연준과 재무성이 적극적인 정책을 펼치지 않았더라면 우리는 경기 침체에 깊이 빠져들었을 것입니다. 그들이 경기 부양을 위해 통화 정책과 재정 정책을 모두 실시함으로써 경기 침체 기간을 최소화했습니다. 따라서 경기는 빠른 속도로 회복해 GDP 축소는 최소화되고 GDP 증가가 가파르게 이루어졌습니다.

DR_ 미국의 부채와 적자 규모에 대해 걱정하십니까?

JP_ 물론입니다. 우리는 경제를 안정시키기 위해 많은 돈을 빌렸습니다. 그러나 어느 시점에 가면 돈을 상환하거나 더 높은 인플레이션을 통해 상쇄해야 합니다. 부채 상환의 결과는 매우 가혹하므로 장기간 성장 둔화를 초래할 가능성이 있습니다. 더 쉬운 대안은 인플레이션을 통해 부채를 수익화하는 것입니다. 인플레이션 상황에서 명목 기준 GDP는 더 빠르게 증가합니다. 그리고 부채는 명목 기준으로 표시되므로 인플레이션 상황에서는 GDP 대비 부채 비율은 낮아질 수 있습니다. 저는 우리가 한 가지만 선택해야 한다면 인플레이션이 더 바람직한 결과를 가져올 것으로 생각합니다.

DR_ 사람들은 항상 거품이 터지기를 원합니다. 당신은 실제로 가장 큰 거품 중 하나인 주택저당채권담보부 증권의 거품을 선택했습니다. SPAC 시장은 어떤가요? 당신은 그것이 곧 터질 거품이라고 생각하십니까?

JP_ 저는 그것이 반드시 거품은 아니지만 거품이 낀 시장의 증거를 보여준다고 생각합니다. 유동성이 너무 많아요. 저는 SPAC 시장이 과대 평가되고 있다고 말하고 싶군요. 평균적으로 SPAC 투자는 손해보는 투자가 될 것입니다.

DR_ 당신은 암호화폐를 믿으시나요?

JP_ 저는 암호화폐를 믿지 않습니다. 저는 암호화폐가 거품이라고 말하고 싶습니다. 암호화폐를 공급량이 제한된 무가치한 상품이라고 묘사하고 싶습니다. 공급량이 제한되었다는 것 외에는 어떤 암호화폐도 내재 가치가 없습니다.

DR_ 방금 말씀하신 것을 근거로 볼 때, 당신은 암호화폐에 대해 크게 공매도하지 않은 이유가 있습니까? 혹시 공매도 거래를 했다면 그것은 잘한 거래라고 보십니까?

JP_ 우리가 서브프라임 시장에서 상당한 규모로 공매도 거래를 한 이유는 그것이 비대칭적이었기 때문이었습니다. 국채보다 1퍼센트 높은 금리로 거래되는 채권을 공매도하면 보유 기간 동안 스프레드 차이만큼만 손해를 보지만 만약 채권이 채무 불이행 사태에 빠지면 액면가로 보상을 받아 이익을 얻습니다. 하지만 암호화폐를 공매도하면 손실 규모는 무제한입니다. 비록 장기적으로 이익을 볼 수도 있겠지만 단기적으로 보면 비트코인처럼 5,000달러에서 4만 5,000달러로 오르내립니다. 그것은 공매도하면 청산될 가능성이 큽니다. 암호화폐는 공매도 거래를 하기에 변동성이 너무 큽니다.

DR_ 당신이 어떻게 이 사업에 뛰어들었는지 이야기해보죠. 당신은 뉴욕에서 태어났고, 당신의 부모님은 모두 다른 나라에서 왔습니다.

JP_ 아버지는 에콰도르 출신입니다. 어머니는 뉴욕시 출신이지만 외조부는 러시아와 우크라이나 출신입니다. 부모님은 UCLA에서 만났습니다. 아버지는 경영학을 공부하셨고 어머니는 심리학자였습니다. 공부를 마치고 그들은 뉴욕으로 돌아왔습니다. 그리고 저는 뉴욕에서 태어났습니다.

DR_ 여기 뉴욕에서 고등학교에 다녔지요?

JP_ 네. 건실한 중상류층 가정이었지만, 사립학교에 다닐 형편은 안 되어 저는 뉴욕 공립학교를 다녔습니다. 고등학교를 졸업한 후 뉴욕대에 진학했고, 뉴욕대를 졸업한 후 하버드 경영대학원에 진학했습니다.

DR_ 당신은 뉴욕대에서 경영학과를 졸업했습니다. 수석 졸업생이었죠?

JP_ 네. 그렇습니다.

DR_ 당신의 부모님은 당신이 수석 졸업생이라는 사실에 감명받으셨을 겁니다. 대학을 졸업하고 어디에 가서 무슨 일을 했나요?

JP_ 저는 대학에 다닐 때 몇 가지 사업을 시작했기 때문에 경영학 공부를 열심히 했습니다. 그때 중요한 일이 벌어졌습니다. 골드만삭스에서 오랫동안 회장직을 맡았던 구스타브 레비Gustave Levy는 뉴욕 대학교 졸업생이었습니다. 그는 '투자은행의 저명한 교수 세미나'라고 불리는 과정을 가르쳤으며 저는 그 강좌의 수강생으로 초대받았습니다. 학생들은 오직 12명뿐이었습니다. 그는 골드만삭스의 네 가지 주요 분야의 책임자들을 모두 불러 강의를 맡겼습니다. 그중 한 명인 밥 루빈이 위험 차익 거래를 담당했습니다. 위험 차익 거래는 역사적으로 골드만삭스에서 가장 수익성이 높은 분야였습니다. 저는 위험 차익 거래를 하겠다고 마음먹었습니다. 그들은 "만약 당신이 그렇게 하고 싶다면, 먼저 하버드 경영대학원에 가야 합니다. 그리고 M&A 분야에서 일해야 합니다. 좋은 성과를 보인다면 위험 차익 거래에서 일할 수 있을 것입니다"라고 알려주었습니다.

저는 그 길을 따라갔습니다. 저는 하버드에 진학했으며 그 후 베어스턴스에서 M&A 일을 담당했습니다. 베어스턴스의 M&A 파트너가 된 후, 저는 위험 차익 거래에서 가장 큰 부티크 중 하나였던 그루스 파트너스Gruss Partners에서 일했습니다. 그곳에서 4년을 보낸 후, 즉 경영대학원을 졸업한 지 12년이 되던 1994년에 폴슨앤코Paulson & Co.를 시작했습니다.

DR_ 당신은 하버드 경영대학원을 베이커 스콜라로 졸업했습니다. 이것은 당신이 반에서 상위 5퍼센트에 속했다는 것을 의미합니다. 골드만삭스에 가서 밥 루빈 밑에서 일하는 것을 고려했나요?

JP_ 그랬지만 약간 옆길로 샜어요. 저는 1980년에 졸업했습니다. 그 당시는 프라임 금리가 20퍼센트를 기록하고 당시 연방준비제도이사회 의장이었던 폴 볼커가 인플레이션을 억제하기 위해 모든 정책을 동원하고 있었으므로 주식 시장은 침체했습니다. 우리는 약간 불경기 상태에 있었습니다. 투자은행의 직원 채용 규모가 작았죠. 동시에 우후죽순처럼 생겨난 컨설팅 회사들이 일하기에 가장 매력적인 곳이었습니다. 이들은 당시 투자은행들이 지급하던 초임의 2배를 지급했습니다. 저도 유혹에 넘어가 상담을 받았습니다. 하버드를 졸업한 후 저는 보스턴 컨설팅 그룹에서 일했습니다. 2년 후, 저는 그것이 제가 정말 하고 싶었던 일이 아니라는 사실을 깨달았습니다. 저는 월스트리트에서 일하고 싶었습니다. 하지만 월스트리트에는 두 가지 부류의 사람들이 있었습니다. 한쪽은 대리인으로 그들은 투자은행에서 일하며 고객을 대신해 거래하면서 수수료를 받습니다. 또 다른 쪽은 자본 투자자로 자신의 자본을 투자함으로써 돈을 버는 사람들입니다. 정말로 부유한 사람들은 자본 투자자로 일했습니다. 제 꿈은 자본 투자자로 일하는 것이었습니다.

DR_ 모르는 사람들을 위해 위험 차익 거래에 관해 설명해 주시겠어요?

JP_ 그것은 합병에 투자하는 것입니다. 어떤 주식이 30달러에 거래되고 있는데 누군가가 그 회사를 합병하려고 50달러에 주식을 사겠다고 제안하고 주가가 48달러로 상승했다고 가정해 보지요. 2달러의 차액이 있어요. 그것은 큰돈이 아닌 것 같지만 50달러에 2달러는 4퍼센트입니다. 4개월 안에 거래가 성사되고 1년에 그와 같은 거래를 세 번 한다면 수익률은 12퍼센트가 됩니다. 만약 당신이 이런 거래를 위한 펀드를 설정하고 그것들이 이렇게 수익을 낸다면 당신은 안정적인 수익을 올릴 수 있습니다.

DR_ 하지만 당신은 일반적으로 합병을 발표한 거래에 초점을 맞췄습니다.

JP_ 네. 리스크 차익 거래는 합병을 발표한 거래를 대상으로 합니다. 당신은 합병을 예상하고 그와 같은 거래를 시도해볼 수도 있습니다. 그렇게 되면 합병 분야에서 일하는 것입니다. 당신은 매수 대상 회사를 알 수 있습니다. 어떤 회사를 인수할 시기가 무르익었다는 감을 강하게 느낄지도 모릅니다. 인수하기 전에 주식을 매입할 수 있으며 당신의 판단이 맞을 수도 있습니다. 그러나 그것은 위험 차익 거래라 기보다는 이벤트 차익 거래입니다.

DR_ 당신은 1994년에 회사를 시작했습니다. 사람들이 당신에게 돈을 맡기려고 몰려들었나요? 당신이 처음 시작했을 때 자본은 얼마였습니까?

JP_ 아뇨, 아주 힘든 시간을 보냈어요. 자본을 모으는 일은 어려운 일입니다. 저는 제가 저축한 얼마 안 되는 돈으로 회사를 시작했으며 시간이 지나면서 힘들게 돈을 모았습니다. 하방 위험을 최소화하고 상승 가능성을 극대화하는 능력을 사람들에게 증명하고 제 실적이 쌓여가면서 우리는 점점 더 많은 돈을 모을 수 있었습니다.

DR_ 좋은 투자자가 되기 위한 자질은 무엇이라고 생각하십니까? 열심히 일하는 것인가요? 행운인가요? 좋은 사람을 잘 만나야 하나요?

JP_ 무엇보다 투자를 시작하기 전에 많은 경험이 필요합니다. 경험의 종류는 투자의 종류에 따라 달라집니다. 위험 차익 거래 또는 사모펀드에 종사하려는 사람들은 아마도 가치 평가 및 인수합병 계약과 법률을 배울 수 있는 인수합병 분야에서 시작하는 것이 가장 좋을 것입니다. 그렇게 되면 나중에 스스로 회사를 인수하거나 합병 중인 회사의 증권을 거래할 때 그 경험을 활용할 수 있습니다.

존 폴슨

DR_ 직원을 채용할 때 어떤 면을 보십니까? 높은 아이큐, 근면성, 좋은 학교, 어떤 면에 중점을 두십니까?

JP_ 말씀하신 모든 것을 봅니다. 학교는 최고의 인재들을 선발할 수 있는 깔때기와 같습니다. 우리는 최고의 학교에 가서 가장 똑똑한 사람들을 찾습니다. 또한 조직에 방해가 되지 않는 인성이 좋은 사람들이 필요합니다.

DR_ 당신은 세계 최고의 투자자들을 알고 있습니다. 그들의 특징 중에 당신이 존경하는 항목은 무엇인가요? 노력, 정보력, 높은 아이큐 가운데 어떤 점인가요?

JP_ 당신이 말씀하신 것들에 조직력, 윤리적 행동, 규율, 그리고 집중력도 포함됩니다.

DR_ 당신은 계속 투자 활동을 하실 건가요? 제 생각에 당신은 정부에서 일할 마음은 없는 것 같군요.

JP_ 저는 계속 투자에 종사할 생각이며, 정부에서 일하는 것에는 관심이 없습니다. 저는 일을 덜 하면서 인생의 다른 측면을 즐기기 위해 제 삶을 더 단순하게 만들려고 노력해왔습니다. 외부 투자자들의 자본을 돌려준 것은 그런 방향으로 나아가기 위한 중요한 움직임이었습니다. 저는 이제 투자자들을 만나려고 여행하거나 투자자 보고서를 작성할 필요가 없으며 펀드 수익이나 다른 사람들의 세금 문제에 대해 걱정할 필요도 없습니다. 저는 제가 좋아하는 투자에 여전히 집중하고 있지만 예전보다는 시간을 덜 투자하고 있습니다.

DR_ 사람들이 항상 당신에게 "제게 주실 좋은 아이디어가 있나요?"라고 물어봅니까?

JP_ 가끔 물어봅니다. 하지만 최악의 상황은 무심코 알려준 아이디어가 잘못되었을 때입니다. 그렇게 되면 기분이 상당히 안 좋습니다. 저는 투자 조언을 하지 않습니다.

DR_ 지금까지 당신이 받은 최고의 투자 조언은 무엇입니까?

JP_ 최고의 조언은 자신이 잘 아는 분야에 투자하라는 것입니다. 누구나 한 번은 특정한 투자에서 운이 좋을 수 있지만, 그것은 장기적으로 반복할 수 있는 전략이 아닙니다. 당신이 잘 모르는 분야에 투자하면 결국 잘못될 것입니다. 가장 중요한 것은 다른 사람들보다 당신이 더 잘 알고 있는 특정 분야에 집중하는 것입니다. 그것이 당신이 투자에서 성공할 수 있는 비결입니다.

DR_ 투자자들이 가장 흔히 저지르는 실수는 무엇인가요?

JP_ 그들은 빨리 부자가 되려고 다른 사람들이 하는 이야기를 근거로 투자합니다. 가격이 상승하는 것만 보고 남들을 따라 투자하다 보면 결국 언젠가 투자 금액이 감소하는 상태에 도달합니다. 그러면 그들은 돈을 잃게 됩니다.

DR_ 누군가가 당신에게 "저는 방금 아버지한테 성년식 혹은 결혼 선물로 10만 달러를 받았어요. 이 돈을 어떻게 해야 할까요?"라고 물으면 그들에게 뭐라고 말할 건가요?

JP_ 저는 보통 사람들에게 최고의 투자는 자신의 집을 사는 것이라고 조언합니다. 그 10만 달러를 가지고, 계약금으로 10퍼센트를 지불하고 주택담보대출을 90만 달러 받으면 백만 달러짜리 집을 살 수 있습니다. 지난달에 주택 가격이 전년도보다 20퍼센트 올랐다는 보도가 나왔습니다. 만약 당신이 작년에 100만 달러를 주고 집을 샀고, 그 집값이 20퍼센트 상승했다면, 수익 금액은 10만 달러 투자에 20만 달러입니다. 수익률로 따지면 100퍼센트가 됩니다. 당신이 오래 기다릴수록, 그 집은 가격이 더 올라가고 당신의 지분에 대한 수익 금액은 더 커지게 될 것입니다. 아버지로부터 물려받은 것과 같은 종류의 돈을 가진 사람들이 할 수 있는 최고의 투자는 자신의 집이나 아파트를 사는 것입니다.

DR_ 사람들에게 투자하지 말라고 조언하는 것은 무엇입니까?

JP_ 많은 사람이 동의하지 않겠지만, 저는 암호화폐에 투자하면 안 된다고 생각합니다. 오늘날 모든 곳에서 거래되는 암호화폐는 지금 가격이 상승하든 하락하든 결국 가치가 없다는 것이 증명될 것으로 생각합니다. 그것은 단지 수요와 공급의 문제일 뿐입니다. 일단 열기가 사라지거나 유동성이 고갈되고 나면 암호화폐의 가격은 제로가 될 것입니다. 저는 누구에게도 암호화폐에 투자하라고 권하지 않을 것입니다.

DR_ 당신의 직업을 후회하지 않나요?

JP_ 그럼요.

DR_ 그러면 당신의 아이들이 언젠가 투자 세계에 진출하기를 바라나요?

JP_ 저는 항상 자신이 열정을 가진 일을 해야 한다고 말합니다. 저는 아주 어렸을 때, 우연히 투자가 재미있다는 사실을 알게 되었습니다. 저는 물건을 사고파는 것을 좋아합니다. 돈 버는 것을 좋아하고, 돈을 벌어 얻은 자립력으로 제 생활방식을 즐길 수 있었습니다. 그것이 제가 좋아하는 것입니다. 하지만 다른 사람에게 그것을 강요할 수는 없습니다. 가장 중요한 것은 자신의 열정을 추구하는 것입니다. 그것이 당신이 성공할 가능성을 높여줄 것입니다.

2   사모펀드와 바이아웃

산드라 호바흐 Sandra Horbach

칼라일 그룹, 미국 바이아웃 및 성장 담당 전무이사 겸 공동 책임자

> **"당신의 안주는 조직을 파괴할 것이다. …**
> **당신은 회사를 지속적으로 혁신하고 투자를 뒷받침할 수 있도록**
> **팀이 갖춰야 할 역량의 기준을 꾸준히 높여야 한다."**

지난 35년 동안 칼라일의 성공은 매우 재능 있는 다수의 투자 전문가들의 기술 덕분이었고, 그들 중 몇 명의 사례는 이 책에 포함될만한 가치가 있다. 하지만 인터뷰의 객관성을 높이기 위해, 나는 진정으로 독특한 재능을 가진 산드라 호바흐를 인터뷰했다.

워싱턴주 벨뷰 출신인 산드라는 일찍부터 국제 외교에 관심이 있었으며 그 분야에서 두각을 나타내기 위해 대학에서 중국어를 배웠다. 그러나 1980년대에는 미국에서 중국어 사용자에 대한 수요가 거의 없었으므로 산드라는 금융 분야에서의 경력이 더 생산적일 것으로 판단했다.

결과적으로, 산드라는 웰즐리 대학을 졸업한 후 뉴욕의 모건 스탠리Morgan Stanley에서 금융계에 발을 들여놓았다. 스탠퍼드 경영대학원에서 MBA를 받았으며, 그 후 1987년 당시 미국의 선도적인 바이아웃 회사 중 하나였던 폴스트먼 리틀Forstmann Little에 입사했다. 그 당시 바이아웃 세계에서는 여성을 찾아볼 수 없었다.

산드라는 1993년 파트너로 승진했으며 매우 존경받는 바이아웃 전문가로서 회사의 가장 성공적인 투자를 이끌었다. 걸프스트림Gulfstream의 경우처럼 바이아웃 거래에서 문제가 발생했을 때 그녀는 종종 그것을 해결하는 임무를 받았다. 걸프스트림은 그녀가 처음 관여했을 때 겉으로는 투자 손실처럼 보였지만 궁극적으로 그녀의 노력 덕분에 회사의 가장 큰 성공 사례 중 하나가 되었다.

바이아웃의 선구자인 테드 폴스트먼Ted Forstmann이 폴스트먼 리틀의 활동을 줄이기로 했을 때, 모든 주요 바이아웃 회사들은 산드라를 영입하기 위해 치열하게 경쟁했다. 운 좋게도 칼라일이 그녀를 영입할 수 있었다. 그녀는 칼라일의 소비자 및 소매 투자 진출을 성공적으로 이끌었으며 회사의 가장 큰 사업 분야인 미국 바이아웃 및 성장 부문의 공동 책임자로 현재의 위치에 올랐다.

산드라는 현재 전체 바이아웃 세계에서 가장 지위가 높고 경험이 많은 여성 중 한 명이다. 그녀는 또한 젊은 여성들이 전문직에 도전하는 것을 격려하며 멘토로 활동하는 등 금융 서비스 세계에서 선도적인 역할을 하는 여성이기도 하다.

나는 그녀가 인터뷰를 통해 (대규모 차입이 성공의 핵심 요인이었던)

바이아웃 세계의 초기 상황에 대한 몇 가지 독특한 관점뿐만 아니라 오늘날 세계가 어떻게 운영되고 있는지에 대한 통찰력을 제공할 것으로 생각했다. 그녀는 수년간 직접 바이아웃을 실행한 사람의 관점과 직접 투자를 담당하는 대규모 투자 전문가팀을 감독하는 사람의 관점을 모두 갖추고 있다. 그녀와 대화를 나누다 보면 남성 중심의 직업 세계에서 그녀가 직면했던 도전들에 관한 이야기를 자세히 들을 수 있고, 또한 그녀가 꾸준히 해오던 것처럼 다른 여성들도 그 세계의 즐거움과 기회를 경험할 수 있도록 격려할 수 있으리라생각했다.

$

데이비드 M. 루벤슈타인DR_ 당신은 의심할 여지 없이 세계에서 가장 경험이 많고 성공한 여성 중 한 명입니다. 당신이 수십 년 전에 바이아웃 일을 처음 시작했을 때, 바이아웃에 종사하는 여성들이 많이 있었나요? 당신의 역할 모델이 있었을까요?

산드라 호바흐SH_ 제가 처음 바이아웃 세계에 진출했을 때 이 업무를 하는 여성이 없었기 때문에 제게는 여성인 역할 모델이 없었습니다. 저는 운 좋게도 훌륭한 투자자들과 함께 일하며 그들을 역할 모델로 삼았습니다.

DR_ 당시 남자들이 당신을 존중했나요? 아니면 그 당시에는 분위기가 그렇지 않았나요?

SH_ 어떤 사람들은 저를 존중해 주었지만 어떤 사람들은 분명히 제 능력에 대해 회의적이었습니다. 시간이 지나면서, 저는 저 자신을 증명하려고 노력했고 보통은 매우 긍정적인 결과를 얻을 수 있었습니다.

산드라 호바흐

DR_ 오늘날 대형 사모펀드 회사들은 일류 경영대학 출신을 채용하려고 혈안이 되어 있습니다. 당신이 졸업할 때도 그랬나요? 당신은 어떻게 바이아웃 세계에 들어갔습니까?

SH_ 제가 학교에 다닐 때는 경영대학원 졸업생을 인터뷰하려는 사모펀드 회사는 없었습니다. 당시만 해도 사모펀드 회사들의 규모는 매우 작았습니다. 그들은 경영대학원은 고사하고 다른 대학원 어디에서도 신입 직원을 채용하지 않았습니다. 일반적으로, 누군가를 알아야만 사모펀드 회사에 들어갈 수 있었습니다. 저는 정말 아무도 몰랐습니다. 그래서 스탠포드와 모건 스탠리 동문과 독자적인 구직 연락망을 구축해 어떻게든 사모펀드 세계로 들어갈 길을 모색했습니다. 저는 여러 회사의 문을 두드려 보았습니다. 다행히 폴스트먼 리틀에는 존재하지 않았던 역할을 제가 할 수 있다고 설득해 그곳에 들어갈 수 있었습니다.

DR_ 당신이 입사했을 때 폴스트먼 리틀은 직원 수나 관리 자본 측면에서 규모가 어떠했습니까?

SH_ 제가 1987년에 회사에 들어갔을 때 파트너가 다섯 명 있었습니다. 저는 여섯 번째 투자 전문가로서 유일한 여성이 되었죠. 관리 자본 규모는 10억 달러 이상이었습니다. 그 당시 그 정도 규모를 가진 회사는 두 곳이 있었습니다.

DR_ 폴스트먼 리틀의 초창기에 바이아웃 사업을 누가 가르쳐주었나요? 한 사람이 담당했나요, 아니면 독학했나요? 어떻게 바이아웃을 배웠나요?

SH_ 바이아웃 업무는 도제식으로 배워야 합니다. 그래서 저는 몇몇 훌륭한 투자자들의 뒤를 쫓아가며 배웠습니다. 폴스트먼 리틀에서 근무하던 초기에는 주로 설립자 중 한 명인 브라이언 리틀Brian Little과 회사의 또 다른 파트너인 존 스프라그John Sprague와 함께 일했습니다. 몇 년 후, 저는 테드 폴스트먼과 직접 일하게 되었습니다. 그와 함께 일하면서 가장 많이 배웠다고 생각합니다. 그는 바이아웃 산업의 선구자였으며 위대한 투자자였습니다.

DR_ 그 당시에는 바이아웃 거래가 오늘날보다 훨씬 더 차입금의 활용도가 높았습니다. 차입 비율이 일반적으로 어느 정도였습니까? 저는 폴스트먼 리틀이 다른 대부분 회사와 상황이 다르다는 것을 알고 있습니다만, 바이아웃 거래의 차입금 비율이 90퍼센트 정도였나요?

SH_ 네, 맞습니다. 대부분 기업은 부채 90퍼센트와 지분 10퍼센트 방식으로 거래했습니다. 당신이 언급했듯이, 폴스트먼 리틀은 자체적으로 후순위 채권 펀드를 운용할 수 있었으므로 훨씬 더 안전하고 기발한 자본 구조를 조성할 수 있었습니다. 따라서 우리는 그 당시 다른 회사에 비해 경쟁적 우위를 차지할 수 있었습니다. 그래서 우리는 다른 대부분의 레버리지 바이아웃(차입금으로 기업을 인수하는 방식) 회사들보다 은행을 통한 부채 조달 규모가 작았습니다.*

DR_ 처음에 당신이 맡은 일은 바이아웃 기회를 분석하고 자금을 마련

---

* 1980년대 폴스트먼 리틀의 전성기에 회사가 인수 거래에 사용할 수 있는 후순위 채권 펀드를 운용한다는 사실이 다소 독특했다. 다른 기업들은 일반적으로 바이아웃 투자 자금을 조성하는 데 필요한 후순위 채권 자금을 조달하기 위해 종종 금융 시장의 문을 두드렸다. 다른 모든 바이아웃 회사들과 마찬가지로, 폴스트먼 리틀은 바이아웃 거래에 필요한 선순위 부채를 조달하기 위해 금융 시장에 진출해야 했지만 이미 후순위 채권에 투자할 수 있는 펀드를 스스로 운용하고 있었으므로 다른 기업들보다 다소 유리한 위치에 있었다. 다른 회사들은 일반적으로 금리가 높은 시장에서 후순위 채권 자금을 확보해야 하므로 폴스트먼 리틀이 자신의 후순위 채권 펀드에서 자금을 조달하는 비용보다 조달 비용이 더 많이 들고 자금 조달 조건은 더 까다로웠다.

하는 것이었나요? 젊은 전문가로서 당신이 담당했던 일은 무엇이었나요?

SH_ 저는 잠재적으로 매력적인 투자 기회를 찾는 일을 담당했습니다. 회사를 실사하고 자금 조달을 준비한 다음, (일반적으로 투자가 이루어진 다음 4~7년 후) 포트폴리오 회사를 매각하거나 상장할 때까지 감독하는 일입니다.

DR_ 그 당시 거래를 따내려는 경쟁이 그렇게 치열했습니까? 아니면 경쟁자가 실제로 아주 적었습니까?

SH_ 그 당시에는 항상 경쟁이 치열하다고 생각했지만, 오늘날에 비하면 경쟁이 훨씬 덜했습니다.

DR_ 거래를 성사할 수 있는 결정적인 요인이 가격이었나요? 아니면 거래를 확실히 마무리할 수 있는 능력이 중요한 요인이었나요?

SH_ 둘 다였어요. 거래 가격이 일정 수준에 도달해야 하지만 거래 종결의 확실성 또한 매우 중요했습니다. 왜냐하면 그 당시 전체 거래에 대해 합의한 자금을 쉽게 조달할 수 없었기 때문입니다. 그것이 바로 우리의 후순위 채권 펀드가 경쟁력이 있었던 이유입니다.

DR_ 당신 회사나 다른 회사들은 가치를 높이기 위해 무엇을 했습니까? 부가가치를 높이기 위해 전직 CEO 등 운영 파트너들이 많이 참여했습니까, 아니면 당시에 그런 일은 비즈니스 일부가 아니었습니까?

SH_ 그 당시만 해도 오늘날 우리가 가진 비즈니스 가치 창출을 위한 수단이 없었습니다. 하지만 우리는 강력한 이사회를 구성하였으며 그들이 가진 업계 또는 경영 전문 지식을 활용해 경영진에 조언하는 체계를 갖추었습니다. 예를 들어, 걸프스트림 이사회에는 조지 슐츠George Shultz, 밥 스트라우스Bob Strauss, 밥 돌Bob Dole, 헨리 키신저Henry Kissinger, 돈 럼즈펠드Don Rumsfeld, 콜린 파월Colin Powell이 참여했습니다.

DR_ 꽤 인상적입니다. 그 당시에 자금 조달이 사업의 주요 항목이 아니었나요? 아니면 자금 조달 빈도가 오늘날보다는 더 낮고 자금 조달 규모가 훨씬 더 작았나요?

SH_ 유한책임사원LP, limited partners들로부터 자금을 모으는 일은 항상 가장 중요했으며 우리는 약 4~5년마다 새로운 펀드를 만들었습니다. 우리는 운이 좋았고, LP들과 좋은 관계를 맺었으며 그들은 매우 충성스러운 투자자들이었습니다. 우리에게는 반복적으로 함께 펀드에 투자할 수 있는 투자자들이 많이 있었습니다. 하지만 펀드 규모는 확실히 더 작았습니다.*

DR_ 당신이 작업했던 주요 거래는 무엇이었나요?

SH_ 걸프스트림 에어로스페이스Gulfstream Aerospace입니다. 저는 그 거래

---

* 바이아웃 세계는 벤처 세계처럼 일반적으로 자기 자본에 대한 투자 자금을 바이아웃이나 벤처 기업이 기관이나 개인 투자자로부터 조달한 펀드를 통해 조성한다. 대개 투자자들은 펀드의 능력과 실적에 대한 방대한 실사를 실행하므로 이런 자금을 조달하는 데는 시간이 많이 소요될 수 있다. 게다가 오늘날 투자자들은 전 세계에 퍼져 있으므로 100억~200억 달러의 대규모 바이아웃 펀드를 조성하는 데는 길게는 1년 혹은 2년도 걸릴 수 있다. 코로나로 인해, 투자자들을 위한 프레젠테이션을 직접 만나지 않고 화상으로 할 수 있으므로 자금 조달이 조금 더 쉬워졌다. 바이아웃 펀드의 자본은 벤처 펀드와 마찬가지로 투자자가 펀드에 위탁하며, 바이아웃 또는 벤처 펀드가 진행할 준비가 된 거래가 있을 때만 투자자는 실제로 자금을 제공한다. 그런 뒤 투자자들은 투자에서 자신의 담당 몫에 해당하는 자금을 조성한다. 관리 수수료는 일반적으로 투자자가 펀드에 약속한 총액에 대해 매년 지급한다. 예를 들어 10억 달러짜리 펀드가 1억 달러를 투자한다면 투자자들이 자신이 투입한 자본의 10퍼센트를 투자하는 것을 의미한다. 따라서 펀드에 5,000만 달러 투자를 약속한 투자자는 전체 1억 달러의 투자 가운데 5,000만 달러의 10퍼센트인 500만 달러를 투자하는 셈이다. 따라서 투자자는 일반적으로 관리 수수료로 약정 금액의 1~2퍼센트인 50만 달러 혹은 100달러를 매년 받는다.

를 하느라 8년이라는 오랜 시간을 투자했습니다. 우리는 투자 전문가가 10명 미만인 작은 회사였기 때문에 대부분의 거래에 참여했습니다. 거기에는 커뮤니티 헬스 시스템즈Community Health Systems, 제너럴 인스트루먼츠General Instruments, 양키 캔들Yankee Candle, 탑스Topps, 스타나딘Stanadyne, 시타델 커뮤니케이션스Citadel Communications, XO 커뮤니케이션스XO Communications, 알딜라Aldila, 디파트먼트 56Department 56 등이 있습니다. 모든 회사가 유명한 브랜드 회사는 아닙니다.

DR_ 당신은 크라이슬러Chrysler로부터 걸프스트림을 샀습니다. 당신이 회사를 인수한 후 몇 가지 문제가 있었습니다. 당신과 동료들은 그 문제들을 어떻게 처리하고 회사를 다시 정비해 성공적으로 제너럴 다이내믹스에 매각했나요?

SH_ 저는 인수 후에는 걸프스트림의 감독에 관여하지 않았습니다. 우리가 사업에서 문제점을 발견했을 때 테드 폴스트먼은 제게 그 문제들이 해결 가능한지 판단하기 위해 회사의 본사가 있는 사바나에 가라고 요청했습니다. 그는 제게 신규 투자를 하는 것처럼 회사를 자세히 살펴보고 앞으로 나아갈 방향에 대해 파트너들에게 권고할 내용을 마련해 오라고 지시했습니다.

저는 회사에서 몇 달을 보낸 후, 그 문제들이 해결 가능하다고 판단해 혁신 계획안을 파트너들에게 제시했습니다. 다행히도, 파트너들은 협조적이었으며 우리는 LP들에게 제시할 계획안을 함께 작성해 그들의 지원을 받아냈습니다. 제가 앞서 설명했듯이 우리는 자체 후순위 채권 펀드를 운용하고 있었으므로 LP들에게 그들의 모든 후순위 채권을 주식으로 전환하도록 설득했습니다.

본질적으로, 우리는 회사의 문제를 해결하기 위해 자본 구조를 보강함으로써 시간을 벌었습니다. 먼저 전체 경영진을 교체한 후 비용을 절감하고 문제의 걸프스트림 500 개발 프로그램을 재설계했습니다. 우리는 아이러니하게도 당시 칼라일 포트폴리오 회사였던 롤스로이스Rolls Royce와 보트Vought와의 수익 공유 계약을 통해 새로운 개발 프로그램의 증가된 비용을 지원하는 데 도움을 줄 파트너를 찾았습니다. 앞서 언급한 초일류 이사회를 구성함으로써 그들은 최고의 항공기 판매원으로 활약했습니다.

DR_ 당신은 바이아웃 사업을 즐기는 것 같은데 그 이유는 무엇입니까?

SH_ 물론 저는 바이아웃 사업을 즐기고 있습니다. 저는 그 업무를 오랫동안 해왔습니다. 새로운 사업에 대해 배우고 회사가 성공하는 요인이 무엇인지 이해하는 것을 좋아합니다. 또한 경영진과 협력하면서 그들을 지원하고 회사의 잠재력을 실현하는 것을 매우 좋아합니다.

DR_ 당신이 배운 가장 중요한 교훈은 무엇인가요?

SH_ 저는 수년간 많은 교훈을 얻었습니다. 가장 중요한 것은 겸손입니다. 다양한 의견은 더 좋은 투자 결정으로 이어집니다. 저는 올바른 리더가 어떻게 회사의 방향을 완전히 바꿀 수 있는지 배웠습니다. 또한 평범한 사업을 낮은 배수로 싸게 사는 것보다 훌륭한 사업을 위해 돈을 쓰는 것이 더 낫다는 사실을 배웠습니다.*

마지막으로, 저는 안주하면 조직을 파괴한다는 것을 배웠습니다.

---

* 바이아웃 투자는 일반적으로 회사의 EBITDA의 배수로 이루어진다. EBITDA 숫자는 기업의 실질적인 수익을 표시해 주므로 기업의 이익 창출 능력을 위한 최고의 지표로 간주한다. 바이아웃은 일반적으로 EBITDA의 배수로 거래된다. 저성장 산업인 제조업체의 경우 EBITA의 6~8배로 거래되며 수익 성장 잠재력이 더 큰 첨단 기술 기업은 EBITDA의 15~20배로 거래된다.

당신은 과거의 성공에 안주할 수 없습니다. 회사를 지속적으로 혁신하고 투자를 뒷받침할 수 있도록 팀이 갖춰야 할 역량의 기준을 꾸준히 높여야 합니다.

DR_ 훌륭한 바이아웃 전문가가 되기 위한 주요 자질은 무엇이라고 생각하십니까?

SH_ 지적 정직함입니다. 당신은 긍정적인 측면만 보고 거래하고 싶지 않을 것입니다. 호기심 역시 매우 중요합니다. 겸손하지만 결단력이 있어야 하고 대인관계 능력이 뛰어나야 합니다. 사람들을 잘 읽고 모든 다른 유형의 사람들과 상호 작용을 잘할 수 있어야 합니다. 그리고 능동적으로 열심히 일해야 합니다. 바이아웃 산업은 경쟁이 치열한 분야입니다. 따라서 경쟁에서 승리하려면 자신을 몰아붙여야 합니다. 또한 저는 앞을 내다보는 능력을 갖추고 과거가 미래를 좌우하지 않는다는 것도 이해해야 한다는 점을 강조하고 싶습니다.

마지막으로 실패를 받아들이고 실패를 넘어 전진할 수 있어야만 합니다. 사모펀드 사업을 오래 하다 보면 거래가 잘 안 되고, 투자자들의 돈을 잃게 되는 끔찍한 경험을 할 수도 있습니다. 하지만 우리는 위험을 감수하는 사업을 하고 있습니다. 당신은 그 책임을 감당할 수 있어야 합니다.

DR_ 테드 폴스트먼이 회사를 정리하기로 한 후, 당신은 회사를 떠나 칼라일의 소비자 및 소매 바이아웃 사업을 담당하기 위해 합류했습니다. 다른 바이아웃 회사들로부터 함께 일하자는 제안을 많이 받았죠. 당신은 바이아웃 사업의 어떤 점이 마음에 들어 계속 활동하고 있나요? 다른 금융 회사의 최고재무책임자나 CEO가 되지 않은 이유가 있나요? 당신이 바이아웃 사업에서 그렇게까지 보람을 느낀 것은 무엇인가요?

SH_ 저는 다양한 종류의 회사와 경영진과 일하는 것을 즐깁니다. 그래서 끊임없이 배우고 새로운 것을 접하죠. 저는 사모펀드 외에 다른 일을 진지하게 고려해 본 적이 없습니다. 저에게 중요한 문제는 어느 회사에서 일하는 것인가 하는 문제였습니다. 저는 폴스트먼 리틀을 떠나 다른 회사들을 만나기 전까지 그곳이 얼마나 특별한지 깨닫지 못했습니다. 다행히도 칼라일은 제게 적합한 회사였습니다. 저를 고용해주셔서 감사합니다.

DR_ 당신은 이제 칼라일의 미국 바이아웃 및 성장 사업을 공동으로 이끌고 있습니다. 당신이 바이아웃 사업을 처음 시작했을 때와 어떻게 달라졌나요?

SH_ 저는 "사업이 어떻게 바뀌지 않았지?"라는 질문을 던져보곤 합니다. 제가 1987년에 바이아웃 산업에 뛰어들었을 때, 심지어 사람들은 바이아웃을 산업이라고 취급하지 않았습니다. 거기에는 레버리지 바이아웃이라고 불리는 새로운 유형의 투자를 하는 소수의 작은 회사들만이 활동하고 있었습니다. 이제 사모펀드는 전 세계 수천 개의 기업이 수조 달러의 자금을 관리하면서 투자하는 확립된 글로벌 자산 운용 산업입니다. 산업이 성장하고 발전함에 따라 칼라일과 같은 기업은 가치 창출을 촉진하기 위해 상당한 자원과 기능을 추가했습니다. 치열한 경쟁, 높은 가치 평가, 점점 더 커지는 펀드 규모는 사모펀드 기업들이 우수한 투자 기회를 식별하고 우수한 결과를 도출하기 위한 부가가치를 어떻게 창출하는지에 대한 기준을 계속 높여야 한다는 것을 의미합니다.

DR_ 오늘날의 바이아웃 거래는 차입금이 적기 때문에 더 안전합니까? 인수 기업에 의한 부가가치를 더 올려야 합니까, 아니면 경쟁이 더 치열해지므로 가격이 더 올라갔습니까?

SH_ 확실히 가격이 올랐지만, 동시에 90퍼센트의 부채와 10퍼센트의 지분을 투자했던 초기보다 자본 구조에서 지분비율이 더 높아졌습니다. 경쟁은 점점 더 치열해지고 있습니다. 그러므로 우리는 바이아웃 팀에 가치 창출 기능을 추가하는 것과 인수하는 회사의 유형에 대해 매우 신중해야 합니다.

DR_ 잠재적인 거래로부터 인수 결정에 이르는 일반적인 바이아웃 과정이 어떻게 진행되는지 알려주실 수 있나요? 그리고 거래를 성공적으로 마무리해 기업을 인수하면 그다음 어떤 일이 일어나는지도 알려주시지요.

SH_ 우리는 투자 우선순위의 기회가 있는 하위 부문에 초점을 맞춰 매년 6개 산업별로 바이아웃 검토를 시작합니다. 칼라일은 산업에 매우 중점을 두고 있습니다. 일단 우리가 초점을 맞추면 해당 부문의 바이아웃 팀들은 실행 가능하고 매력적인 투자 기회를 찾아 나섭니다. 그들이 우리의 투자 기준을 충족하는 바이아웃 대상 기업을 찾으면 펀드 책임자들에게 그것에 관한 검토를 요청합니다. 우리는 이를 '헤즈업heads up'이라고 부릅니다. 투자의 장점에 대해 논의하는 고위급 검토를 의미하죠.

우리가 헤즈업 미팅에서 거래를 진행하도록 허가하면 바이아웃 팀들은 엄격한 실사 작업에 착수해 비즈니스에 대한 일련의 자세한 조사를 시작합니다. 이 과정에서 실사 결과가 만족스럽지 않으면 거래를 포기하는 경우가 많이 있습니다. 마지막으로 바이아웃 팀들이 실사 과정을 점검하고 인수를 진행할 것을 추천하면 펀드의 대표는 거래를 승인하고 그 거래를 투자위원회에 상정합니다. 최종적으로 그곳에서 바이아웃 거래의 승인 여부를 결정합니다.

DR_ 당신은 일반적으로 한 해에 거래를 몇 개나 검토하고 있으며 실제로 성사된 것은 몇 개나 됩니까?

SH_ 우리는 거대한 거래 채널을 통해 매년 수백 건의 거래를 검토하지만 그것들은 대부분 우리의 투자 기준에 맞지 않기 때문에 추진되지 않습니다. 앞서 언급했듯이, 우리는 6개의 산업 분야를 대상으로 연간 10~20건의 거래를 적극적으로 검토합니다. 그렇게 하면 1년 안에 대개 회사 100개를 매우 철저하게 검토하는 셈입니다. 그런 과정을 거쳐 우리는 한 해에 회사를 6~12개 정도 인수합니다.

DR_ 일단 회사를 인수하면 어떻게 가치를 높일 수 있나요? 칼라일 투자 전문가들은 인수한 회사를 감독하는 데 얼마나 관여하나요?

SH_ 칼라일 투자 전문가들은 이사회에서 일하며 가치 창출 계획의 실행과 궁극적으로 출구 전략을 찾기 위해 인수 회사에 매우 적극적으로 참여합니다. 우리는 또한 글로벌 투자 자원 팀에 30명 이상의 기능 전문가로 구성된 팀이 있습니다. 이 팀은 인재와 조직 성과, 디지털 전환, 기술 및 사이버 보안, 조달, 수익 증가 기회, ESG 및 정부 업무 등을 감독합니다. 우리는 대규모 팀을 운영하며 그들은 포트폴리오 회사에서 성과를 내는 데 초점을 맞추고 있습니다.

DR_ 오늘날 잠재적인 투자 대상을 고려할 때 ESG가 얼마나 중요합니까? 투자가 이루어진 후에는 어떤가요? 처음 바이아웃 사업을 시작했을 때 ESG가 투자 시 고려할 요소였습니까?

SH_ 초기에 ESG는 중요한 요소가 아니었지만 오늘날 시장에서는 훨씬 더 중요해졌습니다. 우리의 LP들은 칼라일이 투자하는 기업의 유형과 포트폴리오 전반에 걸쳐 ESG 계획을 추진하는 방법에 대해 관심이 많습니다. 따라서 우리는 모든 거래에 관한 ESG 분석을 통합하고 실사를 통해 LP들에게 ESG에 관해 시장 최고 수준의 보고를 하고 있습니다. 생산성 및 다양성뿐만 아니라 운영 효율성, ESG 연계 금융, 지속 가능성 지향 브랜드, 직원 참여 등과 같은 지속 가능성 계획을 추진함으로써 상당한 가치를 창출하고 있습니다.

DR_ 당신이 처음 바이아웃 세계에 합류한 이후로 성별 다양성은 어떻게 변화했나요? 오늘날 바이아웃 기업에 여성들이 많이 있나요?

SH_ 제가 바이아웃 사업에 참여한 이후로 여성들이 업계에 많이 진출했지만 대부분은 지난 10년 동안 이루어진 것입니다. 이는 LP들이 신경을 많이 쓰는 또 다른 분야지만 아직 갈 길이 멉니다. 슬프게도, 아직도 업계에서 리더 자리에 있는 여성들은 거의 없습니다. 저는 종종 '유니콘'이라고 불렸는데, 그것은 그리 좋은 말은 아닙니다. 저는 바이아웃 산업에 여성들이 더 많이 활약해야 한다고 생각합니다. 저는 칼라일이 이 분야에서 선도적인 위치에 있다는 것이 자랑스럽습니다. 오늘날 제 투자팀의 50퍼센트가 여성이고 우리가 관리하는 자산의 절반 이상을 여성들이 관리하고 있습니다.

DR_ 당신이나 당신의 팀이 바이아웃에서 투자의 타당성을 평가하는 데 가장 중요한 요소는 무엇입니까? 가격, 경영진, 경쟁 관계, 부가가치 능력 가운데 어떤 것인가요? 최종적으로 가장 중요한 것은 무엇인가요? 이것들 말고 다른 것이 있나요?

SH_ 말씀하신 것이 모두 해당합니다. 이는 예상 전망, 시장 지위, 지속 가능한 경쟁 우위, 진입 장벽 등 비즈니스 프로필과 관련됩니다. 경영진은 매우 중요합니다. 우리는 투자하기 전에 모든 경영진을 체계적으로 평가하는 방법을 알고 있습니다. 실제로 CEO 및 최고 경영진의 평가에 과학과 데이터를 접목하고 있죠. 가격도 중요하지만 더 중요한 것은 가치 창출 계획입니다.

DR_ 당신의 경험으로 볼 때 바이아웃에 성공하는 핵심 요소는 무엇입니까? 당신은 일반적으로 어느 단계에서 바이아웃이 성공할지 실패할지를 알게 됩니까?

SH_ 그것은 우선 올바른 회사와 적절한 경영진을 구성하고 첫날부터 이사회 및 경영진과 함께 가치 창출 계획을 수립하는 것으로부터 시작합니다. 하지만 팬데믹처럼 우리가 통제할 수 없는 거래 방해 요소들이 존재합니다. 그러나 올바른 투자 결정을 내리고 적절한 경영진을 구성해 회사를 운영하며 검증된 자본 구조를 구축했다면 대부분 상황을 헤쳐나갈 수 있을 것입니다.

DR_ 바이아웃한 기업의 CEO를 어느 정도 교체합니까?

SH_ 40~50퍼센트 정도입니다. 우리 팀이 경험한 바에 따르면 종종 새로운 CEO와 팀을 영입하는 것은 가치 창출 계획의 일부입니다. 올바른 팀을 구성하고 그들이 가치 창출 계획에 적합한지 확인하는 것이 가장 중요합니다.

DR_ 어떤 것이 원래 생각대로 작동하지 않는다는 것을 비교적 빨리 알 수 있나요? 아니면 첫해보다 훨씬 더 오래 걸리나요?

SH_ 상황에 따라 다릅니다. 예를 들어, 회사의 운영이나 비즈니스 모델에 근본적인 문제가 있다면, 그것은 보통 첫 1~2년 안에 알 수 있습니다. 하지만 비즈니스에 몇 가지 문제가 생기는 것처럼 시장 상황이 변경되었다면 기업은 몇 년 동안 바이아웃 투자에 영향을 미칠 수 있습니다.

DR_ 중요한 문제가 있다는 것이 확실해지면 회사를 전환하기가 얼마나 어렵습니까?

SH_ 그것은 결코 쉽지는 않습니다. 하지만 저는 회사들이 성공적으로 전환했던 사례들을 많이 알려드릴 수 있습니다. 이와 같은 사례들 대부분은 우리가 새로운 경영진을 영입해 이러한 전환을 실현할 수 있었기 때문입니다.

DR_ 칼라일과 같은 회사는 보통 바이아웃 투자 기간이 얼마나 됩니까?

SH_ 오늘날 시장에서 우리는 보통 4년에서 7년 정도 포트폴리오 회사를 보유하고 있습니다. 가치 창출 계획을 실행하는 데 그 정도 시간이 걸리기 때문입니다.

DR_ 당신이 바이아웃 회사를 매각할 준비가 되었을 때 이미 관련 분야에서 활동 중인 회사에 전략적 매각 즉 사모펀드 앞 매각이나 IPO 등을 동시에 고려하십니까? 어떤 방식으로 매각을 진행할지 결정하는 결정적인 요소는 무엇인가요?

SH_ 우리는 새로운 투자를 마무리하기도 전에, 바이아웃한 기업의 IPO, 전략적 투자가 앞 매각 또는 사모펀드 앞 매각 등 올바른 출구 전략이 무엇인지 고민합니다. 우리는 처음 두 가지 출구 전략을 선호해 여기에 집중합니다. 일반적으로 전략적 투자가들의 관심이 있으면 한 번에 투자금을 현금화할 수 있다는 점에서 그것은 우리가 선호하는 출구 전략이 확실합니다. 전략적 투자가가 없거나 규모가 너무 큰 기업의 경우는 IPO만이 유일한 출구 전략이 됩니다. 이 경우, 우리는 수년에 걸쳐 보유한 주식을 매각합니다. 칼라일은 수년간 많은 회사를 상장시켰습니다. 우리 중 누구도 예상하지 못했던 코로나 대

유행 기간에도 우리는 네 개의 회사를 상장시켰습니다.

DR_ 바이아웃 펀드에 투자하려는 투자자들에게 어떻게 하는 것이 좋겠다고 조언해 주시지요. 특정 바이아웃 펀드의 장점을 평가할 때 핵심 요소는 무엇입니까?

SH_ 저는 경영진과 인수하는 기업이 속한 산업 분야의 전문성, 과거 실적, 가치 창출 능력이 전부라고 생각합니다. 오늘날과 같이 경쟁이 치열한 환경에서는 장기적인 가치 창출을 견인할 수 있는 규모와 재력을 갖춘 사모펀드가 최종 승자가 될 것으로 봅니다.

DR_ 당신이 처음 바이아웃 사업에 진출한 이후로 가장 큰 변화는 무엇이라고 생각하십니까?

SH_ 주요 변화로서는 산업의 규모와 글로벌 특성, 사모펀드 회사들의 뛰어난 능력과 정교함 그리고 그들이 포트폴리오 회사들의 가치 창출을 위해 동원할 수 있는 자원의 규모 등을 들 수 있습니다. 중요한 것은 가장 성공적인 기업 중 많은 수가 현재 수십 년 동안 활동하고 있으며, 당신과 같은 원로 지도자들이 회사를 설립해 훌륭한 통찰력과 투자 판단력을 제공한다는 사실입니다. 업계는 수십 년에 걸친 경험과 통찰력을 바탕으로 계속해서 변화하고 진화할 것입니다.

DR_ 투자자 기반이 지난 몇 년간 그렇게 많이 바뀌었나요? 당신이 처음 사업에 뛰어들었을 때보다 국부펀드와 개인 투자자가 더 많아졌습니까?*

---

* 국부펀드는 어느 한 국가와 국민을 위해 투자하는 거대한 자본이다. 일반적으로 첫 번째 국부펀드는 쿠웨이트가 국가 자산을 다양화하기 위하여 오일머니를 주식과 채권에 투자할 수 있도록 1950년대 초에 설립한 쿠웨이트 투자청으로 알려져 있다. 오늘날 규모가 가장 큰 국부펀드는 약 1조 3,000억 달러의 자산을 가진 노르웨이 정부연금 GPFG, Government Pension Fund

SH_ 변화했다기보다 훨씬 더 많이 성장했습니다. 오늘날 투자 세계는 연금 펀드, 국부펀드, 기업 연기금, 개인 고액 자산가, 패밀리 오피스 등이 한데 섞여 있습니다. 역사적으로 보면 연기금과 국부펀드의 비중이 훨씬 더 큽니다.

DR_ 당신의 경력을 돌이켜보고 바이아웃 사업을 하면서 가장 만족스러운 점은 무엇입니까?

SH_ 우리 팀들과 함께 일하며 젊은 투자자들을 이끌어 주는 것이었습니다. 앞서 말씀드렸듯이, 바이아웃 사업은 도제식 사업이기 때문에 사람들이 배우고 발전하는 모습을 보면 즐겁습니다. 또한 저는 바이아웃 산업에서, 많은 여성을 후원하고 지도하며 그들이 미래의 지도자로 성장하도록 도울 수 있다는 것이 매우 기쁩니다.

DR_ 당신이 생각하기에 바이아웃 세계에서 성공하기 위해 가장 필요한 기술은 무엇입니까? 지능, 노력, 네트워킹, 성격인가요? 별로 도움이 되지 않는 기술이나 성격 특성은 무엇인가요?

SH_ 겸손, 지적 정직성, 지성, 호기심, 결단력, 원만한 대인관계 기술 등이 필요합니다. 열심히 일하고 사업이 나아갈 방향에 대해 추진력과 미래 지향성을 갖추어야 합니다. 미래에 성공하려면 과거에 안주해서는 안 됩니다. 도움이 되지 않는 요소로는 오만, 불성실, 게으름, 관대한 기업 평가, 부족한 대인관계 기술, 낮은 감성지수EQ 등이 포함됩니다.

DR_ 향후 몇 년 동안 바이아웃 세계가 어떻게 발전할 것으로 예상하

Global of Norway이다. 다른 거대 국부펀드로서는 중국투자공사CIC, China Investment Corporation, 아부다비 투자청ADIA, Abu Dhabi Investment Authority, 사우디아라비아 공공투자펀드PIF, Public Investment Fund, 싱가포르 투자청GIC, Government of Singapore Investment Corporation 등이 있다.

십니까? 경쟁이 치열해지고 여성과 소수자들이 더 많이 진출하며 전문화된 펀드가 더 많이 생겨날까요? 당신은 바이아웃 세계에서 어떤 변화가 일어날 것으로 생각하나요?

SH_ 저는 더 큰 사모펀드 회사들이 그들의 뛰어난 능력과 가치 창출을 위한 자원을 고려할 때, 계속해서 중요한 위치를 차지할 것으로 생각합니다. 특히 모든 사모펀드 기업의 고위층이 더 다양하게 구성될 것으로 기대합니다.

DR_ 당신은 젊은이들에게 바이아웃 직업을 선택하라고 추천하시겠습니까?

SH_ 물론입니다. 저는 우연히 이 직업을 갖게 되어 정말 행운이라고 생각합니다. 당신은 절대로 지루하지 않을 것입니다. 항상 새로운 것들을 배울 것이고, 재능 넘치는 사람들과 일할 수 있는 행운을 얻을 것입니다. 그것은 대단히 흥미로운 모험입니다.

DR_ 다른 직업을 가졌으면 하는 바람이 있었나요?

SH_ 절대 아닙니다.

DR_ 당신은 의사나 변호사가 되고 싶지 않았어요?

SH_ 제가 아주 어렸을 때, 저는 변호사가 되겠다고 생각했습니다. 그러다가 투자은행에서 일하면서 변호사들이 실제로 하는 일을 본 뒤 저는 생각을 바꿔 바이아웃 사업으로 방향을 틀었습니다.

DR_ 저도 그랬습니다.

SH_ 알아요, 당신도 그랬다니 기쁘군요.

DR_ 지난 1년 반 동안 바이아웃 사업이 얼마나 힘들었습니까? 많은 전문가처럼, 당신의 팀은 대부분 재택근무를 했습니다. 원격 근무가 어떻던가요?

SH_ 저는 우리 팀이 팬데믹 동안 얼마나 생산적이었는지 생각하면 놀랐습니다. 우리가 초점을 맞춘 산업과 우리의 부문 팀들이 그들의 산업 내에 엄청난 네트워크를 가지고 있다는 사실 덕분에 우리는 목표로 하는 회사를 운영하는 많은 CEO와 거래를 계속할 수 있었습니다. 우리는 줌을 통해 많은 실사를 했으며 경영진을 만난 적이 있는 경우에는 줌으로 회의를 진행했습니다. 경영진을 모를 경우 우리는 그들과 안전하게 만날 수 있는 방법을 찾았습니다.

우리는 또한 팬데믹 기간 기술 회사를 사실상 완전히 온라인 비대면으로 상장하는 데 최초로 성공했습니다. 줌과 무관한 소프트웨어 회사인 줌인포ZoomInfo는 100퍼센트 온라인으로 움직입니다. 그것은 사람들의 사업 관리에 관한 생각과 우리가 자금을 모으고, 거래를 찾고, IPO를 하고, 투자 자금 회수를 위해 전통적으로 해오던 방식을 바꾸어 놓을 것입니다. 코로나를 통해 우리는 많은 것을 배웠습니다.

사모펀드와 바이아웃

올랜도 브라보Orlando Bravo
토마 브라보의 창립자이자 경영 파트너

> "결국, 성공의 비결은 비즈니스 문제에 관한
> 심층적인 분석과 직원들을 깊이 이해하고
> 그들에게 영감을 불어 넣어주는 방법을 결합하는 것이다."

1988년 RJR 나비스코Nabisco를 둘러싼 서사시적인 바이아웃 전투로
상징되는 1980년대의 레버리지 바이아웃 붐은 지금까지 행해진 파괴
적인 기업 인수 합병을 생생하게 보여준다. (이에 관한 이야기는《문 앞
의 야만인들Barbarians at the Gate》에서 소개되었다.)

그 시대의 바이아웃은 거대 자본을 조달할 수 있는 상대적으로
규모가 작은 투자회사가 주도했다. 바이아웃의 자본 구조는 부채가
90~95퍼센트를 차지함으로써 그것은 분명히 '차입금'에 의한 바이

아웃이었다. 대개의 거래는 적대적이었다. (즉, 인수 대상 기업은 인수당하는 것을 원하지 않았으며, 더욱더 레버리지 바이아웃 기업에 팔리는 것을 싫어했다.) 바이아웃 기업은 인수 완료 시 인수한 기업의 많은 자산을 재빨리 매각하고 직원을 감원하였으며 ESG 요인은 실제로 관심 사항이 아니었다. 그들은 레버리지 효과를 극대화하기 위해 지분을 최소화함으로써 회사나 자산을 매각했을 때 지분에 대한 최종 투자 수익을 극대화하는 데 중점을 두었다.

이러한 초기 세대의 바이아웃 거래는 몇 가지 예외를 제외하고는 일반적으로 전직 투자은행가들이 주도했으며, 그들은 산업에 관한 전문성이 부족했으며 전문가도 아니었다. 그리고 그들은 종종 매출과 수익을 증가시킬 수 있는 기술 혹은 부가적인 시너지를 통해 기업의 가치를 증대하기보다는 기업의 자산을 매각하거나 비용을 줄이는 데 초점을 맞추었다. 그들은 또한 ESG 문제에 시간을 할애하지 않는 경향이 있었다.

그러다 최근 몇 년간, 새로운 세대의 바이아웃 리더들이 등장했다. 그들은 바이아웃 선구자들이 개발한 많은 접근 방식과 기법을 기반으로, 하지만 레버리지 감소, ESG 집중 강화, 인수 기업의 수익 증가 등 독자적인 접근 방식을 개발했다. 새로운 세대의 가장 중요한 특징은 그들은 한 분야에 고도로 전문화되어 있으므로 그 결과 방대한 산업 경험을 인수 기업에 즉시 적용할 수 있다는 것이다.

이 새로운 세대의 가장 성공적인 투자자 중 한 명은 그의 투자를 매우 만족해 하는 투자자들의 견해를 반영하는 이름을 갖고 있다. 그의 이름은 바로 올랜도 브라보!

올랜도는 젊은 시절에 현대 바이아웃 세계에서 그가 이룩한 엄청난 성공을 예측하지 못했을 것이다. 그는 푸에르토리코 출신으로 테니스 신동이었다. 젊었을 때 그의 야망은 프로 테니스 선수가 되는 것이었다.

그러나 올랜도는 그 꿈을 접고 브라운 대학교와 스탠퍼드 대학교 법과 대학 및 경영대학원에서 공부를 계속했다. 이 시기에 그는 바이아웃 기술과 엔터프라이즈 소프트웨어(기업을 더 효과적이며 효율적으로 운영할 수 있도록 설계된 컴퓨터 소프트웨어)의 중요성이 커지는 상황에 매료되어 지금의 토마 브라보Thoma Bravo를 설립해 엔터프라이즈 소프트웨어 분야에서 타의 추종을 불허하는 바이아웃 사업을 시작했다.

올랜도의 성공에는 여러 가지 요인이 작용했다. 여기에는 많은 바이아웃 기업들이 최근까지 완전히 이해하지 못했던 영역의 바이아웃에 대한 외골수 집중, (인수 당시에는 비싸게 보여도 나중에 그의 팀이 노력한 후에는 싸다고 여겨진 가격으로) 인수한 기업의 가치를 향상할 수 있는 원칙 및 측정 기준과 프로세스에 관한 '비밀 소스', 최고의 프로 테니스 선수들도 감탄할 정도의 경쟁 정신 등이 포함되어 있다.

올랜도 접근법이 성공한다는 사실은 2020~21년 팬데믹 기간에 바이아웃 세계의 여러 사람에게 분명하게 증명되었다. 그는 투자자들을 직접 만나지도 않고 220억 달러 이상의 신규 펀드를 3개 모집했다. 펀드 모집은 화상으로 이루어졌으며 대규모 펀드 규모에도 불구하고 엄청난 초과 청약이 이루어졌다. 기존 투자자들에게 정기적으로 투자한 자본을 몇 배수로 불려 돌려준 것이 큰 도움이 되었다.

올랜도는 자신의 뿌리를 잊지 않았다. 그는 이제 자선 활동에 눈을 돌려 특히 푸에르토리코를 돕기 시작했다. 2017년 허리케인 피해 이후 처음으로 대규모 지원 활동에 참여했다. 지금은 교육, 기업가 정신 및 기타 사회적 요구 사항과 관련된 일을 돕기 위해 정기적으로 지원하고 있다.

몇 년 전, 서로를 아는 친구가 그를 소개했다. 우리는 사모펀드 회의장에서 만난 적이 없었다. 하지만 나는 즉시 그가 쉽게 친해질 수 있는 매우 매력적이고 겸손하며 집중력이 뛰어난 사람이라는 것을 알아차렸다. 나는 그가 비교적 젊은 나이에 어떻게 성공할 수 있었는지, 또한 어떻게 꽤 오랫동안 바이아웃 업계의 슈퍼스타가 될 수 있었는지 쉽게 알 수 있었다.

$

데이비드 M. 루벤슈타인DR_ 당신은 지난 20년 동안 다른 어떤 바이아웃 회사도 이룩하지 못한 독보적인 실적을 달성하면서 기업용 소프트웨어 인수 분야에서 세계적인 리더가 되었습니다. 엔터프라이즈 소프트웨어란 정확히 무엇이며, 그렇게 놀랄 만큼 매력적인 투자 분야가 된 이유는 무엇입니까?

올랜도 브라보OB_ 엔터프라이즈 소프트웨어는 기본적으로 소프트웨어의 코드로 작성된 모든 지적 재산을 의미합니다. 지적 재산의 소유자인 소프트웨어 기업은 소규모 기업일 수도 있고 글로벌 2000 기업일 수도 있습니다. 이들은 소프트웨어 구매 기업을 위해 다음 세 가지 일을 수행합니다. 첫째, 사용자가 업무를 올바르게 처리하도록 청구서 송부, 회계 처리, 마케팅 시행 등과 같은 비즈니스 프로세스를 운영하는 것을 도와줍니다. 두 번째, 데이터를 입력하고, 데이터를 전

송하며, 모든 시스템이 서로 통신하도록 하는 IT 부서를 움직이는 코드를 관리합니다. 이제 클라우드 환경에서는 외부와 통신하면서 데이터를 사용하고 분석합니다. 세 번째 요소는 사이버 보안입니다. 즉, 데이터와 프로세스가 안전하게 유지되도록 주변의 모든 IT 환경을 보호하는 코드입니다.

우리 생각에 엔터프라이즈 소프트웨어는 자산 관리 분야를 제외하면 세계 최고의 사업이 되었습니다. 왜냐하면 당신이 제품을 한 번 만들면 그것을 계속해서 재판매, 재판매, 재판매할 수 있기 때문입니다. 그 제품은 보통 총 수익률이 90퍼센트이며 사모펀드처럼 서비스를 제공하기 전에 돈을 받습니다. 우리도 자금을 투자하기 전에 관리 수수료를 받고 있습니다.

이런 소프트웨어 회사들은 소프트웨어를 판매하고 그것을 설치하거나 서비스를 제공하기 전에 돈을 받습니다. 이것은 정말 놀라운 일입니다. 소프트웨어 회사의 장점은 소프트웨어 구매 기업들이 여러 가지 업무 개선을 할 수 있는 서비스를 제공한다는 것입니다. 이들은 일반적으로 실무적 관점에서 보면 관리가 부실합니다. 그리고 바이아웃 업계에 있는 우리 중 일부는 이런 소프트웨어를 기본적인 투자 항목으로 인식함으로써 이 범주를 기관투자자들의 세계로 들여왔습니다.

DR_ 지난 20년 동안 업계의 고유한 매력 외에도 당신은 투자에 가치를 더하기 위해 무엇을 했습니까? 당신과 당신의 동료들이 적용했던 소위 '비밀 소스'는 무엇인가요?

OB_ 우리가 인수한 회사에서 긍정적인 큰 변화가 나타나기를 바라면서 기존 경영진과 '함께' 그것을 달성하는 것이 우리의 비밀 소스라고 생각합니다. 이런 방식을 적용하면 인수 기업들이 직원들을 해고 하지 않아도 되므로 혁신 곡선을 깨뜨리지 않게 됩니다. 그렇게 되면 우리는 가장 혁신적인 소프트웨어 분야에 자신 있게 투자할 수 있습니다. 그런 뒤 우리는 그들이 회사를 다르게 운영할 수 있도록 분석적 접근법으로 의사 결정할 수 있는 영감을 불어 넣어줍니다. 그것이 바로 우리의 비밀 소스입니다.

다른 사람들도 이런 거래를 통해 우리의 측정 기준과 프로세스를 복사할 수 있습니다. 게다가 이 중 일부는 이미 세상에 잘 알려져 있습니다. 하지만 그들은 우리가 실행에 옮기는 방식과 문화를 모방할 수는 없습니다. 결국, 성공의 비결은 비즈니스 문제에 관한 심층적인 분석과 직원들을 깊이 이해하고 그들에게 영감을 불어 넣어주는 방법을 결합하는 것입니다.

DR_ 당신은 기술 세계와 경제의 중요한 성장 엔진으로서 엔터프라이즈 소프트웨어를 대체할 무언가가 등장할지도 몰라 두렵습니까?

OB_ 우리가 블록체인 엔터프라이즈 소프트웨어를 고려하지 않는다면, 두려운 게 사실입니다. 하지만 블록체인을 소프트웨어 산업 일부로 고려한다면 저는 정말로 아무것도 아니라고 생각합니다.

DR_ 블록체인에 투자하시나요?

OB_ 개인적으로 그렇습니다. 저는 블록체인을 굳게 믿습니다.

DR_ 하지만 당신 회사는 아직 투자하지 않지요?

OB_ 투자할까 생각 중입니다. 우리는 아직 그것을 이해하지 못했습니다.

DR_ 특히 1970년대와 1980년대 초기 바이아웃 시대에 바이아웃은 인원 감축과 ESG 요인에 관한 관심 부족은 말할 것도 없고 과도한 레버리지와 전직 투자은행가들의 금융 공학적 기법 구사에만 집중한 나머지 악명이 높았습니다. 그 결과 인수 기업들이 경제적으로 어려워지면서 파산하는 경우가 많이 발생했습니다. 아직도 그렇습니까? 일반 대중들이 어떤 산업에서든 바이아웃이 사회에 도움이 된다고 생각하는 이유는 무엇인가요?

OB_ 그것은 더는 사실이 아닙니다. 그리고 그것이 제가 좌절하는 부분입니다. 저는 사모펀드 업계의 선구자들로부터 사모펀드를 배웠습니다. 80년대와 90년대에 행해졌던 거래 중 일부는 실제로 좋은 거래였습니다. 돌이켜보면 사람들이 그것들을 나쁘게 생각했던 이유는 인수 기업의 경영진이 그간 지속해오던 열악한 기업 관행과 비효율적인 사업 방식을 완전히 뜯어고치려고 했기 때문입니다. 하지만 이제 그런 방식은 오늘날 바이아웃 세계에서는 더는 적용할 수 없습니다. 왜냐하면 그처럼 높은 가격을 지급한 상태에서 과거의 전략을 그대로 사용한다면 돈을 벌 수 없기 때문입니다.

사회에 도움이 된다는 관점에서 볼 때 가치를 가장 많이 창출할 수 있는 사람들에게 자산을 이동한다는 것은 좋은 일입니다. 만약 우리가 거래를 시작할 때 더 적은 직원들과 일을 했더라도 상관없습니다. 왜냐하면 그들은 훨씬 더 많은 권한을 갖고 일할 수 있으며 그곳에 있지 않은 사람들은 다른 곳에서 훌륭한 일자리를 찾을 수 있기 때문입니다. 우리는 함께 일하는 젊은이들이 더 훌륭한 미래의 지도자가 될 수 있도록 그들에게 사업하는 방식을 가르쳐줍니다.

DR_ 바이아웃 세계에서 실적을 쌓고 신뢰와 경험을 얻으려 할 때, 푸에르토리코 출신, 라틴계, 과거 스타 테니스 선수였다는 것이 걸림돌이 되었습니까? 당신에 대한 다른 편견은 없었습니까?

OB_ 저는 그 질문을 좋아합니다. 그것들은 서로 상쇄 작용을 했습니다. 제가 운이 좋게 90년대에 투자은행이나 사모펀드 등 일자리 제안을 받았을 때 그곳은 항상 그 당시 기업들이 진출하려고 했던 라틴 아메리카 지역이었습니다. 그것이 제게 어떤 이익을 주었는지 모르겠지만 그곳은 제가 원하던 것이 아니었습니다. 저는 돈이 있는 곳으로 가고 싶었습니다. 그곳은 남쪽이 아니라 북쪽입니다. 푸에르토리코 사람이었기 때문에 약간의 어려움이 있었지만 저는 테니스로 그것을 상쇄했습니다. 제가 직장을 찾거나 경영대학원에서 여름 방학 인턴 일을 구할 때 저는 회사 직원이나 회사 대표와 테니스로 인맥을 쌓았습니다. 그것은 정말 효과가 좋았습니다.

DR_ 제 생각에 당신은 일부러 그들이 이기도록 내버려 뒀을 것 같군요. 그렇죠?

OB_ 아닙니다. 저는 그렇게 하지 않았습니다. 그때 제가 그렇게 했더라면 그들은 제가 테니스를 잘 친다고 생각하지 않았을 겁니다.

DR_ 어디서 자랐나요? 당신은 어떻게 어린이 테니스 스타가 되었습니까? 프로 선수가 되지 않고 전미대학체육협회NCAA에서 테니스를 치려고 브라운 대학에 진학한 이유는 무엇입니까?

OB_ 저는 푸에르토리코의 마야궤스에서 자랐습니다. 조그마한 마을이고 외딴곳입니다. 거기에는 테니스 코트가 지역 힐튼 호텔에 두 개, 지역 대학에 두 개 있었습니다. 제가 9살이었을 때, 어머니는 저를 테니스 토너먼트가 열리는 산후안에 데리고 가서 비타스 게룰라이티스 Vitas Gerulaitis의 시범 경기를 보여주었습니다. (어머니의 가족은 쿠바의 이민 가정이었으며 더 좋고 더 큰 것을 찾아 항상 이리저리 옮겨 다녔습니다.) 어머니는 그것을 제게도 똑같이 적용했습니다. 그녀는 저를 그 지역 코치에게 매일 테니스 수업을 받게 하며 조금씩 산후안으로 갈 준비를 했습니다. 저는 대도시에 가는 것이 좋았습니다. 그때 마침내 누군가 그곳에서 저를 돌봐 주었습니다.

제가 처음 미국에서 시합한 곳은 마이애미였습니다. 12세 이하 토너먼트 경기에 출전해 결승전에서 짐 쿠리어Jim Courier에게 졌습니다. 그런 뒤부터 우리는 친구가 되었습니다. 제 인생의 다음 문은 거기로부터 시작했습니다. 그것은 저의 탈출구였습니다. 아니 어쩌면 지금보다 더 넓은 무언가를 찾아 나서는 어머니의 계획이었을 수도 있습니다.

저는 고등학교 때 닉 볼레티에리Nick Bollettieri의 테니스 학원에 2년 정도 다녔습니다. 제 룸메이트는 짐 쿠리어Jim Courier였습니다. 안드레 아가시Andre Agassi, 피트 샘프라스Pete Sampras, 마이클 창Michael Chang이 모두 동갑내기였습니다. 우리는 모두 토너먼트로 경기를 치렀습니다. 그들은 항상 미국 내 상위 10위 안에 들었지만 저는 40위 정도였죠. 우리가 17살이 되었을 때, 실력 차이가 현저하게 드러났습니다. 제 수준의 많은 사람이 프로로 진출하지만 눈에 띄는 성과를 내려면 살인적인 훈련이 필요합니다. 테니스는 정말 가혹합니다. 저는 아이비리그에 진학하는 수단으로 테니스를 활용했습니다.

DR_ 당신은 브라운 테니스 팀의 스타처럼 보이는데요?

OB_ 우리는 정말 좋은 팀이었습니다. 우리는 그 당시 전국에서 15위 안에 들었습니다. 저는 복식을 매우 잘해 상위권에 들었으며 단식은 3~4위 정도였습니다. 그러나 넓은 세상이 눈에 들어오기 시작하면서 저는 테니스를 줄이고 학교생활과 진로에 더 많은 시간을 들였습니다.

DR_ 스탠포드 로스쿨과 스탠포드 경영대학원에 진학하게 된 계기는 무엇입니까?

OB_ 저는 하버드 로스쿨에 가려고 했습니다. 그 해에 세상 물정에 정말 밝은 친구가 제게 이렇게 말했습니다. "투자은행에 들어가려면 면접을 봐야 해. 회사들은 시내에 있어."

저는 투자은행이 무엇인지 몰랐습니다. 저는 "잠깐, 나는 월스트리트에서 일할 거야. 연봉이 3만 5,000달러면 영화에 나오는 멋진 사람이 되지 않을까?"라고 말했습니다. 그는 이렇게 대답하더군요. "맞아. 그렇게 되는 거지. 넥타이를 매고 윙팁 구두(구두코에 날개 모양의 문양이 있는 구두)를 신어야만 해. 그것이 그들의 옷 입는 방식이야." 우리는 중고 상점에 들러 윙팁 구두를 마련한 뒤 인터뷰를 했고, 그들은 제게 일자리를 주었습니다.

저는 스탠포드 로스쿨에도 합격했으므로 하버드와 스탠포드에 전화를 걸어 "제가 이 일을 할 수 있도록 2년간 입학을 연기해 주실 수 있나요?"라고 물었습니다. 하버드는 "안 됩니다. 다시 지원해야 합니다"라고 잘라 말했습니다. 스탠포드는 "당신은 언제 와도 환영입니다. 원하는 만큼 입학을 연기해도 좋습니다"라고 하더군요.

일단 저는 모건 스탠리에서 일하기 시작했습니다. 저는 라틴 아메리카 그룹에 속해 있었습니다. 하지만 다른 그룹에는 실리콘 밸리에 사무실을 열 생각을 하는 사람들의 기술 그룹이 있었습니다. 저는 항상 그 그룹에 관심이 있었습니다. '거기가 바로 내가 원하는 곳이야'라고 생각했습니다.

DR_ 어떻게 바이아웃 세계에 오게 되었나요?

OB_ 저는 졸업을 앞두고 무엇을 할지 몰라 로스쿨에 가는 것으로 변명 거리를 찾아냈습니다. 모건 스탠리에서 투자은행 업무를 담당하던 첫해 중반에 중요한 바이아웃 거래가 일어났습니다. 그것은 제게 도 커다란 기회였습니다. 제가 작업한 회사는 푸에르토리코에서 가장 큰 슈퍼마켓이었습니다. 10억 달러 규모의 거래였습니다. 은행에서는 제가 푸에르토리코 사람이기 때문에 저를 그 거래에 참여시켰습니다. 그래서 저는 구매자들과 하는 대부분의 회의에 참여했습니다. 매수자 중 두 명은 사모펀드였는데 저는 그게 뭔지 몰랐습니다. 저는 동료들에게 "이 사람들은 누구죠? 그들은 회사도 없고 조직도 없어요. 이 두 사람은 사무실과 전화기만 갖고 수십억 달러 규모의 다국적 회사를 주물럭거리고 있어요"라고 말했습니다. 그러자 그는 "네, 그것이 일종의 바이아웃 거래가 작동하는 방식입니다"라고 대답하더군요.

그들은 훨씬 더 똑똑하고 기업가적으로 행동했으며 빼어난 협상가처럼 보였습니다. 그들은 행동도 더 빨랐습니다. 저는 "정말 멋진데요. 저도 그렇게 하고 싶어요"라고 말했던 기억이 납니다. 그리고 저는 조금씩 더 그 일에 빠져들기 시작했습니다.

DR_ 엔터프라이즈 소프트웨어를 전문적으로 담당하게 된 계기는 무엇입니까? 초창기에 회사의 투자자들에게 엔터프라이즈 소프트웨어가 실행 가능한 바이아웃 범주라고 설득하는 것이 어려웠습니까? 소프트웨어 기업가들에게 바이아웃 회사가 회사의 가치를 높이는 데 도움을 줄 수 있다고 설득하는 것이 어렵지는 않았나요?

OB_ 제 전임자 회사였던 토마 크레시Thoma Cressey의 파트너들을 먼저 설득하는 것이 어려웠습니다. 제가 회사의 샌프란시스코 사무실에서 일하는 동안 벤처 거래에서 실수한 일에 대한 책임이 저에게 있었기 때문입니다. 그것은 2000년의 닷컴 붕괴로 인해 발생한 것이며 저는 그 일에 대해 아무것도 알지 못했습니다. 칼 토마는 제게 그것을 견뎌내고 기술 산업을 담당할 수 있는 두 번째 기회를 주었습니다.

회사는 계약 처리, 옥외 광고, 미디어와 같이 정기적으로 수익을 창출하는 회사를 인수하고 싶어 했습니다. 우리는 정기적으로 수익을 창출하는 소프트웨어 회사가 가장 적합하다고 판단했습니다. 그 당시 그런 회사들의 인수가격은 다른 어떤 반복 수익 기업보다 더 쌌습니다. 우리는 이 회사들이 돈을 벌지 못하고 있다는 사실에 대해 "그들의 총이윤을 보세요, 우리는 그들이 수익을 낼 수 있는 경영자를 구할 수 있을 것입니다"라면서 대안을 제시했습니다. 그 당시 4억 5,000만 달러 규모의 펀드였던 회사는 규모가 작았습니다. 칼 토마가 제게 펀드를 맡겼습니다. 그는 제게 또 다른 기회를 주었으며 실제로 대안을 믿었습니다.

DR_ 그의 회사는 시카고에 본사가 있지요?

OB_ 네, 저는 샌프란시스코에 있는 작은 사무실에서 근무했습니다. 덴버에도 작은 사무실이 하나 있습니다. 첫 번째 펀드의 약 50퍼센트가 소프트웨어 회사였고, 두 번째 펀드의 약 60퍼센트가 소프트웨어 회사였기 때문에 우리는 2개의 펀드를 통해 빠르게 소프트웨어 회사가 되었습니다. 우리는 '소프트웨어 회사만을 거래하기'로 결정했습니다.

그런데도 투자자들을 설득하는 것은 거의 불가능한 일이었습니다. 우리는 12억 달러를 모으려고 했지만 결국 8억 2,250만 달러만을 모았습니다. 저는 만약 두 펀드가 참여하지 않았더라면 꿈이 다 끝났을 것이라는 사실을 알고 있었습니다. 우리가 지금까지 했던 최고의 거래였지만 매우 힘들었습니다.

DR_ 이 분야에서 뛰어나다는 것을 어떤 종류의 거래를 통해 확실히 알 수 있었습니까? 기억에 남는 초창기 거래가 있습니까?

OB_ 전부 다 기억이 납니다. 첫 번째는 제가 방금 설명해 드린 것과 정확히 같은 일을 하는 소프트웨어 회사를 인수하는 거래였습니다. 그들은 공조기기, 타일, 장비, 모든 종류의 잠금장치 등 유통업체가 하는 사업을 운영했습니다. 저는 그때 칼 토마에게 "이것 좀 보세요. 모든 사업을 운영하는 소프트웨어 회사를 살 수 있는데 왜 유통업체를 사겠어요?"라고 말했던 일이 생각납니다. 그 거래에서 우리는 우리의 운영 위원회의 의장이 된 사람과 파트너가 될 수 있었습니다. 그 사람이 바로 제 멘토이면서 현재 80대 중반이 된 마르셀 버나드Marcel Bernard입니다. 그는 기존 경영진과 함께 그들이 이전에 하지 못했던 것들과 마이너스 수익률을 인수에 적합하도록 바로 잡았습니다. 우리는 그 거래로 3년 동안 약 5배의 돈을 벌었습니다.

그 거래는 제게 개인적으로도 중요한 거래였습니다. 우리가 회사를 매각하도록 배정받았을 때, CEO가 저에게 전화를 걸어 "우리가 함께 저녁 식사할 때, 당신은 일이 잘 풀리면 경영진과 투자자들이 대략 얼마나 버는지 설명했던 것을 기억하십니까?"라고 물었습니다. 저는 "어렴풋이 기억이 납니다"라고 대답했습니다. 그는 "그날 밤, 아내에게 '사모펀드 사람들은 모두 허풍쟁이'라고 말했어요"라고 하더군요. 하지만 나중에 그는 우리가 도울 수 있으며 그렇게 함으로써 회사 상황이 개선되고 고객과 직원들이 이익을 얻을 것이라는 사실을 깨달았습니다. 그는 나중에 우리의 투자자가 될 정도로 우리를 높게 평가했습니다.

우리는 기존 경영진과 또 다른 거래를 했습니다. 그 거래에서 우리가 지급한 가격의 약 3배에 해당하는 가격으로 회사를 팔았습니다. 그런 뒤 우리가 지급한 가격의 17배에 파는 또 다른 거래를 마무리했습니다. 그런 다음 우리가 지급한 금액의 약 4배에 매각한 회사의 기존 경영진과 그 당시 엄청난 규모인 2억 5,000만 달러짜리 계약을 체결했습니다. 그 회사가 데이타텔Datatel입니다. 이런 성과가 숫자로 증명되고 있었지만 그 당시 투자자들에게 소프트웨어 산업은 규모가 작고 생소한 분야였습니다.

저는 그들의 논리를 이해합니다. 그들은 칼라일과 블랙스톤처럼 오랜 실적이 있는 회사들에 투자하려고 합니다. 굳이 왜 위험을 무릅쓰겠습니까?

DR_ 당신이 바이아웃 사업을 시작한 이후로 인수 기업을 평가하고 가치를 추가하는 접근 방식에 변화가 있었습니까? 당신은 과거와 다르게 일을 하나요?

OB_ 철학은 같습니다. 하지만 전술은 완전히 다릅니다. 업계가 변했습니다. 예를 들어, 20년 전에는 소프트웨어 회사의 인수가격이 낮았기 때문에 약간의 비용을 절감하면 돈을 벌 수 있었습니다. 하지만 지금은 그럴 수 없습니다.

우리는 인수 기업이 안고 있는 복잡한 문제를 구성 요소별로 분류하고, 구성 요소의 관리자별로 손익 계산서를 마련한 다음, 그들에게 결정할 수 있는 권한과 책임 및 의무를 부여하고, 월 단위로 성과를 보고하도록 했습니다. 기업 전략과 운영에 대한 우리의 사명이 무엇인지에 관한 생각을 바꾸지 않겠다는 철학은 변함이 없습니다.

DR_ 당신은 보통 투자하는 회사의 이사회에서 일하나요?

OB_ 네, 그렇습니다.

DR_ 투자하는 회사의 CEO를 얼마나 자주 바꾸나요?

OB_ 우리는 기존 경영진과 협력하려고 노력합니다. 물론, 때때로 그것이 가능하지 않을 수도 있습니다. 그들이 그렇게 하고 싶어 하지 않을 수도 있고, 긍정적인 발전을 기대하지 못할 경우에는 교체하는 것이 맞지만 그것은 예외적인 경우이며 반드시 따라야 하는 규칙은 아닙니다.

DR_ 평균적으로 투자 기간은 얼마나 됩니까?

OB_ 일반적으로 약 3.3년입니다.

DR_ 투자 기회는 어디에서 찾습니까? 투자은행가인가요? 당신의 인맥을 통해서인가요?

OB_ 인맥입니다. 우리가 가진 인맥이지만 그들은 모두 은행입니다. 궁극적으로 보자면 투자은행가들입니다. 하지만 거래는 실제로 업계를 통해 들어옵니다.

DR_ "네, 저는 이것을 할 것입니다" 또는 "아니요, 저는 그것을 하지 않을 것입니다"라고 결정할 때까지 실사 과정은 보통 얼마나 걸립니까?

OB_ 예전에는 3개월이 걸렸습니다. 이제는 3주 걸립니다. 하지만 우리는 그 회사를 수년간, 어쩌면 10년 이상 알고 지냈습니다.

DR_ 당신이 검토하는 거래의 몇 퍼센트가 실제 거래로 이어집니까?

OB_ 우리가 실사한 회사의 경우는 75퍼센트이고 단순히 검토하는 경우는 25퍼센트입니다.

DR_ 투자위원회에서 만장일치로 투자를 결정해야 합니까?

OB_ 실제로 그렇습니다. 우리는 만장일치를 추구합니다. 만약 누군가가 어떤 거래에 대해 정말로 의견이 다르다면 우리는 그 거래를 하지 않습니다.

DR_ 당신이 포기한 거래 가운데 후회한 적이 있나요?

OB_ 저는 우리가 진지하게 검토한 모든 거래를 추진하기에 충분한 돈이 없었다는 사실이 가장 안타까웠습니다. 그것들의 가치는 거의 모두 올랐습니다. 엔터프라이즈 소프트웨어는 최근 몇 년간 호황을 누리고 있습니다. 그래서 저는 우리가 더 많은 거래를 할 수 있기를 바랍니다.

DR_ 인수 효과가 없어 거래를 중단해야겠다고 과감하게 결정하기까지 시간은 얼마나 걸리나요? 당신은 CEO를 교체하기 위해 1년을 기다리나요, 아니면 다른 조치를 하나요?

OB_ 우리는 일반적으로 너무 오래 기다렸습니다. 그 이유는 기존 경영진과 협력하려는 우리의 문화 때문이기도 합니다. 시간이 지남에 따라 사정은 조금 호전되었습니다. 가끔 2년이 걸릴 수도 있습니다. 그것 역시 너무 긴 시간입니다. 지금은 9개월 정도입니다.

DR_ 잠재적 인수를 고려하는 경우 ESG 요소가 얼마나 중요합니까? ESG 자원을 동원하고 지원할 수 있는 역량이 있습니까?

OB_ 네, 그렇습니다. 때때로 우리는 회사의 기본 제품을 좋아할 수도 있지만, 회사가 그다지 혁신적이지 않고 우수한 회사의 핵심인 창의적인 젊은이들을 끌어들일 수 없을 때도 있습니다. 우리는 그런 종류의 회사를 도울 수 있으며 실제로 도와줍니다. 예를 들어 ESG 기능을 추가하는 일 같은 것입니다.

DR_ 코로나 기간, 당신은 3개 펀드에서 거의 230억 달러의 신규 자본을 모았습니다. 코로나 기간에 그렇게 큰 규모의 자본을 모으는 것이 얼마나 어려웠나요? 당신은 직접 누군가를 만났나요?

OB_ 우리는 실제로 단 한 명도 직접 만나지 않았지만 자금 모집은 놀라울 정도로 수월했습니다. 모집 규모도 적절했으며 기존 관계도 좋았으므로 그것이 가능했습니다. 저는 코로나 초기에 LP들이 가장 위험한 시기에 믿을 수 없을 정도로 침착하게 행동하는 모습을 보고 매우 놀랐습니다. 그들 중 많은 사람이 금융 위기로부터 교훈을 얻었습니다. 그들은 세밀했기 때문에 최고의 일을 할 수 있었으며, 진정으로 일에 몰두했기 때문에 작업을 마칠 수 있었고, 당황하지 않았기 때문에 위기를 극복할 수 있었습니다.

DR_ 코로나 중에 회사를 운영하는 것이 어려웠습니까?

OB_ 전혀 그렇지 않았습니다. 그것이 제가 가장 자랑스러워하는 부분입니다.

몇 가지 요인이 우리에게 유리하게 작용했습니다. 먼저 우리는 40명 정도로 비교적 규모가 작은 투자팀을 운영하는데 그것은 여러 이유로 일부러 그렇게 한 것입니다. 지도부도 직원들과 같은 시간대에 같은 도시에 있었습니다. 그때는 마이애미 사무실이 없었습니다. 우리는 오후 6시에 함께 산책했으며, 저는 한 시간 동안 모든 동료와 이야기를 나누면서 그들이 어떻게 지내는지 알 수 있었습니다. 그런 점이 좋았습니다.

두 번째, 우리의 기업 문화가 좋았으며 좋은 사람들이 함께 있었습니다. 개인적인 계획은 없습니다. 사람들은 자신이 무엇을 해야 하는지 잘 알고 있습니다.

세 번째는 우리의 조직방식입니다. 우리의 간판 펀드는 부동산 소프트웨어, 자동차 소프트웨어, 사이버 보안, 사회 기반 시설 등 각 소프트웨어 범주로 나뉘어 개별 거래 팀으로 구성되어 있습니다. 그 말은 모든 사람이 자신이 무엇을 해야 하는지 정확히 알고 있다는 것을 의미합니다. 우리는 교통정리를 해줄 사람이 필요 없습니다. 따라서 직원들은 즉시 생산적으로 일할 수 있습니다.

코로나 기간은 투자금 회수를 가장 많이 한 생산적인 해였으며 또한 신규 투자를 기록적으로 가장 많이 한 해였습니다. 지난 12개월 동안, 우리는 여러 신규 거래에 80억 달러를 투자했습니다. 왜냐하면 사람들이 별로 도움이 되지도 않는 회의에 참석하느라 비행기를 탈 필요가 없었기 때문입니다. 그래서 우리는 더 많은 일을 할 수 있었습니다.

DR_ 바이아웃 세계는 당신이 처음 발을 들여놓은 이후로 어떻게 변했습니까?

OB_ 지금 훨씬 더 좋아지고 더 커졌으며 경쟁이 더 치열해졌습니다. 바이아웃 세계는 다른 유형의 지배구조에 비해 상대적으로 우수한 성과를 보여주고 있으며, 기업을 더 오래 존속시키기 위해 장기 펀드, 핵심 펀드, SPV(특수 목적 법인) 등을 활용해 혁신하고 있습니다. 바이아웃은 기술 혁신에 대처하기 위한 혁신을 반영하며 새로운 거래 방식으로 발전하고 있습니다. 만약 당신이 6개월 동안 거래에서 손을 뗀다면 거래 참가자들이 혁신적으로 거래하는 방법을 이해하지 못하게 됨으로써 정말 뒤처지게 됩니다.

DR_ 미래에 어떤 변화가 일어날까요?

OB_ 저는 사람들이 소위 말하는 '화이트 스페이스whitespace(미개척된 새로운 영역)를 찾아야 한다고 생각합니다. 즉, 바이아웃 기업들이 아직 접해보지 않거나 투자해 보지 않은 새로운 분야를 창조하거나 발견해 그 분야를 공략하는 모습을 보게 될 것입니다. 우리가 발전시키려는 화이트 스페이스가 있습니다. 그것은 정말로 대형 소프트웨어 바이아웃 거래입니다. 우리는 이제 거기에 거의 다 도달했습니다. 지난 9개월 동안, 우리는 프루프포인트Proofpoint와 같은 회사를 120억 달러에 인수했으며 리얼페이지RealPage를 100억 달러에 인수했습니다. 그런 거래들은 협상으로 인수한 거래보다 투자 성과가 훨씬 더 좋습니다. 지금으로부터 4년 후를 추정해 볼 때, 소프트웨어 회사들이 매년 20퍼센트씩 성장하고 인수가격 배수가 내려가지 않는다면, 이 회사들의 규모와 가치는 현재의 두 배가 될 것입니다. 그와 같은 성과를 낼 수 있는 자본시장이 어디에 있을까요? 사람들은 이를 향해 빠르게 나아가고 있습니다. 기업가들이 이런 화이트 스페이스를 포착하면 놀라운 일이 벌어질 것입니다.

DR_ 만약 누군가 바이아웃 투자 전문가가 되려고 한다면 그들이 갖춰야 할 최고의 훈련과 교육 과정은 무엇이라고 생각하십니까?

OB_ 저는 인문학에 관한 열렬한 팬입니다. 인문학이 개인의 시야를 넓혀주고 더 사려 깊게 만들고 더 인간적으로 만든다고 생각합니다.

DR_ 무엇을 전공하셨나요?

OB_ 저는 정치학을 전공했고 경제학도 공부했습니다. 처음에는 역사를 공부했습니다. 역사학은 더 흥미롭고 사려 깊은 사람으로 만들 뿐만 아니라 조금 더 깊이 생각할 수 있도록 도와줍니다. 저는 그것 때문에 로스쿨 시절을 즐겁게 보냈습니다. 저는 아직도 대법원 판결문을 읽고 있는데, 그것들은 아주 흥미진진합니다.

이와 동시에, 재무제표를 읽는 법을 배워야 합니다. 어떻게든 회계 교육을 받아 기업 내 자금 흐름과 거래를 추적하고 판단할 수 있어야 합니다.

DR_ 최고의 바이아웃 전문가가 갖춰야 할 기술은 무엇인가요?

OB_ 세일즈맨 정신과 설득력입니다. 그래서 로스쿨 출신들이 업계에서 꽤 많이 보이는 것 같습니다. 다른 것들은 그렇게 어렵지 않습니다.

DR_ 바이아웃 세계에 필요 없는 특성은 무엇인가요?

OB_ 완전히 조직화되고 정확한 프로세스를 추구하는 사람들에게는 어려운 일입니다. 왜냐하면 바이아웃 사업은 너무나 비정형적인 사업이고 거래는 골치가 아프고 비정형적으로 이루어지기 때문입니다.

DR_ 만약 누군가가 바이아웃에 투자하기를 원한다면, 어떤 회사를 선택하라고 말하겠습니까? 그들이 피해야 할 것은 무엇인가요?

OB_ 여러 차례 강조했지만 자신에게 맞는 최고의 기업 문화를 갖춘 회사를 선택해야 합니다. 만약 좋은 사람들과 함께 일한다면, 집에 있는 것처럼 편안하게 일할 수 있습니다. 기업 문화가 제가 가장 중요하게 생각하는 사항입니다. 저는 실적이 없는 회사들은 피했습니다. 바이아웃 사업은 가속도가 붙는 사업입니다. 만약 회사가 실적이 없다면, 그 회사는 헤어날 수 없습니다. 저는 기업 실적과 기업 문화를 중시합니다.

DR_ 당신은 성공한 뒤 자선사업에 적극적으로 참여하고 재단도 설립했습니다. 요즈음 어떤 자선사업에 가장 심혈을 기울이시나요?

OB_ 전에는 개인적인 이유로 자선사업에 참여했습니다. 하지만 허리케인 마리아Maria가 제 고향인 마야궤스 주변의 작은 마을을 덮쳤을 때, 우리는 허리케인이 발생한 2일째에 구호 활동을 시작했습니다. 구호 활동의 계기가 된 것은 라하스라는 마을 때문이었습니다. 그곳 시장은 기자에게 마을의 대피소에 있는 35명의 사람이 하루 반 정도만 버틸 수 있는 음식과 물로 생활한다고 말했습니다. 그 보도가 제

귀에 들어왔습니다. 저는 푸에르토리코 정부의 손길이 그곳까지 미치지 못한다는 사실을 알고 있었습니다. 결국 미국 연방재난관리청이 그곳에 갈 계획이었지만 당장은 아니었습니다. 저는 기자에게 "하루 반나절이면 공항에 도착할 것이라고 시장에게 알려달라"고 부탁했습니다. 우리는 음식과 물, 링거액, 영양제 등 사람들이 버티는 데 필요한 것이면 무엇이든 비행기에 실었습니다. 우리가 그곳에 도착했을 때, 저는 "나는 이런 일을 해본 적이 없어요. 무엇을 볼지 궁금하네요. 어떤 그룹이 와 있을지 궁금합니다"라고 말했습니다. 하지만 거기엔 아무도 없었습니다. 저는 "와" 하고 놀랐습니다.

그 일을 통해 누군가 개입해 줄 것이라고 가정하지 말라는 것을 배웠습니다. 만약 당신이 어떤 명분이나 주제에 관심이 있다면, 그것에 대해 무언가를 해야 합니다. 왜냐하면 아무도 그것을 대신해 주지 않기 때문입니다.

그곳에는 어려운 사람들을 도와주는 지역 영웅들이 많이 있었습니다. 그런 뒤 우리는 기관들이 활동을 체계적으로 벌이기 전까지 포트 로더데일에서 푸에르토리코의 구호 임무를 시작했습니다. 한번은 제가 그곳에 갔을 때, 특히 영업하는 젊은이들을 많이 만났습니다. 그들은 제게 다가와 "저는 최근 아기를 낳았어요. 저는 영업 사원이고, 여기서 학교에 다녔습니다. 통신이 끊겨 사업을 할 수가 없군요. 저는 돈을 벌 수가 없어요" 하고 하소연했습니다. 그곳에는 열심히 일하는 정직한 사람들이 많이 있습니다. 저는 그들이 뇌리에서 사라지지 않아 고등학교 동창들을 만나 "자선 활동을 위해 여기에 머물려고 해"라고 말했습니다. 우리는 주로 푸에르토리코에 초점을 맞춘 '브라보 가족 재단Bravo Family Foundation'을 설립했습니다.

푸에르토리코는 부의 측면에서 세계에서 가장 불평등한 곳 중 하나입니다. 그런 이유로 사회가 제대로 움직이지 않는 곳이기도 합니다. 우리는 재단을 통해 청소년들에게 개인적으로 발전하고 전문적인 소양을 갖출 수 있도록 의미 있는 기회를 제공하고 있습니다.

DR_ 푸에르토리코와 더 가까워지기 위해 사무실을 플로리다에 열었습니까?

OB_ 저는 원래 동부 해안 사람입니다. 여기가 훨씬 더 편안하고 또 푸에르토리코와 가깝지요, 이것은 새로운 일입니다. 우리는 토마 브라보를 통해 다르게 일해 보려고 합니다.

DR_ 바이아웃 직업을 선택한 것을 후회하지 않나요?

OB_ 아니, 어떻게 후회할 수 있겠어요? 제가 얻은 행운을 보세요. 지난 25년간 소프트웨어와 사모펀드보다 더 좋은 분야는 없습니다. 저는 좋은 사람들을 많이 만났고, 전 세계를 여행했으며 아직도 훨씬 더 많은 일을 하고 싶습니다. 계속 프로 테니스를 했다고 상상해보면 예선전에는 진출했겠지요. 본선 진출은 절대 못 했을 겁니다. 이제는 나이가 들어 꿈도 꾸지 못하겠지만 윔블던이나 US 오픈 예선에 진출했더라면 너무 좋았을 겁니다.

저는 3년 전에 윔블던을 방문해 선수들이 대기하는 장소에 들어가 보았습니다. 거기에서 어느 선수의 코치를 만났지요. 그가 "라켓이 있으세요?"라고 물었습니다. 제가 없다고 하자 그는 라켓을 빌려주었습니다. 그는 "잔디 코트용 신발을 가져왔어요. 우리는 토너먼트가 진행되는 동안 여기 코트에서 공을 칠 수 있어요"라고 말하더군요. 저는 잔디 코트에 발을 내디뎠습니다. 제가 윔블던에서 테니스를 친 것은 그때가 처음이었습니다. 어머니한테 이렇게 문자를 보냈던 것이 기억납니다. "제가 해냈어요. 오! 이 성스러운 잔디를 제가 밟고 있어요."

DR_ 이제 당신보다 더 훌륭한 선수들이 일자리를 얻기 위해 당신을 찾아온다면서요?

OB_ 정말 운동을 잘하는 사람들은 돈이 많아요. 하지만, 맞아요, 우리는 그들에게 일자리를 줄 수 있습니다.

3

부실 채권

브루스 카쉬 Bruce Karsh
오크트리 캐피털 매니지먼트의 공동 설립자 및 공동 회장

**"성공적인 부실 채권 투자자가 되려면 냉철한 역발상가가 되어야 한다.
왜냐하면 당신의 직업은 공포와 공황의 절정에서
부실 채권을 매입하는 것이기 때문이다."**

1970년대 후반에, 몇몇 투자자들은 엄청난 부채를 사용해 회사들을 매수하기 시작했다. 레버리지 바이아웃 LBO, leverage buyout으로 알려진 이런 유형의 초기 투자는 일반적으로 인수가격의 1~5퍼센트만 '위험한' 자기 자본 즉, 주식으로 조달하고 나머지 95~99퍼센트는 일반적으로 (그리고 법적으로) 회사의 자산을 담보로 한 차입금으로 충당했다.

레버리지 바이아웃 즉, LBO의 특색은 대출 기관(일반적으로 은행이나 보험회사)은 자산의 내재 가치가 대출금을 상환하기에 불충분하지만, LBO는 회사가 파산만 하지 않는다면 회사의 현금흐름이나 이익금으로 대출금을 제때 충분히 상환할 수 있다는 점이다.

이런 초기 바이아웃의 대부분은 꽤 성공적이었으며 주식 비중이 상당히 작고 레버리지가 꽤 높았기 때문에 자본 수익률은 엄청났다. 하지만 이런 초기의 바이아웃 중 일부는 실패했다. 그 이유는 경기가 침체하거나 사업이 성장을 멈춰 현금 흐름으로 부채를 상환하지 못했기 때문이다.

1980년대 후반과 1990년대 초반에 대규모 차입금을 기반으로 한 바이아웃 투자의 성과가 부진해지자 이런 도전을 극복하기 위해 대출 기관들은 바이아웃 회사들의 지분비율을 높일 것을 요구했다. 오늘날 바이아웃 회사들은 진정으로 '위험한' 자본인 지분비율을 인수 가격의 30~60퍼센트까지 높였다.

실패한 바이아웃의 교훈 중 하나는 채무 불이행 상태에 빠졌거나 빠질 것으로 예상되는 부채를 할인된 가격에 살 용기가 있는 (처음에는 소수의) 투자자들은 '실패한' 바이아웃 기업의 실적이 호전되거나 부채 가격이 채무 불이행 시점보다 훨씬 더 높아졌을 때 상당한 수익을 올렸다는 사실이다. 그래서 '부실 채권 투자'라는 완전히 새로운 투자 영역이 탄생했다.

이것은 일반적으로 투자자들이 가장 안전한 선순위 채권에서 가장 불안전한 후순위 채권에 이르기까지 기초 자본이 완전히 소멸하지는 않지만 언젠가 손상될 것으로 예상하여 부채를 매입하는 투자 방식이다. 그렇게 되면 파산 법원 절차나 사적 구조 조정 과정에서 채권이 회사의 지분과 교환되므로 채권자들은 파산한 회사의 일부 또는 전부를 소유할 기회를 얻게 된다. 선순위 채권은 회사가 부채를 상환할 수 있는 자금이 있을 때 다른 부채에 앞서 갚아야 할 부채로서 바이아웃 과정에서 가장 안전한 채권이다. 일반적으로 투자 초기 단계에서 선순위 채권은 기업이 문제가 생기거나 구조 조정을 할 때 기업의 자산으로 모두 상환할 수 있는 채권이라고 인정된다. 후순위 채권은 선순위 채권이 상환된 뒤에 상환되므로 전액 상환되지 않을 위험이 더 크다

이런 유형의 투자 즉 기업의 '부실 채권'에 대한 투자가 크게 증가한 이유는 첫째, 현재 바이아웃 거래가 엄청나게 많이 이루어지고 있기 때문이다. 둘째, 지분비율이 더 큰 경우에도 이런 거래의 일부는 원래 의도대로 작동하지 않아 자본과 부채의 가치가 처음 바이아웃 투자를 시작할 때 예상했던 것보다 낮아졌기 때문이다. 셋째, 부실 채권에 투자한 사람들은 최근 수십 년 동안 엄청난 수익을 달성할 수 있다는 사실을 증명했기 때문이다. 그들은 부채를 자본으로 교환한 뒤 대개 새로운 경영진으로 인수한 회사의 구조 조정을 주도함으로써 최초 주식 투자자들이 예상한 것처럼 회사의 가치가 증가해 부실 채권의 시장 가격이 반등하면 주식을 다시 매각하는 방식으로 돈을 번다.

이 분야의 투자자들은 일반적으로 부채를 크게 할인된 가격에 매입하며, 가격이 계속 하락하면 훨씬 더 싼 가격으로 매입할 수도 있다. 그들은 공공시장과 민간시장에서 쉽게 사고팔 수 있는 채권은 구조 조정할 기업의 주식으로 교환될 것이고, 주가는 시간이 지나면 매입 가격을 상회할 것으로 판단한다. 어떤 경우에는 할인된 부채가 단순히 가격을 회복해 다시 액면가로 거래되기도 한다.

지난 몇 년 동안 경제가 전반적으로 튼튼한 상황이었으므로 부실 채권 투자 기회가 금융 위기 때처럼 풍부한 것은 아니었다. 하지만 이런 부실 채권 투자 기회는 금리 인상, 경제 성장 둔화 및 통화 완화 정책이 반전됨에 따라 때가 되면 불가피하게 다시 찾아올 것이다. 그런 현상은 이미 2022년에 시작되었으며 가까운 장래에 더 많은 부실 채권 투자가 이루어질 것으로 예상된다.

부실 채권 투자는 매우 기술적이고 종종 난해한 규칙과 관행에 의해 지배되므로 경험이 없거나 비전문적인 사람들을 위한 투자 영역은 분명히 아니다. 그러므로 부실 채권 투자에 성공하려면 바이아웃, 부채, 파산 및 법정 밖 합의의 복잡성에 대한 지식이 필요하다. 그리고 이 분야에 투자하는 사람들은 다양한 이해 당사자들이 종종 (법정과 같은) 공공장소에서 자신들의 주장을 발표하므로 일반적으로 끈질긴 협상, 광범위한 소송, 일부 불리한 여론에 대비해야 한다. 하지만 그들이 투자에 성공하면 (꽤 매력적인 수준에서) 상당한 규모로 보상받는다. 부실 채권 투자를 다음 사례를 통해 좀 더 실감 나게 설명하려고 한다.

바이아웃 회사는 소위 아크메 매뉴팩처링Acme Manufacturing을 1억 달러에 인수했으며 주식은 4,000만 달러이다. 어느 한 은행이 선순위 대출금 3,000만 달러를 제공했다. 이 은행 대출금에 건물, 제조 기계, 지적 재산권, 기타 유형 자산 등 3,000만 달러의 가치가 있는 아크메 자산이 담보로 제공되었다. 만약 아크메가 파산한다면 파산 법원은 회사의 구조 조정과 관련해 은행의 선순위 대출금을 우선 상환하도록 명령할 것이며 아크메 자산은 청산 과정에서 매각되고 매각 대금은 모두 은행 대출금 상환에 우선 사용된다.

바이아웃 회사 역시 고금리 채권으로 3,000만 달러를 조달하지만, 아크메의 자산 가치는 3,000만 달러에 불과해 회사가 파산하면 모든 게 은행으로 귀속된다. 따라서 회사 자산의 가치가 크게 증대하지 않는 한 고금리 채권은 청산 과정에서 변제될 가능성이 상당히 낮다. 그러한 이유에서 상환될 가능성이 상대적으로 낮은 고금리 채권은 투자자들에게 은행의 대출금보다 높은 이자율을 제공하게 된다.

아크메가 인수된 이후에도 실적이 저조하여 지속 기업으로 살아남을 가능성이 희박해진다면 의심에 여지없이 고금리 채권은 초기 발행가인 액면가 이하에서 거래될 것이다.

만약 채권이 그들의 발행가액인 3,000만 달러 이하에서 거래된다면, 부실 채권 투자자들은 채권에 투자할 수 있을 것이다. 예를 들어, 만약 고금리 채권이 (액면가의 절반인) 1,500만 달러로 거래된다면, 부실 채권 투자자는 첫째, 회사가 회생하면 채권은 궁극적으로 액면가인 3,000만 달러로 회복할 것이며, 둘째, 파산한다면 3,000만 달러의 채권은 구조 조정될 회사의 주식으로 상당 부분 (아마도 100퍼센트) 교환될 수도 있다고 판단할 것이다. 구조 조정 대상 회사는 부채에 대한 부담을 덜고 새롭게 구성한 유능한 경영진으로 회사 경영을 개선함으로써 매력적인 수익을 낼 것이므로 부실 채권 투자자는 이런 결과에 만족할 수 있다. 그 이유는 고금리 채권을 액면가로 상환받았을 때보다 훨씬 더 높은 수익률을 기록할 수도 있기 때문이다.

이 예시는 부실 채권 투자자의 관점을 지나치게 단순화한 것이다.

지난 25년 동안, 부실 채권 투자 분야의 선두 기업 중 하나는 1995년 하워드 마크스Howard Marks와 브루스 카쉬Bruce Karsh가 설립한 로스앤젤레스에 있는 오크트리 캐피털 매니지먼트Oaktree Capital Management다. 그들은 놀라운 팀워크를 발휘했다. 브루스는 최고 투자 책임자로서 부실 채권 투자 업무를 엄청나게 성공적으로 주도한다. 하워드는 회사의 얼굴로서 투자자와 언론을 상대하며 전반적인 투자 철학과 기업 문화를 책임진다.

오크트리의 얼굴로서, 전설적인 투자 메모의 작성자로서, 유명한 저자로서, 하워드는 의심할 여지 없이 독특한 파트너로 더 잘 알려져 있다. 그는 브루스보다 거의 10년 선배이며 1987년 브루스를 서부 트러스트 컴퍼니에 고용한 후, 다시 브루스에게 그곳을 떠나 오크트리(현재는 토론토에 본사를 둔 상장사 브룩필드Brookfield의 자회사)를 시작할 것을 제안한 사람이었다. 나는 하워드를 여러 번 인터뷰했으며 인터뷰를 마치고 나면 내가 투자 세계에 관해 얼마나 아는 게 없는지 깨닫곤 했다.

브루스는 공개 인터뷰를 거의 하지 않았던 인물로, 이 책을 위해 그를 인터뷰하면 흥미로울 것 같았다. 브루스와 나는 듀크 대학 이사회에서 약 10년간 함께 일했으며, 우리 패밀리 오피스의 여러 프로젝트에서도 함께 일했다.

브루스는 자기를 잘 드러내지는 않지만 가장 위대한 투자자 중 한 명이다. 그는 자신이 성취한 것을 자랑하거나 다른 사람들이 자신에게 집중하는 것을 별로 좋아하지 않는다. 그러나 그의 업적은 타의 추종을 불허하며, 그는 부실 채권 투자 분야에서는 전설적인 인물인 것은 물론 여러 면에서 부실 채권 투자 세계의 진정한 선구자다. 브루스는 부실 채권 투자 이외에도 많은 일을 하지만, 그는 부실 채권 투자 범주를 구축하는 데 지대한 역할을 하였으므로 우리는 인터뷰의 초점을 거기에 맞추려고 한다.

브루스 카쉬

$

데이비드 M. 루벤슈타인DR_ 당신은 부실 채권 투자에 있어서 가장 성공하고 존경받는 투자자입니다. 부실 채권이란 정확히 무엇을 의미합니까?

브루스 카쉬BK_ '부실 채권'은 채무자가 만기일에 이자나 원금을 상환하지 못하거나 투자자들이 미래에 채무 불이행을 예상하는 회사의 부채 또는 다른 채무증서(예: 무역 클레임)를 의미합니다. 그런 부채나 채무증서를 가진 사람은 대개 그것들을 팔지 못해 안절부절못합니다.

하지만 그것은 좁은 의미의 부실 채권입니다. 우리는 이에 대한 개념을 확장해 수년에 걸쳐 재무적으로 압박을 받는 사람(회사)들로부터 실물 자산을 저렴한 가격에 매입하는 투자 방식도 부실 채권 투자의 범주에 포함했습니다.

DR_ 부실 채권 투자자는 정확히 무슨 일을 하나요? 회사의 부채를 할인된 가격에 사서 가격이 올라가면 파는 일을 하나요? 법원이나 법정 밖의 구조 조정을 통해 채권이 주식이 되기를 기다리나요? 구조 조정 과정에는 직접 관여합니까? 그냥 앉아서 결과를 기다리나요, 아니면 협상에 적극적으로 참여하나요?

BK_ 부실 채권 투자자마다 일하는 방식이 틀립니다. 우리는 1988년에 첫 번째 펀드를 시작한 이후 매우 빠르게 부실 채권 투자 분야에서 규모가 가장 큰 투자자로 성장했습니다. 회사 규모가 그렇게 커지다 보면 자연스럽게 당신은 가장 비중이 큰 채권자가 되므로 매도 거래를 쉽게 할 수 없는 상황이 됩니다.

부실 채권을 적극적으로 거래하는 헤지 펀드가 있지만, 우리의 전략은 매우 간단합니다. 우리는 최대 채권자로서 청산 절차에 적극적으로 참여합니다. 우리는 투자자들을 위해 최종적인 조직 개편 모습에 영향을 주기 위해 지분비율을 높이며 회사 경영에 계속 관여합니다. 이런 경우에는 하위 전략의 하나로 새로운 경영진도 구성합니다. 물론 상황에 따라 다르지만, 우리는 최대 지분을 갖고 적극적으로 경영에 참여할 수 있는 투자 방식을 가장 선호합니다.

현금, 구조화 채권, 주식연계 증권으로 묶은 자산을 할인된 가격으로 매입하는 경우도 있습니다. 그런 채권들은 대부분 구조 조정이나 파산 절차가 끝난 후 비교적 빠른 시간 안에 매각할 것입니다.

1988년부터 지금까지 1,000건 이상의 투자 실적을 살펴보면, 가장 큰 수익, 가장 높은 내부 수익률IRR 및 가장 높은 투자 원금 대비 수익률MOIC, Multiple On Invested Capital을 창출한 거래는 가장 큰 지분을 보유했을 때 발생했습니다.

DR_ 부실 채권 투자자의 투자 기간은 일반적으로 얼마나 됩니까?

BK_ 부실 채권 투자자는 짧게는 30일 또는 최대 10년 동안 채권을 보유할 수 있습니다. 그것은 투자자의 성격과 회사가 어떤 성과를 내느냐에 달려 있습니다. 우리의 기본적인 투자 전략은 구조 조정 과정에 관여하는 것입니다. 일반적으로 부실 채권을 매입하기 시작한 시점부터 파산 절차나 구조 조정 과정이 끝날 때까지 통상 2~3년 정도 걸립니다. 그러나 우리가 구조 조정하는 회사의 지분을 인수해 대주주가 되면 지분을 보통 5년 혹은 그 이상 보유합니다.

DR_ 당신이 특별히 추구하는 수익의 유형은 어떤 것입니까?

BK_ 그것은 시기에 따라 극적으로 변화했습니다. 제가 TCW에 투자한 1988년부터 1995년까지, 우리가 투자한 160개 거래의 IRR은 31퍼센트 이상이었습니다. 또한 투자 원금 대비 수익률은 투자 자본 17억 달러의 약 2.3배였습니다. 총이익은 25억 달러를 실현하고 손실은 3억 달러 미만이었습니다. 그 시절은 비교적 한가했습니다. 좋은 기회가 많이 있었지만 경쟁은 그다지 치열하지 않았습니다. 그 당시에는 금리가 상당히 높았으므로 부실 채권의 상태는 훨씬 더 나빴습니다.

오늘날 금리는 거의 제로에 가깝습니다. 우리를 비롯한 부실 채권 투자자들이 수년간 얻은 막대한 수익 때문에, 경쟁이 훨씬 치열해졌으며 이제 투자자들도 부실 채권 투자를 잘 이해하며 익숙하게 여깁니다. 오늘날 부실 채권을 매각해야 하는 사람들은 예전처럼 치밀해야 하는 것은 아닙니다. 결과적으로 요즈음 우리는 위험도가 낮다면 IRR을 15~20퍼센트 정도를 목표로 하지만 일반적으로 20퍼센트 이상을 추구합니다.

DR_ 최근 몇 년간, 미국의 경제가 상대적으로 강세를 보였는데 부실 채권이 많이 발생했나요? 그렇지 않으면, 부실 채권 투자자들은 이 기간 어떤 일을 했나요? 만약 부실 채권 규모가 상당히 컸다면 그것은 일반적으로 바이아웃 거래가 실패한데서 발생한 것인가요?

BK_ 먼저 역사적 관점에서 말씀드리겠습니다. 저는 1988년에 부실 채권 투자를 시작했으며 첫 번째 경기 침체는 1990~92년에 있었습니다. 그때 우리는 실패한 바이아웃 거래에서 발생한 부실 채권을 대부분 사들였습니다. 그 이유는 1980년대에 레버리지가 높고 불충분한 투자 조언에 근거해 바이아웃 거래가 이루어졌기 때문입니다. 따라서 그 당시가 부실 채권 투자의 전성기였습니다.

1990년대 초반 부동산 가치도 급락했습니다. 정리신탁공사RTC가 저축대부조합S&L을 인수했으며 미국 연방예금보험공사FDIC가 파산한 은행들을 인수했습니다. 그런 뒤 두 기관 모두 부동산 관련 자산을 매각하기 시작했습니다. 우리는 그 기회를 잡아 주로 RTC나 FDIC에서 부동산 담보 대출 채권을 대폭 할인된 가격에 인수했습니다. 그리고 그중 일부의 경우, 우리는 결국 담보권을 행사해 부동산을 소유함으로써 실제 가치보다 상당히 할인된 가격으로 부동산 자산을 소유할 수 있었습니다.

1990년대 중반에 부동산 시장이 회복되기 전까지 우리는 그런 방식으로 부실 채권에 투자했으며 1997~98년 아시아 통화 위기가 닥치면서 또다시 부실 채권을 매입할 커다란 기회가 찾아왔습니다. 그기간 미국의 가장 큰 헤지 펀드였던 LTCMLong Term Capital Management이 파산했습니다. 이런 사건들을 통해 자본시장이 재편되었으며 그 결과 부실 채권 투자자들에게는 매력적인 기회가 찾아왔습니다.

아시아 통화 위기 기간 우리는 아시아 기업들의 달러 표시 채권인 소위 양키 본드Yankee bond를 매입하는 데 초점을 맞췄습니다. 우리는 아무런 환 리스크 없이 재무적으로 상환 능력이 충분한 아시아 기업들의 부채를 대폭 할인된 가격에 매입할 수 있었습니다. 저는 1998년에 삼성전자 채권을 만기 수익률 20퍼센트에 매입했던 일이 생각납니다. 그 당시에는 한국의 대표적인 기업인 삼성전자의 달러 표시 채권도 만기 수익률이 20퍼센트에 달했습니다. 다른 아시아 회사들의 채권 가격은 그보다 훨씬 더 저렴했습니다. 1997~98년에 이르러 부실 채권에 대한 투자 기회는 절정에 도달했습니다.

2000~02년 동안 기술, 미디어 및 통신 등 소위 TMTtech, media, telecom 기업들이 붕괴하면서 우리에게 또다시 커다란 기회가 찾아왔습니다. 닷컴 버블의 붕괴로 TMT 기업들의 주가는 폭락했고, 그들의 채권 가격은 대폭 할인된 가격으로 거래되었습니다. 이때 엔론

Enron, 월드컴WorldCom, 아델피아Adelphia 등 기업 스캔들도 여기저기에서 터져 나왔습니다. 특히 엔론 사태의 여파로 기업 경영진이 재무 결과를 정확하게 보고하는지에 관한 우려가 투자자들 사이에 극도로 팽배했습니다.

이런 모든 상황과 연이은 채무 불이행 및 파산, 그리고 앞으로 몰려올 더 많은 사태에 대한 사람들의 두려움을 고려할 때, 부실 채권 투자자들에게는 엄청나게 큰 기회가 찾아온 것입니다. 저는 그 시기를 생각하면 지금도 가슴이 마구 뜁니다. 왜냐하면 우리는 엄청난 규모의 공기업 채권을 40~50퍼센트 할인된 가격으로 매입할 수 있었기 때문입니다. 어떤 경우에는 실제로 보면 투자 등급(일반적으로 안전한 투자로 간주하는 기업 신용 등급)에 해당하는 채권은 물론 신용 등급이 투자 등급에서 투자 부적격 등급으로 방금 하락한 채권도 포함되어 있었습니다.

당시 투자 등급 채권 보유자들은 고도로 전문적이지는 않아 신용 등급이 하락하거나 하락할지도 모른다는 공포에 휩싸이게 되면 채권을 매도할 가능성이 매우 컸습니다. 그러나 신용 등급이 하락한 TMT 채권을 매입할 만한 투자자는 좀처럼 찾아보기 어려웠으므로 수요와 공급 사이의 극심한 불균형이 발생하여 매우 보기 드문 투자 기회가 우리에게 찾아왔습니다.

우리는 그 기간 매입한 채권은 결코 부도가 나지 않을 것으로 믿었으며 결국 우리의 판단이 옳았습니다. 돌이켜보면, 그런 투자는 과감하게 부실 채권에 투자하는 전문가들에게는 식은 죽 먹기나 다름없는 일이었습니다.

2000~02년 초에는 실패한 바이아웃 거래가 몇 건 있었으며 그것

은 주로 부실화된 통신 산업이었습니다. 그 시기에 투자했던 우리는 가장 큰 이익과 가장 높은 투자 원금 대비 수익률은 실패한 바이아웃의 부실 채권 투자에서 달성할 수 있다는 사실을 다시 한번 확인했습니다.

그 후, 2008년 후반에 불어 닥친 글로벌 금융 위기로 시장은 초토화되었습니다. 그것은 겉으로 드러난 부실 채권에 대한 투자 기회의 측면에서도 상상조차 할 수 없을 정도였습니다. 우리는 2008년의 마지막 15주 동안에만, 완전히 실패할 것으로 보이는 바이아웃 거래를 포함해 모든 유형의 부실 채권에 매주 약 4억 달러를 투자했습니다. 하지만 2009년 시장에서 대부분의 은행과 금융기관들이 파산하지 않을 것이라고 예상하자 투자 심리가 되살아나면서 채권 가격은 빠르게 회복했습니다.

당신은 지금까지 설명을 통해 제가 처음부터 실패한 바이아웃 거래에 투자했다는 것을 이해했을 겁니다. 물론 시대와 특별한 상황 때문에 발생한 다른 부실 채권에도 투자했습니다. 그러나 저는 이미 채무 불이행 상태가 되었거나 부도가 불가피할 것 같아 가격이 크게 하락한 바이아웃 채권에 투자하는 것을 좋아합니다.

일반적으로 우리는 칼라일, KKR, 블랙스톤 등과 같은 최고의 바이아웃 회사가 소유한 회사에 초점을 맞춥니다. 최고의 사모펀드 기업들은 일반적으로 자신들이 무엇을 하고 있는지 잘 알고 있으며 좋은 회사를 선택해 훌륭한 경영진을 배치하며, 회사를 운영하기 위해 변화를 주고 좋은 관리자들을 투입합니다. 만약 이런 바이아웃 거래가 실패했다면 그것은 일반적으로 회사에 부채가 너무 많거나 또 다른 단기적인 문제가 갑자기 발생했기 때문입니다. 그러나 일반적으로 이런 회사들은 회복력이 빨라 가치 상승이 잘 이루어지므로 제가 항상 제일 좋아하는 부실 채권 투자 대상이었습니다.

DR_ 가장 최근에는 경제 상황이 꽤 괜찮았습니다. 지금 무슨 일을 하고 계시나요?

BK_ 2020년 3월, 코로나가 전 세계 경제에 극적인 영향을 미칠 것으로 예상됨에 따라 주식 시장은 34일 동안 약세장이 지속되었으며 그후 3개월 동안 경기가 침체했습니다. 팬데믹이 닥쳤을 때, 우리는 상당히 활발하게 움직여 운 좋게도 부실 채권 투자를 위해 역사상 가장 규모가 큰 부실 채권 투자 펀드로 160억 달러를 즉시 모을 수 있었습니다. 2020년 우리는 글로벌 오퍼튜니티 그룹Global Opportunity Group에 총 140억 달러를 배정하고 팬데믹 공황이 최고조에 달했던 3월부터 6월까지 그중 36억 달러를 투자했습니다. 이는 2008~09년 글로벌 금융 위기 당시 리먼 브러더스가 파산 신청을 한 후 12개월 동안, 우리가 110억 달러 이상을 투자했던 예전 기록을 뛰어넘는 가장 큰 규모의 투자였습니다.

2020년 3월 말 S&P 500지수가 바닥을 친 이후 주식 시장은 아주 미미한 조정을 거친 후 근본적으로 본격적인 회복세로 돌아섰습니다. 미국 경제는 지난 1년 반 동안 막대한 재정 및 통화 부양책에 힘입어 거의 모든 분야의 경기가 활황 국면에 있었습니다. 두말할 것도 없이 차입금이 과도한 기업이나 고금리 채권의 부도 사태는 당연히 역사적으로 최저 수준에 머물렀으며 이에 따라 국가 전체의 부실 채권 발생 규모도 사상 최저 수준을 기록했습니다. 그렇다면 할 일이 뭐가 있을까요? 그 질문에 대한 답은 미국의 산업과 기업들은 항상 이런저런 이유로 자금이 필요하다는 데 있습니다. 자본 투자를 위한 또 다른 출구는 외국 시장이었으며 우리는 전담팀을 구성해 아시아와 유럽에서 투자 기회를 찾았습니다.

우리는 모든 투자의 원칙인 하락 위험이 제한적일 뿐만 아니라 매력적인 수익을 낼 수 있는 부실 채권 투자 기회를 전 세계에서 찾았습니다. 오퍼튜니티 그룹은 15년 이상 런던에 생산적인 팀을 운영하면서 주로 서유럽에서 투자 기회를 물색하고 있었습니다. 역사적으로 볼 때, 유럽의 경기 순환 주기는 미국보다 후행하므로 유럽의 경기 회복과 부실 채권 투자 기회 역시 미국보다 뒤늦게 나타납니다. 오크트리는 지난 5년간 아시아에 강력한 팀을 구축했으며 그 팀은 지난 12~18개월 동안 우리가 중국과 인도에서 매력적인 투자 대상을 찾을 수 있도록 매우 적극적으로 지원했습니다.

우리가 했던 또 다른 일은 본질적으로 부실 채권의 정의를 '기회가 있는' 직접 대출을 포함하도록 확장하는 것이었습니다. 예를 들어, 우리는 성장 자본이 필요한 기업에 높은 수익률로 대출했습니다. 대출을 받는 기업들은 부실 상태가 아니며 차입금이 과도하거나 부도 위험이 임박한 것은 아니지만 자체적인 자본 조달 비용이 우리의 자본 제공 비용보다 높은 신생 기업이나 첨단 기술 기업들입니다.

DR_ 당신은 회사의 부실 채권을 매입할 때, 일반적으로 상환될 가능성이 더 큰 선순위 채권을 매입하나요, 아니면 담보가 없어 더 위험한 후순위 채권을 매입하나요?

BK_ 여러 가지 방법이 있습니다. 제가 1988년에 부실 채권 투자를 시작했을 때, 우리는 곧 부실 채권이 될 가능성이 있어 금리를 높게 주는 고수익 채권(즉, 후순위 채권)을 매입했습니다. 약 1~2년 후 은행들이 할인된 가격으로 대출을 팔아야 했을 때, TCW의 우리 펀드는 은행들이 가진 선순위 대출금을 처음으로 매입함으로써 가장 큰 매입자가 되었습니다. 저는 우리가 그 분야의 선구자라고 말하는 것이 옳다고 생각합니다.

제가 변호사로서 특히 부실 채권 투자를 처음 시작하던 시기에 다른 사람들이 생소하게 생각했던 법적 절차를 쉽게 이해할 수 있었던 점이 상대적으로 유리했습니다. 선순위 담보 채권은 회사가 파산할 때 채권자들에게 지배적인 위치를 제공하므로 저는 그런 투자를 선호했습니다. 하지만 다른 예도 있습니다. 특히 경제가 공황 상태에 빠져 무차별적인 매도가 최고조에 달하거나 경기 순환 과정의 최저점에 도달했다면 저는 자본 구조를 더 깊게 연구해 후순위 부채를 더 많이 매입하는 것이 타당한 투자라고 판단했습니다.

우리처럼 높은 수익률을 추구하는 부실 채권 투자자들은 수익률이 너무 낮은 선순위 담보 채권을 매입할 수 없는 상황에서는 후순위 채권에 더 집중할 수밖에 없습니다. 그게 아니라면 전통적인 부실 채권의 정의에는 맞지 않지만 여전히 위험이 잘 통제되면서 적절한 수익률을 제공하는 선순위 대출 채권에 투자하는 것을 모색할 수 있습니다.

DR_ 당신은 때때로 구조 조정 회사를 통제할 수 있는 수준의 지분을 확보하기 위해 교환한 부채의 규모가 너무 컸다고 생각하지 않으십니까? 약 14년 전 트리뷴 컴퍼니Tribune Company가 파산했을 때 그런 일이 벌어졌던 것은 아닌가요? 그런 경우 당신은 회사를 직접 운영하나요, 아니면 가능한 한 빨리 회사를 팔려고 하나요?

BK_ 우리가 직접 회사를 운영할 때도 있습니다. 그런 경우에는 사모 펀드 회사처럼 이사회에 적극적으로 참가해 경영진을 새로 선발합니다. 트리뷴을 인수한 후 청산 과정은 우리가 생각한 대로 진행되었습니다. 그 이유는 주로 우리가 부실 채권을 너무 싸게 매입해 지분 확보 비용이 적게 들었기 때문입니다. 일단 우리가 회사를 인수한 후, 저는 이사회 의장을 맡아 신속하게 〈시카고 트리뷴〉과 〈로스앤젤레스 타임스〉 등 신문사들을 다른 독립 회사로 분리했습니다. 그것은 결과적으로 올바른 결정이었습니다. 우리는 지역 TV 방송국과 디지털 회사들을 트리뷴 미디어Tribune Media로 새롭게 이름을 바꿔 운영하다가 2019년 넥스타 미디어 그룹Nexstar Media Group에 매각했습니다. 트리뷴은 우리가 지분을 거의 10년 동안 보유했지만 여전히 15퍼센트가 넘는 상당히 높은 IRR을 창출하고 있으며 우리가 10억 달러 가까운 수익을 올린 부실 채권 투자의 성공 사례였습니다.

제가 트리뷴보다 더 자랑스럽게 생각하는 거래는 미국의 대형 케이블 회사인 차터 커뮤니케이션스Charter Communications 거래입니다. 저는 그 당시 구조 조정 과정에 있던 회사의 대규모 지분을 확보하려고 의도적으로 후순위 채권에 집중적으로 투자했는데 그것이 정확하게 계획대로 되었습니다. 저는 트리뷴에서 했던 것처럼 이사회에 참가했습니다.

2014년에 오크트리 펀드가 차터의 지분을 마지막으로 매각했을 때, 차터 커뮤니케이션스 투자는 글로벌 오퍼튜니티 그룹이 그 시점까지 단일 기업 거래를 통해 실현했던 수익 중 가장 큰 규모인 10억 달러가 약간 넘는 수익을 창출했습니다. 우리는 차터 이사회가 세계적인 최고 경영자와 CFO를 영입해 회사 운영을 담당할 유능한 경영진을 구성한 것이 매우 자랑스러웠습니다. 차터의 경우 우리는 지분을 약 5년 동안 보유했습니다.

우리가 하는 일에는 일정한 한계가 있습니다. 저는 오크트리 펀드가 지분을 장기 보유하고, 오크트리 전문가들이 이사회에 참가해 필요하다면 경영진을 교체하는 것에 대해서는 전적으로 찬성하지만, 오크트리 직원들이 직접 회사를 운영하도록 하지는 않을 것입니다.

DR_ 많은 사람은 부실 채권에 투자하는 사람들은 아무한테나 고함지르고 소리치는 거칠고 비열한 사람이라고 상상할지 모릅니다. 하지만 당신은 느긋하고 편안한 사람입니다. 당신은 어떻게 이 사업에 뛰어들었으며, 어떻게 그처럼 일 처리를 깔끔하게 할 수 있었습니까?

BK_ 저는 1980년대 중반에 로스앤젤레스 출신의 대표적인 사업가인 일라이 브로드Eli Broad 밑에서 부실 채권 투자를 담당했습니다. 저는 제가 변호사인 것을 고려하면 그런 분야를 선도하기에 가장 적합한 사람이라고 생각했습니다. 이후 1986~87년 LBO 시장의 광기를 직접 목격했습니다. 그때 TCW의 하워드 마크스를 찾아가 부실 채권 투자 분야를 개발해 운영하고 싶다고 말하자 그는 저를 고용했습니다.

비록 일라이가 제게 자신의 보험회사에서 그 일을 할 수 있는 기회를 제공했지만 저는 TCW에서 부실 채권 투자 업무를 하고 싶었습니다. 저는 제가 항상 눈여겨보면서 엄청난 기회가 있을 것으로 생각하는 사업을 구축할 수 있게 저를 지원하고 도와줄 최고의 자금 관리 회사가 필요했습니다.

또한 저는 투자 수익률이 제가 생각하는 것만큼 매력적이라면 하워드가 사업 성장에 큰 도움이 될 훌륭한 파트너가 될 것으로 생각했습니다. 두말할 필요도 없이, 하워드는 제 기대치를 훨씬 뛰어넘었습니다.

1988년에 모집한 첫 번째 펀드는 1억 달러에 조금 못 미쳤습니다.

1990년에 모집한 두 번째 펀드와 관련 계좌의 약정 금액은 4억 달러 이상이었습니다. 순식간에 우리 그룹은 TCW에서 부실 채권 투자 분야의 360킬로짜리 고릴라가 되었습니다. 거기서부터 투자 규모는 눈덩이처럼 불어났습니다.

저는 부실 채권 투자 분야를 발전시키겠다는 장기적인 비전을 갖고 있었으므로 대형 연기금과 은행을 고객으로 삼아 그들로부터 부실 채권을 계속 매입하려면 다른 사람들 눈에 띄지 않는 것이 좋겠다고 생각했습니다. 연기금은 일반적으로 골치 아픈 파산 기사를 달가워하지 않는 보수적인 조직이며, 은행들 역시 자신들이 매각한 '부실 채권'이 수익성 있는 투자로 바뀌어 자신들은 비용만 지불하고 엄청난 성공은 다른 사람들이 가져간 것처럼 들리는 것을 싫어하기 때문입니다. 그리고 아시다시피, 이 접근법은 제 성격과 잘 맞아떨어졌습니다. 저는 성격상 다른 사람들 눈에 띄지 않으려고 개인적인 성공이나 직업적인 성공을 자랑하지 않습니다.

몇 년 전이라면 파산 법인에 투자하는 사람들은 고함지르고 소리지르는 거칠고 으스대는 사람들이라는 당신의 말씀이 맞습니다. 하지만 저는 소리 지른 적이 한 번도 없습니다. 예전에 저는 채권단의 구조 조정 회의에 참석하곤 했습니다. 참석자들은 대부분 최대 채권자였던 상업 은행의 워크아웃 전문가였습니다. 큰소리를 지르거나 허풍을 떠는 일이 제게 아무런 도움이 되지 않았습니다. 저는 그들과 좋은 관계를 구축하는 데 초점을 맞췄으며, 그래서 제가 내세운 이상적인 조직 개편의 청사진에 대해 모든 참석자가 동의하도록 영향을 줄 수 있었습니다. 사람들과 친하게 지내고 좋은 관계를 구축하려는 것이 제 적성에 맞았습니다. 그런 성향은 원활한 구조 조정은 물론,

주로 동일한 금융기관 출신의 동일한 사람들이 미래의 내형 채권자로 활동했기 때문에 제게 도움이 되었습니다.

DR_ 버지니아 대학 로스쿨을 졸업하고 LA에 있는 오멜베니앤마이어스O'Melveny & Myers에서 변호사로 일하셨다고요?

BK_ 네, 저는 그곳에서 제 아내 마사 루빈 카쉬Martha Lubin Karsh를 만났습니다. 그녀는 저보다 한 학년 아래였습니다. 1980년에 로스쿨을 졸업한 후, 저는 앤서니 M. 케네디Anthony M. Kennedy 대법관이 제9연방순회항소법원에서 근무할 때 그 밑에서 일했으며, 1981년 가을에 오멜베니앤마이어스에 입사했습니다. 저는 그곳에서 약 3년 반 동안 변호사로 일했습니다.

DR_ 어떻게 일라이 브로드를 위해 일하게 되었나요?

BK_ 정말 우연한 사건이었어요. 1980년대에 로스앤젤레스 시장이었던 리차드 리오단Richard Riordan은 매우 성공한 벤처 투자가이자 바이아웃 전문가였으며, 리오단앤매킨지Riordan & McKinzie라는 법무법인의 대표였습니다. 딕은 오멜베니에 있던 저를 자신의 회사로 영입하려고 했지만 저는 그 제안을 거절했습니다. 그러자 일라이 브로드와 가장 친한 친구였던 딕은 일라이에게 저를 젊고 똑똑한 변호사라고 소개했습니다. 일라이는 제게 전화를 걸어 당시 몇 개의 대형 보험회사(선아메리카SunAmerica가 가장 유명함)와 캘리포니아에서 가장 큰 주택 건설업체인 KB 홈스KB Homes를 소유한 카우프만앤브로드Kaufman and Broad 회장의 조수 자리를 제안했습니다. 저는 일라이와 직접 함께 일하며 시야를 넓힐 기회를 놓칠 수 없었습니다.

DR_ 일라이를 위해 몇 년 동안 일하셨습니까?

BK_ 저는 일라이를 위해 2년 반 동안 일했는데, 그때가 기억에 많이 남습니다. 일라이는 훌륭한 투자자이자 사업가였습니다. 저는 그에게서 많은 것을 배웠습니다. 거의 매일 일라이를 지켜보면서 그의 곁에 있는 것만으로도 경영학 석사 학위를 사실상 받은 것처럼 느꼈습니다.

DR_ 그런 뒤 부실 채권 투자자가 되겠다고 결심했나요?

BK_ 네, 제가 일라이 밑에서 일할 때 부실 채권 펀드가 모집되는 과정을 처음으로 봤습니다. 부실 채권 투자의 선구자이며 당시 베어스턴스에서 일했던 랜디 스미스Randy Smith와 바질 바실리우Basil Vasiliou가 후원한 펀드였습니다. 그들이 5,000만 달러짜리 펀드를 조성하려고 했는데 일라이가 그것을 자신의 포트폴리오에 편입할 수 있는지 검토해 달라고 부탁했습니다. 저는 이미 부실 채권을 잘 알고 있었으며 일라이의 보험회사들이 대규모 석면 소송으로 파산을 신청한 최고의 건축 자재 회사인 존스 맨빌Johns Manville의 부채와 지분을 평가하는 것을 도와준 적이 있었습니다. 저는 스미스와 바실리우의 펀드를 검토하면서 특이하고 혁신적인 투자 방식이라고 생각했던 기억이 납니다.

저는 일라이에게 그 펀드를 추천했지만 그는 여러 가지 이유를 들어 그것을 자신의 포트폴리오에 편입하지 않았습니다. 하지만, 1980년대의 레버리지 바이아웃 광신자들이 점점 더 기승을 부리면서 저는 그 펀드를 계속 눈여겨봤습니다. 저는 언젠가 경기 침체가 표면화되면 채권 불이행과 파산 사태가 홍수처럼 불어나고 부실 채권에 대한 엄청난 투자 기회가 찾아올 것으로 판단했습니다. 그때가 바로 제가 하워드를 찾아가 TCW에 부실 채권 펀드를 설립하는 것을 도와 달라고 부탁했던 때입니다. 하워드는 그 아이디어를 좋아했으며 제 경력과 배경을 보고 부실 채권 투자를 하기 위해 저를 고용했습니다.

브루스 카쉬

DR_ 그것이 TCW가 부실 채권 투자를 위한 펀드를 조성하게 된 배경이군요. 당신은 1987년부터 1995년까지 그 일을 했지요?

BK_ 네, 저는 1987년에 TCW에 합류했습니다. 처음에는 하워드가 관리하는 고수익 그룹이 '자체적인' 문제 여신을 해결하는 것을 도왔습니다. 1988년에 처음으로 부실 채권 펀드를 조성하기까지 약 1년이 걸렸으며 그 뒤 저는 그 펀드와 후속 펀드에 제 시간의 100퍼센트를 투자했습니다. 저는 오크트리캐피털매니지먼트를 설립한 1995년 4월까지 그렇게 일했습니다.

오크트리를 설립하는 데 결정적인 요소는 TCW가 자신의 26억 달러의 부실 채권 펀드를 오크트리가 계속 보조 자문하고 관리할 수 있도록 허용한 것이었습니다.

DR_ 오크트리 설립의 초기 자본이 TCW로부터 나온 것이었군요?

BK_ 네, 간접적으로 그렇습니다. 우리는 오크트리에 1,000만 달러를 투자했는데 첫해 현금 흐름이 상당히 좋았습니다. 그 이유는 TCW 자산 덕분에 세계에서 가장 큰 부실 채권 관리자로서의 신뢰를 쌓을 수 있었기 때문입니다.

DR_ 오크트리를 시작했을 때, 전문적으로 부실 채권 투자를 하는 사람들은 어느 정도 규모였습니까?

BK_ 제가 1988년에 시작했을 때, 그것은 말 그대로 구멍가게 수준이었습니다. 서너 회사 정도였죠. 1990~92년의 경기 침체와 우리가 달성했던 놀라운 수익 덕분에 새로운 투자자들이 몰려들었습니다. 우리가 오크트리를 시작했을 때인 1995년에는 성과를 내는 회사가 10~20개가 되었습니다.

DR_ 어떤 바이아웃 거래가 발표되었을 때, 당신은 '채권 가격이 하락하기 시작하면 그것들을 사기 위해 무엇을 준비해야 할 것인가?'라고 생각하나요, 아니면 채권 가격이 충분히 하락할 때까지 기다리면서 아무 일도 하지 않나요?

BK_ 후자입니다. 우리는 채무 불이행이나 파산 사태가 발생할 것이 실제로 예측되면 바이아웃에 집중하기 시작합니다. 채권의 거래 가격이 하락하는 것이 바로 그런 신호가 오는 것입니다.

DR_ 당신의 투자 철학이 다른 누군가의 실패에 달려 있다는 것이 당황스럽지는 않나요? 당신이 그들의 부실 채권을 할인된 가격에 사게 되면 바이아웃 세계의 사람들과 친해지는 것은 어려운 일은 아닙니까?

BK_ 저는 절대로 누군가의 실수에 대해 우쭐하거나 어떤 바이아웃 회사 덕분에 우리가 돈을 크게 벌었다고 언론에 떠벌리고 싶지 않습니다. 아시다시피, 바이아웃 회사는 한두 개 투자에서 실패할 수도 있지만 전반적인 투자 성과는 탄탄합니다. 저는 부실 채권 투자란 장거리 경주와 같다는 철학을 갖고 있습니다. 따라서 바이아웃 업계의 종사자들과 좋은 관계를 유지하기 위해 열심히 노력합니다.

DR_ 말이 나와서 말인데, 당신은 당신의 파트너만큼 사람들에게 잘 알려지지 않았습니다. 왜 그렇게 눈에 띄지 않기로 했나요?

BK_ 잘 아시다시피, 제 파트너는 의사소통 능력의 핵심인 글쓰기와 말하기 모두에 탁월합니다. 따라서 하워드가 사람들 눈에 잘 띄는 것은 당연하고, 오크트리에도 큰 도움이 됩니다.

저는 매스컴의 관심을 많이 받고 싶지 않습니다. 사람들의 주목을 받지 않는 것이 제 성격에 맞습니다. TV에 출연하고 언론에 보도되는 것을 즐기는 파트너가 있는 것이 제게 행운이라고 생각합니다.

앞서 설명했듯이 제가 눈에 띄지 않는 가장 중요한 이유는 사업과 관련이 있었기 때문입니다. 제가 TCW에서 부실 채권 투자를 시작했을 때, 그것은 몇 가지 논란이 있는 새로운 투자 분야였습니다. 저는 주류 투자자들이 이 분야를 지지하기를 원했으며, 그들이 만약 매우 공개적인 싸움, 소송 또는 무엇보다도 최악의 상태인 기업 청산 상태로 몰리게 되면, 우리와 거래하지 않을 것이라는 사실을 잘 알고 있었습니다. 우리는 항상 기업이 청산되지 않도록 노력했습니다. 하워드와 저는 주류 기관투자자들에게 "우리는 문제를 일으키는 것이 아니라 문제를 해결하려고 합니다. 우리는 불필요하게 발생한 부채를 다시 자본으로 전환해 일자리를 회복하고 기업의 생존력을 회복할 것입니다"라고 설득했습니다. 그런 설명 방식은 효과가 있어 초기에 국가 및 기업 연금 기관들을 우리 펀드에 LP로 유치하는 데 큰 도움이 되었습니다.

DR_ 소송을 좋아한다고 알려지는 것이 사업에 도움이 될까요?

BK_ 제가 보기엔 그것은 당신에게 손해가 될 것입니다. 지금까지 우리가 관련된 소송은 손에 꼽을 정도입니다. 저는 항상 우리 회사가 문제의 해결사로 알려지기를 바랍니다. 왜냐하면 그것이 수익에 도움이 되고 사업의 발전과 성장에 이바지한다고 생각하기 때문입니다. 소송을 전문으로 하는 사람들이 몇 명 있습니다. 그들에게는 효과가 있을지 모르지만, 제 생각에 그것은 훌륭한 비즈니스 모델은 아닙니다.

DR_ 성공적인 부실 채권 투자자가 되는 데 필요한 기술은 무엇이라고 생각하십니까? 지능, 근면, 연구 기술, 재무 능력인가요?

BK_ 말씀하신 모든 것이 필요합니다. 왜냐하면 우리는 가치 투자자이기 때문입니다. 성공적인 부실 채권 투자자가 되려면 냉철한 역발상가가 되어야 합니다. 왜냐하면 이 직업은 공포와 공황의 절정에서 부실 채권을 매입하는 것이기 때문입니다. 저는 모든 촉각을 곤두세워 언제 공포와 공황 상태가 몰아칠지 주시하고 있습니다. 그때가 항상 최적의 매입 시기이며, 그때가 제가 가장 좋아하는 순간입니다. 즉, 매입자는 적고 대부분 사람이 매도할 때, 그때 자본을 투자합니다. 2008년 글로벌 금융 위기가 닥치자 사람들은 세상이 끝나는 것처럼 생각했습니다. 어떤 투자자는 "상황이 너무 불확실하므로 기다릴 것입니다. 금융 시스템이 무너지고 있는 것 같아요"라고 말했습니다. 하지만 우리는 시장이 공황 상태에 빠져 대규모로 채권을 매도하는 사태를 확인하고, 리먼 브러더스가 파산 신청을 한 시점과 2008년 말 사이의 14주 동안 부실 채권을 50억 달러 이상 매입했습니다. 그때가 바로 우리의 세상이었습니다. 우리에게 그렇게 좋은 매입 기회가 많았던 적은 없었습니다. 두말할 필요도 없이, 시장이 회복된 2009년은 오크트리와 오퍼튜니티 펀드에 아주 성공적인 한 해였습니다.

DR_ 당신이 했던 최고의 거래들 가운데 어떤 것들이 가장 자랑스럽습니까?

BK_ 우리가 했던 천 개도 넘는 투자 가운데 한두 개 고를 수가 없군요. 저는 개별적인 거래보다는 우리가 최대 규모의 펀드를 모집할 수 있었던 요인은 경기 및 부실 채권 순환 주기에서 최적의 시기를 선택했기 때문이라고 자랑하고 싶습니다. 우리는 부실 채권의 공급이 가장 풍부했던 시기에 가장 큰 자금을 투자했기 때문에, 그 펀드들은 우리의 모든 펀드 중에서 가장 높은 IRR과 투자 원금 대비 수익율을 실현했습니다. 저는 그 정도 수익을 실현한 투자회사들은 많지 않다고 생각합니다.

지난 34년간 부실 채권 공급이 원활하지 않았던 시기가 여러 차례 있었습니다. 그때는 투자를 적게 하는 것이 핵심이지만, 좋은 매수 기회들이 나타날 때는 투자할 수 있는 드라이 파우더dry powder를 충분히 확보하는 것이 중요합니다. 그런 기회들은 5년 정도마다 찾아옵니다. 저는 우리가 그런 투자 기회를 포착할 정도로 자금을 적절하게 조정했다는 것이 자랑스럽습니다.

그리고 자금 규모를 잘 조정한 것이 전체 실적에 확실히 긍정적인 영향을 미쳤습니다. 34년간의 투자를 돌이켜보면 우리의 총 IRR은 부채를 이용하지 않은 상태에서 매년 22퍼센트나 됩니다. 또 다른 자부심의 원천은 우리의 '평균 투자 금액'에 있습니다. 2021년 연말 기준으로 534억 달러의 자본을 투자하고 423억 달러의 이익을 창출했으며, 그중 완전히 실현한 수익이 336억 달러에 달합니다. 한편 자본에 대한 손실은 45억 달러이며 그중 실현된 손실은 27억 달러에 불과합니다.

DR_ 투자 세계에서는 모든 거래에 성공한 사람은 아무도 없습니다. 실패한 거래가 항상 한두 개 있게 마련입니다. 그것들을 돌이켜 볼 때 나중에 깨달은 실수는 어떤 것이 있습니까?

BK_ 저 역시 지난 34년 동안 여러 가지 실수를 저질렀습니다. 우리가 가장 크게 손실을 본 산업군은 드라이 벌크선dry bulk shipping(포장하지 않은 화물을 그대로 적재하는 화물선)입니다. 저는 2012~13년에 해운업계의 벌크 운임지수BDI, Baltic Dry Index가 바닥을 탈출하는 것처럼 보였기 때문에 완벽한 투자 시기가 도래했다고 판단했습니다. 세계 경제가 글로벌 금융 위기로부터 회복하고 있었으며 역사적으로 최저치를 기록했던 벌크 운임지수가 강하게 상승하고 있었기 때문에 모든 것이 좋아지는 것처럼 보였습니다. 우리는 우리와 함께 투자한 그리스 운영자와 한 팀이 되어 역사적으로 가장 저렴한 가격에 벌크선을 사들이기 시작했습니다.

그 후, 2015년에 중국이 철광석과 석탄 구매를 제한했습니다. 드라이 벌크선의 최대 고객인 중국의 결정은 벌크선 시장에 커다란 영향을 미쳤습니다. 중국의 수요가 줄어들자 운임은 대폭락했습니다. 따라서 저는 신규 벌크선의 건조 규모도 급격히 줄어들 것이므로 곧 수요·공급의 법칙에 따라 시장이 균형을 되찾을 것으로 생각했습니다.

하지만 제가 깨닫지 못한 것은 선박을 만드는 회사를 기본적으로 중국 정부가 통제하고 있으므로 그들은 운임이 얼마가 되든지 전혀 신경 쓰지 않는다는 사실이었습니다. 그들은 일자리 창출을 위해 벌크선을 대량으로 만들었습니다. 그들이 벌크선을 계속 건조했기 때문에 운임 하락의 터널은 길게 이어졌습니다. 그것은 우리에게 소중한 배움의 경험이었습니다. 결국 우리는 정부가 상당히 깊게 개입하는 산업에서는 그 잠재적인 영향에 대해서 좀 더 신중하게 생각하게 되었습니다.

6년이 지난 지금에야 비로소 우리는 공급보다 수요가 더 큰 불균형 상태를 경험하기 시작했습니다. 세계적인 수요가 팬데믹에서 회복되고 공급망이 재개되면서 드라이 벌크선의 수요가 크게 증가하고 있습니다. 경기가 빠른 속도로 회복하고 운임이 크게 올라 최근 들어 미실현 손실을 많이 회복한 상태지만 아직도 손익분기점에 도달하려면 갈 길이 멉니다.

DR_ 당신은 부실 채권을 매입할 때 시장 가격이 오르지 않도록 거래가 완료될 때까지 어떻게 비밀을 유지하십니까?

BK_ 지난 몇 년간, 우리는 월가의 몇몇 기업들과 믿을 수 없을 정도로 강한 유대 관계를 맺어왔으며 그들은 우리와 거래가 끊길까 봐 조심합니다. 전체적으로 볼 때 우리는 오크트리에서 많은 거래를 하고 있으므로 월가의 중개 회사들에 수수료를 가장 많이 지급하는 큰 거래처입니다. 우리는 우리가 원하는 어떤 것이든 적절한 몫을 매입하는 데 문제가 있었던 적이 없습니다. 다른 투자자들도 결국 우리가 무엇을 사는지 듣고 때때로 우리를 좇아 투자하느냐고요? 네, 그렇습니다. 그것도 게임의 한 부분입니다.

DR_ 경기가 둔화하고 경기 부양책이 사라지면서 부실 채권에 대한 투자 기회가 밀려올 것으로 기대하십니까?

BK_ 투자 등급 이하의 기업 부채가 엄청나게 많습니다. 고수익 채권과 레버리지 대출 시장은 역대 최고 수준이고, 개인 부채는 그 규모가 엄청나게 빠른 속도로 증가했습니다. 오크트리에서 우리는 그것을 통나무 쌓기라고 부릅니다. 그것들은 모두 차곡차곡 매우 높게 쌓여있습니다.

문제는 모닥불을 피울 불꽃을 발견하는 것입니다. 저는 그것을 찾아볼 수 없습니다. 지금은 경제 상태가 너무 좋습니다. 저는 향후 1~2년 안에 채무 불이행 사태가 우리의 투자 욕구를 당길만한 수준에 도달할 것으로 생각하지 않습니다.

미국은 기업 부채 측면에서 갑자기 외생적인 변수가 발생하지 않는다면 큰 문제가 발생할 것 같지는 않습니다. 저는 팬데믹을 예측하지 못했지만, 그것은 우리에게 엄청나게 좋은 부실 채권 매입 기회를 제공했습니다. 게다가 미국 연방준비제도이사회는 인플레이션 위협이 증가하면 언제나 금융 상황을 위기에 이르게 할 정도로 강력한 긴축 정책을 펼칠 가능성이 있습니다. 그렇게 되면 부실 채권을 매입할 절호의 기회가 오게 됩니다.

DR_ 당신은 젊은 전문가들에게 부실 채권 투자 분야를 추천하시나요? 부실 채권 투자의 가장 큰 즐거움은 무엇인가요?

BK_ 5~10년 전에, 제 친구들의 아이들이 제게 찾아와 월스트리트에 가고 싶다고 말했습니다. 그들은 부실 채권 투자와 다른 분야들에 대해 질문했습니다. 저는 "월스트리트가 아니라 실리콘 밸리로 가라"고 조언했습니다. 모든 흥미로운 일들은 실리콘 밸리에서 일어나며, 젊은이들은 기술이 있다면 당연히 실리콘 밸리로 가야 합니다. 월스트리트에서 일하고 싶다면 사모펀드를 추천합니다. 부실 채권 투자는 지적으로 도전적이고 흥미롭지만, 그것은 경기 순환과 밀접한 관련이 있으므로 그저 인내심을 갖고 어리석은 짓을 하지 않도록 버텨야 할 때가 많이 있습니다. 하지만 그것은 모든 사람에게 쉬운 일은 절대 아닙니다.

브루스 카쉬

4 　　　벤처캐피털

마크 안드레센MARC Andreessen

안드레센 호로비츠의 공동 설립자 겸 총괄 파트너,
모자이크 브라우저 공동 개발자, 넷스케이프의 공동 설립자

> "벤처 투자는 근본적으로 아웃라이어들의 게임이다.
> 특이해야 돈을 벌 수 있다."

오늘날 투자자들이 새로운 개념이나 기술을 가진 창업자들에게 자금을 지원하는 것은 꽤 흔한 일이다. 회사가 사무실이나 고객 없이 소수의 직원으로 사업을 시작한 초창기에 자금을 제공하는 투자자들을 종종 '엔젤투자자'라고 부른다. 그리고 회사가 기업가의 머릿속에 있던 개념 이상의 것을 구현하고 있을 때 자금을 제공하는 투자자를 흔히 '벤처투자자' 또는 '벤처캐피털 투자자'라고 부른다.

최근 몇 년간, 기술 붐이 우리의 삶을 변화시키면서 빌 게이츠Bill

Gates, 스티브 잡스Steve Jobs, 제프 베조스, 래리 페이지Larry Page와 세르게이 브린Sergey Brin, 마크 저커버그, 그리고 일론 머스크와 같은 기업가들이 유명해졌다. 그들의 제품과 서비스는 우리 주변 어디에나 존재하면서 사람들의 삶을 변화시키고 있다. 엔젤투자자와 벤처캐피털 투자자들 역시 스타트업의 가치를 보고 IPO를 통해 엄청난 부를 축적한 것으로 유명해졌다. (벤처캐피털 투자는 매우 수익성이 높다는 것이 입증되었다. 20~30퍼센트의 성과 보수를 받는 선도적인 벤처캐피털 투자자들은 '포브스 400' 부자 목록에 유력한 기업가들과 함께 이름을 올린다.)

하지만 항상 그래왔던 것은 아니었다. 1950~1960년대 벤처캐피털의 초기 단계에서, 투자자들은 신생 기업인 스타트업에 처음부터 자금을 지원한다는 개념은 너무 위험하다고 인식했으며 심지어 그런 개념은 생각조차 하지 않았다.

1990년대 실리콘 그래픽스Silicon Graphics의 창업자이자 테크 세계의 전설적인 인물인 제임스 클라크James Clark가 대학을 갓 졸업한 마크 안드레센과 함께 창업 회사의 설립 자금을 마련하려고 칼라일의 사무실을 방문했다. 대학에 다니는 동안, 마크는 인터넷 검색 방법을 개발하는 것을 도왔고, 새로운 회사를 만들어 나의 파트너와 내가 아직 명확하게 이해하지 못하는 이 검색 방법을 상용화하려고 했다.

내가 기억하는 것은 우리는 먼저 인터넷이 무엇인지 이해하고 싶었고, 사람들이 인터넷을 검색하려는 이유가 궁금해 여러 가지 질문을 했다. 우리가 그런 문제들을 이해하고 난 뒤 우리는 우리의 전공 분야인 참여 비용을 분석했다. 매출이 아무것도 없는 신생 기업의 가치 평가액이 1억 달러가 넘었다.

우리는 그 당시 스스로 훌륭한 투자자라 자부했으므로 완전히 새

마크 안드레센

로운 스타트업에 대한 평가액으로 1억 달러는 터무니없는 수치라고 판단했다. 그래서 우리는 그들의 제안을 거절했다. (우리는 또한 그들이 1억 달러 미만의 평가액을 들고 찾아왔을 때도 제안을 거절했다.) 그 회사가 넷스케이프Netscape였다. 넷스케이프는 나중에 AOL에 42억 달러에 매각되었으며 마크는 AOL의 최고 기술 책임자가 되었다.

마크는 AOL을 떠난 후, 벤 호로위츠Ben Horowitz와 함께 또 다른 기술 회사인 옵스웨어Opsware를 설립해 나중에 휴렛팩커드Hewlett Packard에 16억 달러에 매각했다. 그런 뒤 그는 실리콘 밸리에서 매우 적극적인 엔젤투자자로서 트위터Twitter와 링크드인LinkedIn에 투자했다. 2009년, 마크는 벤처캐피털 투자 사업을 강화하고 투자자들이 그와 그의 파트너와 함께 투자할 기회를 주기 위해 안드레센 호로위츠Andreessen Horowitz를 설립했다. (우리는 이전의 실수를 통해 깨달은 바가 있어, 설립 준비 초창기에 마크에게 칼라일도 회사의 지분을 조금 사고 싶다고 말했지만, 그는 회사를 운영하기에 충분한 자본을 이미 모집했다고 정중하게 거절했다. 우리가 그때 참여할 수 있었더라면 훌륭한 투자가 되었을 것이다.)

안드레센 호로위츠는 최근 몇 년 동안 리프트Lyft, 에어비앤비Airbnb, 스트라이프Stripe, 그루폰Groupon, 징가Zynga와 같은 회사에서 엄청난 성공을 거두며 미국 최고의 벤처캐피털 회사 중 하나로 부상했다. 또한 그는 블록체인 기술과 암호화폐에 대한 초기 투자에 선견지명이 있었으며, 코인베이스의 IPO는 회사에 매우 성공적인 투자였다. 아마도 서류상으로는 가장 수익성이 높은 투자였을 것이다. (2022년 중반 기술주가 조정을 받는 과정에서 코인베이스와 다른 암호화폐 관련 회사들의 가치가 크게 감소했다.)

벤처캐피털 투자자로서의 성공을 넘어, 마크는 기술과 기술의 사회적 이점에 대한 해설자이자 작가로서 벤처 세계의 리더가 되었다. 실제로 그는 글과 연설을 통해, 실리콘 밸리 지역의 다른 여러 주요 벤처 자본 투자자들보다 훨씬 더 인기 있는 인물이다. 그는 전체 벤처 세계에서 가장 영향력 있는 중요 인물 중 한 명이다.

나는 2021년 6월 22일 캘리포니아 멘로 파크에 있는 마크의 사무실에서 그를 직접 인터뷰했다.

$

데이비드 M. 루벤슈타인DR_ 벤처캐피털 세계는 호황을 누리고 있습니다. 저는 이런 일을 본 적이 없어요. 오늘날 벤처투자자들이 이렇게 엄청난 수익을 실현하는 이유는 무엇입니까?

마크 안드레센MA_ 한 가지 가능성은 우리가 90년대 후반처럼 다시 흥분하고 있다는 것입니다. 그리고 상황은 너무 뜨겁습니다.

다른 가능성은 우리 사회가 진정한 기술적 변화를 겪고 있다는 것입니다. 우리 사회는 코로나 이전에도 이미 기술적 변화를 겪고 있었지만, 팬데믹이 그런 변화를 가속화했습니다. 많은 디지털 사업이 코로나를 통해 급성장하였으며 세상은 코로나로 꽤 근본적으로 변화할 것 같습니다. 따라서 이런 새로운 기술 회사들이 변화를 주도하고 수익을 실현합니다.

DR_ 옛날에는 벤처투자자들이 돈을 벌 확률은 10퍼센트이고 실패할 확률은 90퍼센트라고 했습니다. 당신은 이제 돈 벌 확률이 100퍼센트인 것 같습니다.

MA_ 우리가 처음 펀드를 조성할 때 투자자들에게 이렇게 설명했습니다. "여러분 보세요, 우리는 이제 달에 가려고 합니다. 가끔 로켓이 발사대 위에서 폭발해 지상에 커다란 분화구를 만들지도 모릅니다."

최상위 벤처캐피털 회사의 통계를 50년 동안 살펴보면, 성공과 실패의 확률이 50대 50 정도 됩니다. 기본적으로 회사의 50퍼센트는 돈을 벌고, 50퍼센트는 돈을 잃습니다.

DR_ 벤처투자자들은 거래가 아주 성공적일 경우 투자금의 4배, 10배, 15배를 벌 수 있습니다. 이제 당신은 어떤 경우에는 500배를 버는 것처럼 보입니다. 예를 들어, 코인베이스 투자는 역사상 가장 성공적인 벤처 거래 중 하나인 것 같습니다. (코인베이스는 2021년 4월 14일에 상장되었고, 그날 시가 총액이 1,000억 달러 이상으로 상승했다. 이후 2022년 6월 1일 현재 시가 총액은 150억 달러다.) 당신이 초기 투자를 했을 때 그렇게 되리라는 것이 명백했나요?

MA_ 우리는 투자할 때마다 우리가 투자하는 회사가 크게 성장할 것이라고 100퍼센트 확신합니다. 하지만 대부분 틀렸습니다. 도중에 우여곡절이 많이 발생합니다. 회사의 창업자와 CEO의 역량이 큰 비중을 차지하죠. 회사가 성공하면 그들의 공이 99퍼센트입니다.

DR_ 시리즈 A 투자란 무엇입니까?

MA_ 시리즈 A는 일반적으로 기관투자자의 첫 번째 투자금을 의미합니다. 이것은 진지한 투자자, 진지한 이사회, 그리고 엄청난 금액의 자금을 갖추고 사업을 진지하게 시작하는 첫걸음과 같습니다. 테이블에 있는 모든 사람이 사업을 성공시키기 위해 모든 시간과 노력을 진정으로 쏟아부을 것을 약속합니다.

DR_ 당신과 같은 회사들이 시리즈 A에 참여하면 일반적으로 나중에 시리즈 B, 시리즈 C를 추진하고 투자회사를 상장시킬 것으로 예상합니까?

MA_ 우리가 이런 회사들을 지원할 때마다 목표는 그들이 지속 기업으로 시장을 이겨내고 독립적으로 홀로서기를 할 수 있도록 도와주는 것입니다. 그러다 보면 보통 어느 시점에 그들은 기업공개를 통해 상장합니다. 때때로 두세 차례 추가로 자금을 조달한 후에 상장하기도 합니다. 요즘 그들은 사기업으로 더 오래 머물기 위해 대여섯, 일곱 차례에 걸쳐 사적으로 자금을 조달하기도 합니다. 보상, 이익, 시장이 모두 점점 더 커졌습니다. 현재 지구상에 있는 50억 명이 네트워크로 함께 연결되는 스마트폰을 사용합니다. 당신이 대중의 인기를 얻을 수 있는 회사를 하나만 만든다면 그 회사는 정말로 크게 성장할 수 있습니다.

그렇게 커지려면 시간이 오래 걸리고 자금도 많이 필요합니다. 현재 우리는 1조 달러 이상의 가치를 지닌 기술 회사들을 가지고 있습니다. 그것은 제가 이 업계에서 일을 시작했을 때는 상상조차 할 수 없었던 일입니다. 이러한 회사 중 일부는 결국 역사적 기준이 제시하는 것보다 훨씬 더 많은 자금을 조달하게 되고 더 오랫동안 개인 회사로 남아 있게 됩니다.

DR_ 모든 빅딜이 실리콘 밸리에서 나오는 것 같습니다. 오스틴, 보스턴, 뉴욕시는 어떤가요? 실리콘 밸리는 아무도 따라잡을 수 없을 정도로 훨씬 앞서 있나요?

MA_ 코로나 이전에 실리콘 밸리는 특히 인재들을 가두어 두는 강력한 잠금장치 역할을 했습니다. 최고의 사람들과 함께 최고의 회사에서 일하며 중요한 사업의 일부분이 되고 싶어 하는 MIT, 스탠포드, 버클리 졸업생들이 어디로 가려고 하겠습니까? 역사적으로 보면 그들은 대부분 실리콘 밸리로 왔습니다.

코로나 이후의 세계에서, 그것은 꽤 극적으로 변화하고 있는 것처럼 보입니다. 왜냐하면 우리는 모두 원격 근무와 분산된 회사라는 개념에 훨씬 더 익숙해져 있기 때문입니다. 당신은 실리콘 밸리 밖에서 더 많은 일이 일어나는 것을 볼 수 있습니다.

오스틴의 실리콘 밸리, 마이애미의 실리콘 밸리가 새롭게 조성될 수도 있습니다. 실리콘 밸리가 클라우드로 이동하는 것도 가능합니다. 이런 회사들은 온라인 경영으로 전환하는 것이 가능합니다. 아마도 그들은 물리적 본사 없이 운영될 수 있을 것입니다. 실제로 코인베이스는 본사 주소도 없이 그냥 상장했습니다.

DR_ 원격으로 많은 일을 할 수 있으므로 코로나가 벤처캐피털 거래를 하는 사람들의 시각을 바꾸었나요?

MA_ 우리는 원격 작업에 대한 이 모든 아이디어를 어디까지 추진할 수 있는지에 관한 거대한 실험의 시작 단계에 있습니다. CEO들은 원격 작업이 얼마나 잘 작동하는지에 대해 다양한 견해를 가지고 있습니다. 리드 헤이스팅스Reed Hastings와 팀 쿡Tim Cook과 같은 CEO들은 이를 무시하고 모두가 사무실로 나와야 한다고 생각합니다. 많은 다른 CEO들, 특히 젊은 CEO들은 "아니, 이건 훌륭합니다. 모든 사람이 샌프란시스코에 올 필요가 없어요. 전 세계의 모든 인재를 활용해 기업을 가상으로 운영합시다"라고 주장합니다.

우리는 이런 모든 도구를 가지고 있습니다. 지금 우리는 화상 회의와 슬랙Slack은 물론 놀라운 기술들을 모두 이용합니다. 우리는 인터넷을 만들었습니다. 아마도 이제 사업이 온라인으로 옮겨갈 때가 된 것 같습니다.

DR_ 중국과 인도는 어떤가요? 그들은 실리콘 밸리의 위협적인 잠재적 경쟁자인가요, 아니면 여러분이 하는 일과 실제로 경쟁할 수 없는 상대인가요?

MA_ 중국은 지난 20여 년간 매우 인상적이었습니다. 다른 사람들과 마찬가지로, 그들에게는 그들만의 도전이 있습니다. 그들 역시 완벽한 시스템을 갖춘 것은 아닙니다. 인도에는 정말 일을 잘하고 성장하는 회사들이 많이 있습니다. 두 나라 모두 매우 재능 있는 사람들이 매우 활기찬 생태계를 만들고 있습니다.

DR_ 거기에 투자하시나요?

MA_ 우리는 거기에 그렇게 많이 투자하지 않습니다. 이것은 또 다른 코로나 이전과 이후의 현상입니다. 우리는, 역사적으로 벤처캐피털 사업이란 일종의 공예 기술처럼 오랫동안 잘 알고 지내는 동업자들과 직접 접촉하면서 손수 몸에 익혀야 할 수 있는 사업이라고 알고 있습니다. 따라서 사람들은 과거에는 벤처캐피털 사업을 원격에서 배운다는 것은 어려운 일이라고 생각했습니다. 하지만 원격 근무가 당연한 세상이 된 지금은 그런 가정 자체가 바뀌어야 합니다. 그것은 모든 산업계가 앞으로 어떻게 변화할지에 대한 중대한 질문을 우리에게 던지고 있습니다.

DR_ 어떤 기업가가 "저는 안드레센 호로위츠에 대해 읽은 적이 있습니다. 그들이 제 회사를 지원해 주었으면 합니다"라고 말했다고 가정해 보죠. 그들이 어떻게 당신에게 접근합니까? 당신에게 전화하나요? 아니면 회사를 방문해야 하나요? 혹시 이메일을 보내면 안 되나요?

MA_ 벤처캐피털 사업은 사람이 하는 사업입니다. 이것은 끈끈한 인맥이 필요한 사업입니다. 벤처캐피털 투자는 마치 결혼처럼 친밀한 관계가 필요한 사업이죠. 왜냐하면 그것은 10년, 15년, 20년 동안 관계가 지속되기 때문입니다. 우리가 그들과 10년 동안 파트너가 되길 원하는 사람이라면 반대의 경우도 마찬가지가 아닐까요?

일반적으로, 벤처캐피털 투자는 사람들이 서로를 소개하면서 서로를 보증할 정도에 이르는 개인적인 관계를 구축하는 방식으로 시작합니다.

DR_ 누군가가 서류상으로는 훌륭한 기업가라고 가정해 보죠. 하지만 전에 이런 일을 해본 적이 없습니다. 거래해본 적이 없는 사람을 지원해줄 가능성이 얼마나 됩니까?

MA_ 만약 그들이 전에 회사를 설립한 적이 없고 단지 계획만 갖고 있다면, 그들이 최상위권 벤처캐피털과 거래할 가능성은 작습니다. 하지만, 아주 드문 일이긴 해도 회사를 설립해 본 적이 없지만 이미 제품을 완성한 사람들이라면 최상위권 벤처캐피털을 만날 수 있습니다. 전형적인 예가 페이스북입니다. 마크 저커버그는 회사를 시작했을 때 이미 하버드에서 페이스북을 만들었습니다. 제가 넷스케이프를 시작했을 때 저는 이미 모자이크 브라우저Mosaic browser를 만들었습니다. 구글 창업자들도 스탠포드에서 구글 검색 엔진을 만들었습니다.

만약 당신이 이미 제품을 만들었다면, 당신은 이미 실제로 존재하는 제품을 가지고 있으므로 자금을 제공하겠다는 사람을 만날 수 있습니다. 처음 창업하는 사람으로서 가장 좋은 것은 제품을 먼저 만드는 것입니다. 여기에도 닭이 먼저냐 달걀이 먼저냐 하는 논란이 있을 수 있습니다. 제품을 만들려면 자금이 필요합니다. 바로 그 문제 때문에 사람들은 꼼짝 못 하게 됩니다.

DR_ 실리콘 밸리에서는 체계가 잘 잡힌 여러 회사들이 서로 경쟁합니다. 당신은 "세쿼이아가 참여하면 우리는 들어가고 싶지 않다"고 말합니까? 아니면 경쟁자들과 함께 투자하는 거래라도 상관이 없습니까?

MA_ 경쟁하는 것보다 협력해야 하는 경우가 훨씬 더 많습니다. 우리는 정말 치열하게 싸우는 것을 좋아합니다. 하지만 결국 협조하게 됩니다. 왜냐하면 그것은 창업자들이 결정할 문제이기 때문입니다. 훌륭한 창업자들은 한 번은 우리를 선택하지만 다음번에는 다른 벤처 캐피털 회사를 선택하죠. 결국엔 같은 거래에서 함께 일하게 되는 경우가 많이 발생합니다.

DR_ 투자 금액과 투자 시기를 결정하기 위한 수익성을 어떻게 평가하십니까?

MA_ 우리는 특히 마지막 단계에서 몇 가지 계량 모델을 사용합니다. '이것이 매우 중요한 서비스로 크게 성장할 수 있는 핵심 내용인가?' 그런 일이 일어나면 당신은 많은 돈을 벌게 됩니다.

우리는 이처럼 중요성의 개념에 많이 집중합니다. 사람들이 이 제품 없이 산다는 것은 상상할 수도 없는 일이라고 생각할까? 만약 우리가 그런 요소를 찾을 수 있다면 그다음 손익 계산서를 만드는 것은 매우 쉬운 일입니다. 만약 우리가 그런 표를 만들 수 없다면 우리는 거래를 하지 않을 것입니다.

DR_ 누군가가 당신을 찾아와 제품 설명을 하고 당신과 그 회사의 설립자는 좋은 거래라고 생각한다고 가정해 보죠. 당신은 찬반 투표에서 동료들에게 질 수도 있나요?

MA_ 우리는 단독 결정 시스템을 운영합니다. 현재 약 22명의 GPgeneral

partner는 각자 독자적인 투자 예산을 가지고 있습니다. 그리고 각각의 GP는 투표 없이 독자적인 투자 결정을 내릴 수 있습니다. 최고의 스타트업 아이디어들은 기존의 박스에 들어맞지 않는 경우가 많습니다. 투자위원회의 논의 과정을 거치다 보면, 결국 최고의 거래 중 일부를 놓칠 수도 있죠.

DR_ 누군가가 "나는 당신이 이것을 하기를 원한다"라고 말하고 당신은 "나는 그렇게 하고 싶지 않다"고 대답한다면, 그들은 다른 파트너들을 찾아가 "마크는 그것을 좋아하지 않았지만 당신은 좋아할지도 모릅니다"라면서 여기저기 지지자를 구하러 다니나요?

MA_ 네, 그렇게 할 수 있습니다. 우리의 기본 모델은 해당 시장 부문을 가장 잘 이해하고, 해당 영역을 꿰뚫고 있는 GP가 투자 결정을 내려야 한다는 것입니다. 즉, 때로는 한 파트너는 싫어하고, 다른 파트너는 마음에 들어 합니다. 하지만 그들은 상황을 정리해 결정을 내려야 합니다. 우리는 대화를 많이 합니다. 그래서 기업가들이 우리 주변에서 일하려고 노력합니다.

DR_ 마치 부모와 함께 있는 아이와 같군요. 그들도 자기 편을 만들려고 합니다.

MA_ 가끔요. 우리는 그런 일이 일어날 때 그것을 곧 알아차립니다.

DR_ 제출한 제안서에 다른 회사가 검토한 흔적이 있다고 가정해 보겠습니다. 당신은 "다른 회사에서 거절당하셨군요, 우리도 관심이 없어요"라고 대답하십니까?

MA_ 꼭 그렇지는 않습니다. 일류 벤처캐피털 회사들은 자신들의 잣대가 있습니다. 그들은 거래해야 할지 말아야 할지 결정하는 자체적인 기준을 갖고 있죠. 그들은 일종의 집단적인 판단의 기준을 적용합니다. 다른 최고 수준의 캐피털 회사라면 이 회사에 자금을 지원할 것인가 아닌가? 그렇지 않다면 그 회사에 투자하지 않을 것입니다.

만약 그 거래가 최상위급 벤처캐피털 회사로부터 자금을 지원받을 예정이며 우리는 그 거래가 좋은 아이디어라고 생각하지 않는다면, 누가 옳은지 궁금할 것입니다. 다른 회사들도 꽤 현명합니다. 이것이 우리가 정기적으로 하는 토론 주제 중 하나입니다. 다른 벤처캐피털 회사가 거래에 관심을 보인다면, 그것은 긍정적인 신호일 수 있습니다. 만약 회사들이 거래를 검토한 뒤 모두 지원을 거절했다면, 그것은 부정적인 신호일 수 있습니다. 그렇긴 하지만, 역사상 가장 좋은 거래 중 일부는 많은 사람이 회사의 발전 가능성을 제대로 인식하지 못하고 지나쳐 버린 거래였습니다. 우버는 매우 많은 벤처캐피털 회사가 투자를 거절한 대표적인 사례입니다.

가끔 이런 아웃라이어들이 시장에 등장합니다. 벤처 투자는 근본적으로 아웃라이어들의 게임입니다. 특이해야 돈을 벌 수 있습니다. 우리는 서로 다른 이 모든 신호가 일반적으로 무엇을 의미하는지 살펴보고 겸손하게 마음 문을 열고 투자 결정을 내려야 합니다.

DR_ 전문가가 아닌 사람들을 위해 엔젤투자자와 벤처캐피털 투자자의 차이점을 설명해 주시지요.

MA_ 전형적인 벤처캐피털 투자자는 외부 투자자들로부터 자금을 모아 벤처 기업에 투자하는 사람들이며, 엔젤투자자란 자신의 자금으로 투자하는 사람들을 의미합니다.

DR_ 당신은 회사에서 엔젤 투자를 하고 있습니다. 성장 자본 투자도 하십니까? 성장 자본이 무엇인지 설명해 주시지요.

MA_ 성장 자본이란 제품 생산, 사업 운영, 고용 확대 등 회사 규모를 확장하려는 후기 단계에 있는 회사들에 지원하는 자금을 의미합니다. 일반적으로 이것은 대규모 시장 확장 전략을 의미합니다. 이는 영업 인력을 대규모로 고용하거나, 마케팅 캠페인을 대대적으로 실행하고, 수익성이 있는 국제 사업을 확장하는 것을 의미합니다. 성장 자본은 초기 IPO에 투입했던 자본을 대체합니다.

DR_ 이론적으로 보면 시리즈 A에서 시작해 시리즈 B, 그리고 시리즈 C로 자금을 조달한 뒤 상장 절차를 거칩니다. 그것은 성배를 찾는 것처럼 누구나 간절히 추구하는 경로였습니다. 하지만 오늘날 몇몇 회사들은 수년 동안 상장하는 것을 원하지 않습니다. 스트라이프는 지난번 벤처 자금 조달 단계에서 950억 달러의 시장 가치가 있는 것으로 평가되고 있지만 여전히 상장하지 않고 있습니다. 왜 어떤 사람들은 회사를 상장하는 것을 원하지 않나요?

MA_ 주식 시장으로 진출하는 것은 복잡하고, 적대적인 환경을 조성할 수 있습니다. 시간이 지날수록 주식 시장은 단기 성과를 점점 더 중시하게 됩니다. 그래서 상장 기업으로서 이번 분기나 올해에 투자자들을 위해 무엇을 하고 있는지에 일일이 보고해야 하는 엄청난 중압감을 견뎌야 합니다. 10년 또는 20년 비전으로 무장한 공격적인 기업가들은 회사의 비즈니스를 구축하려면 더 유연하게 일해야 한다고 생각합니다.

DR_ 당신과 당신의 파트너는 거래 흐름을 어떻게 유지하고 있습니까?

MA_ 대부분 개인적인 관계로 유지합니다. 좀 더 범위를 넓히면 업계 사람들 즉 오랫동안 알고 지냈던 사람들과 연락하고 있습니다.

우리는 회사에서 대형 미디어 사업을 하고 있습니다. 최근 이런 모든 아이디어를 전문적으로 다루기 위해 퓨처Future라는 새로운 사이트를 개설했습니다. 우리는 여기에서 인터뷰, 팟캐스트, 비디오 대담을 진행합니다. 기술 산업의 미래에 대한 긍정적이고 건설적인 비전을 제시하고 거기에 들어맞는 기업가 정신이 어떤 것인지를 모색함으로써 많은 기업가가 여기에 참여하고 있습니다.

DR_ 당신은 최근에 우리가 더 감사해야 기술이 무엇인가 그리고 워싱턴 정가에서 기술 회사들을 호되게 비판한 것에 관한 기사를 썼습니다. 당신은 기사에서 "백신을 포함하여 코로나 기간 기술 분야에서 일어난 모든 놀라운 일들을 보세요"라고 주장했습니다. 좀 더 자세히 설명해 주시겠어요?

MA_ 코로나는 많은 사람에게 매우 도전적이고 충격적인 사건입니다. 코로나는 나쁜 소식입니다. 저도 그렇게 생각합니다.

우리는 적어도 5년간 힘든 상황이 지속될 것으로 예상했습니다. 심각한 경제적 피해는 물론 잠재적으로 또 다른 대공황이 일어날 것으로 우려했죠.

18개월이 지난 지금, 우리는 그것을 극복하고 있습니다. 이렇게 될 수 있도록 가장 크게 이바지한 것이 백신입니다. 미국에서 가장 널리 보급된 백신은 모더나 백신입니다. 모더나는 mRNA라고 불리는 획기적인 새로운 기술을 보유한 전형적인 미국 생명공학 스타트업입니다. 새로운 백신을 개발하는 데 보통 5년, 10년, 20년이 걸리는데, 그들은 이틀 만에 백신을 개발할 수 있었습니다. 이것은 현재 우리가 활동하는 미국의 벤처 생태계에서 탄생한 획기적인 혁신의 한 예입니다.

저는 또한 인터넷의 역할을 강조하고 싶습니다. 인터넷 없이 코로나를 겪는 것을 상상해보세요. 줌, 슬랙, 왓츠앱WhatsApp 등 이런 모든 신기술 없이 코로나 시대를 살고 있다고 상상해보십시오. 코로나 시대를 극복하는 과정은 힘들었지만 현대 기술이 없었더라면 그것은 더욱 고통스러웠을 것입니다.

DR_ 유명한 경제학자 허브 스타인Herb Stein은 "만약 어떤 것이 영원히 지속될 수 없다면, 그것은 멈출 것이다"라고 말한 적이 있습니다. 당신은 금리가 인상되면 경기가 어느 순간 침체에 빠지거나 단지 경기 순환 주기에 따라 벤처캐피털의 호황기가 둔화할 것으로 걱정하십니까?

MA_ 벤처캐피털 투자는 경기 순환에 따라 움직이는 사업입니다. 그것은 경제의 다른 부문과 마찬가지로 호황과 불황의 주기를 반복합니다. 그런데도 우리는 이 산업의 주기를 제대로 예측한 적이 별로 없습니다.

우리가 성공하거나 실패했다고 판단하는 방법은 대부분 거시적인 것이 아니라 미시적인 것입니다. 즉, 개별 기업의 성패에 기반을 두고 있습니다. 벤처캐피털과 스타트업의 역사를 살펴보면 호황기에 최고의 기업들이 많이 탄생했습니다. 하지만 불황기에도 많은 회사가 설립되었습니다.

앞으로 또 다른 호황과 불황의 주기가 도래할 가능성이 있습니다. 우리는 이와 같은 경기 순환 주기에 대비해 기존 회사들과 계속 협력하고, 새로운 회사에 계속 투자하며, 지속적으로 발생하는 미시적 차원의 근본적, 기술적, 경제적 변화에 베팅할 계획을 마련하고 있습니다.

DR_ 때때로 사람들은 실리콘 밸리의 벤처투자자들은 거만하고 마치 우주의 주인인 양 행세한다고 말합니다. 당신은 그렇게 느끼지 않았나요?

MA_ 전혀 그렇지 않습니다. 저는 그들이 무슨 말을 하는지 전혀 모르겠습니다.

DR_ 당신의 출신 배경에 관해 이야기해 보지요. 당신은 동부나 서부 출신이 아니라 중부 지방 출신이지요?

MA_ 맞아요. 훗날 저는 제가 전형적인 인물이라는 사실을 깨달았습니다. 텔레비전을 발명한 필로 판스워스Philo Farnsworth도 저처럼 중서부에서 자랐습니다. 우리는 결국 해안가로 진출한 만능 수선공들입니다. 인텔 창업자이자 반도체 산업의 아버지인 로버트 노이스Robert Noyce도 같은 부류입니다. 저는 사람들에게 그가 아이오와의 옥수수 밭에서 트랙터를 만지작거리며 어떻게 자랐는지 읽어 보라고 권합니다. 그는 결국 그 정신을 살려 반도체를 개발했습니다. 그런 면에서 저도 비슷한 점이 많습니다.

DR_ 당신은 게이머였나요? 비디오 게임을 만들었나요? 어렸을 때 한 일을 알려주시지요.

MA_ 제가 어린아이였을 때 개인용 컴퓨터가 처음 나왔습니다. 그 당시에 사람들은 IBM PC와 같이 값비싼 개인용 컴퓨터를 구입할 수 없었지만 소비자용 PC는 가지고 있었습니다.

라디오 쉑Radio Shack이라는 회사를 아시지요? 그들은 그 당시에 200~300달러짜리 소비자용 PC를 판매했습니다. 그것을 이용해 프로그래밍하고 게임을 만들 수 있었습니다. 그것은 기계 전체를 이해할 수 있을 정도로 간단했지만 소프트웨어를 만들 수 있을 정도로 강력했습니다. 그것은 산업계 역사상 중요한 순간이었으며 저는 우연히 그 기회를 정확히 잡았습니다.

DR_ 당신이 다닌 일리노이 대학은 컴퓨터 분야에서 훌륭한 기술을 보유했지요?

MA_ 일리노이 대학은 당시 국립 슈퍼컴퓨터 센터라고 불리던 4개 대학 중 하나였습니다. 미국 국립과학재단은 기본적으로 미국의 4개 주요 대학에 최첨단 컴퓨터를 지원하기로 했습니다. 그것을 통해 우리는 지금의 인터넷에 해당하는 NSFNET이라는 최첨단 네트워크를 이용할 수 있었습니다. 이것은 80년대와 90년대의 일입니다. 일리노이 대학은 NSFNET의 허브 중 하나였으며, 결국 인터넷의 허브 중 하나가 되었습니다.

DR_ 당신은 모자이크 브라우저를 개발했죠. 그것은 인터넷을 탐색하는 방법입니다. 저는 당신이 젊은 시절에 제 사무실을 찾아와 모자이크 시스템을 상업적으로 이용할 수 있는 회사에 투자하라고 설득했던 일이 기억납니다. 당신이 시작하던 회사가 넷스케이프였지요? 당신은 그것이 사람들이 인터넷을 검색하는 데 도움이 될 것이라고 말했습니다. 그때 우리가 했던 말도 기억합니다. "인터넷이 도대체 무엇입니까? 게다가 우리가 왜 인터넷을 검색해야 합니까?" 우리는 그 회사에 투자하지 않기로 했지요. 그것은 우리의 큰 실수였습니다. 당신은 어떻게 스탠퍼드 컴퓨터 과학자이자 기업가인 짐 클라크Jim Clark와 손을 잡고 넷스케이프를 만들었나요?

MA_ 그 당시에는, 인터넷으로 돈을 벌 수 없는 것이 당연했습니다. 1993년까지만 해도 납세자들의 자금 지원을 받았기 때문에 온라인으로 사업을 하는 것은 사실상 불법이었습니다. 그 당시에 온라인으로 사업을 구축할 수 있다는 것은 미친 생각이었습니다. 우리가 처음으로 온라인으로 사업을 시작했을 때 그것은 새롭고 급진적인 생각이었습니다. 짐은 전설적인 실리콘 밸리의 창업자입니다. 그는 당시 최고의 실리콘 밸리 회사인 실리콘 그래픽스를 설립했습니다. 그들은 〈쥬라기 공원〉과 〈터미네이터 2〉와 같은 영화를 제작했던 그래픽 기술을 보유하고 있었습니다.

그는 실리콘 밸리의 오랜 전통에 따라 자신이 만든 회사를 떠나 새로운 회사를 시작하기로 했습니다. 그는 믿을 수 없을 정도로 똑똑한 사람들을 알고 있었지만 그들은 회사와 경업 금지 약정을 체결해 함께 일할 수 없었습니다. 그는 회사를 함께 시작할 수 있는 문자 그대로 새로운 사람이 필요했습니다. 그와 함께 일했던 어느 친구가 내가 실리콘 밸리로 이사 온 것을 알고 우리 둘을 소개해 주었습니다.

DR_ 넷스케이프는 호황을 누렸으며 마침내 아메리카온라인AOL이 42억 달러에 인수했습니다. 당신은 AOL의 최고 기술 책임자가 되었고 워싱턴 D.C.로 이사했습니다. 하지만 당신은 옵스웨어라는 회사를 설립하기 위해 서부 해안으로 돌아왔습니다. 왜 AOL을 떠났나요? 그리고 왜 실리콘 밸리로 다시 돌아왔나요?

MA_ 그게 바로 창업가들이 앓고 있는 병입니다. 대기업들은 전 세계에서 큼직큼직한 일들을 대부분 처리합니다. 그들은 사람들이 사용하는 대부분의 제품과 서비스를 제공합니다. 하지만 창업가들은 '다음 새로운 아이디어는 무엇인가?'라고 생각하는 경향이 있습니다 저와 제 동료들은 무언가 새로운 것을 시도해야 할 때라고 생각했습니다.

DR_ 그래서 당신이 다시 돌아왔군요. 당신은 벤 호로위츠와 함께 옵스웨어라는 회사를 시작했습니다. 그리고 결국 그것을 휴렛팩커드에 16억 달러에 팔았습니다. 그 뒤 당신은 '그 돈 중 일부를 갖고 엔젤 투자를 해볼까?'라고 생각하게 되었나요?

MA_ 맞아요.

DR_ 당신이 엔젤 투자한 회사들 가운데 페이스북과 같은 회사도 있었지요?

MA_ 저는 페이스북에 이사로 참여했습니다. 하지만 링크드인과 트위터는 자본 조달 시리즈의 모든 과정에 참여했습니다.

DR_ 당신은 스타벅스에서 누군가를 만나 "좋아요, 10만 달러를 투자할게요"라고 제안합니까? 당신은 엔젤 투자를 할 대상 기업을 어떻게 선택하나요?

MA_ 그것은 기본적으로 우리가 아는 모든 사람의 네트워크를 통해 이루어집니다. 그 당시에는 엔젤투자자가 그리 많지 않았습니다. 아마 6명 정도였을 것입니다. 엔젤 투자 세계는 그다지 큰 세계가 아니었으며 2003~2007년 무렵이었으므로 기술 수준도 아주 구식이었습니다.

DR_ 결국, 당신은 그 덕분에 더 많은 사업을 하게 되었고 안드레센 호로위츠라는 회사를 만들었습니다. 호로위츠 씨가 누구죠?

MA_ 제 오랜 친구이자 파트너입니다. 그는 기본적으로 넷스케이프에서 가장 영리한 젊은 임원이었습니다. 넷스케이프가 팔리지 않았더라면 그는 결국 CEO가 되었을 것입니다.

DR_ 몇 년도에 이 회사를 시작하셨습니까?

MA_ 2009년입니다.

DR_ 지금 관리하는 자금은 얼마나 됩니까?

MA_ 180억 달러 정도입니다.

DR_ 거래를 발굴하거나 거래를 실행하는 전문가들은 몇 명이나 됩니까?

MA_ 거래팀은 아마 총 60명 정도입니다.

DR_ 직원들이 거래를 승인하려거나 승인한 후에, 당신에게 그 사실을 알려주나요?

MA_ 우리는 모든 다른 범주의 일을 담당하는 수직 팀을 운영합니다. 벤과 저는 각각의 수직 팀에 속해 있으면서 모든 일에 참여합니다.

DR_ 실리콘 밸리에 또 다른 벤처캐피털 회사가 정말 필요했을까요? 당신이 하려는 일의 차별점은 무엇인가요?

MA_ 창업가로서의 경험을 바탕으로 생각해볼 때 실리콘 밸리는 새로운 개념의 벤처캐피털이 필요하다고 판단했습니다. 우리는 훌륭한 벤처캐피털들과 함께 일했습니다. 우리는 항상 "우리가 함께 일할 수 있는 사람 중에 전에 이런 일을 해본 사람들은 누구인가? 실제로 회사를 설립하고 운영한 사람은 누구인가? 창업가의 여정을 마음에서부터 이해하는 사람은 누구인가?"라는 질문을 던졌습니다.

훌륭한 벤처캐피털 회사들이 많이 있습니다. 일반적으로 그들은 60년대나 70년대 또는 80년대에 활약하던 전직 기업가나 전문 경영인들에 의해 설립되었지만, 수년이 지나면서 거의 투자은행처럼 운영되고 있습니다. 우리는 이제 다시 원점으로 돌아가 벤처 기업의 성장 과정을 더 깊이 이해하는 사람들과 함께 벤처캐피털 회사를 만들어야 할 때라고 생각했습니다.

DR_ 당신이 요즈음 거래할 때 10년 전과 비교해 보면 투자의 성공 여부를 평가하는 능력이 좋아졌다고 자신하나요?

MA_ 포트폴리오를 구성할 수 있는 능력이 예전보다 더 좋아졌다고 확신합니다. 우리는 이제 20개, 30개 또는 40개의 회사를 묶어 포트폴리오를 구성할 수 있습니다. 이런 포트폴리오가 이 시대 최고의 벤처캐피털은 어떤 모습이 될 것인지를 증명해 줄 것입니다.

그런 회사 가운데 잘되는 회사는 어떤 것일까요? 저는 모릅니다. 산업 주기는 어떻게 될까요? 상승 주기일까요, 하락 주기일까요? 그것도 모릅니다. 투자 과정에서 알 수 없는 것들이 너무나 많습니다. 저는 그러한 것이 절대 사라지지 않을 것으로 생각합니다.

DR_ 당신은 좋은 벤처 기업인지 어떻게 아시나요? 당신은 투자자로서 어떻게 그런 기업에 투자하시나요?

MA_ 외부 자금을 모집하는 벤처캐피털 회사들은 일반적으로 사람들이 투자하고 싶지 않은 회사들입니다. 더 배우고 싶은 사람들을 위해 참고할 만한 플랫폼이 있습니다. 당신은 이 플랫폼을 통해 우리에게 투자할 수 없습니다. 그것은 단지 업계를 관찰할 수 있는 수단일 뿐입니다. 엔젤리스트AngelList라고 불리는 플랫폼으로서 엔젤투자자들은 거래를 같이하고 싶어 하는 사람들로부터 자금을 모을 수 있습니다.

투자에 조심해야 합니다. 그것은 매우 투기적인 거래입니다.

DR_ 누군가가 투자할 만한 벤처 펀드를 찾고 있다면 어떤 점에 주목해야 할까요?

MA_ 그것은 대부분의 투자 시장이 작동하는 방식과 반대입니다. 최고의 기업가들은 어떤 벤처캐피털 회사로부터 투자를 받을지 결정합니다. 그것이 결국 시장이 움직이는 가장 중요한 원리입니다.

DR_ 벤처 기업들이 일하는 표준적인 방법은, 예를 들어 당신이 투자 기간을 5년을 생각하고 투자하면 펀드를 보통 10년 정도 운용하는 것이지요?

MA_ 요즈음은 좀 더 길게 15년 정도 걸립니다. 종종 회사들이 성장하려면 오랜 시간이 걸리기 때문에 길어지면 20년까지 연장됩니다.

DR_ 오늘날 벤처 펀드에 투자하는 사람의 목표 수익률은 20퍼센트 이상이지요?

MA_ 최상위권 벤처 기업은 수수료를 빼고 투자금의 3배를 목표로 합니다. 당신은 그 이상을 추구할 수도 있습니다. 5배 이상을 목표로 하기도 합니다. 투자 기간 내내 유동성이 없으므로 거기에 대한 대가를 받는 것입니다. 일이 잘 풀리면 20~40퍼센트 수익률이 일종의 기준선입니다.

DR_ 훌륭한 벤처투자자가 되려면 어떤 기술이 필요합니까? 고도의 지능? 각고의 노력? 엄청난 행운?

MA_ 전통적인 방법이 있습니다. 그것은 경영대학원에 진학해 투자자로서 훈련을 받거나 투자은행에서 일하면 됩니다. 일부 변호사들은 벤처투자자로 변신하기도 합니다. 하지만 저는 그런 경로를 거치지 않았습니다. 또 다른 접근법은 기술 회사를 설립하고 운영하는 기술을 익히는 것입니다. 엔지니어가 되거나 제품 관리자가 되어 제품 개발을 도와주며 어느 시점에서 경영진의 일원이 되거나 스스로 창업자가 됨으로써 그런 기술을 투자 전반에 활용하는 방법입니다.

역사적으로 매우 성공한 벤처투자자들은 매우 색다른 배경을 가진 독특한 사람들입니다. 당신 주변에는 매우 다양한 출신 배경과 경험을 가진 사람들이 많이 있습니다.

DR_ 성공적인 벤처투자자가 되는 즐거움은 무엇입니까? 백지상태에서 밑그림부터 그려가며 회사를 만들거나 다른 사람이 회사를 설립하도록 도와주는 일이 즐겁습니까?

MA_ 당신은 팀의 일원이 될 수 있습니다. 이런 것들이 진정으로 세상을 바꿀 때는 정말 대단합니다. 단점은 회사를 운영할 수 없다는 것입니다. 당신은 뒷자리에 앉은 운전사처럼 직접 운전을 하지는 못합니다. 하지만 장점은 새로운 것들을 모두 볼 수 있다는 점입니다. 당신은 놀라운 사람들이 모든 새로운 아이디어로 펼치는 쇼를 맨 앞자리에 앉아 즐길 수 있습니다.

DR_ 많은 사람은 암호화폐가 실물이 아니므로 훌륭한 투자 자산 범주에 속하지 않는다고 생각합니다. 하지만 당신은 암호화폐와 관련된 코인베이스의 큰 투자자입니다. 암호화폐가 지속적인 투자 대상이 될 수 있는 이유는 무엇이라고 생각하십니까?

MA_ 기본적으로 암호화폐는 기술 혁신의 산물입니다. 기술적인 돌파구가 근본적으로 마련됐습니다. 그것은 분산된 합의라고 불리는 컴퓨터 과학의 한 분야입니다. 인터넷상의 많은 사람과 소프트웨어가 신뢰할 수 없는 환경에서 신뢰 관계를 형성할 수 있는 능력입니다.

암호화폐는 분산된 합의를 가질 수 있는 응용 프로그램 중 하나입니다. 사람들이 이 기술로 할 수 있는 다양한 일들이 있습니다. 컴퓨터 과학 분야의 가장 똑똑한 사람들이 대거 이 분야로 진출해 빠른 속도로 이 기술을 발전시키고 있습니다. 우리는 이것을 8번째 또는 9번째 근본적인 구조적 변화로 인식합니다. 즉, 이것은 기술 산업계에서 일어나고 있는 획기적인 기술적 변화입니다. 따라서 우리는 이런 현상을 매우 심각하게 받아들입니다.

DR_ 그렇다면 당신의 관심사는 비트코인이 좋은지 나쁜지 혹은 값이 X냐 Y냐가 아니라 비트코인의 모든 기초 기술이 세상을 바꿀 수 있느냐 없느냐 하는 것이 군요?

MA_ 비트코인은 전 세계 수십만 개의 물리적 컴퓨터에 퍼져 있는 인터넷 컴퓨터입니다. 이것은 일종의 중앙 처리 장치 없이 실행되는 거래 처리 시스템으로 마치 거대한 분산형 메인프레임과 같습니다. 거래를 처리하며 돈을 교환할 수 있는 능력은 거래 처리 과정에서 나옵니다. 그 과정에서 비트코인이 탄생합니다. 비트코인은 기본적인 시스템의 가치를 나타내는 것입니다. 따라서 암호화폐는 새로운 종류의 금융 시스템입니다.

DR_ 사람들이 매우 관심을 두는 또 다른 분야는 생명공학 분야입니다. 당신은 그 분야에서도 많은 일을 하고 있습니다. 당신은 왜 그 분야에 관심이 있습니까?

MA_ 우리는 생명공학과 컴퓨터 공학이 기본적으로 합쳐지고 있다고 생각합니다. 많은 생명공학 기업가들은 생물학, 엔지니어링, 소프트웨어를 모두 이해하는 사람들입니다. 그들은 데이터와 AI도 이해합니다. 따라서 기본적으로 이러한 분야들을 통합해 새로운 종류의 생명공학을 구축합니다.

어찌 되었든 모더나가 이런 변화의 좋은 예가 됩니다. 그들이 이틀 만에 백신을 개발할 수 있었던 이유는 그것이 공학적인 백신이었기 때문입니다. 그들은 컴퓨터 코드로 구현된 완전히 새로운 백신 개발 방법을 적용했습니다. 우리는 이렇게 공학 중심적 사고방식을 가진 생명공학 기업가들이 많이 등장할 것으로 예측합니다. 그것은 실리콘 밸리가 잘하는 분야에도 적용될 수 있습니다.

DR_ 양자 컴퓨팅은 어떤가요? 당신이 관심 있는 분야인가요?

MA_ 네, 그렇습니다. 갈 길은 멀지만 장기적으로 매우 유망해 보입니다.

DR_ 몇 가지 간단한 질문을 드리겠습니다. 당신이 받은 최고의 투자 조언은 무엇인가요?

MA_ 아마 워런 버핏에게 받은 것 같은데요. "모든 달걀을 한 바구니에 넣고 그 바구니를 잘 지켜라"라는 조언입니다. 투자한 것의 본질을 속속들이 이해해야 합니다.

DR_ 사람들이 가장 많이 저지르는 실수는 무엇이라고 생각하십니까?

MA_ 사람들은 어떤 기사를 신문에서 읽고, TV에서 보고 나면 그것을 깊게 이해하지도 않고 덥석 투자에 뛰어들더군요.

DR_ 만약 제가 내일 당신에게 10만 달러를 준다면, 당신은 그것으로 무엇을 하겠습니까?

MA_ S&P 500 인덱스 펀드에 투자할 겁니다. 별난 것을 찾지 마세요.

DR_ 투자 세계에서 다시는 되풀이하고 싶지 않은 실수가 있다면 무엇인지 알려주시지요.

MA_ 대부분의 투자 형태에서, 실수란 돈을 잃는 투자를 의미합니다. 하지만 우리 세계에서 실수란 투자하지 않는 것입니다.

DR_ 만약 누군가가 벤처캐피털 투자자가 되고 싶어 한다면 그들이 알아야 할 투자의 기술은 무엇인가요?

MA_ 연금술사처럼 사람, 기술, 시장을 모두 이해해야 합니다. 그것은 문자 그대로 인문학의 영역이며 모든 차원을 망라합니다. 신제품이 어떻게 만들어지는지, 회사가 어떻게 설립되었는지를 이해해야 하는 것은 물론 가능한 한 모든 일의 본질을 깊게 파고들어야 합니다.

벤처캐피털

마이클 모리츠 Michael Moritz
세쿼이아 캐피털의 파트너, 전직 언론인

"벤처 사업의 즐거움은 불가능한 것을 가능하게 만드는 데 있다."

지난 30년 동안, 실리콘 밸리의 벤처 기업 가운데 가장 지속적으로 성공한 기업은 세쿼이아 캐피털Sequoia Capital일 것이다. 그들은 구글, 야후, 시스코, 페이팔, 유튜브, 자포스, 링크드인, 스트라이프, 줌, 왓츠앱 등에 선견지명을 갖고 투자해 매우 높은 수익을 실현했다. 세쿼이아 차이나Sequoia China와 패밀리 오피스인 세쿼이아 헤리티지Sequoia Heritage는 물론 주식 시장 펀드도 매우 성공적이다.

1972년에 설립된 세쿼이아는 설립자 돈 발렌타인Don Valentine이 오랫동안 이끌었다. 이 회사는 처음부터 성공적이었지만, 1990년대 중반 이후의 성공은 처음 세쿼이아를 시작한 사람들이 꿈도 꾸지 못했던 수익을 파트너와 투자자들에게 안겨주었다.

케네디 대통령은 '승리하면 아버지가 백 명 등장하고 패배하면 고아가 된다'라는 유명한 말을 남겼지만 사실 회사가 성공한 데는 많은 사람이 이바지했다. 그러나 이 회사의 다른 설립자보다도 더 영향력 있는 사람은 회사가 다양한 사업 분야로 확장할 수 있도록 설계한 마이클 모리츠(현재 공식적으로 마이클 모리츠 경)일 것이다.

마이클의 배경을 보면 그가 그런 역할을 했다고는 쉽게 예측할 수 없다. 그는 세계적인 벤처 투자가들의 고향이 아닌 영국 웨일스에서 성장했다. 그는 나치 독일로부터 도망친 난민의 아들로 옥스퍼드에서 학위를 받은 후 미국으로 이민을 왔다. 그는 와튼 대학에서 학위를 받았지만, 그의 꿈은 언론인과 작가가 되는 것이었다.

그는 〈타임〉지에 입사하여 실리콘 밸리의 첨단 기술 산업을 가까이에서 경험할 기회를 얻었다. 이때 그는 스티브 잡스를 알게 되었는데 1983년 '올해의 인물Man of the Year' 기사를 편집자들이 개인용 컴퓨터를 축하하는 '올해의 머신Machine of the Year' 기사로 바꾼 것에 잡스가 화를 냈다는 일화가 있다. 궁극적으로, 마이클은 애플에 대한 그의 지식을 활용해《작은 왕국: 애플 컴퓨터의 은밀한 이야기The Little Kingdom: The Private Story of Apple Computer》라는 애플에 관한 최고의 책을 썼다.

마이클은 세쿼이아에 합류하여 벤처 투자 세계를 빠르게 배웠다. 실리콘 밸리에 대한 지식과 명석한 두뇌 외에도, 그는 기업의 본질을 파악해 내용을 간결하고 이해하기 쉬운 용어로 표현하는 기자의 능력을 갖추고 있었다. 즉, 그것은 파트너가 거래를 지지하도록 설득하고 자신을 회사 편에 서게 만드는 것이 진정으로 이익이 된다고 기업가들을 설득하는 데 도움이 되는 기술이다.

마이클은 세쿼이아의 경영 파트너로 승진한 뒤 〈포브스〉가 2006~2007년에 세계 최고의 벤처 투자가로 선정할 정도로 자신의 역할을 잘 수행했다. 몇 년 전, 그는 건강상의 이유로 세쿼이아의 경영 일선에서 물러났지만 여전히 투자 과정에 적극적으로 참여하고 있다. 그는 특히 샌프란시스코 베이 지역에서 자선 활동에 적극적으로 참여하고 있으며, 그의 아내가 다녔던 시카고 대학에서 나와 함께 활동하고 있다.

나는 마이클을 잘 알지는 못했지만, 그가 세쿼이아에서 거둔 성공을 듣고 크게 감탄했다. 그리고 이러한 성공은 내가 투자위원회 위원으로 봉사하는 다양한 비영리 단체에 세쿼이아가 매년 눈이 튀어나올 정도의 기부금을 제공함으로써 분명하게 드러났다.

$

데이비드 M. 루벤슈타인DR_ 실리콘 밸리에는 믿기 힘든 이야기들이 많이 있습니다. 제가 들은 모든 이야기 중에서, 당신 이야기가 가장 믿기 어렵습니다. 당신은 웨일스 출신이고 기자입니다. 당신은 스탠포드 학위가 없어요. 집행 임원도 아닙니다. 당신은 어떻게 언론계를 떠나 벤처 세계에 진출했나요? 그것은 있을 수 없는 경우처럼 보입니다.

마이클 모리츠MM_ 그것은 세쿼이아의 설립자인 돈 발렌타인의 '다른 사람들이 갈 준비가 안 된 길을 가겠다'라는 강력한 의지 때문이었습니다. 저는 벤처 회사 다섯 군데에 지원했습니다. 다른 네 개 회사는 저

를 받아주지 않더군요,

DR_ 당신은 사전에 준비도 없이 어떻게 기자에서 실리콘 밸리의 벤처 캐피털 투자자가 되셨나요? 세쿼이아에 오게 된 배경이 무엇인가요?

MM_ 저는 역사 학위는 있지만 전기 공학 학위는 없습니다. 저는 언론인이었습니다. 인텔에서 일한 적도 없습니다. 회사를 운영해 본 적도 없었기 때문에 대부분의 벤처 기업이 원하는 사람이 아니었습니다.

돈 발렌타인은 사람들이 성공적인 벤처 투자자가 되려면 어떻게 해야 한다는 고정관념에 얽매여 옴짝달싹하지 못한다고 생각했습니다. 그는 인텔과 애플의 첫 번째 투자자였던 아서 록Arthur Rock처럼 실리콘 밸리가 요구하는 전형적인 배경이 없는 사람들 몇 명을 예로 들었습니다. 뛰어난 기술과 해박한 회사 운영 지식을 가진 벤처 사업가들이 깜짝 놀랄 만큼 엄청난 실패를 기록한 사례는 얼마든지 있습니다.

DR_ 저는 웨일스 출신의 유대인들을 많이 알지 못합니다.

MM_ 저의 부모님은 나치 독일에서 탈출한 난민입니다. 제 아버지가 웨일스에서 직업을 얻어 우리 가족은 그곳에 정착했습니다. 그래서 제가 태어난 곳이 웨일스입니다.

DR_ 저는 여러 곳에 있는 유대인 공동체를 알고 있습니다. 웨일스에 있는 유대인 공동체 규모는 어느 정도인가요?

MM_ 작습니다. 오래전 일이지만 그때는 800여 가구가 있었는데 아마 지금은 더 줄었을 겁니다.

DR_ 미국에서 경력을 시작하면서 와튼에서 MBA를 땄나요?

MM_ 네. 사실입니다. 학위는 갖고 있어요, 제가 와튼에서 가장 좋았던 것은 필립 로스Philip Roth의 영어 수업을 들은 것입니다.

DR_ 어떻게 저널리즘에 관심을 가지셨나요? 〈타임〉지에 입사한 것이 잘된 일이 아닌가요?

MM_ 저는 옥스퍼드에 있을 때부터 저널리즘에 관심이 많았습니다. 그래서 다른 사람들처럼 그와 관련된 일들을 해왔습니다. 교지를 발간하면서 편집을 담당했죠. 저는 항상 먹물쟁이처럼 글을 쓰고 싶었습니다.

제가 원래 미국에 온 이유 중 하나는, 당시 영국의 노동조합 규칙이 〈타임스〉, 〈가디언〉, 〈데일리 텔레그래프〉, 〈파이낸셜 타임스〉와 같은 영국의 주요 신문사들이 학부 졸업생들을 직접 고용하는 것을 제한했기 때문입니다.

저는 골드만삭스나 맥킨지, 대기업이나 대형 회계 법인처럼 대부분 사람이 안주하고 싶어하는 직장에서 일하고 싶지 않았습니다. 그냥 관심이 없었어요. 그래서 벤처 사업에 지원하는 것처럼 많은 미국 신문과 잡지에 글을 썼습니다. 〈타임〉지가 제게 일자리를 제안했습니다. 그래서 저는 1970년대 말에 입사했습니다.

DR_ 스티브 잡스에 관한 기사를 쓴 것으로 유명합니다. 그는 그 기사를 별로 좋아하지 않았기 때문에 당신과 그의 관계가 끝이 났다고 알려져 있습니다. 그것이 사실이 아닌가요?

MM_ 그건 사실입니다. 우리 둘 다 그 기사를 좋아하지 않았다고 생각합니다. 하지만 그렇게 된 데는 다른 사연이 있습니다.

스티브는 자신을 기괴하게 묘사한 기사에 당연히 화를 냈습니다. 저는 그 점에 동의합니다. 저는 또한 뉴욕의 편집자들이 다른 사람의 기분을 이해하지 못한 채 기사를 편집했다고 느꼈습니다. 그 사건 직후 저는 〈타임〉지를 떠났습니다.

DR_ 그런 뒤 애플에 관한 책을 쓰셨나요?

MM_ 저는 그 기사가 나왔을 때 책을 쓰고 있었습니다. 애플에 관한 《작은 왕국》이라는 첫 번째 책이었습니다. 많은 사람이 기사와 달리 제 책이 스티브와 애플의 초기 시절을 공정하고 균형 있게 묘사했다고 평가했습니다.

DR_ 당신은 문체가 간결합니다. 내용이 직접적이며 장황하게 단어를 늘어놓지 않습니다. 그 스타일 덕분에 당신이 벤처 세계에 빨리 적응할 수 있게 되었나요? 그렇게 정확하게 글을 쓰는 능력이 기업에 대한 당신의 생각을 전달하고 기업을 이해하는 데 도움이 되었다고 생각하십니까?

MM_ 단도직입적으로 대답하면 "예"입니다. 정확한 글쓰기는 집중해 경청하고 명확하게 소통하며 모든 것의 본질을 추출하는 과정으로서 저널리스트가 되려면 반드시 갖춰야 할 자질입니다. 기자들은 종종 낯선 것들을 다루어야 합니다. 그러기 위해서는 모호한 것들을 이해해야 합니다. 불완전한 정보에 직면하면 그것들의 본질을 걸러내고 객관적인 결론을 도출해 하나의 이야기로 만들어야 합니다. 투자를 이해하는 과정도 그것과 비슷한 점이 매우 많습니다.

DR_ 당신은 매우 유명한 거래를 많이 했습니다. 가장 유명한 거래가 구글과 야후입니다. 당신이 그 거래를 발굴했나요? 그들이 세쿼이아를 찾아와 일하게 되었나요? 당신은 그들과 어떻게 연결되었나요?

MM_ 세쿼이아에서 일어나는 모든 일처럼 그것도 팀워크의 결과였습니다. 야후 거래를 할 당시 세쿼이아의 선임 파트너로서 훗날 선임 집행 파트너가 된 더글러스 레온Douglas Leon과 저는 인터넷에 투자할 곳을 찾으려고 여러 회사를 검토하고 있었습니다. 일종의 정찰 활동을 한 것이지요. 우리는 인터넷에 대한 교육을 받으려고 노력하고 있었습니다. 그는 인터넷에서 야후라고 불리는 사이트를 발견했다고 말했습니다. 그게 94년 말과 95년 초였습니다. 그는 그 사이트가 유용하다는 사실을 발견했습니다. 우리는 눈이 번쩍 뜨여 그들을 소개해 달라고 부탁했습니다. 얼마 후, 저는 스탠포드의 트레일러에서 제리 양Jerry Yang과 데이비드 필로David Filo를 만났습니다. 우리는 결국 야후에 투자했습니다. 그것 덕분에 우리는 인터넷에서 무엇이 가능한지에 대해 눈을 뜨게 되었죠.

DR_ 벤처 세계에서 들리는 말로는 당신과 클라이너 퍼킨스Kleiner Perkins가 구글에 2,500만 달러를 투자하고 CEO를 하기로 되어 있었는데, 1~2년 후가 지나도 아무런 말이 없자 투자한 돈을 돌려달라고 요청했다고 합니다. 그것이 사실인가요?

MM_ 그것은 절대 사실이 아닙니다. 오늘날 사람들은 그 이후에 일어난 여러 가지 일 때문에 사실을 잊어버립니다. 구글은 우리가 투자한 후 처음 14~15개월 동안 오늘날 여러분들이 생각하는 것처럼 검색 사업을 한 것이 아닙니다. 그들은 인터넷 제공자들과 대기업들에 검색 기술 라이선스를 매매하는 사업을 하고 있었습니다. 그들은 상당히 많은 돈을 썼습니다. 그래서 경영진을 교체해 그들을 도와주는 일이 시급해졌습니다. 그 당시가 경영진 영입을 둘러싼 절박감이 최고조로 올라가던 시기였습니다. 제가 알기로 세쿼이아가 투자한 기업에 투자 자금을 돌려달라고 한 적은 한 번도 없습니다.

DR_ 많은 사람이 구글을 간과했습니다. 왜냐하면 그 당시 검색 엔진이 정확하게 말해 그다지 새로운 기술이 아니었기 때문입니다. 당신이 두 창업자를 통해 투자할 가치가 있다고 판단한 것은 무엇이었습니까?

MM_ 제가 세쿼이아에 합류한 직후인 1987년에 우리가 투자한 시스코 시스템즈Cisco Systems도 많은 사람이 간과했습니다. 많은 사람이 일론 머스크와 나중에 페이팔이 된 엑스닷컴X.com도 간과했습니다. 대규모 시장을 대상으로 할 경우, 우리는 너무 늦은 적이 거의 없었다고 생각합니다. 구글에 관해 이야기하면, 그들의 기술이 확실히 더 뛰어났습니다. 그 덕분에 소비자들은 훨씬 더 좋은 경험을 하게 되었습니다. 더 정확하게 검색할 수 있으며 속도도 더 빨랐습니다. 그들은 훗날 수십억 명의 소비자들이 몰려들 만큼 모든 장점을 갖추고 있었습니다.

DR_ 거래를 검토할 때 가장 중점적으로 눈여겨보는 것은 무엇입니까? 경영진, 기업가의 자질, 아이디어의 우수성 가운데 어느 것인가요?

MM_ 삼각대가 제대로 서 있으려면 세 다리가 적절하게 균형을 맞춰야 하는 것처럼 기업이 성공하려면 창업자의 자질, 시장 기회, 그리고 제품의 독특성이 조화롭게 작동해야 합니다.

DR_ 제가 추측하기에 당신과 세쿼이아는 아마 연간 1,000건 정도의 거래를 검토하고 있으며, 궁극적으로 그중 거래하기로 한 것은 10건 정도가 되는 것 같습니다. 아주 작은 비율이지요?

MM_ 검토 건수가 지난 수년간 훨씬 증가했습니다. 오늘날 인터넷 덕분에 사람들은 우리에게 사업 계획과 아이디어를 보내는 것이 너무 쉬워졌습니다. 따라서 검토 건수도 1년 동안 수만 건에 이를 정도입니다. 우리는 수십만 달러의 아주 작은 시드 투자에서부터 훨씬 더 큰 규모의 성장 지분 투자에 이르기까지 모든 것을 취급합니다. 거래 건수가 예전보다 많이 증가했지만 전체적으로 보면 그 규모는 여전히 매우 작습니다.

DR_ 사람들은 어떻게 당신에게 프레젠테이션을 하나요? 모든 것을 검토할 만큼 직원이 많진 않은 것 같습니다. 존경하는 분들의 추천을 받나요? 사람들이 당신에게 사업을 설명하는 방법은 무엇인가요?

MM_ 우리는 실제로 모든 것을 봅니다. 우리 각자가 전 세계의 다양한 기업가들로부터 하루에 이메일을 25통 받는다고 가정해 보지요. 그 것들을 조사하고 중요한 것을 걸러내는 데는 시간이 그다지 오래 걸 리지 않습니다. 우리의 눈을 사로잡는 특별한 거래 건은 그렇게 많지 않습니다.

우리가 아는 사람들이나 사업을 해본 사람들이 진심으로 보증하 는 추천서에 특히 주의를 기울이는 것은 분명합니다. 하지만 우리는 사람들이 가치 있다고 생각하는 아이디어가 있다면 격식을 차리지 말고 그것을 우리에게 보내도록 권하고 있습니다.

DR_ 사람들이 발표할 때, 당신은 방금 언급한 아이디어에 주목하나 요? 아니면 그들의 발표 실력을 보나요? 그들을 직접 만나 대화할 때 당신은 무엇을 알아보려고 합니까?

MM_ 저는 '앞으로 20년 동안 이 회사의 주주가 될 수 있을까?'라고 자문해 봅니다. 제 말이 우스꽝스럽게 들린다는 것을 알고 있습니다. 대부분 사람은 황당한 공상이라고 생각합니다. 하지만 그것이 우리 가 자랑스럽게 생각하는 투자의 특징입니다. 만약 사업이 잘되지 않 는다면 우리가 20년 동안 주주가 될 수 있을까요? 우리는 많은 것들 이 도중에 잘못될 수 있고 확실하지 않으며 실패할 가능성이 상당히 크다는 것을 알고 있습니다. 특히 초기 투자의 경우는 실패할 가능성 이 큽니다. 하지만 매년 가장 우수한 시드 투자 중 한 개 혹은 두 개만이 2040년에 중요한 일류 기업이 될 것입니다.

DR_ 마크 저커버그가 대학에 다닐 때, 제 사위가 제게 페이스북에 대해 말해 주었습니다. 그는 내가 투자하기를 원했지만 저는 "그들은 어디서도 돈을 구하지 못할 거야"라고 말했습니다. 그때 저는 초창기 아마존 주식을 가지고 있었는데 바로 팔았습니다. 그 일을 돌아볼 때마다 자책하곤 합니다. 당신이 간과했는데 나중에 성공을 거둔 거래가 있다면 당신은 그것 때문에 마음에 상처를 받고 자책하나요, 아니면 그냥 다음 일로 넘어가나요?

MM_ 우리는 실수를 통해 배웁니다. 1998~99년 넷플릭스의 리드 헤이스팅스가 우리를 찾아왔을 때 우리는 그를 무시했습니다. 아마 닷컴 붐의 허리케인이 휘몰아쳤기 때문인 것 같지만 사실 저는 그 사업을 제대로 이해하지 못했습니다. 그때는 넷플릭스가 스트리밍 사업이 아닌 DVD 사업을 할 때였습니다. 저는 블록버스터와 그와 유사한 서비스에 대한 소비자들의 고통을 이해하지 못했습니다. 우리가 간과한 투자들이 많이 있습니다. 당신은 우리가 잘못 판단한 투자들로부터 훌륭한 포트폴리오를 구축할 수도 있습니다. 우리는 과거로부터 많은 것을 배우지만 그것에 연연하지는 않습니다. 미래가 우리의 사업이 있는 곳이기 때문입니다.

DR_ 당신이 어떤 거래를 마치고 난 후 그것이 그렇게 좋은 거래가 아닌 것처럼 보인다고 가정해봅시다. 당신은 CEO에게 "사업이 잘 안 되고 있으니 당신이 나가야겠습니다"라고 말합니까? 아니면 "우리는 더는 당신에게 자금을 지원하지 않을 것입니다"라고 통보합니까? 당신은 실수한 것을 깨닫기까지 얼마나 걸립니까?

MM_ 실수는 다양합니다. 시드 투자 단계에서 실수할 가능성이 더 큽니다. 그때는 불과 몇십만 달러를 투자한 정도입니다. 증자 단계에 투자하면 실수는 훨씬 줄어듭니다. 투자하기 전에 검토할 수 있는 데이터가 훨씬 더 많기 때문입니다. 우리는 성과 없는 투자가 될 가능성이 크기 때문에 장기 보유 전략을 따르지 않습니다. 시장이 역동적으로 변화하고 경쟁사들이 더 우수한 제품을 출시할 가능성이 크기 때문입니다.

그런 일이 일어나면 저는 기업가들에게 이렇게 말합니다. "자, 이제 우리가 고통스러운 대화를 나눠야 할 때가 왔군요. 만약 우리가 이길 수 있는 무언가를 추구하지 못한다면 인생의 가장 소중한 세월을 낭비하게 될 것입니다." 하지만 우리가 이길 가능성이 있다고 판단하면 우리는 회사와 직원들을 지원하기 위해 우리의 노력을 아끼지 않을 것입니다.

대부분 우리가 최선의 투자라고 생각하는 투자에서도 '투자가 위험에 빠졌다'라고 생각했던 암울하고 어두운 시기가 있었습니다. 하지만 당신이나 제가 잘 알다시피 성공한 모든 회사에는 매우 고통스러운 순간이 있고 견뎌야 할 시기가 반드시 있습니다. 저는 우리가 투자한 회사 가운데 성공할 때까지 아무런 문제가 없었던 곳은 단 한 군데도 없었다고 생각합니다.

DR_ 투자위원회에서 투자를 결정하려면 만장일치가 필요한가요? 아니면 어느 파트너가 "당신한테는 미안하지만 우리는 투자할게요"라고 말할 수 있습니까? 투자위원회는 어떻게 작동하나요?

MM_ 우리는 '위원회'라는 명칭보다는 '팀'이라는 용어를 사용합니다. 그리고 다양한 분야의 팀들을 꽤 작게 유지하려고 노력합니다. 하지만 우리는 만장일치로 투자에 찬성해야 합니다. 지난 몇 년 동안 때때로 좌절감을 느낀 때도 있었지만 전반적으로 보면 그것이 우리에게 도움이 되었습니다.

DR_ 만장일치가 되지 않아 회사가 투자하지는 못하지만 그 거래를 좋아하는 파트너가 "개인적으로 투자해도 될까요?"라고 묻는다면 어떻게 되나요?

MM_ 허용되지 않습니다.

DR_ 실리콘 밸리 기업가들 중에는 백인 남성들이 많습니다. 이제 기업가들의 출신이 좀 더 다양해졌나요? 아니면 원래 백인 남성들만 있었던 건 아니었나요?

MM_ 벤처 사업은 사회를 반영해 왔습니다. 그것은 진화입니다. 데이비드 패커드David Packard와 빌 휴렛Bill Hewlett이 회사를 만들었던 30년대 후반으로부터 아마도 70년대 중후반까지 벤처 사업은 백인이며 남성이 지배적으로 주도했습니다. 제가 세쿼이아에 합류했을 때인 80년대 중반에 우리는 이민자 사회, 특히 인도, 유럽, 그리고 중국에서 온 사람들에 초점을 맞추기 시작했습니다. 유럽 밖에서 온 이민자들의 유입이 많아지면서 우리 투자의 구성이 바뀌기 시작했습니다. 실리콘 밸리로 온 유럽 이민자들이 많이 있었지만, 그 후에는 유럽 이외에서 온 이민자들이 더 많아졌습니다.

또한 80년대에는 처음으로 여성 기업가들이 등장했습니다. 우리가 CEO로서 여성 기업가를 처음으로 지지했던 시기가 아마 1986~87년이었을 것입니다. 제 기억에 바로 그해 여성 CEO가 2명 탄생했습니다. 지난 25년간 일어난 바람직한 변화 중 하나는 우리가 지지하는 여성 기업가들이 증가하고 있다는 사실입니다. 그것은 지난 20년간 대학 컴퓨터공학과 입학정원이 증가한 사실을 반영한 것이기도 합니다. 우리의 파트너십 구성이 어떻게 변화했는지 봐도 알 수 있습니다. 그것은 수년간 계속 변화했습니다. 세쿼이아는 처음에 두 명의 백인 남성들이 시작했습니다. 지금은 훨씬 더 이민자 중심의 파트너십이 되었습니다. 그리고 오늘날에는 여성과 유색인종의 구성비가 커졌습니다.

DR_ 저는 당신이 거래 기회보다 이력서를 훨씬 더 많이 받을 것으로 생각합니다. 누구를 고용할 것인지 어떻게 판단합니까? 채용 절차가 있나요? 세쿼이아에 취직하는 가장 좋은 방법은 무엇인가요?

MM_ 헝그리 정신입니다.

DR_ 그냥 헝그리 정신만 있으면 된다고요? 스탠포드 경영대학원에 다니는 사람, 창업자, 회사 경영을 해본 임원, 특이하고 별나지만 사물을 달리 보는 시각을 가진 사람 등 다양한 사람이 많이 있습니다. 하지만 그들을 모두 고용할 수는 없습니다.

MM_ 당신이 말한 모든 사람이 필요합니다. 하지만 가장 중요한 것은 바로 헝그리 정신입니다.

DR_ 칼라일은 수년 전에 중국의 익스피디아Expedia라고 할 만한 회사에 투자했습니다. 그 회사가 시트립Ctrip입니다. 우리는 우리가 천재라고 생각했습니다. 왜냐하면 우리가 투자한 돈을 3배 이상으로 불렸기 때문입니다. 그러고는 무슨 일이 일어났는지에 대해 많은 관심을 기울이지 않았습니다. 설립자 중 한 명이 닐 셴Neil Shen이라는 친구입니다. 우리는 그가 하는 일에 크게 신경을 쓰지 않았습니다. 실리콘 밸리의 어떤 똑똑한 회사가 그를 고용해서 그들의 중국 사업을 만들게 했습니다. 세쿼이아가 그를 발견한 것은 우연인가요?

MM_ 그건 전혀 우연이 아니었어요. 사람들이 제가 가장 좋아하는 투자회사에 관해 물었을 때, 저의 대답은 항상 세쿼이아입니다. 왜냐하면 그것은 항상 최고의 수익을 올려주기 때문입니다. 만약 당신이 1990년대 초, 10년 전 그리고 오늘날의 세쿼이아를 비교해 보면, 완전히 변모한 것을 알 수 있습니다. 그것은 우리가 천재였기 때문이 아니라 우리 주변의 세상이 바뀌었기 때문입니다. 우리는 다양한 이유에서 기술이 여러 곳으로 확산하면서 미국 이외의 지역에서도 큰 사업 기회가 있다는 것을 인식했습니다. 그중 하나가 중국입니다.

그래서 우리는 거의 20년 전에 중국에서 사업을 시작했습니다. 그 당시에는 중국 사업이 우스꽝스럽거나 위험한 일로 여겨졌습니다. 그 과정에서 우리는 닐을 발견하고 함께 하기로 손을 잡았습니다. 지난 15년 동안, 닐과 다른 많은 사람 덕분에, 중국 사업은 우리의 전체 사업에서 매우 중요한 부분이 되었습니다.

처음에는 회의적인 LP들로부터 중국 투자 자금을 모으는 것이 어려웠습니다. 우리는 일찍 세쿼이아라는 이름을 프랜차이즈화하지 않기로 했습니다. 그런데 만약 우리가 어떤 것에 우리의 이름을 붙인다면, 그것은 우리가 정말 자부심을 느끼는 것입니다. 분명히 중국 사업은 꽃을 피웠습니다. 하지만 그것은 우리가 세쿼이아 내부에 구축한 몇 가지 사업 중 하나일 뿐입니다.

DR_ 나는 이것에 대해 닐과 이야기했습니다. 그는 당신들에게 자신이 최종적인 투자 결정을 내려야 한다고 말했다고 하더군요. 그는 실리콘 밸리에 있는 투자위원회의 결정을 기다릴 수 없었다고 했습니다. 칼라일은 기본적으로 이런저런 유형의 중앙 집중식 투자위원회를 운영하고 있습니다. 따라서 우리의 글로벌 조직들은 궁극적으로 중앙 집중식 투자위원회의 일부이므로 미국에서 투자 결정의 승인을 받아야 합니다. 하지만 세쿼이아는 선견지명이 있어 그렇게 하지 않았습니다.

MM_ 저는 항상 그런 방식에 큰 결점이 있다고 생각해왔습니다. 제1차 세계대전의 역사가 생각납니다. 장군들이 전방으로부터 50킬로미터 떨어진 후방에서 편안하게 식탁에 앉아 의사결정을 합니다. 그것은 마치 중국 팀에게 실리콘 밸리의 투자를 결정하라고 요청하는 것과 같습니다. 그것은 매우 어려운 일입니다.

당신은 당신이 모르는 것을 이해해야 합니다. 우리는 투자 사업에 대해 상당한 부분을 이해합니다. 하지만 우리는 복잡한 중국 사업에 관해서는 아무것도 이해하지 못했습니다.

DR_ 최근에 당신은 유럽에 사무소를 열겠다고 발표했지만, 그것을 세쿼이아의 주요 펀드에서 운용하고 있습니다. 중국 모델과는 다른 형태입니다. 당신은 독립적인 유럽 펀드를 운용하지 않는군요.

MM_ 우리 중 몇몇은 유럽에서 자랐으므로 유럽을 중국과 인도보다 더 편안하게 생각합니다. 대부분의 유럽 회사들이 미국에서 사업을 하고 있는 것을 알고 계시지요? 우리는 중국보다 유럽에 대해 훨씬 더 잘 알고 있습니다. 지난 15년 동안 그곳에서 투자했으며 투자 기회가 증가했으므로 꽤 최근에 런던 사무소를 열기로 했습니다. 우리는 20년 전에 이미 유럽에 무언가를 설치하려고 논의했지만, 시장규모가 충분히 크지 않았습니다. 최근 들어서 시장이 충분히 커졌습니다.

DR_ 세쿼이아의 비즈니스 모델은 제가 알기로는 시리즈 A에 참여하는 것이었고, 시리즈 B는 벤처 투자를 의미하는 것이었습니다. 당신은 이제 시드 투자를 함으로써 사실상 성장 자본 투자를 한다고 언급했습니다. 하지만 세쿼이아의 비즈니스 모델은 원래 시리즈 A와 시리즈 B에 투자하는 것이 아닌가요?

MM_ 대체로 그렇습니다. 모든 것은 진화합니다. 오늘날 우리는 모든 단계에 투자합니다. 하지만 우리가 가장 좋아하는 것은 시드, 벤처, 심지어 성장 자본 투자 등 어느 것이든 비즈니스의 첫 번째 투자자가 되는 것입니다. 제가 12년에서 13년 정도 같이 일해온 스트라이프라는 회사가 있습니다. 우리의 첫 번째 투자는 시드 투자였습니다 그 회사는 12년 전에 대여섯 명으로 시작했습니다. 그 이후 우리는 스트라이프의 모든 라운드에 투자했습니다. 우리는 시드 단계에서 투자를 시작해 시리즈 B의 1라운드에 투자했습니다. 그리고 최근까지 투자했습니다. 지금은 투자 평가액이 약 950억 달러입니다.

DR_ 놀랍습니다. 실리콘 밸리 사람들은 10배, 심지어 20배를 벌기를 원하지만 역사적 경험으로 볼 때 거래의 90퍼센트가 실패했습니다. 그 말은 10퍼센트만이 성공한 거래였습니다. 당신은 그 10퍼센트가 10배에서 20배 수익을 내주고 있으므로 여전히 많은 돈을 벌고 있습니다. 몇 년 전과 비교해 보면 당신이 투자할 때 투자 자본의 몇 배수를 목표로 하십니까?

MM_ 저는 간단하게 말해 "20, 20"입니다. 당신은 우리가 20년 동안 신생 회사에 투자해 20퍼센트 이상 복리로 벌 수 있다고 생각하십니까? 그것은 그다지 어렵지 않습니다.

DR_ 당신이 처음 벤처 업계에 합류했을 때는 벤처 사업이 꽤 괜찮은 사업이었습니다. 벤처 기업을 운영하던 사람들은 꽤 성공적이었습니다. 하지만 지금 그들은 포브스 400 부자 목록에 속하지 않습니다. 이미 억만장자가 된 창업자나 원로들은 그렇게 열심히 일할 동기가 없어진 것인가요?

MM_ 그것은 개인에 따라 다릅니다. 어떤 사람들은 속도를 늦추고 현실에 안주하며 열심히 일하려고 하지 않습니다. 그래도 괜찮습니다. 제가 선택한 삶의 목표는 제가 지금까지 살면서 해왔던 것보다 더 성공적인 세쿼이아 회사를 만드는 것입니다. 어떤 사람들은 그것이 병적이라고 말할지도 모릅니다. 하지만 저는 그렇게 일하는 것을 즐깁니다. 돈을 많이 벌고 나면 은퇴하고 싶어 하는 사람이 있다면 그건 괜찮은데, 세쿼이아에 머물 수는 없습니다. 우리는 배고픈 사람들만 원합니다. 나이는 중요하지 않습니다.

DR_ 당신 회사는 직원들이 각자 사무실을 가지고 있는 문화인가요, 아니면 아무도 사무실을 가지고 있지 않은 문화인가요? 다들 평상복을 입고 있나요? 회사 문화가 항상 정장에 넥타이를 매는 사모펀드 사람들에 비하면 느슨한가요?

MM_ 외모로 판단해서는 안 됩니다. 성공적인 실리콘 밸리 회사에 가보면 샌들과 반바지를 입고 돌아다니는 사람들이 많이 눈에 띕니다. 하지만 그것은 겉치장에 불과합니다. 그것은 회사가 얼마나 열심히 일하는지. 얼마나 경쟁력이 있는지, 얼마나 빠르게 움직이고 있는지를 말해 주지 않습니다.

저는 벤처 사업에서도 마찬가지라고 생각합니다. 성공적인 사업은 결코 허술한 사업이 아닙니다. 우리의 사업은 성공적인 실리콘 밸리 회사들을 대상으로 합니다. 아시다시피 실리콘 밸리는 날씨가 더 좋습니다. 코트를 입을 필요가 없죠. 우리는 큰 의미가 없는 형식에 구애받지 않습니다. 단지 효과적이기를 원합니다.

DR_ 벤처캐피털의 초창기인 아마도 20년 전에 펀드 규모는 1~2억 달러로 소규모였습니다. 그러고 나서 실리콘 밸리는 한동안 거대 펀드와 거래했습니다. 이제 그들은 더 작은 펀드와 거래합니다. 당신의 펀드 규모는 일반적으로 여전히 10억 달러 미만입니까?

MM_ 벤처 펀드는 확실히 10억 미만입니다.

DR_ 바이아웃이나 사모펀드에서 펀드를 조성할 때, 우리는 회사를 찾아가 문을 두드려야 합니다. 그래서 펀드를 모집하는 데 시간이 좀 걸립니다. 당신은 하루 정도면 펀드를 모을 수 있지요? 당신은 그냥 사람들에게 펀드 조성이 완료되었으므로 이용 가능하다고 알려주나요?

MM_ 네. 우리는 사람들에게 사전 통보를 하려고 노력합니다. 그렇게 놀랄 일은 아닙니다. 하지만 우리가 추구하는 자본의 양은 사모펀드의 세계에 비해 크지 않습니다. 우리는 일정한 거래 성과를 보여 줄 수 있습니다. 그래서 우리가 펀드를 모집할 때 크게 복잡하지 않죠. 게다가 이제 우리의 펀드 중 세 개는 장기 투자를 목적으로 합니다. 이것은 우리가 펀드 기간에 전혀 얽매이지 않는다는 것을 의미합니다.

DR_ 만약 벤처캐피털에 돈을 투자하려는 사람이, 예를 들어 당신 회사와 같은 최고의 회사와 거래하지 못한다면, 당신은 그들에게 벤처캐피털에 투자하지 말라고 추천하시겠습니까? 아니면 그들에게 새로운 회사를 찾아보라고 권하시겠습니까?

MM_ 수익률이 한쪽으로 치우쳐 왜곡되는 특성 때문에 벤처캐피털 펀드에 투자하는 것은 전반적으로 어리석은 일입니다. 그러한 투자자들은 주식 시장에서 최고의 기술 회사들의 주식을 묶어 구성한 펀드를 사는 것이 훨씬 더 나을 것입니다.

DR_ 매우 성공적이었던 많은 사람처럼, 당신도 이제 자신사업을 하고 계십니다. 그게 당신 인생의 중요한 부분인가요?

MM_ 확실히 그렇습니다. 하지만 저는 세쿼이아와 세쿼이아 관련 투자에 대부분 시간을 투자합니다. 자선사업 관련 일들은 매우 흥미롭지만 제 삶의 중심이 되는 것은 아닙니다.

DR_ 친구들이 당신을 마이클 경이라고 부르나요?

MM_ 만약 그들이 그렇게 부른다면 바로 한마디 할 겁니다.

DR_ 기사 작위를 받았을 때 놀랐나요?

MM_ 네. 그것은 흥미로운 일이었습니다. 전혀 예상하지 못한 일이었습니다.

DR_ 실리콘 밸리 벤처계에서 기사 작위를 받은 사람은 당신뿐일 것입니다.

오늘날 실리콘 밸리가 만지는 것은 모두 금으로 변하고 있는 것처럼 보입니다. 우리는 엄청난 거래에 관한 기사를 읽고 있습니다. 오늘날 사람들이 25년 전 사람들보다 벤처 투자를 더 성공적으로 하는 것인가요? 오늘날 더 높은 적중률을 실현하는 이유는 무엇인가요?

MM_ 사람들이 놓치는 것은 더 많은 기회가 있다는 사실입니다. 그리고 오늘날 세계는 두 가지 의미에서 엄청나게 확장되었습니다. 첫째, 지리적으로 확장되었습니다. 오늘날 '실리콘 밸리'라는 단어는 첨단기술 투자의 대명사입니다. 중국, 인도, 동남아시아, 라틴 아메리카, 유럽 또는 그 밖의 여러 나라에서 투자 대상을 찾을 수 있습니다. 이것이 바로 기술 투자 세계의 전체 역학 구조를 완전히 변화시킨 거대한 지리적 폭발입니다.

두 번째는 컴퓨팅의 세계가 크게 변했다는 사실입니다. 당신과 제가 어렸을 때만 해도 우리는 컴퓨터의 수를 측정할 수 있었습니다. 제가 처음 직장 생활을 할 때 전 세계 컴퓨터 대수는 100만 대 미만이었을 것입니다. 오늘날 컴퓨터 대수는 수십억 대가 될 것이며 비용 또한 매우 저렴해졌습니다. 이것이 우리가 이용할 수 있는 시장 기회를 열어 주었습니다.

제가 세쿼이아에 입사했을 때, 주로 반도체와 하드웨어 관련 투자에 집중했습니다. 우리는 금융, 광고, 엔터테인먼트, 미디어, 소매업 관련 회사의 투자자가 될 것으로는 전혀 생각하지 못했습니다. 그것들은 우리의 투자 범위를 훨씬 넘어서는 회사들이라고 생각했습니다.

지금은 벤처캐피털이 투자하는 곳이 더 많아졌습니다. 따라서 성공할 기회가 훨씬 더 많아졌죠. 과거보다 훨씬 더 많은 산업 부문에서 훨씬 더 많은 벤처캐피털 투자가 이루어지고 있습니다. 하지만 저는 30년 전과 비교해 볼 때 투자 성공률이 더 높아졌는지는 잘 모르겠습니다.

DR_ 당신 같은 사람들은 벤처계의 록스타들입니다. 만약 당신이 식당에 간다면, 거래나 투자 기회, 이력서를 들고 당신을 찾아오는 사람이 많지 않나요?

MM_ 샌프란시스코는 좁은 세상입니다. 가끔 식당에서 찾아오는 사람이 있기도 합니다. 맨체스터 유나이티드 축구 클럽의 코치였던 친구가 있습니다. 그는 10년 전에 은퇴했음에도 불구하고, 길을 걸을 때마다 셀카를 찍거나 사인해달라는 요청을 받습니다. 그가 원하는 것은 단지 평화롭게 산책을 즐기는 것입니다.

DR_ 새로운 기술, 새로운 기회에 익숙해지기 위해 독서를 많이 하시나요? 아니면 그냥 투자 보고서를 참고하나요? 거래 및 결과를 평가하기 위해 어떻게 준비하시나요?

MM_ 둘 다 약간씩 참고합니다. 우리는 모든 것에 전문가가 되지는 못하더라도 투자의 개요 정도는 파악해야 합니다. 우리의 강점과 약점이 어디에 있는지 이해해야 합니다. 우리는 다른 사람들이 우리보다 어떤 면에서는 아는 게 더 많다는 사실을 인정합니다. 우리는 꽤 세심하게 설계된 팀을 운영하는데 상호 보완해주는 강점이 있습니다. 따라서 종종 특정 산업 분야에 투자할 경우, 그 분야에 전문적인 지식을 가진 세쿼이아의 다른 파트너들의 판단에 의존하기도 합니다.

DR_ 제가 있는 사모펀드 세계에서는, 100~200페이지나 되는 투자 보고서가 투자위원회에 올라옵니다. 저는 그 보고서를 작성하는 직원들에게 거래의 질이 보고서의 양에 정비례하는 것은 아니라고 매번 강조하지만 그들은 제 말을 이해하지 못합니다. 그들은 그렇게 긴 투자 보고서를 종종 작성합니다. 당신도 투자를 승인할 때 이처럼 방대한 투자 보고서를 활용하십니까? 아니면 아주 짧은 것을 이용하나요? 아니면 그냥 담당 파트너의 구두 발표에 의존하나요?

MM_ 투자 보고서는 짧을수록 좋습니다. 저는 아마존처럼 파워포인트 없이 5~6페이지 분량의 설명만으로 회의를 진행하는 방식을 매우 좋아합니다.

사람들은 문제를 지나치게 복잡하게 만드는 경향이 있습니다. 초기 단계의 투자에 대해 우리는 모든 재무 예측이 틀린다는 사실을 알고 있지만, 단지 어느 정도 틀릴지를 모릅니다. 따라서 거대한 스프레드시트는 필요 없으므로 그렇게 길게 작성하지 않아도 됩니다. 스트라이프에 대한 투자가 당시 거창한 계획으로 이루어진 것은 아니었지만 그렇게 오래전에도 우리가 작성했던 최초 투자 보고서를 모아보면 서너 페이지에 불과할 것입니다. 자신의 의견을 분명하게 표현하고 자신감이 있다면, 종이가 많이 필요하지 않습니다.

DR_ 당신이 하는 일의 즐거움은 회사를 발굴하고 그들이 성공하도록 돕는 것인가요?

MM_ 벤처 사업의 즐거움은 불가능한 것을 가능하게 만드는 데 있습니다.

DR_ 가장 큰 좌절은 거래를 놓친 것인가요? 아니면 거래를 잘못한 건가요?

MM_ 아니요. 저는 사람들이 세쿼이아가 지구상에서 가장 장기 투자하는 회사라는 사실을 이해하지 못할 때 가장 크게 좌절합니다.

Part 3

미래의 부는
어디에서 오는가

최첨단 투자

투자 세계에서 새로운 분야를 추구하려는 노력은 언제나 넘쳐난다. 사람들은 '최첨단' 사업은 가치가 증가하므로 항상 '초과' 이익을 달성할 것으로 판단해 자본을 투자한다. 또한 최근 투자 세계가 점점 더 국제화되는 것은 물론 자본 조달이 용이해진 점을 고려할 때, 때때로 최첨단 산업에 투자할 수 있는 자본의 양이 무한대인 것처럼 보인다.

이 책에서 최근 몇 년 동안 등장한 최첨단 투자 분야를 모두 다룰 수는 없다. 나는 상대적으로 새로운 여러 분야 가운데 가장 흥미로운(때로는 논란의 여지가 있는) 관심 분야를 논의하기 위해 몇몇 주목할만한 투자자들을 인터뷰 대상자로 선정했다. 그들은 지난 10여 년 동안 극적으로 성장해 상당히 유명해졌다.

암호화폐, SPAC(기업인수목적회사), 인프라, ESG 등이 이에 해당한다. 물론 많은 대형 프로젝트 가운데 교량, 도로, 공항 및 터널과 같은 인프라 사업은 수 세기 동안 존재해 왔다. 전통적으로 인프라 분야는 정부가 재정, 건설, 감독을 전적으로 담당했지만 최근 들어 민간 투자자들의 중요한 관심사가 되었다.

아마 이런 새로운 투자 영역에서 가장 유명한 것이 암호화폐일 것이다. 암호화폐는 거의 0에 가까운 내재 가치와 비교할 때 확실히 엄청나게 비싸졌다. 2022년 중반 시장이 '조정'되는 바람에 암호화폐에 관한 관심이 상당히 줄어들었지만 암호화폐는 주로 젊은 사람들을 중심으로 전 세계의 투자자들을 끌어모으고 있다.

나는 지금까지 암호화폐에 직접 투자한 적이 없다. 하지만 패밀리 오피스를 통해 암호화폐 세계의 인프라를 구축하고 이에 관한 서비스를 제공하는 여러 회사에 투자했다. 따라서 암호화폐를 둘러싼 주요 논쟁에 있어 편견이 전혀 없는 사람은 아니다. 금융 분야의 많은 주요 투자자와 전문가들은 일반적으로 암호화폐는 내재 가치가 없으므로 궁극적으로 가치가 없어질 것으로 믿는다.

나는 현재 전 세계적으로 암호화폐에 관한 관심이 너무 커졌기 때문에 서방 정부가 암호화폐 거래를 금지하거나 눈에 띄게 억제하는 것은 어려우리라 생각한다. 정부가 발행한 통화가 점점 더 평가절하되고 있으며 암호화폐만큼 쉽게 이체될 수 없다고 느끼는 개인과 투자자들이 너무 많다. 그점 때문에 사람들이 암호화폐를 매력적으로 생각한다. 나는 러시아와 우크라이나 전쟁 기간 미국과 나토국들이 러시아 인사들의 자산을 압류하려고 시도한 것은 부유한 개인들의 추적 불가능한 자산에 대한 수요를 자극했을 것으로 추정한다. 하지만 시간이 말해 줄 것이다. 2022년 중반에 암호화폐 가치가 하락하는 바람에 시장은 암호화폐를 다시 생각하고 새로운 분석을 위한 시간이 확실히 필요하다. 많은 암호화폐 투자자들은 2022년 중반에 입은 손실 때문에 당분간 암호화폐를 외면할 것이다.

논란이 적기도 하지만 전혀 다른 이유에서 나는 ESG가 투자 업계의 중요한 변수로 계속 성장할 것이며, 앞으로 ESG 요인에 둔감한 투자자들은 다른 사람들보다 월등하게 성공하지는 못할 것으로 생각한다. 칼라일은 역동적인 리더인 메그 스타Meg Starr와 함께 이 분야의 업계 리더로서 모든 포트폴리오 회사가 ESG 프로그램과 정책을 강력하게 펼치도록 감독해 왔다.

한 가지 문제가 있다면 이처럼 재능 있는 ESG 리더가 내 막내딸의 대학 동
창이라는 데 있다. 당신은 자녀의 같은 반 친구가 당신이 수십 년 전에 시작
한 회사의 리더로 부상하고 있다는 사실을 깨닫게 된다. 하지만 이런 현상
은 보다 젊게 살도록 자극한다. 그게 나의 바람이다.

1 암호화폐

마이크 노보그라츠 Mike Novogratz

갤럭시 디지털 창업자 겸 CEO, 포트리스 전 회장,
골드만삭스 투자 그룹 전 파트너

> "우리는 디지털 세계에서 구축된 메타버스와
> 현실 세계의 융합을 목격하고 있다. 그것은 블록체인이
> 점점 더 중요해지면서 번개 같은 속도로 발전한다."

지난 10여 년 동안, 가장 불안정하고 논란이 많으며 (일부 사람한테는) 부를 창출하는 투자 분야 중 하나는 가상적으로 그리고 종종 익명으로 만들어진 수많은 유형의 암호화폐와 관련이 있다. 디지털 화폐의 잠재적 단순성에 대한 다양한 학술적 논의가 오랫동안 있었지만, 실행 가능한 디지털 화폐는 존재하지 않았다. 2009년에 사토시 나카모토가 비트코인을 만들었다. 그 이름은 신원을 알 수 없는 한 명 이상의 개인이 사용하는 가명이다.

비트코인은 쉽게 변조할 수 없는 방식으로 소유권을 기록하는 분산형 소프트웨어 기술인 블록체인으로 개발한 통화이다. 블록체인은 1980~90년대 많은 암호학자가 개념적으로 개발했지만 그것이 널리 통용되거나 통화와 연결되지는 않았다. 그러나 2007~09년의 금융 위기 이후 정부와 전통적인 화폐에 대한 불신이 증가하면서, 정부와 관련 없는 통화를 찾으려는 관심이 높아졌다. 이때 비트코인이 등장해 자리를 잡고 그 역할을 담당했다.

사람들이 비트코인이나 그 이후 개발된 다른 암호화폐의 장점을 어떻게 생각하든 블록체인 기술이 상당한 가치를 갖고 있다는 데는 이견이 없어 보인다. 이에 따라 암호화폐와 별개로 블록체인 기술 중심의 기업들이 벤처캐피털 투자자들의 큰 관심을 끌었다. 그 이유는 블록체인 기술이 기록 보관을 쉽게 할 수 있다는 점에는 의심의 여지가 없었기 때문이다. 그러나 통화와 관련하여 언젠가 인구가 많은 국가의 정부가 자신들의 디지털 통화를 승인한다면, 그들은 블록체인 기술을 어떤 형태로든 활용할 가능성이 꽤 있어 보인다. ('블록'이란 코딩된 정보의 그룹이다. 어느 그룹이 필요한 정보를 보관하고 용량이 가득 차면, 다른 그룹이 만들어진다. 새로운 정보를 보관하기 위해 더 많은 블록이 생성되고 이런 '블록'이 모인 그룹이 '체인'이 된다.)

달러나 유로와 같은 전통적인 정부 통화와는 달리, 비트코인이나 어떤 암호화폐도 정부의 지원이나 중앙 집중식 관리를 받지 못한다. 실제로 암호화폐는 일반적으로 (몇 가지 예외를 제외하고) 전통적인 물질이나 가치로 표시할 수 있는 내재 가치가 없으며, (실제로 누가 디지털 화폐를 얼마나 소유하고 있는지에 관한 기록인) 통화 관리는 사실상 블록체인을 통해 이루어진다.

비트코인이 탄생한 이후 다른 암호화폐가 1만 9,000개 이상 만들어졌으며, 2022년 6월 1일 현재 암호화폐의 시장 가치는 약 1조 2,000억 달러이다. 같은 날 비트코인의 시장 가치는 5,650억 달러로서 암호화폐 중 비중이 가장 크다. 이런 가치는 빠르게 변한다. 이것은 아마도 암호화폐가 이를 빈번하게 거래하는 투기꾼들을 끌어들이고 상당한 차입금을 사용함으로써 변동성을 비정상적으로 증폭시키기 때문이다. 이런 사실은 2022년 5월에 암호화폐의 가치가 하룻밤 사이에 엄청나게 하락하는 바람에 더욱 명백해졌다.

암호화폐의 높은 변동성을 제외하더라도 암호화폐와 관련한 다른 우려도 많이 있다. 비평가들은 이렇게 우려한다. 첫째, 많은 암호화폐는 내재 가치가 없으므로 궁극적으로 투자자들이 손해를 보게 될 것이다. 둘째, 암호화폐에 투자하는 사람들은 지속 불가능한 이익을 빨리 얻으려고 하지만 거래와 관련된 위험을 제대로 이해하지 못하는 비전문적인 투자자들이다. 셋째, 암호화폐의 익명성 때문에 (랜섬웨어와 같은 범죄 활동을 통해) 부정한 자금을 조성한 사람들이 자신의 부를 숨기고 이전할 수 있다. 넷째, 암호화폐는 합법적인 통화를 평가절하함으로써 국민에게 이득을 주려는 정부의 경제 정책 능력을 약화한다. 다섯째, 비트코인과 같은 암호화폐를 '채굴'하는 데 전기가 많이 소요된다. ('채굴' 행위는 블록체인 프로세스를 쉽게 하려고 컴퓨터 하드웨어를 이용하는 복잡한 과정이며 채굴자는 궁극적으로 자신의 계정에 비트코인을 획득함으로써 사실상 보상을 받는다. 하지만 이 과정은 복잡하고 시간이 많이 소요되며 컴퓨터에 필요한 전기를 고려하면 에너지 집약적인 사업이다.)

이런 우려가 있었지만 그들은 현재 시장에서 수백만 명의 투자자들이 엄청난 수의 다양한 암호화폐를 열심히 사고파는 현상을 막지 못했다. 암호화폐 투자자들은 가장 유명한 비트코인의 가격이 처음에 불과 몇 센트이던 것이 6만 달러 이상으로 상승한 것을 보고 투자 심리에 불이 붙었을 것이다. (때로는 하룻밤 사이에 가격이 50퍼센트 하락하기도 한다.) 정확하게 이유를 설명할 수는 없지만 암호화폐의 변동성은 투자자들을 억제하기보다는 더 많이 끌어들이는 것처럼 보인다.

실제로 많은 투자자는 디지털 화폐가 종이 화폐를 궁극적으로 대체하고, 어느 시점에 가면 정부가 지원하는 디지털 화폐와 암호화폐가 원활하게 공존하는 기술 및 금융 혁명의 시작 단계에 자신들이 참여하는 것으로 생각한다. 개인용 컴퓨터, 인터넷, 전자 상거래 및 스마트폰의 초기 투자자 중 많은 사람이 이익을 본 것처럼, 암호화폐 투자자들의 관점에서 자신들도 기술 혁명의 시작 단계에 참여하면 수익률을 꽤 높일 수 있을 것으로 바라본다.

이와 관련하여, 정부가 항상 화폐를 발행하고 통제했던 것은 아니라는 점에 주목할 필요가 있다. 1700~1800년대에 유럽과 미국에서 은행이나 다른 금융기관들이 종종 화폐를 발행했으며, 화폐의 가치나 적법성을 중앙에서 중재하는 기관이 없었다. 일부 암호화폐 애호가들은 미래에 이에 상응하는 일이 일어날 수 있다고 본다. 일부 회사가 추진했던 것처럼 기술 회사들은 화폐 발행과 통제의 분산화를 잘 이끌 수도 있다. (페이스북은 디지털 화폐를 만든 것을 포기했지만, 앞으로 다른 기술 회사들이 그것을 추구할 수 있다.)

수익을 창출하는 합법적인 자산으로서 암호화폐를 가장 큰 목소리로 지지하는 사람 가운데 한 명이 전 골드만삭스 파트너이자 사모펀드 회사 중 최초로 상장한 포트리스Fortress의 CEO인 마이크 노보그라츠Mike Novogratz이다. 골드만과 포트리스에서 마이크는 주로 새롭고 난해한 상품을 전문적으로 거래했다.

포트리스에 있는 동안 그는 비트코인에 푹 빠져 초기 투자자가 되었으며, 포트리스를 떠난 후 암호화폐 및 관련 회사와 기술에 투자하기 위해 현재 상장회사인 갤럭시 디지털Galaxy Digital를 설립해 CEO로 활약하고 있다 (보도에 따르면 현재 그는 비트코인의 개인 최대 보유자 중 한 명이라고 한다). 갤럭시 디지털은 암호화폐 및 블록체인 기술 전반에 관여하는 기업에 투자한다. 이 플랫폼과 수년간의 투자자이자 거래자로서의 신뢰를 바탕으로 마이크는 암호 세계에서 가장 눈에 띄고 논리정연한 전파자 중 한 명이 되었다.

마이크는 평생 새롭고 낯선 분야를 과감히 추구하며 매력적인 투자가 무엇인지에 대한 사회 통념과 싸우는 데 강한 관심을 보여왔다. 투사로서의 이런 특성은 버지니아 주립 고등학교 레슬링 선수와 프린스턴의 '올-아이비All-Ivy'(8개 아이비리그 대학을 의미함) 레슬링 선수로서의 그의 경력에서 찾아볼 수 있다. 암호화폐의 모든 주제에 대한 마이크의 열정은 전염성이 있으며, 상당히 오랫동안 생존하고 번영할 가능성이 있는 자산으로서 암호화의 성장을 뒷받침하는 많은 요소 중 하나가 분명하다.

나는 마이크와 직접 함께 일하지는 않았지만, 우리는 민주주의를 보존하고 발전시키는 일과 관련된 몇 가지 자선 활동에 관심이 있다. 나는 2022년 5월 암호화폐의 가치가 크게 하락하기 전인 2021년 12월 20일 그를 인터뷰했다.

$

데이비드 M. 루벤슈타인DR 당신은 세계 금융을 변화시키는 방법이자 매력적인 투자 수단으로서 암호화폐의 가치를 선도하는 지지자 중 한 명입니다. 당신은 언제 처음으로 이런 결론에 도달했습니까? 시간이 지남에 따라 당신의 견해가 강화되었나요?

마이크 노보그라츠MN 저는 원래 2013년에 우연히 비트코인을 발견했고 그것을 정말 흥미로운 투기적인 자산으로 보았습니다. 2008년 글로벌 금융 위기 다음에 유럽 금융 위기가 닥쳐왔습니다. 당시 중앙은행들은 많은 돈을 찍어내고 있었습니다. 우리는 제2차 양적 완화QE2를 경험했습니다.* 최초의 암호화폐인 비트코인은 역사상 최초로 디지털 화폐 즉, 디지털 금의 P2P 시스템으로 설계된 것입니다. 비트코인이 이룩한 독특한 혁신은 위조할 수 없는 최초의 디지털 서명입니다. 그때까지는 컴퓨터 코드를 복사하기와 붙여넣기 기능을 통해 얼마든지 복사할 수 있었습니다. (즉, '해커'들이 시스템에 침입해 시스템을 불완전하게 만들기 위해 공격할 수 있었습니다.)

사토시(익명의 비트코인 개발자)가 가져온 혁신은 블록체인의 진정성이었습니다. 진정성이 있으면 희소성이 따라온다는 사실에 저는 매력을 느꼈습니다. 저는 비트코인을 투기로 거래했으며 결과는 성공적이었습니다. 제가 그 사실을 언급하는 바람에 저는 유명해졌습니다. 저는 그 자리에 기자들이 있었는지 몰랐죠. 그 후 사람들이 제

---

* 제2차 양적 완화는 금융 위기 당시 금리를 인하해 경기를 활성화하려는 연방준비제도의 두 번째 노력이었다. 미 연준은 2011년 6월 말까지 6,000억 달러어치의 재무성 증권을 시장에서 매입함으로써 통화를 공급했다.

게 비트코인에 관해 질문하기 시작하더군요.

DR_ 제이미 다이먼 같은 금융계의 여러 저명인사가 왜 그렇게 오랫동안 암호화폐의 가치에 대해 부정적이라고 생각하나요? 저는 금융계 거물들의 견해가 당신을 제지할 수 없다고 생각합니다.

MN_ 어떤 사람들은 6년, 8년, 10년, 이제 13년 된 것(달리 말하면 비트코인)이 '어떻게 가치가 있을 수 있어?'라고 물을지 모릅니다. 제 생각에 제이미 다이먼을 비롯한 많은 기성세대가 간과한 것은 세대교체가 일어나고 있다는 사실입니다. 베이비붐 세대가 빌 클린턴Bill Clinton(1993~2001) 이후 30여 년간 나라를 이끌고 있습니다. 그 이후 GDP 대비 부채 비율이 40퍼센트에서 130퍼센트로 증가했고 경제적 불평등이 심화했습니다. 따라서 전 세계가 더 불안정해졌습니다.

젊은이들 즉 MZ세대의 사람들은 자신만의 것을 갖기를 갈망했습니다. "당신들은 경제를 끔찍하게 이끌어 왔습니다. 이제 당신들은 물러날 때입니다." 하지만 그들 중 누구도 물러나지 않을 것입니다. 젊은이들은 이 경직된 시스템을 보며 "우리가 더 좋은 것을 다시 만들수 있다"라고 외치고 있습니다.

암호화폐의 에너지는 젊은이들에게서 나옵니다. 저는 암호화폐와 씨름하는 사람들을 만나 보고 그 사실을 일찌감치 알아차렸습니다. 나이 든 사람들은 젊은 사람들과 충분한 시간을 보내지 않기 때문에 암호화폐를 이해하기 어려울 겁니다.

DR_ 당신은 이제 비트코인을 가장 많이 소유한 사람 중 한 명이 아닌가요? 아니면 다른 사람이 얼마나 많이 소유하고 있는지 아는 것은 불가능합니까?

MN_ 블록체인의 흥미로운 점은 모두 공개되어 있다는 사실입니다.

각각의 지갑(암호화폐 소유자의 익명 계정)에 무엇이 들어 있는지 알고 있습니다. 그리고 사람들은 이 통화들을 상당히 많이 이체하거나 거래합니다. 인간 사회의 다른 모든 자산과 마찬가지로, 소수가 다수보다 암호화폐를 훨씬 더 많이 소유함으로써 여전히 편중되어 있습니다. 저는 최근에 상위 1퍼센트가 비트코인의 40퍼센트를 소유하고 있다는 통계를 읽었습니다. 그것은 주식 시장보다 조금 덜 하기는 하지만 그래도 상당히 편중된 모습입니다. 우리 회사는 비트코인을 많이 소유하고 있습니다. 다른 암호화폐들도 많이 소유하고 있지만, 상위권에 속하지는 않습니다.

DR_ 당신은 미국 정부가 암호화폐의 가치를 근본적으로 파괴하거나 사용을 더 복잡하고 어렵게 만드는 방식으로 암호화폐를 규제할까 봐 걱정하십니까?

MN_ 저는 그렇게 생각하지 않아요. 이 공동체들은 빠르게 움직이며 그들은 모두 유권자들입니다. 벌써 분위기가 바뀌고 있습니다. 암호화폐를 소유한 미국인은 6천만 명입니다. 저는 지금 정치인으로서 암호화폐에 반대하는 목소리를 낸다는 것은 매우 어려운 일이라고 생각합니다.

DR_ 내재 가치나 정부 지원이 없는 통화들이 그렇게 많은 사람에게 인기를 끄는 주된 이유가 무엇이라고 생각하십니까? 그것은 현재 정부 통화의 가치에 대한 우려인가요? 아니면 소유권에 대한 비밀을 유지할 기회라고 생각하는 건가요?

MN_ 2021년 터키에서 무슨 일이 있었는지 보세요. 터키 리라화는 3년간 약 80퍼센트 평가 절하했습니다. 터키 국민은 자신들의 정치 의제를 밀어붙이기 위해 신중한 통화 및 재정 정책을 모두 제쳐둔 형편

없는 지도자들을 만났습니다. 경제를 제대로 운영하지 못하면 통화 가치는 평가절하됩니다. 신흥 시장에서 사람들은 필수적인 가치 저장 수단으로 비트코인을 샀습니다. 사람들은 돈을 모으려고 열심히 일합니다. 하지만 3년 만에 통화 가치가 76퍼센트 하락한다면 돈을 모으기가 매우 어렵습니다.

미국과 유럽과 같은 서방 국가에서 비트코인은 경제 성적표입니다. 즉, 파월 의장과 재닛 옐런Janet Yellen 재무장관이 일을 얼마나 잘하고 있는지에 대한 성적표입니다. 만약 그들이 우리 경제를 정상 궤도에 올려놓아 재정 적자가 줄어들고 인플레이션이 안정화되면 사람들은 이해하기 힘든 자산인 암호화폐에 투자하지 않을 것입니다. 하지만 그때까지 사람들은 법정 통화의 평가절하에 대한 대비책으로 암호화폐를 사들일 것입니다.

DR_ 소유권을 추적하기 어려워 랜섬웨어와 같은 불법 거래에 사용될 수 있다는 것에 대해서 어떻게 생각하시나요?

MN_ 다른 많은 것들처럼 그것은 불법적인 목적으로 사용되지만 이는 아주 작은 부분입니다. 그 부분에 관해 사람들이 많은 걱정을 하고 관심을 집중하고 있지만 실상을 들여다보면 그것은 그다지 중요한 문제가 아닙니다.

DR_ 비트코인이 최초의 암호화폐였나요? 비트코인의 발명가들이 여전히 익명이라는 사실이 당신에게 놀라운 일인가요? 그들이 자신이 가진 많은 양의 비트코인 중 일부를 다른 목적으로 사용하지 않기로 선택했을까요? 제 생각에 그들은 지금까지는 지갑에 손대지 않은 것 같습니다.

MN_ 발명가는 사토시 나카모토인데 그가 누군지 아무도 모릅니다.

그는 아마 비트코인이 수십억 달러의 자산으로 성장할 것이라고는 전혀 예상하지 못했을 것입니다. 지금은 1조 달러에 조금 못 미칩니다. 저는 그 규모가 10조 달러를 넘어 금을 대체할 만한 자산이 될 것으로 예상합니다. 저는 발명가가 죽는 바람에 그가 보유했던 비트코인 지갑을 열 수 있는 열쇠도 함께 없어졌다고 추측합니다. 아니면 여러 사람이 비트코인을 만들었고, 그 가운데 한 명은 죽고 다른 사람들은 열쇠의 절반을 잃어버린 것은 아닌가 하고도 상상해봅니다. 비트코인이 어떻게 만들어졌는지, 누가 만들어냈는지에 대한 미스터리는 비트코인에 대한 신비를 더해주고 있습니다.[*]

사토시가 누구인지에 대한 미스터리 덕분에 사람들은 비트코인이라는 브랜드에 매력을 더 느꼈습니다. 다시 말씀드리지만, 우리는 비트코인의 기본 소스 코드를 가져다가 새로운 암호화폐를 만들 수 있습니다. 그래서 그 암호화폐의 이름을 데이비드 루벤스타인 코인이라고 붙일 수 있습니다. 그러면 그것은 어느 정도 가치는 있겠지만 1조 달러에는 훨씬 못 미칠 것입니다.

DR_ 그 이름을 쓴다면 코인의 가치는 의심할 여지 없이 훨씬 더 적을 것입니다. 비트코인의 매매 과정이 엄청난 전기를 사용하므로 지구 온난화에 영향을 미칠 수 있다는 주장에 대해 어떻게 생각하십니까?

MN_ 그것은 사실이 아니지만 우리가 반드시 다뤄야 할 또 다른 이야기입니다. 비트코인의 총 에너지 소비량은 전 세계 에너지 소비량의 약 0.55퍼센트입니다. 우리는 비트코인보다 크리스마스 조명에 전기

---

[*] 비트코인을 만드는 암호 방식과 처음에 발명가에게 할당된 비트코인의 소유권을 증명한 사람이 아무도 없다는 사실 때문에, 발명가가 죽거나 그가 소유권을 주장할 수 있는 암호화 코드를 잃어버렸을 가능성이 있다.

를 더 많이 소비합니다. 유튜브는 비트코인보다 7배나 많은 전기를 사용합니다. 하지만 비트코인과 암호화폐 업계는 이에 대한 답을 내놓아야 합니다.

암호화폐의 채굴은 80퍼센트가 친환경적으로 이루어지고 있습니다. 비트코인은 컴퓨터가 생성한 진위를 증명하기 위해 시스템을 사용하므로 전기를 많이 사용합니다. 비트코인 커뮤니티가 성장함에 따라 이런 컴퓨터가 해결해야 할 문제는 더 복잡해지고 더 많은 전기를 사용합니다. 하지만 절대적인 숫자는 사람들이 예상하는 것보다 훨씬 적습니다.

DR_ 우리는 1630년대 네덜란드의 유명한 튤립 버블에 대해 잘 알고 있습니다. 왜 그 비유가 비트코인에 적합하지 않을까요?

MN_ 암호화폐는 비트코인만을 의미하는 것이 아닙니다. 저는 암호화폐를 두 종류로 구분합니다. 하나는 디지털 금에 해당하는 비트코인이고 또 다른 하나는 진정으로 새로운 기술 인프라를 구축하는 이더리움Ethereum 및 유사 이더리움 코인입니다.

공유 데이터베이스 위에 구축하는 유틸리티가 있습니다. 블록체인은 아무도 모든 데이터를 소유하지 못하는 글로벌 공유 분산 데이터베이스입니다. 그리고 우리는 NBANational Basketball Association가 대체 불가능한 토큰인 NFTnonfungible tokens를 이용해 블록체인으로 디지털 상품을 판매함으로써 1억 달러의 추가 수익을 올린 것을 목격했습니다.

저는 올해 사람들이 NFT에 열광했다는 사실에 주목합니다. 스포츠 상품 회사와 같이 실체가 있는 기업들이 블록체인 세계에 진입한 것을 눈으로 직접 보았기 때문입니다. 우리는 디지털 세계에서 구축된 메타버스와 현실 세계의 융합을 목격하고 있습니다. 그것은 블록체인이 점점 더 중요해지면서 번개 같은 속도로 발전합니다.

DR_ 당신은 어디에서 자랐나요? 젊은 시절에 관심이 있었던 분야는 무엇입니까? 비트코인은 아니지요?

MN_ 저는 주로 버지니아주 알렉산드리아에서 자랐습니다. 아버지는 육군 장교 생활을 30년 했습니다. 저는 레슬링 선수였습니다. 시간만 나면 훈련과 레슬링에 몰두했죠.

DR_ 당신은 고등학교에 다닐 때 레슬링 스타 선수였고 프린스턴 대학에서도 레슬링 팀의 스타였지요?

MN_ 고등학교와 대학교에서 꽤 실력 있는 레슬링 선수였습니다. 하지만 '스타'라는 말은 좀 과장된 것 같군요.

DR_ 하지만 레슬링 명예의 전당Wrestling Hall of Fame에 들어가지 않았나요?

MN_ 저는 레슬링 공동체를 위해 많은 일을 하고 있습니다. 레슬링은 제 인생의 중요한 부분입니다. 레슬링은 지도자를 만드는 스포츠죠. 그래서 저는 레슬링을 항상 지지합니다.

DR_ 왜 프린스턴을 선택했나요? 프린스턴에서 레슬링에는 관심이 없었나요?

MN_ 프린스턴을 선택한 이유는 학교가 너무 아름다웠기 때문입니다. 제가 입학한 해에 브룩 실즈Brooke Shields도 입학했으며 그 당시 시대정신으로 여겨졌던 톰 크루즈Tom Cruise와 함께 찍은 〈위험한 청춘Risky Business〉이 개봉되었습니다.

저는 경제학을 공부했습니다. 인종의 차이가 가처분 소득 수준에 어떤 영향을 미치는지에 대한 논문을 썼죠. 미국의 공정성 정신이 저에게 중요했습니다. 그리고 저는 이것이 제가 암호화폐를 사랑하게 된 이유라고 생각합니다. 암호화폐는 누구나 쉽게 이용할 수 있으며 본질적으로 공평한 상품입니다.

DR_ 어떻게 투자 세계에 발을 들여놓았나요? 골드만삭스에서 트레이더가 된 비결이 있나요? 어떤 분야를 전문적으로 거래했나요?

MN_ 저는 원래 워싱턴에서 정치 분야에서 일하려고 생각했습니다. 당시 프린스턴 출신의 육군성 장관의 보좌관과 인터뷰를 했는데 그는 제게 "24살에 워싱턴에서 배울 것은 없습니다. 월스트리트에 가서 돈을 좀 벌고 마흔 살이 되면 다시 오는 게 어때요?"라고 말했습니다. 그래서 월스트리트로 가게 된 것입니다. 그러곤 저를 면접했던 사람을 우연히 만나는 바람에 골드만삭스에 취직하게 되었습니다. 저는 세일즈맨으로 시작한 뒤 트레이더로 업무를 바꿨습니다. 트레이더가 세일즈맨보다 돈을 훨씬 더 많이 벌었기 때문이지요. 게다가 그 당시는 돈 버는 일이 저한테는 가장 중요한 일이었습니다.

DR_ 어떻게 포트리스에 합류했나요? 초기에 성공한 원인과 최초로 상장한 사모펀드가 되기로 한 배경은 무엇이었나요?

MN_ 저는 골드만삭스의 제 파트너 중 한 명인 피트 브리거Pete Briger와 함께 일하기로 했습니다. 그는 세 번째 포트리스 설립자인 웨스 에덴스Wes Edens를 이미 알고 있었습니다. 그리고 우리는 모두 '1+1=10'이 될 수 있다는 생각을 공유했습니다. 우리는 대체 자산 관리 사업의 대기업을 만들어 우리가 말한 대로 실행한다는 신뢰를 팔 수 있다고 생각했습니다. 그래서 우리가 합치면, 수익원을 다변화하고 플랫폼을 확장함으로써 회사를 상장할 수 있을 것으로 판단했습니다. 우리는 포트리스가 최초로 상장한 대체 자산 관리 회사가 될 수 있다는 생각으로 결합했으며 실제로 그것을 실현했습니다.

DR_ 암호화폐를 처음으로 진지하게 생각하기 시작한 게 포트리스를 떠날 때였습니까?

MN_ 저는 포트리스에서 암호화폐에 투자했는데 가격이 올라갔다가 다시 내려갔습니다. 포트리스를 떠날 때 대학 룸메이트였던 조 루빈 Joe Lubin을 브루클린에 있는 그의 사무실에서 만났습니다. 그는 이더리움 프로젝트의 창시자 중 한 명입니다. 그때 저는 이 사람들이 훨씬 더 평등하고 투명한 방식으로 일하기 위해 거의 모든 산업을 파괴할 수 있는 혁명을 계획하고 있다는 사실을 깨달았습니다. 많은 자유주의자가 암호화폐를 좋아하지만 저는 그것을 항상 진보적인 움직임으로 보아왔습니다. 암호화폐의 핵심은 임차료 수입업을 쫓아가는 것입니다. 그것은 은행과 보험회사를 따라 하는 것이기도 합니다. 임대료를 수입하는 모든 고전적인 비즈니스 기능이 암호화폐의 기능에도 포함되어 있습니다.

DR_ 당신이 암호화폐에 투자할 거라고 했을 때 친구들이 뭐라고 하던가요? 아니면 아무에게도 말하지 않았나요?

MN_ 아니요, 저는 매우 공개적입니다. 제 친구 중에는 "이봐, 나한테 말했어야지"라고 말하는 친구들이 있습니다. 그들은 훌륭한 투자 기회를 놓쳤다고 생각합니다. 저는 "나는 매주 TV에 나와서 자네에게 그것에 대해 설명했어"라고 말해 줍니다.

우리가 비트코인을 100달러에 사고 난 뒤 가격은 1,000달러까지 올라갔습니다. 100달러에 사지 않은 사람은 기분이 나빴죠. 그리고 그것을 1,000달러에 샀을 때, 가격은 다시 10,000달러까지 상승했습니다. 그때 그들은 다시 기분이 나빠졌습니다. 결국 이런 현상은 적절한 시기에 구매하면 계속 이어지는 순환 과정입니다.

DR_ 갤럭시 디지털을 언제 시작하셨나요? 주된 업무가 무엇입니까?

MN_ 저는 시장이 붕괴하기 직전인 2018년 초에 암호화폐에 직접 투자하기도 했으며 암호화폐 세계를 확장하는 기업에 투자할 목적으로 갤럭시 디지털을 시작했습니다. 저는 그것을 암호화폐의 골드만삭스라고 불렀고, 그다음에는 암호화폐의 드렉셀 번햄Drexel Burnham이라고 불렀습니다. 그러자 사람들은 '드렉셀은 파산하지 않았나?' 하는 식으로 저를 의아하게 쳐다보았습니다. 저는 이렇게 생각했습니다. "네, 하지만 드렉셀을 이끈 마이크 밀켄Mike Milken은 정크 본드와 고수익 금융상품의 개발과 사용에 매우 중추적인 역할을 함으로써 전체 고수익 상품 시장에 신용을 제공했던 사람입니다." 우리는 우리가 그 역할을 할 수 있으며, 전통적인 금융 시장에서 배운 교훈을 암호화폐 시장으로 가져오고 암호화폐에서 일어나고 있는 일을 전통적인 금융으로 변환할 수 있다고 믿었습니다. 그리고 그것이 바로 갤럭시 디지털이 하는 일입니다. 우리는 오직 암호화폐의 인증자가 되려고 노력하고 있습니다.

DR_ 회사가 상장회사이므로 공개할 정보가 상당히 많이 있지 않습니까? 암호화폐에 투자할 때 그게 문제가 되나요?

MN_ 아니요. 그 가운데 일부를 말씀드리자면 우리는 올바른 방법으로 일을 처리해야 한다는 원칙에 따라 암호화폐를 거래하는 사람들에게 암호화폐가 혁명적인 것은 사실이지만 정부를 무시하고는 살 수 없다는 것을 설득하고 있습니다. 정부는 사람들의 삶에서 실질적인 역할을 하고 있으며 앞으로도 계속 존재할 것입니다. 암호화폐가 가진 최선의 장점을 파악해 그것을 사회에 어떻게 접목할 수 있는지 알아보려고 합니다.

DR_ 갤럭시 디지털은 지금까지 암호화폐 투자에서 얼마만큼 수익을 올렸나요?

MN_ 많아요. 저는 암호화폐 투자자로서 수십억 달러의 순자산을 가지고 있습니다. 처음 투자 자금은 800만 달러 미만이었습니다.

DR_ 그래요? 왜 저에게 그런 사실을 진작 알려주지 않았나요?

MN_ 그런 말을 자주 듣습니다.

DR_ 당신은 암호화폐에 대한 투자자이자 전문가로서 자신의 역할에 관해 자주 생각하시는 편입니까?

MN_ 그렇습니다. 저는 그것을 일찍이 알렉스 마르코스Alex Marcos라는 사람에게서 배웠습니다. 그는 MIT의 모든 학생에게 비트코인 1개를 기부했습니다. 그는 많은 비트코인 핵심 개발자들에게 자금을 지원하고 있었죠. 저는 "알렉스, 당신은 암호화폐 시장에서 진정한 자선가입니다"라고 말했습니다. 그러자 이렇게 대답하더군요, "이봐요. 저는 비트코인을 많이 가지고 있습니다. 저는 우리가 최고의 생태계를 구축하기를 원합니다. 그러니 이런 일은 우리의 생태계에 투자하는 것입니다."

저는 항상 제가 해야 할 역할이 있다고 생각했습니다. 사람들이 이해할 수 있도록 저는 복잡한 것을 간단하게 만들려고 노력합니다. 하지만 제가 비트코인을 많이 소유하고 있다는 사실은 비트코인의 가치가 상승하는 것을 예언하는 일이나 다름없다고 말씀드리고 싶군요.

DR_ 조금 다른 이야기지만 저는 글로벌 자산 운용사인 레그 메이슨Legg Mason의 전설적인 투자자인 빌 밀러Bill Miller를 인터뷰한 적이 있습니다. 그도 비트코인을 많이 산 것 같아요.

MN_ 저는 빌을 좋아합니다. 빌도 많이 샀습니다. 빌은 제게 중요한 것을 가르쳐 주었습니다. 제가 비트코인에 관해 설명하면서 "가격이 이 정도까지 올라갈 것 같아요"라고 말했죠. 빌은 베조스를 제외하고 아마존의 최대 투자자입니다. 그는 "비유하자면, 비트코인 가격이 금의 5퍼센트, 그다음에는 금의 10퍼센트, 30퍼센트, 그다음에는 80퍼센트, 150퍼센트로 상승할 것이라는 말이네요"라면서 이렇게 말을 이었습니다. "당신이 이야기를 다시 할 때마다 그것은 모두 같은 말입니다. 당신이 최고의 암호화폐나 최고의 전자상거래 회사와 같은 독특한 자산을 갖고 있다면 그것의 가치는 계속해서 상승할 것입니다. 그러니 팔지 마세요." 그것이 그가 처음부터 아마존에 계속 투자하는 철학입니다.

DR_ 당신은 이제 암호화폐를 주식이나 채권, 사모펀드와 동일한 자산 범주로 산주합니다. 그렇지요?

MN_ 그렇습니다. 그것은 2년 전에는 불가능했을 일일 겁니다. 하지만 현재 거의 모든 주요 헤지 펀드가 암호화폐에 투자하고 있습니다. 패밀리 오피스, 다양한 자산 증식 관련 기관, 대학 기부금, 연기금은 물론 국부펀드도 이제 막 암호화폐에 투자하고 있습니다.

DR_ 이런 종류의 투자를 시장의 힘이나 정부의 명령으로 없앨 수 있다고 보십니까?

MN_ 저는 잘 모르겠습니다. 하지만 블록체인 기반의 금융 시스템, 즉 디파이DeFi(통화 가치의 중앙 결정권자나 관리자가 없다는 의미의 탈중앙화 금융)가 더 좋은 시스템이므로 시간이 흐르면 결국 승리할 것으로 생각합니다. 그것을 이용해 거래하면 당일 결제가 가능합니다. 그것은 투명합니다. 사람들이 베어스턴스와 메릴린치의 대차대조표를 모두 온라인에서 조회할 수 있었더라면 비우량 주택담보대출 사태를 겪지 않았을 겁니다. 그것은 작은 단위로 나눠 구성할 수 있으므로 이 세상에 존재하는 모든 것을 기초로 시스템을 구축할 수 있습니다. 그러므로 당신은 이와 관련한 혁신이 엄청나게 많이 발생하는 것을 보게 될 것입니다. 저는 그것이 더 우수한 시스템인 것 같습니다.

DR_ 당신은 앞으로 시장이 크게 조정받거나 경기가 침체에 빠지면 암호화폐들의 가치가 급격하게 떨어질까 봐 걱정하십니까?

MN_ 저는 현실적인 사람입니다. 전 세계 모든 자산의 가격은 정말 싼 돈 덕분에 상승했습니다. 저는 항상 테슬라를 생각합니다. 저는 테슬라가 두 대 있습니다. 테슬라는 세계적인 회사입니다. 만약 당신이 예전에 그 회사가 4,000억 달러의 가치가 있다고 말씀하셨다면, 저는 그것이 비싸다고 생각했을지 모릅니다. 하지만 지금은 회사 가치가 1조 달러에 이릅니다.

일반적으로 가치 평가는 우리 모두 숙고해야 할 문제입니다. 만약 전 세계 모든 자산의 가격이 하락한다면, 암호화폐 자산의 가치도 당연히 하락할 것입니다. 하지만 저는 다른 자산보다 암호화폐의 시장 점유율이 점점 더 커질 것으로 생각합니다.

DR_ 암호화폐를 매매하는 것이 어렵습니까? 아니면 증권을 사고파는 것만큼 쉬운가요?

MN_ 이제는 증권을 매매하는 것만큼 쉬워졌습니다. 예전에는 힘들었죠. 하지만 지금은 모든 인프라를 갖추고 있어 시장에서 하루에 수십억 달러가 거래되고 있습니다.

DR_ 당신은 암호화폐 산업에 서비스를 제공하는 다양한 회사에 투자하는 것을 고려해보셨습니까? 아니면 그런 회사들의 가치는 암호화폐가 변동하는 방식으로 변동하지는 않을 것 같습니까? 우리 패밀리 오피스가 암호화폐 산업에 서비스를 제공하는 회사인 팍소스Paxos 앞 투자를 주관했다는 사실을 알려드려야겠군요. 우리는 다수 투자자의 추가 자본에 대한 투자 조건을 결정할 수 있는 주요 투자자였습니다. 당신은 팍소스를 잘 아시나요?

MN_ 저는 그들을 잘 알고 있습니다. 훌륭한 회사입니다. 우리는 암호화폐 산업에 있는 150개 이상의 회사에 투자하고 있습니다. 그렇게 많은 회사에 투자하는 논리는 제 개인 돈을 먼저 투자한 뒤 회사의 돈을 투자해 봄으로써 무슨 일이 일어나고 있는지 이해하고 투자자로서 배운 교훈을 모든 고객에게 전달한다는 것이었습니다.

DR_ 그렇게 많은 회사에 투자하고 있어요?

MN_ 네, 150개가 넘었습니다.

DR_ 당신만큼 부유하지도 않고, 지식이 풍부하지도 않은 보통 사람들에게 암호화폐에 투자하라고 어떻게 추천하십니까? 일반 투자자가 암호화폐에 투자하는 한도는 어느 정도로 추천하십니까?

MN_ 그것은 여전히 변동성이 80에서 120의 자산입니다. 비전문가들에게 쉽게 설명하자면 암호화폐 투자는 평균적인 주식 투자보다 5배에서 10배 위험합니다. 저는 사람들 대부분에게 전체 투자 자금의 5퍼센트를 투자하라고 권합니다. 예전에는 2퍼센트에서 3퍼센트 정도로 얘기했었는데 지금은 예전보다 위험이 줄어든 자산이 많이 생겼습니다. 가격이 더 높아졌기 때문에 이 말은 역설적으로 들릴 것입니다. 하지만 저는 5퍼센트 투자금을 1/3은 비트코인, 1/3은 이더리움, 그리고 1/3은 갤럭시에 나누어 투자하라고 권합니다.

DR_ 지난 몇 년간 암호화폐 투자자들이 열광했던 것처럼 암호화폐가 앞으로 몇 년간 매력적일 것으로 예상하십니까?

MN_ 제 생각에는 위험 조정 수익률 기준으로 볼 때 앞으로 더 매력적일 것 같습니다. 하지만 절대 금액 기준으로 보면 우리가 달성했던 이익을 얻기는 어려울 것입니다.

DR_ 디파이라는 개념이 계속해서 발전할 것으로 예상하십니까? 이 분야가 매력적이고 의미 있는 방식으로 기존 금융기관을 교란할 가능성이 있다고 보십니까?

MN_ 그렇습니다. 그것은 아마도 2023년부터 시작될 것입니다. 그때 당신은 포트폴리오 매니저로서 이렇게 생각할 것입니다. "나는 (뉴욕증권거래소를 포함한) 전 세계의 모든 거래소를 소유하고 있는 제프 스프레서Jeff Sprecher's의 인터컨티넨탈 거래소ICE, Intercontinental Exchange에서 투자하고 있으며, 기존 거래소들은 자신들의 탈중앙화 형태인 거래소에 시장 점유율을 빼앗기기 시작할 것이다." 디파이의 본격적인 도입을 막고 있는 것은 고객 알기 규정KYC과 자금세탁 방지AML 문제입니다.*

당신은 당신의 고객을 알아야 합니다. 저는 그 문제가 올해 기술적으로 해결될 것으로 예측합니다.

DR_ 자산으로서 NFT는 어떻게 생각하십니까? 당신도 그것이 성장할 것으로 생각하십니까?

MN_ NFT에는 두 가지 기본적인 주제가 있습니다. 하나는 가상 세계에서 점점 더 많은 시간을 보내는 사람들이 존재하는 메타버스입니다. 당신은 증강현실augmented reality 안경과 가상현실virtual reality 세계의

---

* 투자 목적으로 다른 사람들로부터 투자 자금을 받는 투자회사들은 미국 법률 및 규정에 따라 누구의 돈을 투자하는지 알아야 하며 고객이 투자하는 자금을 어떻게 보유하게 되었는지 숨기기 위해 자금 출처를 세탁하는 것은 아닌지 세심하게 주의해야 한다.

468

스크린과 함께 NFT를 이용하는 방법이 괴물처럼 발전하는 모습을 보게 될 것입니다. 제 또래들과 대화하면 그들은 '메타버스를 놀이공원처럼 방문해 봐'라고 말합니다. 하지만 제 아이들 또래와 이야기해 보면 그들은 '우리는 그 안에 살고 있어요'라고 대답합니다.

또한 일반적으로 NFT는 유일한 사물입니다. 메타버스에서는 유일한 사물이 점점 더 가치가 있을 것입니다. 저는 그것이 엄청난 호황 시장을 형성할 것으로 생각합니다. 비자 카드사는 소비자들이 디지털 상품을 사려고 하루 평균 0.9번에서 10번까지 카드를 사용할 것으로 예상한다고 말했습니다. 비자가 암호화폐와 메타버스에 크게 뛰어든 것은 소비자들이 디지털 셔츠, 디지털 스포츠 기념품, 디지털 보석을 점점 더 많이 살 것으로 예상하기 때문입니다. 비자는 5조 달러 규모의 회사입니다.

DR_ 암호화폐와 NFT 다음으로 새롭게 등장할 투자 상품은 무엇인가요? 가능하다면 이 새로운 투자 상품의 초창기에 투자하는 것이 최선일까요, 아니면 정착 기간이 끝날 때까지 기다리는 것이 최선일까요?

MN_ 그것은 위험 조정에 관한 것입니다. 저는 이 문제와 함께 평생을 보냈습니다. 제가 어리석은 사람이 되느니 차라리 어리석어 보이는 것이 더 좋았습니다. 그래서 저는 주류가 아닌 비주류 부문에 많이 투자했습니다.

저는 신경정신 질환의 치료 수단인 사이키델릭psychedelics 시장의 초창기에 투자했습니다. 만약 당신이 4년 전에 사이키델릭의 투자자였다면, 당신은 스스로를 똑똑하다고 생각할 것입니다. 위험 조정 기준으로 볼 때, 사이키델릭은 오늘날 더 좋은 투자 대상입니다. FDA 승인을 받을 것이 분명하고, 우울증과 불안감과 같은 정신 건강 문제를 치료하기 위해 3~4년 안에 사이키델릭을 사용할 것입니다. 어떤 포트폴리오든, 당신은 그것의 일부를 포함함으로써 위험한 선택을 해야 하지만, 투자 규모는 작아야 합니다.

DR_ 암호화폐와 NFT의 전문적인 투자자가 되는 기술은 무엇이라고 생각하십니까?

MN_ 열정이 그중 하나입니다. 저는 만나는 친구마다 항상 이렇게 조언합니다. "비트코인과 이더리움을 사세요. 그것에 당신 인생의 열정을 쏟아부을 수 없다면 누군가에게 돈을 맡겨 그들이 벤처 기업에 투자하게 하고 그냥 묻어두세요." 상세한 지식 없이 투자하는 경우가 많은 암호화폐의 상습 도박꾼과 같은 크립토 디겐crypto degen이라 불리는 그룹이 있습니다. 그들은 암호화폐 생태계가 변화하는 것과 그것이 얼마나 빠르게 진화하는지에 대한 모든 의미를 이해하려고 평생을 바칩니다. 저는 이보다 빠르게 진화하고 변형하는 것을 본 적이 없습니다. 따라서 거시적으로 투자하는 것이 아니라면 무심코 투자하는 것은 매우 위험합니다.

DR_ 좀 더 전통적인 투자 상품의 거래 경험이 있으면 이 분야의 투자자가 되는 데 도움이 됩니까, 아니면 차이가 없습니까?

MN_ 이것은 거시경제와 벤처의 이상한 조합입니다. 암호화폐의 투자가가 되려면 모든 상황을 점검할 수 있어야 한다는 것은 거시적인 이야기지만 이제 우리는 기술을 다시 구축할 줄 알아야 합니다.

DR_ 이 분야의 투자 전문가가 되려는 사람들에게, 어떤 준비를 해야 한다고 추천하시겠습니까?

MN_ 그것은 투자자들이 항상 준비해야 할 내용과 같습니다. 우리는 '금융의 민주화'라는 문구를 자주 듣습니다. 저는 모든 사람이 실제로 투자자가 되어야 한다고 생각하지 않습니다. 저는 병원에 갔을 때 의사가 좋은 의대를 나왔다면 좋겠다는 생각에 벽에 붙어 있는 졸업 장을 확인합니다. 만약 제가 누군가에게 투자할 돈을 맡긴다면 저는 그들이 투자자가 되는 데 필요한 공부를 잘했기를 바랍니다. 이 점과 관련해 저는 골드만삭스에서 3년간 일한 사람들, 훌륭한 거래 경험이나 벤처 투자 경험이 있는 사람들, 그리고 투자 업무에 진정한 열정을 가진 사람들을 섞어 고용합니다.

DR_ 당신이 투자하지 않을 때, 다른 관심사는 무엇입니까?

MN_ 저는 파티를 여는 것을 좋아합니다. 아마 당신이 만난 누구보다도 제가 집에서 파티나 행사를 많이 여는 사람일 겁니다. 또한 저는 형사사법제도의 개혁에 많은 시간을 할애합니다. 그 제도는 오늘날 미국 사회의 병폐 중 하나입니다. 제 자유 시간의 절반은 그 문제를 해결하기 위해 사용합니다.

DR_ 정부에서 일하는 것에 관심이 있나요?

MN_ 저는 거시적인 투자자로서 정책과 정치 전문가입니다. 저는 정부에서 일하는 것을 완전히 배제하지 않을 것입니다. 저는 규칙을 따르고 규칙을 어기는 측면에서 꽤 파격적인 삶을 살아왔는데, 선출직 사람들은 이 나라의 규칙을 잘 지켜야 한다고 생각합니다. 저는 규칙 중 어느 하나도 어기지 않고 10년을 생활할 수 있으면 정부에서 일할 자격이 있다고 말해왔습니다. 하지만 우리 아이들은 항상 제가 과속한다고 소리를 지른답니다.

DR_ 당신은 암호화폐에 투자하는 것이 전문가로서 경험했던 다른 일만큼 즐겁습니까?

MN_ 이것은 제 경력에서 가장 위대한 일 중 하나입니다. 암호화폐 투자는 이상주의적이고 임무 중심의 비즈니스입니다.

DR_ 현재 다른 암호화폐들이 얼마나 많이 있나요? 암호화폐를 어떻게 만들 수 있나요? 당신은 암호화폐를 만들어 보았나요? 아니면 앞으로 만들어 볼 계획입니까?

MN_ 아직 시작하지 않았어요. 암호화폐는 공동체를 만들 수 있는 놀라운 기술입니다. 이들은 공동체입니다. NFT를 이용해 우리는 대체 불가능한 토큰을 다양하게 만들 수 있습니다. 하지만 NFT 생태계는 암호화폐의 생태계와 같습니다. 이제 전 세계의 어떤 예술가도 자신의 예술 작품을 아는 사람을 500~600명 정도 찾을 수 있다면 생계를 유지할 수 있습니다. 그것은 5년 전과 비교하면 믿기 힘든 변화입니다. 지금 수천 개의 암호화폐가 있습니다. NFT를 추가하면 수만 개가 될 것입니다. 모든 것이 같은 목적을 위해 존재하는 것은 아닙니다. 디지털 토큰을 모두 암호화폐라고 부르는 것은 바람직하지 않습니다. 아마 10개 정도로 구분해야 할 것입니다.

DR_ 만약 미국 정부가 디지털 화폐를 내놓는다면, 암호화폐 세계에 부정적인 영향을 미칠까요, 아니면 긍정적인 영향을 미칠까요?

MN_ 정부가 현명한 결정을 내리고 민간 기업들이 미국의 디지털 암호화폐를 운영할 수 있도록 허용한다고 가정하면 그것은 매우 긍정적인 일입니다. 그것이 지금 우리가 추구하는 방향입니다. 중국과는 정반대 방향이지요. 그것은 모든 사람이 필요로 하는 구조입니다. 당신의 은행 계좌가 당신의 핸드폰에 존재하는 지갑이 됩니다. 그것은 이더리움과 비트코인, 오페라 입장권과 의료 기록을 보관하는 지갑과 같습니다. 10년 안에 당신의 의료 기록은 NFT로 만들어질 것이 아주 확실합니다.

DR_ 중국 정부는 자국민들을 위해 암호화폐를 불법화했습니다. 그들은 왜 그렇게 했을까요? 그리고 예를 들어, 왜 그것이 비트코인의 가격에 영향을 미치지 않았을까요?

MN_ 중국 정부는 자국민들을 통제할 수 있다고 강하게 믿고 있습니다. 시진핑 국가주석은 과거 다른 지도자들보다 더 분명하고 직설적으로 자신이나 공산당의 안정을 위험에 빠뜨리는 것은 무엇이라도 무너뜨릴 것이라고 말했습니다. 그들은 암호화폐의 기본 정신과 완전히 반대되는 개념으로 사람들의 지출을 완벽하게 통제하고 완전한 정보를 입수하기 위하여 국가가 중앙에서 운영하는 암호화폐를 만들었습니다. 벤모Venmo(간편 송금 서비스 스타트업)에서 송금할 수 있는 디지털 화폐가 암호화폐와 다른 점은 그것은 프로그래밍 가능한 돈이라는 사실입니다. 시 주석이 위구르인의 돈을 차단하려면 버튼 하나만 누르면 됩니다. 그러면 위구르인이 누구인지, 무엇을 사고파는지, 어디에서 거래하는지 정확히 알 수 있습니다. 만약 그가 게이의 돈을 차단하고 싶다면, 그는 쇼핑 선호도만 보고 누가 게이인지 알 수 있습니다. 왜냐하면 정부가 모든 사람이 구입하는 품목을 손금 보듯이 훤하게 들여다볼 수 있기 때문입니다. 그것은 중앙 집중식 시스템의 실질적인 단점이며, 따라서 제가 관여하고 싶지 않은 전체주의적 반 이상향의 세계입니다. 그리고 그것이 바로 그들이 추구하는 시스템입니다.

SPACs

베치 코헨 Betsy Cohen

핀테크 마살라 회장

"사물을 달리 볼 수 있는 능력이 성공의 열쇠다."

매출과 이익이 증가하는 개인 기업은 내부의 필요성이나 기존 투자자의 이익을 위해 자본을 조달하려고 할 때 전통적으로 IPO를 통해 회사를 상장한다. 이를 위해서는 법무법인과 투자은행의 도움을 받아 증권거래위원회SEC의 정관 승인을 받고 '로드쇼'를 개최해 예비 투자자들이 주식을 매입할 기회를 제시해야 한다. 이 과정을 마치려면 최소 6개월 정도가 필요해 비용과 시간이 많이 소요된다.

지난 6년여 동안, 시간과 비용이 더 적게 드는 상장 과정이 자리를 잡았다. 그것은 투자자 자금으로 설립한 기업인수목적회사SPAC이다. SPAC은 SEC에 주식 상장 신청 서류를 제출하는데 SPAC은 현금만 가지고 있으므로 SEC 승인이 비교적 빠르고 비용이 적게 든다. 그런 뒤 SPAC은 개인 회사를 인수한다. 그렇게 되면 개인 회사는 상장 기업이 된다. SPAC은 일반적으로 18~24개월 이내에 인수할 회사를 물색하고, SPAC 주주들은 회사 인수를 승인하는 역할을 한다. SPAC을 만든 사람들 즉, 스폰서들은 보상 조로 신규 상장 회사의 주식이나 좋은 조건에 주식을 인수할 수 있는 권리인 워런트도 상당히 많이 받는다.

SPAC 프로세스가 발전함에 따라 SPAC의 주가가 처음에 주식을 상장한 주가보다 상승한다면 SPAC 투자자들은 이익을 얻을 것이다. (그러나 실제로는 그런 현상이 그렇게 자주 발생하는 것은 아니며 SPAC 스폰서들이 예상한 수준까지 상승하지는 않는다).

최근 몇 년 동안, SPAC의 호시절이 약간 지나갔다는 것이 명백해졌다. 인수 기업 발표 후에도 주가가 꾸준히 오르지 않자 투자자들은 SPAC 투자를 많이 경계하게 되었다. 실제로 2015년 이후 완료된 대다수 SPAC은 오늘날 상장 가격이었던 10달러 미만으로 거래되고 있다.

현시점에서 SPAC 세계가 어떻게 더 발전할지는 불확실하다. 2020년에 미국에서 상장한 회사의 53퍼센트가 SPAC을 통해 상장했으며 2021년에는 그 숫자가 59퍼센트로 증가했다. 상장 비율은 감소할 수 있지만, SPAC은 향후 수년간 투자 세계에서 어느 정도 역할을 할 가능성이 크다. SPAC은 기업이 기존의 IPO 절차를 이용하는 것보다 훨씬 더 빨리 더 저렴하게 상장하는 방법을 제공한다.

베치 코헨

투자자들을 위해 꽤 꾸준히 돈을 벌었고 SPAC 설립 및 투자의 선두주자가 된 스폰서 중 한 명이 베치 코헨Betsy Cohen이다. 그녀는 경험이 풍부한 전직 법학 교수이자 변호사로서 금융 서비스 산업의 SPAC을 전문으로 취급하는 은행가이다.

의심할 여지 없이 베치가 성공한 가장 큰 요인은 그녀가 금융 서비스 분야에서 경력을 쌓았고 그녀의 SPAC 거래가 금융 서비스 산업에 집중되어 있었기 때문이다. 따라서 그녀가 SPAC을 스폰서하면 시장은 일반적으로 인수 대상 회사에 대한 실사가 적절하게 이루어졌다고 상당히 안심한다.

나는 수년간 베치와 함께 브루킹스 연구소Brookings Institution의 이사회에서 활동하면서 항상 그녀의 통찰력과 웅변에 감탄했다. 하지만 나는 비교적 최근에 들어서 그녀가 초장기 이룩한 업적 이외에 SPAC 세계도 정복했다는 사실을 깨달았다.

$

데이비드 M. 루벤슈타인DR_ 기본적인 질문부터 시작하겠습니다. SPAC이 정확히 무엇인가요?

베치 코헨BC_ SPAC은 IPO를 한 후 시장에서 자금을 조달한 상장회사가 합병할 개인 회사를 물색하는 수단이며, 그 법적 구조는 믿을 수 없을 정도로 간단합니다. 즉, SPAC은 비상장 기업이 상장 기업이 되기 위한 수단입니다. 일종의 반대 방향의 합병인 셈입니다.

DR_ 'SPAC'은 무엇을 의미하나요?

BC_ 기업인수목적회사Special Purpose Acquisition Company를 의미합니다. 이는

SPAC이 자금을 조달하는 시점에서는 해당 자금으로 투자할 회사를 결정하지 않았다는 것을 의미합니다. 따라서 SPAC 투자자들은 스폰서들에게 주식 시장에서 좋은 성과를 낼 것으로 판단하는 회사를 찾으라는 위임장을 주는 것입니다.

DR_ SPAC은 언제 처음으로 등장했습니까?

BC_ 90년대 중반이었다고 생각합니다. SPAC은 자본의 필요성에 대한 반응입니다. 자본이 있어야 하는 회사가 항상 같은 종류의 회사는 아닙니다. 그래서 SPAC이 고안되었을 때, 우리는 불황에서 벗어나고 있었으며, 주식 시장을 통해서만 자본을 구할 수 있는 대형 민간 기업들이 있었습니다. SPAC은 의도적으로 만들어진 수단입니다. 이는 자본 조달 문제를 해결하기 위해 계속 만들어지고 있습니다. 가장 최근에는 핀테크 분야뿐만 아니라 생명과학 분야 및 순수 기술 분야에서도 빠르게 성장하는 기업들은 자금이 필요합니다. 이런 회사들이 SPAC 자본에 접근할 수 있는 것은 물론입니다. 또한 그들에게 더 중요한 것은 회사가 이미 달성한 것과 향후 몇 년 동안 달성할 수 있는 것에 대해 투자자들과 대화할 수 있다는 점에서 엄청난 혜택을 본다는 사실입니다.*

DR_ 최근에 SPAC이 인기를 끄는 이유는 무엇입니까?

BC_ 투자자들은 빠르게 성장하는 회사에 대한 편견이 있었습니다. 미안한 말이지만 그런 회사들은 사모펀드보다 더 큰 규모의 자금이 필요합니다. 그들은 회사를 성장시키고 확장하기 위해 사모펀드로부터

---

* 일반적으로 이런 회사들은 비용이 많이 드는 벤처 자본이나 성장 자본에 계속 의존하는 것보다 상장하는 것이 더 유리하다고 생각한다. 그러한 SPAC 투자자들은 대체로 일반 투자자들보다 더 높은 수익을 추구한다.

독립할 필요가 있었습니다. 아마도 몇 년 전과는 비교가 안 될 정도로 상당한 자본이 필요한 성장의 변곡점에 도달했죠.

DR_ SPAC을 어떻게 모집하는지 설명해 주시겠습니까? 누가 주관하나요? 그 사람은 돈을 투자해야 하나요? SPAC 모집자나 스폰서는 보상이나 인센티브를 어떻게 받나요?

BC_ 일반적으로 2021년 이전 또는 2020년 후반에 SPAC의 스폰서는 특정 분야를 잘 알고 있거나, 이전의 경험으로 볼 때 우수한 경영자였거나, 투자자를 대신해 회사의 훌륭한 잠재력을 발휘하기 위해 경영진의 변화가 필요한 회사를 찾아 주는 사람들이었습니다. SPAC을 설립하는 사람들은 대기업이나 중소기업의 CEO 출신으로 회사를 경영해 본 경험이 있는 사람이거나 단순한 투자자들입니다.

초기에는 조사 및 평가를 수행하는 비용과 IPO를 위한 자본 조달을 주로 스폰서 혼자서 담당했습니다. 그러나 SPAC 시장이 발전함에 따라 스폰서 그룹에는 거래 시작부터 종료까지 비용을 충당할 수 있는 투자자가 펀드에 많이 참여했습니다. 또한 스폰서는 보상을 설립자 주식으로 받기도 합니다. 그런 주식들은 기업 인수 과정 초기에는 아무런 가치가 없지만, 스폰서가 현명하게 선택하면 인수가 끝나는 시점에서 가치가 커질 수 있습니다.

DR_ 대표적인 SPAC 투자자는 누구입니까? 어디에 투자해야 할지 모를 때 SPAC에 투자하는 것의 매력은 무엇입니까?

BC_ 그것은 어느 정도 사모펀드와 유사하지만, 주식 시장을 이용한다는 점에서 차이가 있습니다. SPAC 투자자들은 자신들을 대신해서 좋은 수익을 낼 수 있는 훌륭한 회사를 찾아 줄 수 있는 사람들에게 투자하려고 합니다. SPAC 시장에서 새롭게 나타난 추가적인 요소는 초기 투자자들에 대한 보상입니다. IPO 자금의 조달과 실제 거래의 종료 사이에 시간이 걸리기 때문에 그것은 일종의 기회비용에 대한 보상입니다. 기회비용은 SPAC 투자자들에게 워런트 혹은 인센티브로 지급됩니다.

DR_ 사모펀드에서 투자자들은 투자 대상을 모르는 펀드에 투자합니다. 그래서 투자자들은 사모펀드 GP가 무엇을 인수할지 알 수 없습니다. SPAC도 마찬가지입니다. SPAC의 투자자들은 SPAC 스폰서가 어떤 회사를 인수할지 모릅니다. 그러나 사모펀드보다 SPAC이 매력적인 이유 중 하나는 투자자들의 자본을 10년 동안 묶힐 필요가 없다는 것입니다. 제 말이 맞습니까?

BC_ SPAC 거래가 완료된 후 90일이 지나면 주식을 더 살 수 있는 워런트를 행사할 수 있으므로 스폰서와 투자자는 투자금 일부를 유동화할 수 있습니다. 초기에는 이런 재정 거래로 이득을 보려는 투자자들이 많았습니다. 하지만 우리는 그런 차익거래자들을 초기 SPAC의 IPO에 포함하지 않고 오히려 우리가 찾아내는 회사를 소유하는 데 실제로 관심이 있는 기본에 충실한 투자자들을 찾으려고 노력합니다.

DR_ SPAC 투자자에게 돈을 돌려주기 전까지 시간이 얼마나 있습니까?

BC_ 보통 정상적인 기간은 18개월에서 24개월입니다.

DR_ 그 18개월에서 24개월 사이에, 당신은 SPAC 스폰서로서 어떤 회사를 찾을 권리가 있군요. 당신이 회사를 찾으면 투자자들에게 가서 "이 투자에 찬성하십니까, 제가 이것을 진행해도 되겠습니까?"라고 물어보나요? 그게 일하는 방식인가요?

BC_ 네, 그렇습니다. SEC에 제출해야 할 신청서를 작성하는 과정의 어느 단계에서 승인을 받아야 합니다. 문서 작업은 공개가 적절하다고 판단될 때까지 계속됩니다. 그런 뒤 상장회사의 주주총회가 열리고 제안했던 투자를 계속 진행할지에 대한 투표가 진행됩니다.

DR_ 만장일치여야 하나요? 만약 일부가 동의하지 않는다면 어떻게 되나요?

BC_ SPAC이 설립된 주에 따라 다릅니다. 대표적인 주가 델라웨어주입니다. 델라웨어주 법에 따르면 발행주식의 50퍼센트가 투표해야 하고, 그 50퍼센트의 과반수가 찬성해야 합니다.

DR_ SPAC 투자자 대다수가 동의하면 당신이 원하는 대로 진행할 수 있지 않나요? SPAC 투자자들은 이미 당신에게 현금을 주었으므로 당신은 투자할 수 있는 자금을 확보하고 있습니다. 그렇지요?

BC_ 네, 투자자들의 자금은 신탁이 되어 있으며 현금으로 있거나 재무성 증권과 같은 현금성 자산에 투자되고 있습니다.

DR_ 일부 투자자들은 SPAC의 어떤 부분이 불분명하다고 생각합니다. 예를 들어, 만약 당신이 1억 달러 규모의 SPAC을 설립했다면 당신은 1억 달러 이상짜리 회사를 인수할 수도 있을 것입니다. 당신이 2억 달러짜리 회사를 인수하려고 한다고 가정해 보지요. 당신은 1억 달러가 부족합니다. 그렇게 되면 어떻게 해야 하나요? 당신은 SPAC 투자자들이 아니라 '상장 지분 사모 투자자'인 파이프PIPE, private investment in public equity와 같은 투자자로부터 자금을 조달하나요? 제 말이 맞습니까?

BC_ 맞기도 하고 틀리기도 합니다. 일반적으로 SPAC은 소수 주주지분을 확보하며 회사 지분의 100퍼센트를 확보하려고 하지 않습니다. SPAC 투자자들에게 중요한 점은 스폰서들이 지분을 인수하는 회사의 경영진이 계속 일할 수 있는 여건을 마련하려고 노력하는 것입니다. 왜냐하면 그것이 기업의 지속적인 경영을 보장하기 때문입니다. 당신이 든 예로 설명하자면 당신은 SPAC에서 1억 달러, 파이프에서 1억 달러를 모을 수 있습니다. 그래서 회사가 사용할 수 있는 자본이 2억 달러가 됩니다. SPAC 투자자들은 목표회사를 모르는 상태에서 초기 투자를 함으로써 더 좋은 조건을 얻지만, 그들의 자본은 2년 동안 묶여 있습니다. 파이프 투자자는 인수하려는 회사를 이미 알고 있으므로 더 짧은 기간 자본을 투자하지만 투자 대상 회사를 아는 것이 그들에게 더 중요했으므로 SPAC 투자자들보다 투자 조건이 불리해도 기꺼이 거래에 참여합니다.

DR_ 당신은 사용하고 싶은 자금을 정확하게 SPAC으로 조달한 적이 있습니까? 달리 말하자면 1억 달러를 쓰고 싶어서 1억 달러만을 조달한 것입니까, 아니면 항상 1억 달러 이상을 투자하고 싶어 하십니까? 파이프가 항상 이 과정의 일부로 참여했습니까, 아니면 최근에 들어와서 참여했습니까?

BC_ 지난 5년간 파이프는 인수 과정의 일부가 되었습니다. 만약 제가 현대적인 SPAC이 처음 등장한 시기를 말한다면, 그것은 2014~15년일 것입니다. 초창기 SPAC은 필요한 자본의 100퍼센트를 모집했습니다. 하지만 인수 가능한 기업들의 규모가 점점 더 커지고 인수 조건과 요구 사항이 더욱 복잡해짐에 따라 파이프가 참여함으로써 자본을 더 많이 조달할 수 있게 되었습니다.

DR_ 제가 투자할 돈이 조금 있다고 가정해 보지요. 제가 파이프가 아니라 SPAC에 돈을 넣는 이유가 무엇인가요? SPAC에 투자하는 것이 좋은가요, 아니면 파이프에 투자하는 것이 더 좋은가요?

BC_ 그것은 투자자가 무엇을 추구하는지에 달려 있습니다. SPAC 투자자는 인수 대상 회사를 확인하기 전에 2년 정도 자금을 묶어 두어야 합니다. 그러나 워런트를 받을 것이므로 대상 기업과 (아마도 SPAC 투자자가 처음 투자한 주가보다 더 높은 가격으로) 거래 주가가 확인되고 나면 주식 시장 투자자가 이용할 수 있는 조건보다 더 좋은 조건을 갖게 됩니다. SPAC 투자자가 받은 워런트가 투자를 더욱 매력적으로 만듭니다.

반면에 자본을 더 짧은 기간 동안 묶어 두고 투자를 약속하기 전에 인수 대상 회사의 이름을 알고 싶은 투자자들에게는 파이프 투자가 더 매력적일 것입니다. 또한 일반적으로 파이프 투자자는 SPAC 투자자보다 먼저 투자 주식을 매각할 수 있습니다.

DR_ 저는 패밀리 오피스를 통해 파이프에 투자했습니다. 우리가 그렇게 한 이유는 모든 것이 완료되면 당연히 주가가 파이프 가격보다 높아질 것으로 생각하기 때문입니다. 다시 말해서, 저는 그것이 좋아질 것으로 생각합니다. 사람들이 주식을 사는 이유는 주가가 오를 것으로 생각하기 때문이지, 같은 가격에 머물러 있을 것이라 예상하는 것은 아니기 때문입니다.

증권거래위원회 사람들은 어떤가요? 그들은 승인 과정에 얼마나 깊이 관여합니까?

BC_ 그들은 두 가지 측면에서 관여합니다. 첫 번째, 그들이 백지 수표 회사를 그야말로 블랭크 체크 컴퍼니blank check company(사업 계획이나 사업목적이 없거나 타 법인과의 합병 또는 타 법인의 인수를 목적으로 설립된 회사)로 볼 때입니다. 따라서 증권거래위원회는 이해 상충관계가 적절히 공개되는지 정도의 문제에만 관여합니다. 그 밖에 SPAC 주주들의 인수에 대한 투표권과 매도 권리가 존재하는지를 검토합니다. 그 정도는 증권거래위원회에 한결 수월한 업무입니다.

두 번째, 증권거래위원회는 회사의 식별과 관련된 일에 관여합니다. 그것은 기업공개 과정과 달리 상장회사와 관련된 적절한 공시와 기타 일반적인 사항을 점검하는 절차입니다.

DR_ 최근 몇 달 동안 때때로 사람들이 처음에 생각했던 것보다 파이프로 자본을 조달하는 것이 더 어려워진 것 같습니다. 우리 팀과 제가 거래를 검토하는 동안 파이프를 모집하지 못해 거래를 포기했다는 소식도 들었습니다. 요즈음 파이프를 모집하는 것이 어려운 일인가요, 아니면 제가 검토하는 거래가 잘못된 것인가요?

BC_ 당신이 검토한 거래가 잘못된 것은 아닙니다. 첫째, 그것은 자본 흐름의 문제입니다. 둘째, 특정 종류의 주식이 시장에서 어떤 방향으로 움직일 것인가에 대한 투자자들의 인식이 중요합니다. 저는 한 가지 결론이 모든 SPAC에 적용된다고 생각하지 않습니다. 파이프 투자자들은 스폰서를 보고, 첫째 스폰서가 투자에 적합한 실사를 수행했다고 생각하는지 여부, 둘째 주식 시장에서는 인기 부문이 변화하므로 이 특정 부문이 유리한지 불리한지에 관한 판단, 셋째 파이프가 주식 시장에서 거래될 것으로 예상하는지 등을 분명하게 살펴봐야 합니다.

DR_ 어떤 사람이 파이프에 투자하는 것은 모든 것의 효과가 나타나면 주가가 오를 것이라고 가정하기 때문입니다. 파이프 가격이 하락하기보다는 실제로 상승한 경우가 많나요?

BC_ 그것은 스폰서에 매우 민감합니다. 어떤 파이프 가격은 상승합니다. 우리는 운 좋게도 우리의 파이프에서 좋은 수익을 냈습니다. 생명공학과 같이 오늘날 사람들이 선호하는 시장 부문에서 파이프 투자는 잠재적으로 성공할 가능성이 상당히 큽니다. 하지만 그것은 전반적인 시장 상황을 보면 사실이 아닙니다.

DR_ 어떻게 SPAC 시장에 뛰어들게 되었는지 이야기해 주시겠습니까?

BC_ 저는 상장 기업 8개의 설립자이자 CEO였습니다. 그래서 항상 아이디어를 가지고 있습니다. 제가 시작한 회사 중 하나는 인터넷 은행인 더 뱅코프The Bancorp였습니다. 그것은 2000년에 문을 열었죠. 은행은 비은행 핀테크 산업에 금융 서비스를 제공함으로써 그들의 성장을 촉진했으며 저는 그것을 기회로 보았습니다. 제가 CEO로 재직한 15년 동안 1,600개 핀테크 업체와 접촉한 결과 그들의 움직임을 따라갈 수 있었습니다. 저는 그곳에서 진정한 배양접시를 제공한 셈입니다. 저는 2014년 말에 CEO 자리에서 물러나기로 했습니다. 하지만 저는 은퇴에 익숙하지 않았죠. 바로 그다음 주에 "창업자와 경영자의 관점에서 투자자의 관점으로 전환해 다음 단계로 발전하려면 내가 가진 지식을 어떻게 사용할 수 있을까?"라고 고민했습니다. SPAC은 도전해볼 만한 가치가 있으며 제게 부담이 없는 분야였습니다. 저는 성공 가능성을 보고 2015년 초부터 SPAC 사업을 시작했습니다.

DR_ 당신은 필라델피아 출신입니다. 필라델피아에 있는 학교에 다녔나요? 당신은 금융계에서 교육을 받았나요?

BC_ 저는 브린마 칼리지에 다녔습니다. 거기에서 저는 금융 교육을 받지 못했으며 그 후 펜실베이니아 대학 로스쿨에 진학했습니다. 저는 서기 생활 후, 은행과 보험 분야에서 온통 숫자로 된 강의를 담당했습니다. 강의하는 것이 제 적성에 맞지 않아 로스쿨에서 만난 남편과 함께 법무법인을 설립했습니다. 우리는 몇 년 동안 상법 관련 일을 했지만, 저는 좀이 쑤시는 것 같았습니다. 변호사보다는 도리어 고객이 되는 게 더 재미있을 것 같았죠. 70년대 초 리스회사를 설립함으로써 기업가 세계에 첫발을 들여놓았습니다. 그것이 브라질에 있는 리스회사였습니다. 저는 그때 시장의 틈새를 발견했습니다. 틈새를 찾아 메꾸는 것이 제 특기죠. 저는 은행과 부동산 회사를 설립하고 그 후 몇 년 동안 그곳에서 일했습니다.

DR_ 펜실베이니아 대학 로스쿨에 다닐 때, 같은 반에 여자들이 많았나요?

BC_ 200명 학생 중에 여학생이 6명 있었습니다. 3명이 법률 검토를 했으며, 저는 법률 검토 기사의 편집자로서 활동했습니다.

DR_ 다시 말해서, 남성의 50퍼센트가 아니라 여성의 50퍼센트가 법률 검토를 했군요?

BC_ 맞아요.

DR_ 금융 서비스 분야는 어떤가요? 당신이 금융 분야에 진출했을 때 그 분야에서 일하는 여성들이 많이 있었나요?

BC_ 제가 처음 시작했을 때는 여자가 없었습니다. 1973년에 펜실베이니아에서 전통적인 은행 설립을 위한 인가를 신청했을 때, 제가 아마 미국에서 은행 설립 인가를 신청한 첫 번째 여성이었을 것입니다.

DR_ 다시 SPAC 세계로 돌아가죠. 지금 당신이 SPAC을 구성한다면 특별히 찾아가는 투자자들이 있나요? 아마 당신이 돈을 벌어줘서 당신을 좋아하는 사람들이 있을 것 같은데요. 항상 새로운 투자자를 찾으시나요? SPAC 투자자들은 파이프 투자자들과 다릅니까?

BC_ 세 질문에 대한 답은 모두 예스, 예스, 예스입니다. 저는 SPAC을 상장할 때 근본적인 투자자를 찾습니다. 우리는 투자자의 70퍼센트는 일정 기간 모든 것에 실제로 관심이 있는 사람들로 구성하려고 노력합니다. 그들은 우리와 함께 종종 돈을 벌었기 때문에 반복 투자자입니다. 어떤 사람들은 저와 함께 50년 동안 돈을 벌기도 했지만 우리는 항상 새로운 투자자를 찾고 있습니다. 파이프 측면에서는 우리가 하는 몇몇 사업들은 다른 투자자들보다 어느 한 투자자에게 더 매력적인 경우가 있습니다. 따라서 우리는 특정 파이프 거래를 위한 투자자를 찾을 때 좀 더 차별적으로 접근할 수도 있습니다.

DR_ 당신은 SPAC 투자자들이 어느 정도 수익률을 기대한다고 생각하십니까? 그들도 전통적인 주식 투자자들처럼 6퍼센트의 수익률을 추구합니까? 아니면 두 자릿수의 수익률을 추구하나요? 그들이 실제로 실현하는 수익률은 어느 정도인가요?

BC_ 이 문제에 대한 산업 전체의 정보는 없습니다. 2015년부터 2020년까지 살펴보면 6퍼센트 이상으로 상당히 좋은 수익률을 기록했습니다.

DR_ SPAC 투자자와 파이프 투자자는 S&P 500지수를 상회하는 수익을 목표로 하지 않을까요?

BC_ 물론입니다. 그것은 지난 몇 년 동안 도달하기 어려운 목표였습니다.

DR_ 지금 운영하는 SPAC은 몇 건인가요?

BC_ 많아요. 12개입니다.

DR_ 금융 서비스 산업만 취급하십니까?

BC_ 그렇습니다. 그 이유는 제가 아는 분야를 취급하는 것이 옳다고 생각하기 때문입니다.

DR_ 그래서 당신은 그런 SPAC을 12개나 했군요. 추측하건대 당신이 만든 모든 SPAC에 투자한 사람들도 있을 것 같아요. 당신도 개인적으로 투자하나요?

BC_ 물론입니다.

DR_ 만약 누군가가 처음부터 당신과 함께 투자할 정도로 운이 좋았고 그대로 유지하고 있다면 그들은 적어도 두 자릿수의 수익률을 기록했겠네요?

BC_ 그렇게 생각합니다. 우리가 했던 첫 번째 거래 회사는 1년 후에 50퍼센트의 프리미엄을 받고 매각되었습니다. 두 번째는 발행가보다 90퍼센트 높은 가격으로 거래되고 있습니다. 그것들은 이제 만기가 된 것들입니다.

DR_ 어떤 사람들은 제게 SPAC 시장이 이제 정점을 찍고 정체되어 있으며 약간 후퇴하고 있다고 말하더군요. 당신은 SPAC 시장이 5년 후에도 존재할 것으로 생각하나요? 아니면 항상 어떤 다른 종류의 SPAC 시장이 존재할 것으로 생각하나요?

BC_ SPAC 시장은 IPO 시장과 마찬가지로 독립적인 시장이 아닙니다. 기업들이 IPO 시장에서 주식을 발행하는 것이 좋을 때도 있고 나쁠 때도 있습니다. 저는 SPAC 시장도 마찬가지라고 생각합니다. SPAC 시장은 지금까지 이룩한 성과보다는 앞으로 2~3년간 무엇을 할 것인지에 관해 투자자들에게 이야기할 필요가 있는 기업들이 주식 시장으로 진출하는 또 다른 경로일 뿐입니다.

DR_ 저는 당신이 일반적으로 SPAC에 대해 실사를 많이 한다고 생각합니다. 직접 하시나요? 당신은 만사를 제쳐놓고 SPAC CEO를 만나러 가십니까? 코로나 때는 어떻게 하셨나요?

BC_ 코로나 기간, 우리는 줌으로 미팅했습니다. 또한 현지에 있는 사람들을 물색함으로써 직접 실사할 수 있는 대규모 네트워크를 구축했습니다.

DR_ SPAC 시장에서 활동한 것을 후회하십니까? 아니면 모든 것에 만족하십니까? 당신이 처음부터 경력을 다시 시작한다면 여전히 SPAC 시장을 선택하시겠습니까?

BC_ 우리는 우리가 좋은 결정들을 내렸다고 믿습니다. 그것들이 100퍼센트 완벽할 수는 없지만, 우리는 시간이 지남에 따라 좋은 수익을 낼 금융 기술 회사들을 차별화할 수 있는 좋은 결정을 내렸습니다.

DR_ 저처럼, 당신도 로스쿨에 다닌 뒤 비즈니스 세계에 진출했습니다. 와튼에서 MBA를 받았으면 더 좋았을 것으로 생각하세요? 저는 항상 법학 박사로서 더 잘살 수 있지 않았을까 궁금합니다.

BC_ 저는 그렇게 생각하지 않습니다. 로스쿨이 제게 해준 것 중 하나는 지식의 원천을 제공하는 것이었습니다. 의사로서 일반 개업의가 되면 환자를 많이 봐야 하는 것처럼 로스쿨에서 다양한 사례들을 많이 경험하면서 많은 것을 배울 수 있습니다. 이것은 제 개인적인 견해입니다만, 경영대학원은 집단사고의 전문가를 양성하는 곳입니다. 그들은 무언가를 하는 방법을 배우면 그것이 유일한 길이라고 생각합니다. 저는 제 분야에서 활동하는 다른 사람들만큼 경영대학원을 좋아하지 않습니다. 왜냐하면 저는 사물을 달리 볼 수 있는 능력이 성공의 열쇠라고 생각하기 때문입니다.

DR_ 당신과 함께 실사를 담당하는 팀이 있나요?

BC_ 그렇습니다. 우리 회사에 약 15명이 있습니다.

DR_ 당신이 특별히 자부심을 느끼는 SPAC 거래가 있습니까? SPAC

시장의 모범 사례가 될 만한 거래가 있나요?

BC_ 우리가 이 일을 한 지 오래된 것처럼 보이지만, 첫 거래를 마무리한 해는 2016년이고 두 번째를 마무리한 해가 2018년입니다. 그 두 거래를 통해 저는 일련의 시장 순환 과정을 경험할 수 있었으며 우리가 그 회사들을 위해 조성한 자본을 효과적으로 사용할 기회를 이용할 수 있었습니다. 다른 모든 것과 마찬가지로, 그런 일은 하루 만에 이루어지는 것이 아닙니다. 투자는 건별로 매일매일 들여다보지 말고 시간을 두고 지켜봐야 합니다. 두 거래를 완성할 때까지 시간은 많이 걸렸지만 아주 훌륭하게 마무리되었습니다.

DR_ IPO도 쉽게 이용할 수 있지만 사람들이 IPO보다 SPAC 거래를 선호하는 이유를 설명해 주시겠습니까? IPO보다 SPAC 거래가 기업에 유리한 점이 무엇입니까?

BC_ 저는 'IPO를 원하는 사람이라면 누구나 IPO를 이용할 수 있다'라는 말에 동의하지 않습니다. 꼭 그렇지는 않아요. 회사 규모를 생각하면 SPAC이 더 나을 수도 있습니다. 대상 기업이 IPO를 보장할 만큼 재무 실적 규모를 충분히 키우지 못했다면 SPAC이 더 나을 수 있어요. 당신이 투자자들에게 성취한 것만이 아니라 앞으로 몇 년 동안 성취할 것에 대해 이야기할 수 있다는 사실이 SPAC의 가장 큰 장점입니다. 그것이 진정한 차별화 요소입니다.

3 인프라

아데바요 오군레시Adebayo Ogunlesi

글로벌 인프라스트럭처 파트너스 회장 겸 경영 파트너,
크레디트 스위스 전 글로벌 투자은행 부문 대표

> "적어도 우리의 투자 논리에 따르면
> 우리가 정부보다 인프라 자산을 더 잘 운용할 수 있다."

지난 20년 동안 개발된 최첨단 투자 자산 중 하나는 놀랍게도 기본적인 시민 인프라였을 것이다. 그 이전에는 확실히 미국에서 인프라는 정부가 주도적으로 자금 조달 및 건설, 운영을 담당하는 영역으로 간주했다. 미국에서는 제2차 세계대전 이후 도로, 다리, 터널, 공항, 항구 등은 정부가 책임지는 부문이라는 것이 일반적인 견해였다. 왜냐하면 이런 분야는 보상이 충분하지 않아 민간 투자자들의 관심을 끌지 못했기 때문이다.

금세기 초, 맥쿼리Macquarie 은행의 주도하에 호주의 많은 은행과 투자자들이 호주, 유럽, 미국의 인프라 자산을 매입해 상당히 매력적인 수익을 올리자 이런 관점이 바뀌기 시작했다. 이런 결과가 더 잘 알려지자 특히 미국과 캐나다 연기금, 글로벌 국부펀드와 같은 대형 기관투자자들은 이 분야가 상당히 매력적이라는 사실을 발견했다.

실제로 인프라 분야는 매우 크게 성장해 현재 거의 모든 기관투자자가 여기에 투자하고 있다. 게다가 인프라의 개념도 대규모 에너지 및 수자원 관련 프로젝트로 확장했다. 현재 이 분야를 전문으로 취급하는 투자회사와 사모펀드처럼 다른 분야도 취급하는 투자회사가 비상장 인프라 자산에 투자했거나 투자 예정인 자금이 거의 1조 달러에 달한다. 2000년에는 그 규모가 약 70억 달러에 불과했다.

인프라 투자가 매력적인 투자 자산이 될 수 있었던 것은 장기 투자 자산, 상대적으로 변동성이 적어 예측하기가 매우 쉬운 현금 흐름, 시장에서의 독점적 지위(예를 들어 유료 도로나 공항), 사모펀드나 벤처캐피털보다 저렴한 관리 수수료 및 '수익지분'(이익지분) 등 몇 가지 요인에 기인한다. 모국에 투자하는 이유는 국민이 더 좋은 인프라로부터 분명히 혜택을 볼 것이라는 판단 때문이다. 하지만 인프라 투자자 대부분은 주로 장기 자산으로부터 비교적 예측 가능한 이익을 얻을 수 있으므로 투자하려고 한다.

시중 은행, 투자은행, 사모펀드 회사들도 투자자와 고객들에게 인프라 자산의 매력을 알려주는 것은 물론 신규 인프라 자산('그린필드 프로젝트')을 구축하거나 기존 인프라 프로젝트('브라운필드 프로젝트')를 매입하거나 복구하기 위한 자금에 투자하는 수단을 개발하기 시작한 것은 놀랄 일이 아니다. 미국에서 처음에 그린필드 프로젝트나 브라운필드 프로젝트를 쉽게 발견하지 못했던 것은 확실하다. 주 정부와 지방 정부는 종종 이런 새로운 투자자들이 정부와 노조 근로자들을 대체하고, 비용 절감을 우선시함으로써 안전을 훼손하거나 기타 필수적인 공공의 이익을 침해하고, 환경이나 정부의 다른 우선순위를 무시할지 모른다고 염려했다. 이런 이유로 투자할 만한 규모의 인프라 투자를 발굴하고 확보해 마무리하기 위해 모든 항목을 확인하는 데만 몇 년이 걸릴 수도 있었다.

이런 우려에도 불구하고, 인프라 투자의 매력은 최근 수십 년 동안 전 세계 투자자들에게 실제로 분명해졌다. 인프라 투자자들에게는 비교적 예측 가능한 수익을 수십 년 동안 낼 수 있다는 사실이 자신들에게 닥친 다양한 도전을 기꺼이 극복해낼 만큼 매력적이었다.

나는 인프라 투자의 매력뿐만 아니라 우리 회사에 인프라 사업을 구축하기 위해 경험이 풍부한 투자 전문가를 찾는 것이 얼마나 어려운 일인지도 확실히 인식했다. 돌이켜 생각해보면, 내가 우리의 인프라 사업을 주도하기 위해 나이지리아 태생이자 옥스퍼드와 하버드에서 교육받은 투자은행가인 아데바요 오군레시Adebayo Ogunlesi(이하 '바요')를 영입하려는 생각을 더 일찍 못 한 것이 가장 큰 실수였다.

나는 수년간 알고 지내던 바요가 새로운 인프라 사업을 시작할 준비를 하고 있다고 들었다. 그는 자기의 오랜 고용주인 크레디트 스위스Credit Suisse의 지원으로 인프라 사업을 구축하기 위해 협상하고 있었다(그는 투자은행 부문 대표 겸 수석 부회장이었다).

그는 크레디트 스위스와 GE로부터 대규모 자본을 지원받으려는 자신의 노력이 성사되지 않을 수도 있다고 말했다. 만약 그렇게 되었다면 그는 나에게 왔을 것이다. 하지만 그의 노력은 빛을 보았으며 인프라 역사를 새로 쓰기 시작했다. 바요는 세계 최대의 독립 인프라 투자회사인 GIP Global Infrastructure Partners를 설립했다. 바요의 회사는 몇몇 런던 공항에 대한 투자로 빠르게 성공했다. GIP는 현재 세계에서 가장 큰 독립 인프라 투자회사로서 810억 달러의 인프라 자산을 관리하고 있으며, 회사가 시작한 2006년부터 많은 투자자에게 사모펀드와 같은 수준의 수익을 올려주었다. 내가 몇 달만 일찍 그에게 전화했더라면 좋았을 것이다.

$

데이비드 M. 루벤슈타인DR_ 역사적으로, 적어도 미국에서는 다리, 공항, 항구, 터널, 도로, 유료 도로는 연방정부 또는 주 및 지방 정부의 영역으로 인식되어 왔습니다. 오늘날 흔히 총체적으로 인프라라고 불리는 이런 종류의 시설들을 민간 투자자들이 투자할 만한 대상으로 만들기 위해 무엇이 변해야 합니까?

아데바요 오군레시AO_ 미국은 다른 나라들보다 앞선 분야도 있고 뒤처진 분야도 있습니다. 미국의 인프라는 대부분 실제로 민간 부문이 되었습니다. 통신 및 통신 관련 인프라는 모두 민간 부문이 소유하고 있죠. 예를 들어, 테네시 계곡 개발청TVA, Tennessee Valley Authority(미국 뉴딜정책의 하나로 다목적 개발사업을 추진하기 위해 1933년 설립된 기관)을 제외한 발전 사업과 캘리포니아의 지방 공공시설은 모두 민간 소유입니다. 공공 부문으로 계속해서 남아 있는 분야는 공항, 항만 및 도로와 같은 운송 인프라입니다. 암트랙Amtrak(전미 철도 여객 수송 공사)은 준공영이지만 화물 철도가 대부분인 철도 시스템은 모두 민간 부문이 소유하고 있습니다.

80년대에 일부는 이념적 이유에서 일부는 자본 주도적으로 많은 국가가 인프라 자산을 사유화하기 시작했습니다. 영국의 총리 마거릿 대처Margaret Thatcher(1979~1990)는 이것을 영국에서 시작했습니다. 브리티시 텔레콤British Telecom은 국영 기업이었고, 브리티시 페트롤리엄 British Petroleum은 정부의 통제를 받았습니다. 공항들과 모든 공공시설은 정부 소유였습니다. 대처는 주로 이 모든 회사의 주식을 상장함으로써 국영기업들의 민영화를 계속했습니다. 그녀의 목표는 영국에 거주하는 모든 사람에게 민영화되는 회사의 주식을 살 기회를 주는 것이었습니다.

마거릿 대처가 이렇게 많은 민영화를 추진한 이유는 대부분 이념적이었습니다. 그녀는 영국 정부가 너무 비대하다고 생각했습니다. 그것은 노동당 정부가 그동안 계속 추구한 정책에 대한 반작용이었습니다. 그 후, 호주가 공항을 민영화했습니다. 그 이후 전 세계를 살펴보면 미국은 선진국 가운데 교통 인프라를 정부가 계속 소유하고 있는 몇 안 되는 국가입니다. 프랑크푸르트 공항과 취리히 공항은 상장회사입니다. 심지어 베이징 공항도 상장 기업입니다.

미국이 이런 모든 자산을 공공 부문이 소유하게 된 것은 제1차 세계대전과 제2차 세계대전의 여파로 교통 부문이 연방정부의 기능으로 남아 있었기 때문입니다. 기본적으로 정부는 일부 군사 비행장을 공공 부문 소유주에게 이전하고 공항 현대화를 위한 자본을 제공하기 시작했습니다. 소유권 이전의 조건은 그것들이 계속 공공 부문의 소유로 남아 있는 것이었습니다. 그 이후 푸에르토리코 공항은 자치령 정부가 소유하고 워싱턴의 레이건 공항과 덜레스 공항은 연방정부가 소유한 것을 제외하고 다른 공항들은 공공 부문이 소유하고 있습니다.

DR_ 호주 회사인 맥쿼리가 인프라 자산에 투자한 초기 선두주자였나요? 호주는 수십 년 전에 민간 투자자들이 인프라 프로젝트에 투자할 수 있도록 허용한 점에서 미국과 다르지 않습니까?

AO_ 제 생각에 맥쿼리는 실질적으로 최초의 인프라 펀드 매니저였습니다. 그들이 인프라 사업을 개척했습니다. 앞서 말했듯이, 호주는 모든 공항을 민영화하기로 했습니다. 오늘날 호주의 모든 공항은 민간이 소유하고 있죠. 호주에서 가장 큰 공항인 시드니 공항은 맥쿼리가 상장한 기업입니다. 이제 우리가 다른 투자자들과 함께 시드니 공항을 인수하는 과정에 있습니다(이 거래는 2022년 3월에 종료되었음).

DR_ 최근 몇 년간 인프라 투자 방식은 기존 인프라 프로젝트를 인수하여 더욱 효율적으로 운영하는 것입니까, 아니면 새로운 프로젝트를 보다 효율적인 방식으로 구축하는 것입니까?

AO_ 두 가지 방식이 모두 적용됩니다. 선진국 시장에서 이루어지는 거래를 보면, 투자자들은 기존에 상장된 철도, 유료 도로, 항구 등 인프라 자산을 매입하고 있습니다. 기존 인프라 자산에 투자하는 사람들이 많습니다. 적어도 우리는 우리가 정부보다 이런 자산을 더 잘 운용할 수 있다고 생각하고 있습니다.

한 가지 예를 들어보겠습니다. 개트윅 공항에는 활주로가 하나 있는데, 우리는 히스로 공항의 소유주와 동일한 민간 소유주로부터 그것을 인수했습니다. 개트윅의 이착륙 횟수는 시간당 50회였습니다. 우리는 우리 회사의 사업 개선 전문가들로 팀을 구성해 분석 작업에 착수했습니다. 그들은 이착륙 횟수를 55회까지 늘릴 수 있다는 결론에 도달했습니다. 저는 개트윅의 경영진이 "그것은 불가능합니다. 개트윅은 이미 전 세계의 민간 공항 가운데 가장 붐비는 단일 활주로를 운영하고 있습니다"라고 말했던 것이 기억납니다. 하지만 코로나 이전에 이미 이착륙 횟수가 시간당 58회를 기록했습니다. 우리는 활주로에 항공기를 배열하는 가장 좋은 방법이 무엇인지를 발견함으로써 이착륙 횟수를 개선할 수 있었습니다. '착륙, 착륙, 이륙인가? 이륙, 착륙, 이륙, 착륙, 착륙인가?' 우리 팀은 관제소와 함께 몇 가지 시뮬레이션을 시도했습니다. 이를 바탕으로 이착륙 횟수를 개선함으로써 항공사들은 성수기에 더 많은 항공편을 운행할 수 있어 이익을 보게 된 것은 물론 승객들도 더 많은 비행기를 편리하게 이용할 수 있게 되었습니다.

다른 예를 들어보겠습니다. 우리가 개트윅을 인수했을 때, 공항 보안대는 시간당 150명의 승객을 처리했습니다. 2019년에는 보안대를 통과하는 사람이 시간당 600명으로 증가했습니다. 우리가 그렇게 할 수 있었던 것은 보안대 통과 시간이 오래 걸리는 가장 큰 원인이 검색 바구니의 크기가 작기 때문이라는 사실을 개선팀 중 한 명이 알아냈기 때문입니다. 검색 스캐너가 초당 처리할 수 있는 바구니 수는 제한되어 있습니다. 만약 당신이 히스로나 개트윅을 이용해보면, 당신의 소지품을 모두 한 바구니에 넣을 수 있을 정도로 커다란 바구니를 보게 될 것입니다. 따라서 승객들이 보안대를 더 빨리 통과할 수 있어 스트레스를 덜 받습니다. 결과적으로 그들은 비행기를 타기 전에 시간적 여유가 생겨 면세점에서 물건을 사거나 커피를 주문합니다. 그것은 우리에게도 좋은 일입니다. 결과적으로 모두에게 좋은 일이지요.

DR_ 투자자들에게 인프라 투자가 매력적인 이유는 무엇입니까? 높은 수익률인가요? 수익률을 예측할 수 있기 때문인가요, 아니면 투자 기간이 장기라는 점 때문인가요?

AO_ 세 가지 이유가 있습니다. 첫째, 적절하게 투자한 인프라는 다른 자산과 실제로 상관관계가 없습니다. 재무상 극심한 변동성이 없으므로 인프라 자산은 주식 시장, 사모펀드 또는 다른 어떤 것과도 다르게 움직입니다. 그것이 투자자들이 인프라 자산을 좋아하는 이유 중 한 가지입니다.

두 번째, 인프라 자산은 꽤 안정적인 현금 수익률을 실현합니다. 우리가 조성한 네 개의 펀드의 연평균 현금 수익률은 10퍼센트에서 12퍼센트 사이입니다. 연기금이라면 매년 한 자릿수보다 높은 현금 수익률을 기대할 수 있다는 것은 좋은 일입니다.

사람들이 인프라 자산을 좋아하는 세 번째 이유는 인프라가 다른 실물 자산과 같기 때문입니다. 지난 15년 동안 아무도 인플레이션에 대해 걱정하지 않았습니다. 하지만 인플레이션이 고개를 들기 시작하면서, 대다수 인프라 자산은 인플레이션을 방어하는 역할을 할 수 있습니다. 왜냐하면 많은 인프라 자산들의 수익 구조는 특히 인플레이션과 연관되어 있기 때문입니다. 따라서 인플레이션이 걱정되면 인프라에 투자하는 게 좋습니다.

DR_ 의회에서 통과된 새로운 인프라 법안 때문에 민간 부문의 인프라 투자가 증가할까요, 감소할까요?

AO_ 이 법안에 따른 신규 지출 금액은 10년에 걸쳐 5,500억 달러입니다. 미국 토목학회는 다리, 하수도, 도로 등 미국 인프라의 품질을 2년마다 평가합니다. 마지막 전체 평가 성적은 C 마이너스 정도였던 것 같아요. 만약 당신의 자녀가 모두 D와 C 마이너스인 성적표를 가지고 나타난다면, 당신은 아이를 혼내고 아이패드와 아이폰을 빼앗을 것입니다.

ASCE는 미국 인프라에 대한 자금 부족이 연간 수조 달러에 이른다고 추정합니다. 그래서 꽤 솔직히 말해서, 미국이 인프라에 신규 자금을 투자하는 것은 좋은 현상입니다. 이것은 분명히 미국이 초장기 투자를 허가하는 금액 중 가장 큰 금액일 것입니다.

하지만 그것보다 더 근본적이며 중요한 요인이 있습니다. 인프라 자금 조달은 전통적으로 공공 부문이 담당했습니다. 이제 그런 방식은 부적절해져 다시 적용할 수 없습니다. 팬데믹 이전에도 정부는 국방, 의료, 교육에 예산을 사용했습니다. 유럽은 고령화 인구에 돈을 써야 합니다. 국민이 정부에 다양한 서비스를 요구하는 것을 보면 미국의 인프라가 개발도상국 수준이라는 것은 놀라운 일이 아닙니다. 당신이 두바이나 싱가포르에서 뉴욕으로 여행할 때, 공항 상태만 보면 미국이 도리어 개발도상국이라는 생각이 들 정도입니다. 이제 정부가 인프라 투자를 감당할 여력이 없으므로 우리는 인프라 자금을 조달하는 방법에 대한 새로운 패러다임이 필요합니다. 정부가 팬데믹을 극복하느라 막대한 자금을 지출하는 바람에 상황은 더욱 악화했습니다.

정부는 민간 자본이 인프라에 투자할 수 있는 방법을 찾아야 합니다. 왜냐하면 민간 자본이 인프라 투자를 원하기도 하고 그들이 일을 효율적으로 더 잘하기 때문입니다. 장기적으로, 인프라에 민간 자본이 투자할 수 있도록 허용하는 것이 실질적인 전략입니다.

DR_ 누가 인프라에 투자하나요? 자금은 어디에서 나오는 겁니까?

AO_ 대부분은 연기금, 국부펀드, 기관 투자가들에게서 나옵니다. 우리와 함께 투자하는 사람들이 400명 정도 됩니다. 그 가운데 패밀리 오피스는 거의 없습니다. 고액 자산가들도 투자하지만 그 숫자는 매우 적습니다. 대부분 자금은 사모펀드에 투자하는 기관투자자들과 동일한 투자자들한테서 나옵니다. 모든 투자자는 차선을 지켜야 합니다. 이번에 당신은 우리 차선으로 달리고 있습니다. 하지만 당신은 다음에 칼라일, 블랙스톤, KKR, 브룩필드가 인프라 펀드를 만들 때 그들의 차선을 따라가면 됩니다. 진지하게 말하자면, 우리에게 필요한 인프라 투자의 규모를 고려할 때, 더 많은 대체 자산 관리자가 참여하는 것이 좋습니다.

DR_ 우리는 당신에 비해 규모가 매우 작습니다. 요즈음 인프라 투자의 종류는 무엇인가요? 정부가 담당했던 프로젝트를 중심으로 해야 하나요?

AO_ 이제 인프라에 대한 정의가 과거처럼 엄격하지 않고 광범위한 개념으로 빠르게 변화하고 있습니다. 우리는 인프라가 국가 경제에 중요하고 필수적인 서비스를 제공하는 비즈니스라고 생각합니다. 반드시 정부가 인프라를 소유해야 하는 것은 아닙니다. 우리의 주력 펀드는 약 40개의 인프라 투자를 했습니다. 그중 절반은 인프라 자산을 보유한 에너지 회사 혹은 운송 회사로부터 인프라 자산을 매입하거나 그들과 제휴한 투자입니다.

예를 들어, 헤스 오일Hess Oil은 석유와 가스 회사로서 일련의 파이프라인, 수집 시스템과 처리 공장을 소유하고 있습니다. 저는 대표이사인 존 헤스John Hess를 찾아가 "이 사업에 대한 지분 50퍼센트를 우리에게 팔면 주당 수익률의 10배나 12배로 지급하겠습니다. 당신이 거래를 발표하는 날 회사의 주가는 상승할 것입니다"라고 제안했습니다.

제가 말한 대로 그런 일이 발생했으며 존과 헤스 오일은 우리의 훌륭한 파트너가 되었습니다. GIP는 대기업이 소유한 인프라 자산을 현금화하는 방법을 집중적으로 모색하고 있습니다.

DR_ 인프라 투자는 항상 투자자가 변화나 개선에 영향을 미칠 수 있도록 통제할 수 있는 투자를 의미합니까? 달리 말하자면 당신이 변화를 끌어낼 수 없다면 인프라에 수동적으로 투자하는 것을 의미합니까?

AO_ 우리는 자산을 통제하여 변화를 일으킬 수 있는 상황을 좋아합니다. 왜냐하면 우리는 고객 서비스와 운영의 효율성에 초점을 맞춤으로써 고객사가 자본을 사용하는 방법과 자본 규율을 준수하는 방법을 개선할 수 있기 때문입니다. 하지만 우리는 또한 우리가 본질적으로 수동적인 투자자로서 투자에 참여하는 때도 있습니다. 예를 들어, 우리는 다른 투자자 그룹과 함께 아부다비 국영 석유 회사Abu Dhabi National Oil Company가 보유한 가스 인프라 자산에 대한 지분을 매입했습니다. 그 거래는 리스 방식으로 그들이 자산을 계속 운용합니다. 그들은 우리에게 수수료를 지불하고, 20년이 지나면 소유권을 다시 찾아갑니다. 만약 우리가 그와 같은 위험 구조를 좋아하면 우리는 그것을 실행할 것입니다.

DR_ 브라운필드와 그린필드 인프라 투자 가운데 어느 것이 승인을 받기가 더 쉬운가요?

AO_ 브라운필드가 훨씬 더 쉽습니다. 오늘날 미국의 문제 중 하나는 그린필드 투자에 대한 승인을 받는 것이 엄청나게 어렵다는 것입니다. 저는 트럼프가 대통령이었을 때 '인프라 주간'을 설정하고 인프라 신규 건설을 위해 승인해야 할 긴 목록을 검토했던 일을 기억합니다. 그것은 악몽이나 다름없었습니다. 연방정부는 사람들이 절실히 필요로 하는 새로운 기반 시설의 건설을 매우 어렵게 만드는 승인 절차를 간소화할 필요가 있습니다.

DR_ 개발도상국, 선진국, 미국 가운데 어디가 인프라 투자에 가장 어려운 지역인가요?

AO_ 어떤 분야는 미국이 가장 어렵습니다. 미국에서 공항을 소유하는 것은 거의 불가능합니다. 미국 연방항공청FAA. Federal Aviation Administration은 주 및 시 자치단체가 공항을 민영화할 수 있는 시범 프로그램을 25년 동안 운영하고 있습니다. 그것을 통해 이루어진 중요한 거래는 푸에르토리코 공항과 웨스트체스터 카운티 공항 단 두 곳에 불과합니다. 그것은 다른 나라들의 성공 사례와 비교할 때 이해가 안 되는 점이 많습니다.

개발도상국에서는 정치적 위험 및 통화 위험은 물론 다른 모든 문제에 대해서도 조심해야 합니다. 하지만 누구보다 많은 돈을 가지고 있는 중국이 제삼자의 인프라 투자가 정말 필요할까요? 사실 그렇지 않습니다. 그러나 제삼자 자본이 많이 필요한 다른 국가들은 인프라 투자를 유치하는 데 항상 어려움이 있습니다.

DR_ 인프라 투자 수익률이 사모펀드나 벤처캐피털 투자보다 일반적으로 낮습니까? 아니면 같습니까?

AO_ 다양합니다. 벤처캐피털은 고위험을 추구하므로 인프라 투자의 수익률은 벤처보다는 낮습니다. 주력 펀드의 경우 총 수익률 목표는 15~20퍼센트입니다. 가장 오래된 초기 2개 펀드의 수익률은 그보다 높은 20대 초반의 수익률을 달성했습니다. 순수익은 17~19퍼센트 정도입니다. 대부분의 인프라 펀드 매니저들은 10대 중반의 수익률을 추구하는데, 이는 분명히 사모펀드보다 약간 낮은 수준입니다. 하지만 우리는 우리 펀드의 수익률이 경쟁력이 있다고 생각합니다.

DR_ 노조는 정부가 건설하고 운영하는 시설이 민영화되면 어떤 일이 벌어질지 몰라 우려하나요? 노조가 관련되면 투자하는 것이 어렵습니까?

AO_ 그것은 적어도 미국에서는 정부가 정부 자산을 더는 사유화하고 싶지 않을 때 흔히 사용하는 변명입니다. 그들은 "민간 자본이 들어오면 모두 해고할 것이다"라고 말합니다. 2009년 우리가 개트윅 공항을 인수했을 때, 공항을 이용하는 승객이 3,000만 명도 되지 않았습니다. 우리는 2019년까지 이용 승객 수를 거의 5,000만 명까지 늘렸습니다. 회사가 성장한다면 직원들을 해고하는 것이 아니라 반대로 고용해야 합니다. 영국은 미국처럼 노동조합이 활발히 활동하는 국가지만, 우리가 개트윅 공항의 노동조합과 문제가 된 적은 없습니다. 그래서 저는 그것은 근거 없는 주장이라고 생각합니다. 하지만 정부가 정말로 고용을 보호하고 싶다면, 민영화 조건으로 그 점을 확실히 할 수 있습니다. 예를 들어, 우리가 호주의 항구를 샀을 때, 정부는 자발적인 퇴직이 아니면 직원들을 해고할 수 없다는 것을 명시적으로 규정했습니다. 우리는 그 조항을 준수했으며 그것은 충분히 관리 가능한 조건이었습니다.

DR_ 요즈음 인프라 자산의 인수와 투자를 둘러싼 경쟁이 10년 또는 20년 전보다 더 치열합니까?

AO_ 물론입니다. 10년 전만 해도 50억~100억 달러 규모의 펀드를 조성할 수 있는 인프라 펀드 회사가 3~4곳에 불과했습니다. 오늘날, 그 정도 규모를 할 수 있는 회사는 아마 10개는 될 것입니다. 우리는 220억 달러짜리 펀드를 조성했습니다. 브룩필드는 200억 달러짜리 펀드죠. 앞으로 몇 년 안에 200억 달러짜리 펀드를 조성할 수 있는 회사는 6개 정도가 될 것입니다.

DR_ 오늘날 인프라가 잘 알려진 투자 자산인가요? 규모는 커지고 있습니까? 민영화되는 자산이 더 증가하고 인프라에 투자하려는 투자자가 더 많아졌습니까?

AO_ 이제 인프라는 사람들이 확실히 인정하는 투자 대상 자산입니다. 우리가 첫 번째 펀드를 조성할 때만 해도 우리와 이야기를 나눈 많은 기관은 그것을 어디로 분류해야 할지 잘 몰랐습니다. 그들 중 일부는 그것을 고정금리채 범주로 분류했습니다. 몇몇은 그것을 그들의 부동산에 포함했습니다. 오늘날 거의 모든 주요 기관 투자가들은 인프라를 부동산, 목재 저장소 등이 포함된 별도의 인프라 자산으로 분류합니다.

"인프라 분야가 성장할 것인가?"라는 질문의 답은 당연히 "네, 성장합니다"입니다. 기관 투자가들은 매년 투자자들이 돈을 어디에 투자하고 싶어하는지를 조사합니다. 인프라가 1위 또는 2위입니다. 인프라와 민간 신용이 1, 2위를 두고 항상 엎치락뒤치락합니다. 유감스럽게도, 당신이 알고 있는 사모펀드가 더는 1위가 아닙니다. 성장 펀드도 더는 1위가 아닙니다. 이제 1, 2위는 민간 신용이거나 인프라입니다. 인플레이션이 고개를 들기 시작하면 저는 그런 현상이 훨씬 더 확실해질 것으로 생각합니다.

DR_ 소액 투자자들이나 개인 투자자들은 인프라 투자에 어떻게 참여할 수 있을까요?

AO_ 적어도 구조상으로 그들이 직접 참여할 수 있는 유일한 장소는 호주라고 생각합니다. 물론 연기금 등 다른 자산 운용사를 통해 간접적으로 참여할 수 있습니다.

DR_ 당신은 나이지리아에서 자라면서 글로벌 인프라 투자자가 되고 싶다고 말했나요? 그게 어렸을 때 당신의 야망이었나요?

AO_ 저는 글로벌 인프라 투자자가 어떻게 되는지 알지 못했습니다. 저는 변호사가 되고 싶었습니다.

DR_ 라고스에서 자랐나요?

AO_ 저는 대학도시인 이바단에서 자랐지만 라고스에 있는 기숙학교를 다녔습니다.

DR_ 어떻게 옥스퍼드 대학에 진학하셨나요? 전공은 무엇이었습니까?

AO_ 그 당시 영국이나 미국의 대학에 진학하는 것은 드문 일이 아니었습니다. 비록 나이지리아에도 대학이 있었지만, 제가 옥스퍼드 대학에 간 것은 부모님이 영국 대학을 다녔기 때문입니다. 제가 옥스퍼드에 가던 해에 기숙학교에서 옥스퍼드로 진학한 학생이 4~5명 있었습니다. 저는 정치, 철학, 경제학을 공부했습니다.

DR_ 당신은 어떻게 하버드 로스쿨에 진학했으며, 어떤 계기로 하버드 경영대학원에 들어갔나요?

AO_ 저는 기업 변호사로 활동하고 싶었습니다. 미국에서 얼마간 시간을 보내면서 최고의 기업 변호사들은 실제로 미국에서 훈련받은 변호사들이라는 것을 알았습니다. 그래서 저는 하버드 로스쿨에 지원했습니다. 제가 지원할 당시 하버드 로스쿨이 실제로 미국인이나 캐나다인, 또는 미국 대학 졸업생이 아닌 사람들을 정규 JD 프로그램에 입학시킬지는 명확하지 않았습니다. 저는 그들이 왜 제 입학을 허락했는지는 아직도 모르겠습니다. 하버드는 앞을 멀리 내다보고 이렇게 생각했을지도 모릅니다. "나이지리아에서 온 이 학생을 로스쿨에 입학시키면, 그는 나중에 나이지리아로 돌아가 부자가 될 것이고, 그러면 로스쿨에 건물들을 기증할 것이다."

제가 왜 경영대학원에 갔을까요? 사실 저는 어렸을 때 숫자가 싫었습니다. 기숙학교에 들어가자마자 수학을 가능한 한 빨리 포기했죠. 하지만 로스쿨에 입학했을 때, "경영대학원에 진학하면 함께 공부했던 모든 친구가 결국 대기업의 CEO가 되겠지. 그러면 '내가 경영대학원에서 너보다 더 잘했으니까 나를 기업 변호사로 채용하는 게 어때'라고 말할 수 있을 거야"라고 생각했습니다. 그래서 저는 경영대학원의 JD~MBA 공동 프로그램에 지원했으며 결과적으로 그것이 제 인생의 새로운 역사를 쓰는 전기가 되었습니다.

DR_ 당신은 제가 로스쿨 여름학기에 어소시엣associate으로 일했던 크라바스, 스웨인 앤 무어Cravath, Swaine & Moore 회사에서 변호사로 근무했습니다. 크라바스를 선택한 이유는 무엇입니까?

AO_ 로스쿨 졸업 직후, 저는 워싱턴에서 2년을 보냈습니다. 처음에 저는 워싱턴 D.C. 순회 항소법원의 스켈리 라이트Skelly Wright 판사를 보좌했고, 그다음에는 대법원의 서굿 마샬Thurgood Marshall 판사를 보좌했습니다.

DR_ 꽤 인상적이네요. 당신은 서굿 마샬 판사한테 감명을 받았나요?

AO_ 지금까지 제가 해본 일 가운데 최고였습니다. 그는 법률의 대가인 것은 물론 이야기를 아주 잘하는 사람입니다. 정말 재미있었습니다.

크라바스 이야기로 돌아가 보지요. 저는 기업법을 가르치고 싶었고 그러려면 적어도 2년 동안은 미리 실습해야 하겠다고 생각했습니다. 크라바스는 기업 법무법인으로서 꽤 평판이 좋은 회사입니다.

저는 하버드 로스쿨에서 시간제로 5년 정도 학생들을 가르쳤으며, 그런 뒤 예일 로스쿨과 예일 경영대학원에서도 학생들을 가르쳤습니다.

DR_ 법조계를 떠나 투자은행에 들어가게 된 계기가 무엇인가요?

AO_ 어느 날 가장 친한 친구가 제게 전화했습니다. 우리는 함께 자랐으며 기숙학교와 옥스퍼드도 같이 다녔습니다. 그는 하버드에도 왔습니다. 하지만 그 후 그는 나이지리아로 돌아가 24~25세의 나이에 석유 에너지 장관의 특별 보좌관으로 일했습니다. 그는 전화로 "나이지리아 정부가 대형 액화천연가스 프로젝트를 추진하기 위해 전문 조언자들을 찾고 있어. 법률 고문은 크라바스가 될 거야. 투자은행을 추천해줘"라고 요청했습니다. 저는 골드만삭스, 모건 스탠리, 퍼스트 보스턴 등 누구나 다 아는 회사들을 소개했습니다.

나이지리아 정부가 투자은행으로 퍼스트 보스턴을 선정한 뒤 크라바스가 이해 충돌 관계에 있다는 사실이 밝혀졌습니다. 이 프로젝트에서 나이지리아 정부의 상대방이 쉘Shell이었고, 크라바스는 쉘을 위해 많은 일을 하고 있었기 때문입니다. 크라바스는 법률 고문 역할을 할 수 없었습니다. 어찌 된 영문인지 퍼스트 보스턴의 사람들은 나이지리아 정부에서 일하는 사람의 절친한 친구가 크라바스에서 일하고 있다는 것을 알게 되었습니다. 그들은 회사에 전화를 걸어 이렇게 요청했습니다. "우리는 당신 회사에 '바요'라는 변호사가 있는 것을 알고 있습니다. 그가 휴직하고 컨설턴트로 우리와 함께 3개월을 보낼 수 있는지 물어봐 주시겠습니까?"

여기저기에서 선배들이 제 사무실로 찾아왔습니다. "우리의 주요 고객인 퍼스트 보스턴으로부터 그런 요청을 받았습니다. 당신은 이미 MBA를 가지고 있으므로 다른 사람들은 당신이 정말 변호사가 되고 싶은지 의심하고 있습니다. 이런 일이 계속되면 파트너가 될 때 별로 도움이 되지 않을 것입니다." 그래서 저는 "가겠습니다. 그러면 퍼스트 보스턴 사람들을 훨씬 더 많이 알게 될 것이고 크라바스로 다시 돌아오면 그들은 저의 고객이 될 것입니다"라고 말했습니다.

제가 퍼스트 보스턴에 입사했을 때 그들은 제가 MBA라는 사실을 알았습니다. 그들은 '변호사가 되는 것보다 은행가가 되는 것이 어때요?'라며 저를 설득하기 시작했습니다. 퍼스트 보스턴이 그렇게 고집을 부린 이유가 그들은 제가 어떤 훌륭한 기술을 가지고 있다고 판단했기 때문이라고 말씀드리고 싶습니다. 저는 그들이 '우리 고객의 가장 친한 친구가 우리를 위해 일하고 있다. 우리는 이 프로젝트의 2단계를 위해 고용될 것이다'라고 계산했다고 생각합니다. 그들이 옳았습니다. 우리가 프로젝트에 참여하게 되었지만 그것은 중요하지 않았습니다. 그들은 나이지리아의 정치적 위험을 고려하지 않았죠.

제가 일을 시작한 지 석 달 만에 쿠데타가 일어났습니다. 정부는 쫓겨나고 프로젝트는 취소되었습니다. 퍼스트 보스턴의 사람들은 저를 바라만 보고 있었습니다. 그들은 "당신은 무엇을 하고 싶나요?"라고 물어보았습니다. 저는 '국제적인 프로젝트를 하고 싶다'라고 대답했습니다 그들은 "여기 명함이 있어요. 신용카드도 있어요. 전 세계를 돌아다니면서 우리가 국제 프로젝트에 입찰할 기회를 물색해 보는 게 어때요?"라고 제안했습니다. 그래서 저는 투자은행에서 일하게 되었습니다.

DR_ 퍼스트 보스턴에 몇 년이나 계셨나요?

AO_ 23년입니다.

DR_ 그리고 투자은행의 대표를 하셨지요?

AO_ 맞습니다.

DR_ 제 기억에 언젠가 제가 당신에게 전화를 걸어 칼라일에서 인프라 펀드를 시작할 것이라고 말하자 당신은 "크레디트 스위스와 GE와 뭔가를 하기로 합의했습니다. 만약 그게 잘 안 되면 전화하겠습니다"라고 대답했습니다. 크레디트 스위스와 GE가 함께 일하는 아이디어를 누가 생각해냈나요? 당신입니까?

AO_ 네. 그 당시, 저는 (퍼스트 보스턴을 합병한) 크레디트 스위스에서 일하는 것이 최고라고 생각했습니다. 저는 고객 담당 최고 책임자였습니다. 고객들과 어울리는 일을 담당했지만 관리 책임이 없었죠. 그런 뒤 저는 뭔가 다른 일을 하고 싶었습니다. 그래서 저와 몇몇 동료들은 "우리가 즐겁게 일할 수 있는 다른 것이 없을까? 인프라 펀드 운용 사업을 시작하는 게 어떨까?"라고 생각했습니다. 저는 크레디트 스위스의 CEO를 찾아가 "우리가 이 사업을 시작하려는데 당신이 10억 달러를 지원해 주기를 바란다"라고 말했습니다. 그러자 그는 "좋아요"라고 대답하면서 우리가 크레디트 스위스 안에서 일하기를 원했습니다. 하지만 저는 그렇게 하고 싶지 않았습니다 다행히 우리는 GE로부터 전화를 받았습니다. GE의 CEO인 제프 이멜트Jeff Immelt는 인프라 펀드를 조성하기로 했습니다. 저는 그에게 "나는 크레디트 스위스를 떠나 펀드를 시작할 것이고, 당신이 우리에게 10억 달러를 투자하면 당신도 참여할 수 있다"라고 말했습니다. 그것은 합작회사였기 때문에 그는 우리에게 5억 달러를 투자했으며 크레디트 스위스 밖에 회사를 설립했습니다. 그것이 바로 우리가 일을 시작한 배경입니다.

DR_ 그게 몇 년도였죠?

AO_ 2006년입니다.

DR_ 이제 1,000억 달러 이상을 관리하시지요?

AO_ 810억 달러입니다.

DR_ 810억 달러라면 세계에서 가장 큰 인프라 투자회사가 아닌가요?

AO_ 아마 여전히 맥쿼리가 가장 클 것입니다. 우리는 가장 큰 독립적인 인프라 투자 기업입니다.

DR_ 현재 직원이 몇 명입니까?

AO_ 직원은 350명 정도입니다. 그중 150명 정도가 투자 전문가입니다. 사업 개선팀에 거의 40명의 직원이 있습니다. 이들은 인프라 전문가는 아니지만 산업계에서 일했던 사람들입니다. 그들은 GE, BP, 하니웰과 같은 회사에서 일했습니다. GIP를 시작할 때 우리는 산업계에서 적용하는 기술을 인프라 사업에 적용할 수 있다면 엄청난 수익을 창출할 수 있다고 판단했습니다. 그것은 사실로 입증되었습니다.

DR_ 당신이 정말 자랑스럽게 생각하는 가장 성공적인 투자를 하나 예로 들어주시겠습니까?

AO_ 우리는 2009년에 개트윅에 투자했습니다. 그리고 2019년에 개트윅 지분 50퍼센트를 빈치Vinci라는 프랑스 회사에 팔았습니다. 우리는 초기 투자금의 10배 이상을 벌었죠. 그것은 매우 성공적인 사례입니다.

DR_ 손해를 본 적도 있나요?

AO_ 우리가 실패한 투자가 두 개 있습니다. 그중 하나가 비파Biffa라는 영국의 산업 폐기물 회사에 약 6억 달러를 투자한 것입니다. 그들이 한 일은 산업 폐기물을 수거해 매립지에 버리는 것이었습니다. 영국이 여전히 유럽 연합의 회원국이었을 때 유럽에서는 산업 폐기물 처리 규정을 변경하고 있었습니다. 유럽 연합 규정에 따라 각국은 쓰레기를 매립지에 메우는 방식에서 폐기물 소각 공장과 혐기성 소화(무산소 상태에서 미생물에 의한 쓰레기를 분해하는 것) 공장에서 나오는 에너지로 대체하는 방식으로 변경해야 했습니다. 우리는 산업 폐기물을 공급 원료로 사용해 두 종류의 공장을 짓겠다는 목표를 세웠습니다. 하지만 우리가 생각하지 못한 것이 금융 위기였습니다. 금융 위기당시 비파의 가장 큰 고객은 식당과 건설업이었습니다. 금융 위기 때문에 모든 폐기물 공급이 사라지면서 결국 비파는 파산했습니다.

DR_ 훌륭한 인프라 투자자가 되는 데 필요한 재능은 유능한 사모펀드 투자자가 되는 재능과 다른가요? 당신이 누군가를 고용할 때 중점을 두는 재능은 무엇인가요?

AO_ 좋은 투자자가 되는 데 필요한 재능은 모두 같습니다. 첫째, 투자하는 분야에 대한 지식이 필요합니다. 그래서 우리는 우리가 실제로 잘 알고 있는 산업 분야에 투자하려고 합니다. 둘째, 당신은 거래의 위험이 무엇인지 지적으로 정직하게 인식해야 합니다. 셋째, 인프라 투자는 사모펀드와 다르다는 점을 이해해야 합니다.

만약 당신의 연간 목표 내부 수익률이 15~20퍼센트라면, 이것은 인프라 투자 기간을 10~20년이라고 가정할 때 당신이 투자로 2~3배의 돈을 번다는 것을 의미합니다. 따라서 당신은 이와 같은 대규모 투자에 실패하면 안 됩니다. 인프라 투자에서 중요한 것 중 하나는 손실을 방어해야 한다는 점입니다. 우리는 투자위원회에서 긍정적인 측면을 검토하는 데 시간을 많이 할애하지 않습니다. 우리는 대부분 시간을 근본적인 문제와 가치 하락 위험을 파악하는 데 집중적으로 사용합니다. 왜냐하면 당신이 IRR 목표를 15퍼센트로 세웠는데 결과적으로 12퍼센트로 끝났다면 그 정도는 큰 문제가 되지 않을 것이기 때문입니다.

DR_ 당신은 23년간 투자은행가로 활동했습니다. 투자은행, 사모펀드, 인프라 투자에 필요한 기술은 어떤 점이 다른가요? 어떤 다른 기술을 사용해야 합니까?

AO_ 제가 GIP를 시작하기로 했을 때 KKR의 공동 설립자인 헨리 크래비스Henry Kravis에게서 얻은 조언을 그 질문의 답으로 대신하겠습니다. 헨리는 "제가 두 가지 충고를 드리겠습니다. 하나는 당신이 곧바로 받아들일 것이고, 또 다른 하나는 아마 믿지 않을 것이지만, 5년 후에 다시 저를 찾게 할 것입니다"라고 말했습니다. "첫째, 꼭 기억하세요. 어떤 바보도 회사를 살 수 있다는 것입니다. 단지 돈을 더 많이 지불하기만 하면 됩니다. 당신이 축하할 때는 회사를 살 때가 아니라 이익을 보고 팔 때랍니다. 두 번째로 이해해야 할 것은 당신이 아무리 똑똑해도, 혹은 아무리 똑똑하다고 생각한다 해도 투자 사업에서 경험을 대신할 수 있는 것은 정말 아무것도 없다는 사실입니다."

저는 그때 "우리는 이 회사를 시작하려고 이미 수십억 달러의 자금을 모았고, 나는 버크셔 해서웨이의 에너지 사업 부문에서 일하는 가장 영리한 투자자들과 함께 은행가로 일해 본 경험이 있는데, 이 정도 일이 얼마나 어렵겠어?"라고 생각했습니다.

5년 후, 저는 헨리를 찾아갔습니다. 저는 "헨리, 당신 말이 옳았어요. 왜냐하면 우리가 GIP를 처음 시작할 때 투자를 어떻게 보는지, 그리고 오늘날 투자를 어떻게 보는지를 비교해 보면 그것은 하늘과 땅 차이예요"라고 말했습니다. 인프라 투자가 투자은행 업무와 다른 점은 투자은행가들은 언제나 '예스'를 얻어내려고 한다는 점입니다.

그들은 언제나 "회사를 사세요. 회사를 사지 마세요. 회사를 파세요. 회사를 팔지 마세요"라고 말하면서 고객들에게 무언가를 하라고 설득합니다. 그것은 매우 다른 기술입니다.

인프라 투자에서 당신은 판매하는 것이 아닙니다. 사실 우리가 투자은행 출신의 직원을 고용해보면 항상 첫 번째 투자위원회에서 그 차이점을 확실히 알 수 있습니다. 왜냐하면 그들은 한결같이 투자의 긍정적인 측면을 강조하고 있기 때문입니다. 그들은 잘못될 수 있는 경우에 시간을 투자하지 않으며 항상 결과를 낙관합니다. 반면에 경험이 많은 사람들은 이렇게 말합니다. "이 부분이 잘못될 수 있습니다. 당신이 알아야 할 부정적인 것들이 여기 다 있습니다. 이제 당신이 결정해야 합니다."

DR_ 경력에 대해 후회는 없나요? 법대 교수가 되지 않은 것을 후회하지 않으세요?

AO_ 제가 했던 일이 모두 재미있었습니다. 저는 23년을 투자은행에서 보낼 줄 몰랐습니다. 하지만 정말 즐거운 시간이었죠. 인프라 투자가 투자은행 일보다 더 재미있을 줄은 몰랐습니다. 따라서 저는 절대 후회하지 않습니다.

DR_ 다른 관심사가 있나요? 하루 24시간, 일주일에 내내 일할 수 없지 않습니까?

AO_ 젊었을 때, 저는 운동을 좋아했습니다. 저는 필드하키를 했습니다. 미국에서 필드하키를 하는 남자들은 거의 없다고 생각합니다. 하버드에 갔을 때 필드하키를 하고 싶다고 말하니 사람들은 "저기 아이스링크가 있어요"라고 하더군요. 제가 "아니, 저는 필드하키를 하고 싶어요"라고 했더니 "치마는 어디에 있어요?"라고 되묻더군요. 미국에서는 젊은 여성들만 필드하키를 하기 때문입니다. 게다가 저는 미국인들이 아무도 이해하지 못하는 훨씬 더 모호한 스포츠인 크리켓을 했습니다. 저는 독서를 좋아해 일 년에 책을 100권 정도 읽습니다. 자선사업은 교육에 집중해 하버드와 옥스퍼드 같은 대학에 장학금을 제공합니다. 또한 가족 재단을 설립해 제 두 아들이 자선사업에 참여하도록 하고 있습니다.

DR_ 당신은 자녀분들이 인프라 투자자가 되기를 바라십니까?

AO_ 아니요. 아들 두 명은 둘 다 음악 사업을 하고 있습니다.

DR_ 마지막 질문입니다. 세계에서 가장 큰 독립 인프라 회사를 운영하려면, 나이지리아 출신이어야 하고, 하버드에서 JD와 MBA를 취득해야 하며, 먼저 투자은행가가 되어야 하지요? 그렇죠?

AO_ 아닙니다. 운이 좋아야 합니다. 우리는 사람들이 경험이 없는 사람들에게도 돈을 맡기던 시절에 자금을 모았습니다. 오늘날 그런 일을 시작하려고 했다면 어떤 대접을 받았을지 생각하고 싶지 않습니다. 그래서 첫째, 운이 좋아야 하고, 둘째, 데이비드 당신처럼 가장 똑똑한 사람들이 주변에 있어 장애물을 제거해 줘야 합니다. 그러면 당신은 성공 열차에 올라탈 수 있습니다.

4   ESG

데이비드 블러드_{David Blood}

제너레이션 인베스트먼트 매니지먼트의 수석 파트너

> "오늘날 전 세계 투자 분야에서 ESG를 고려하지 않는다면,
> 당신은 신탁 의무를 이행하지 않는 것이다."

대부분의 투자 역사에서 투자자들을 위해 가장 중요한 것은 (합법적이고 규범적인 방식으로) 가장 높은 수익률을 달성하는 데 초점을 맞추는 것이었다. 솔직히 환경에 미치는 영향, 전반적인 사회적 영향 또는 이익을 달성되는 방식에 대한 우려는 비교적 관심이 적었거나 전혀 없었다. 다양한 이사회, 노동력 또는 공급업체의 기반에 대한 우려도 투자(또는 사업) 생태계의 일부가 아니었다.

일부 사람들에게 그런 접근법은 본질적으로 투자가 단순히 사회

적으로 수용 가능한 활동이 아니라는 것을 의미했다. 즉 그들은 사회적으로 책임 있는 결과에 반하는 기업이나 산업 또는 지역에 자본을 투자하고 있었다.

그러나 지난 수십 년 동안, 특히 지난 몇 년 동안 새로운 투자 고려 사항이 등장했다. ESG는 환경environment, 사회적 책임social 및 지배구조를 의미하는 거버넌스governance의 머리글자를 딴 약어다. 이 세 가지는 투자자들이 점점 더 주목하는 요소다. 환경 항목에서 '투자가 환경에 긍정적인 영향을 미칠까?'를 검토한다. 사회적 책임 항목에서 '투자 시 형평성, 다양성, 포용성과 같은 사회적 문제를 적절하게 다루는가?'를 살펴본다. 지배구조인 거버넌스 항목에서 '주주(또는 경영진)의 이익뿐만 아니라 모든 이해관계자의 이익을 추구하는 경영 철학이 지배하는 회사에 투자하는가?'를 점검한다.

투자계의 일부 투자자들이 이미 수십 년 전에 투자 적절성을 평가하는 데 ESG 요소에 초점을 맞추기 시작했지만 그 당시 그들은 소수였다. 대다수 투자자는 여전히 전통적인 수익성 기준(궁극적으로 수익률)에 평가의 초점을 맞췄다. 기업이 ESG를 고려하다 보면 수익성에 초점을 맞추지 못해 수익률이 낮아질 것이라는 견해가 있었다.

지난 10년 동안, 특히 지난 몇 년 동안, 이러한 전통적 관점은 두 가지 측면에서 변화했다. 첫째, 투자자들은 투자의 사회적 영향에 대한 우려가 더 커짐에 따라 투자의 ESG 품질에 훨씬 더 집중한다. 둘째, 투자자들은 ESG 지표를 엄격하게 지키는 기업들이 이러한 지표가 없는 기업들보다 실제 투자 성과가 더 좋을 것으로 점점 더 믿게 되었다. 부분적인 이유는 고객들이 ESG에 관심을 더 두고 있으며, 마찬가지로 우수한 직원들도 그런 기업에서 일하려고 하며, 다른 투자자들도 그런 기업을 지원하고 싶어 하기 때문이다.

ESG 요소가 점점 더 중요해지고 타당한 것이라고 믿는 사람들도 대학 기부금과 같은 특정 비영리 단체가 석유와 가스 회사에 투자하는 것을 방지하려는 일부 열성적인 ESG 옹호자들의 욕구에 대한 거부감을 느끼고 있다. 투자 세계에서도 공기업이 운영 과정에서 기후 변화에 어떻게 대처하고 있는지 구체적으로 언급하도록 하는 것에 대해 어느 정도 저항이 있다. 그러나 ESG를 고려한 투자는 이제 투자 세계의 한 구성 요소가 되었으며 점점 더 중요해질 것이 분명하다.

ESG를 모든 투자 결정의 원동력으로 만드는 투자회사 중 가장 유명한 회사가 제너레이션 인베스트먼트 매니지먼트GIM, Generation Investment Management일 것이다. GIM은 2004년 전 부통령 앨 고어AI Gore와 골드만삭스의 전 파트너였던 데이비드 블러드David Blood를 포함한 7명이 설립했다. 헌신적인 환경 운동가이자 야외 생활 애호가인 블러드는 골드만삭스의 자산 운용 부문을 이끌다가 (자신의 반대에도 불구하고) 회사가 상장하자 얼마 후 비교적 이른 나이에 은퇴했다.

GIM은 처음부터 투자 대상 기업의 핵심 정책이 ESG 성과를 강력하게 추진하는 경우에만 투자하는 데 집중했다. 초기에는 공기업에만 투자했다. GIM의 창업 자본은 주로 설립자들과 가족, 친구들에게서 나왔다. 앞서 언급했듯이 외부 투자자들은 수익률이 그렇게 매력적일지에 대해 약간 회의적이었다.

설립자들은 ESG에 초점을 맞춰 투자하면 일반 시장 지수를 능가하는 수익률을 얻을 수 있다고 생각했다. 그들의 생각이 옳다는 것이 밝혀졌다. GIM이 설립된 이후, 이 회사의 대표적인 글로벌 에쿼티 펀드의 수익률은 비교 가능한 주식 시장 지수의 수익률보다 약 5퍼센트 높았는데, 이는 주식 투자 성과로서는 주목할 만한 차이다.*

또한 GIM의 설립자들은 GIM을 공기업처럼 압박을 받지 않고 ESG에 초점을 맞춘 개인 회사로 확실하게 운영하고 있다. 나는 데이비드가 런던 본사에 있을 때 그를 인터뷰했다.

$

데이비드 M. 루벤슈타인DR_ ESG가 최근 몇 년 동안 투자 세계에서 그렇게 중요한 부분이 된 이유는 무엇입니까?

데이비드 블러드DB_ 지난 5~10년 동안 그것은 점점 더 주류가 되었습니다. 첫째, 지속 가능성에 관한 문제들이 매우 명확해졌습니다. 경제를 주도하는 사람들이 이 문제를 인식함으로써 ESG가 중요해졌습니다. 둘째, ESG가 기업과 투자자에게 어떤 의미를 갖는지에 대한 광범위한 학술 연구로 ESG의 중요성이 더욱 명확해졌습니다.

지속 가능성에 관한 기업 사례와 특정 투자자의 실적 덕분에 ESG가 더는 주변 활동이 아니라는 사실이 입증되었습니다. ESG를 이제 거래 가격 정도로 간주하지 않습니다. 그것은 사람들이 투자할 때 훨씬 더 엄격하게 고려해야 하는 의사결정 요소로 작용하고 있습니다.

DR_ ESG에 중점을 두고 투자하면 수익률이 낮아진다는 것이 투자계의 오랜 가정이었습니다. 그것이 일반적인 통념을 올바르게 요약한 것인가요?

---

* 2021년 12월 31일 기준임. 자료는 머서 인베스트먼트 컨설턴트Mercer Investment Consultants의 데이터베이스인 머서인사이트MercerInsight가 제공했으며 GIM의 글로벌 에쿼티 펀드가 설립된 2005년 5월 1일 이후 수수료 총액임.

DB_ 네, 그것은 언제나 기회를 제한하면 투자 과제를 더 어렵게 만들 수 있다는 생각 때문입니다. ESG를 시작한 20년 전에는 ESG를 실제로 투자 대상을 제한하는 수단으로 인식하는 것이 일반적인 통념이었습니다. 석유 회사 혹은 담배 회사들이 투자 대상 기업에서 배제되기도 했습니다. 그에 관한 많은 연구는 상당히 단정적이었습니다. 투자 기회를 줄이면 반드시 그 대가를 치르게 됩니다.

하지만 시간이 지나고, 사람들은 회사가 환경에 미치는 영향, 사회적 책임, 지배구조를 살펴보면 회사가 무엇을 하고 어떻게 하는지 이해하는 데 도움이 된다는 것을 깨닫기 시작하면서, ESG에 대한 태도가 바뀌기 시작했습니다. 사람들은 ESG가 비즈니스와 경영진을 이해하는 데 있어 차별화된 통찰력을 제공한다는 것을 깨닫기 시작했습니다.

동시에 불행하게도, 특히 미국에서 ESG의 개념이 정치적인 문제가 되었습니다. 종종 사람들은 기업의 지속 가능성 또는 ESG 문제를 누군가가 포트폴리오에 가치를 부여하려는 움직임으로 생각하거나 중도좌파 또는 좌파의 주장으로 인식합니다. 그런 현상은 미국에서 신랄한 말들이 오가는 것을 보면 분명하게 드러납니다.

우리는 처음부터 이렇게 주장했습니다. "아니, 우리가 말하는 투자의 틀은 장기 투자로 그것이 최선의 관행입니다." 지속 가능성은 광의로 기후 변화, 건강, 불평등, 물 문제 등이 점점 더 서로 연결되면서 경제를 주도하는 일련의 큰 문제로 정의될 수 있습니다. 지속 가능성과 ESG는 경제와 비즈니스, 경영진을 이해하고 궁극적으로 자본을 보다 효과적으로 사용하는 데 도움이 되는 도구 혹은 개념의 틀입니다.

DR_ 사람들은 ESG가 실제로 수익을 증가시킬 수 있다고 믿습니까?

그게 오늘날 통념인가요?

DB_ 점점 더 그렇게 되고 있습니다. 우리가 처음 시작했을 때, ESG를 고려하는 것이 신탁 의무의 관점에서 허용되는지에 관한 의문이 있었습니다. 오늘날 세계 여러 곳에서 투자가들은 만약 당신이 ESG를 고려하지 않는다면 신탁 의무를 제대로 이행하지 못하는 것으로 간주합니다. 투자자들은 투자 가능성 평가의 항목으로 ESG를 고려할 것을 요구합니다. 투자자들은 자신의 투자가 세상에 해가 되는 것이 아니라 도움이 되기를 원합니다.

DR_ ESG가 수익을 올리지 못할 것으로 생각하는 사람들이 여전히 있습니까? 아니면 ESG를 중시하면 수익을 증가시킨다는 것이 오늘날 보편적으로 받아들여지고 있습니까?

DB_ 점점 더 보편적으로 받아들여지고 있습니다. 래리 핑크가 지속 가능성과 ESG가 대세라고 말했을 때 저도 동감했습니다.

DR_ ESG에 관한 관심이 더 나은 수익을 창출하는 이유는 무엇입니까? 그것은 당신이 주로 거래하는 주식 시장이나 현재 투자하는 사모 시장에도 똑같이 사실인가요?

DB_ 우리는 12~13년 동안 사모 시장에 투자해 왔습니다. 그래서 오랜 경험을 통해 지속 가능성과 ESG는 모든 자산 등급에 적용된다고 믿습니다. 우리는 주식 시장부터 시작했습니다. 왜냐하면 사람들이 주식 시장에 집중하기 때문입니다. 당신이 CNBC를 틀면 사모 시장이나 채권 시장보다는 대부분 주식 시장에 관한 뉴스를 보게 될 것입니다. 기업으로서 우리의 목표는 뛰어난 투자 성과를 내는 것과 자본시장의 지속 가능성을 촉진하는 것이므로 우리는 사람들에게 가장 인기 있는 분야에 집중하려고 합니다. 하지만 지속 가능성과 ESG는 모든 자산 등급에 중요한 주제입니다.

DR_ 투자자는 기업의 ESG 성과 또는 기록을 어떻게 측정합니까? 모두가 동의하는 표준 측정 도구가 있습니까, 아니면 어느 정도는 보는 사람의 눈에 달려 있습니까? 아직 표준 측정 도구가 없다면 언젠가 표준 측정 기준이 마련될까요?

DB_ 그것은 요즘 가장 중요한 질문 중 하나입니다. 지속 가능성과 ESG의 문제는 말씀하신 것처럼 사용하는 사람들에 따라 용어들을 종종 달리 사용하고 있습니다. 당신이나 제가 생각하는 ESG의 의미가 다른 누군가에게는 다른 의미일 수도 있으므로 이는 어려운 과제입니다. 우리는 ESG의 체계를 명확하게 설정하려고 열심히 노력했습니다. IFRS는 이제 투자자들을 위한 지속 가능성과 관련한 공시에 도움이 되는 계획을 수립하고 있습니다. IFRS 재단International Financial Reporting Standards Foundations은 최근 새로운 국제 지속 가능성 표준 위원회ISSB, International Sustainability Standards Board를 만들기 위해 선도적인 투자자가 중심이 되어 진행하던 지속 가능성 공시 노력을 통합했습니다. 새롭게 만들어질 ISSB는 국제 회계 기준을 정하는 IFRS 위원회와 연결되어 함께 활동할 것입니다. 그렇게 되면 기업의 지속 가능성 관련 목표 뒤에 숨어 있는 가정들이 투명하게 공표됨으로써 투자자를 위한 지속 가능성 관련 주요 공시 사항들이 표준화될 것이며 더 나아가 그것들은 범용 재무 보고서의 일부가 될 것입니다.

DR_ ESG의 세 가지 구성 요소가 똑같이 중요합니까? 아니면 기업의 잠재적 가치를 더 확실하게 보여줄 가능성이 큰 어느 한 가지 요소가 존재합니까?

DB_ 그것은 질문 시점에 따라 다릅니다. 우리는 모든 비즈니스에서 일관되게 이를 고려하고 있습니다. 사실은 어떤 회사들은 지배구조에 초점을 맞추고, 어떤 회사들은 환경 문제를 중시하며, 또 어떤 회사들은 사회적 책임 과제를 중요하게 생각합니다. 종합적으로 볼 때, 그것들은 모두 비즈니스 품질과 경영진의 자질을 이해하는 지표입니다. 예를 들어, 우리가 시작한 탄소 넷제로Net Zero*로의 전환과 대체 에너지 전환 같은 경우에, 만약 당신이 이러한 전환에 중점을 두고 있는 기업이라면, 넷제로로의 전환을 지원하기 위해 무엇을 하는지와 환경 파괴 범위가 사업 목표의 가장 중요한 내용이 될 것입니다.

DR_ ESG에 중점을 둔 투자와 임팩트 투자impact investing**의 차이점을 설명할 수 있습니까?

DB_ 이것도 중요한 질문입니다. 두 가지 용어가 사람들을 혼란스럽게 만들기 때문입니다. 제일 먼저 말씀드리고 싶은 것은 모든 투자가 사회 문제 또는 환경 문제에 영향을 미친다는 것입니다. 어떤 사업은 영향력이 있고 다른 사업은 영향력이 없는 척하는 것은 잘못된 것입니다. 사람들은 임팩트 투자를 기업의 수익과 사회적으로 긍정적인 영향을 서로 맞바꾸는 투자로 인식합니다. 임팩트 투자를 실행하려면 어느 정도 양보해야 합니다. 그것은 정말 자선사업의 연장선 위에 있습니다.

우리는 임팩트 투자가 자본 배분에서 중요한 요소로 작용하며 앞으로 점점 더 그렇게 될 것으로 생각합니다. 우리는 사회적으로 긍정적인 영향력이 앞으로 위험과 수익 계산의 일부가 될 것으로 믿습니

---

* 산화탄소 배출량과 이산화탄소 제거량을 더했을 때 순 배출량이 0이 되는 것을 의미한다.
** 재무적 수익과 함께 예측 가능한 사회 또는 환경 문제를 해결하는 것을 목적으로 하는 기업, 단체, 펀드 등에 대한 투자.

다. 그것은 우리가 넷제로를 추구할 때 특히 중요합니다.

DR_ 당신이 어떻게 투자 세계에 진출했으며 궁극적으로 GIM의 공동 설립자가 되었는지에 대해 잠시 이야기해 보겠습니다. 당신은 젊었을 때 투자 세계에 관심이 있었나요?

DB_ 저는 25년 동안 투자 사업에 종사했고, 40년 동안 금융계에서 일했습니다. 저는 교사나 산림 경비원이 되려고 해밀턴 대학에 진학했습니다. 어렸을 때 투자자가 된다는 것은 꿈도 꾸지 않았죠. 어머니가 선생님이셨으므로 제 주변에는 선생님인 멘토들이 많이 계셨습니다. 바로 그것이 제가 하고 싶었던 일이었습니다.

해밀턴에서 2학년이 되었을 때 학교가 교육학과를 없애는 바람에 저는 다른 전공을 찾아 돌아다녀야 했습니다. 교육학과 가장 비슷한 것이 심리학, 특히 아동 심리학이었습니다. 당신이 회사를 경영해 봐서 알다시피 심리학은 투자은행가와 관리자를 관리하기 위해 알아두면 좋은 학문입니다.

저는 심리학자로 직업을 구할 수가 없었습니다. 그때가 1981년 봄입니다. 아버지는 제게 "이봐, 은행에서 너 같은 사람을 고용한다니 은행에 지원해 봐"라고 말씀하셨습니다. 저는 미국의 70개 은행에 지원했지만 69개 은행에서 거절당했습니다. 한 군데 합격했는데 그곳이 바로 뱅커스 트러스트입니다. 저는 뱅커스 트러스트에서 금융 경력을 시작하면서 제가 숫자에 꽤 능숙하다는 사실을 알게 되었고, 하버드 경영대학원을 나와 골드만삭스에서 일했습니다.

DR_ 골드만삭스에서 어떤 일을 담당했나요? 그곳을 그만둔 이유가 무엇인가요?

DB_ 저는 골드만삭스에서 다소 특이한 경력을 쌓았습니다. 저는 회사의 거의 모든 부서에서 일했습니다. 1985년 투자은행 일을 시작으로, 채권 거래와 주식 거래를 담당했으며 한동안 재무관리 업무도 맡았습니다. 1996년에 자산 관리 부문으로 자리를 옮겼습니다. 저는 제가 투자 사업을 즐긴다는 사실을 알았지만 골드만삭스에서 정말로 했던 일은 사업을 만드는 것을 도와주는 일이었습니다. 저는 스스로를 골드만삭스 안에서 자칭 '기업가'라고 생각했습니다.

저는 또한 골드만삭스가 상장을 고려할 때 비상장 회사로 남는 것을 찬성한 파트너 중 한 명이었습니다. 회사가 상장하면 기업 문화가 바뀌게 될 것이므로 그것은 좋은 생각이 아니라고 판단했습니다. 따라서 골드만삭스가 상장했을 때, 몇 년 안에 제가 다른 일을 하리라는 것이 매우 분명해졌습니다. 그리고 그것은 사실로 되었습니다. 저는 IPO 후 4~5년 후에 골드만삭스를 떠났습니다.

골드만삭스를 떠나게 될 것이라는 사실을 깨달았을 때, 무엇을 하고 싶은지 생각하기 시작했습니다. '나는 사회 정의와 가난에 관심이 있다. 이에 관한 관심과 투자에 관한 관심을 함께 끌 수 있다면 그것을 바탕으로 사업을 일으킬 수 있을 것이다.' 저는 골드만삭스에서 함께 일했던 파트너 중 한 명인 마크 퍼거슨Mark Ferguson을 통해 이미 지속 가능성에 대한 투자를 잘 알고 있었습니다. 우리가 최초의 사업 계획서를 작성한 지 거의 18년이 흘렀습니다. 그런 뒤 저는 하버드에서 고어 부통령을 만났습니다. 우리는 우리가 하려는 것에 대해 이야기했고 그는 그가 하려는 것에 대해 이야기했습니다. 그리고 우리는 그의 관심이 환경이고 제 관심이 가난과 사회 정의에 있었지만, 그것은 똑같은 동전의 다른 면이라는 사실을 깨달았습니다. 그렇게 해서 우리는 한 팀이 되었습니다.

데이비드 블러드

DR_ 앨 고어를 어떻게 만나게 되었나요?

DB_ 그 당시 제 상사였던 필 머피Phil Murphy가 그를 소개해 주었습니다. 필은 현재 뉴저지 주지사입니다. 고어는 서스테이너블 애셋 매니지먼트SAM, Sustainable Asset Management라는 회사를 인수하려고 골드만삭스에 연락했습니다. SAM의 선임자 중 한 명인 콜린 르 덕Colin le Duc은 GIM의 또 다른 공동 설립자였습니다. 콜린, 마크, 그리고 저는 GIM 사업 계획서를 작성했습니다. 필이 제게 고어를 만나러 보스턴에 가자고 요청했을 때 저는 그의 말을 따랐습니다. 왜냐하면 우리가 미국의 부통령을 만날 수 있는 날이 매일 있는 것은 아니기 때문입니다. 저는 그를 설득하려는 것이 아니라 회사를 인수하는 것과 창업하는 것의 차이점을 말해 주기 위해서 우리의 사업 계획서를 가져갔습니다. 우리는 서로 대화를 나눈 뒤 그 일을 함께하기로 뜻을 모았습니다. 우리의 이름을 딴 "블러드 앤 고어(피와 핏덩이)"라는 오래된 농담처럼 우리는 마치 하나가 된 것 같이 너무 편안했습니다. 그렇게 해서 모든 것이 합치게 되었습니다.

DR_ 초기 투자 논리는 무엇이었습니까? 초기 자본을 모으는 것이 어려웠나요?

DB_ 우리의 원래 사업 계획은 4개 분야로 구성되어 있었습니다. 주식, 사모펀드, 신용, 그리고 재단입니다. 우리는 주식부터 시작했습니다. 왜냐하면 설립자 7명 중 2명이 가장 잘 알고 있는 분야가 주식 투자이며 그들의 실적도 좋았기 때문입니다.

우리의 투자 주제는 장기 투자, 경제의 원동력으로서의 지속 가능성, 그리고 비즈니스 품질과 경영 품질을 이해하는 도구로서의 ESG였습니다. 그것이 우리가 더 광범위한 투자 세계에 제시한 내용입니다. 저는 골드만삭스의 자산 관리 업무를 담당했기 때문에 업계의 많은 사람을 알고 있었습니다. 우리는 사업을 키우기 시작했습니다.

2003년 10월에 회사를 시작한 후 2005년 10월까지 제삼자의 돈을 받지 않았습니다. 우리는 우리 자신의 돈으로 시작한 뒤 기관투자자들의 자금을 유치했습니다. 주식 시장에서, 당신은 3년 치 실적을 쌓을 때까지 정말로 다른 투자자들의 관심을 끌지 못합니다. 저는 3년 만에 5억 달러의 기록을 세웠습니다. 우리의 3년간 성적은 꽤 괜찮았습니다. 그것도 글로벌 금융 위기 한가운데서 달성한 실적입니다. 그 당시 사람들은 장기 투자와 지속 가능성에 대해 자신이 없었습니다. 그것이 바로 우리의 관리 자산이 빠르게 성장할 수 있었던 계기가 되었습니다.

DR_ 현재 관리하는 자금의 규모가 얼마이며 성과는 어떻습니까? 당신이 추구하는 가치가 성과에 잘 반영되어 표준적인 주식 시장 지수보다 성과가 더 좋았습니까?

DB_ 공개적으로 알려진 관리 자산은 현재 360억 달러입니다.

DR_ 저는 당신이 사업을 시작한 이후 수익률이 12퍼센트 정도였다는 기사를 읽었는데 맞나요?

DB_ 회사 설립 이래로, 우리는 세계에서 두 번째로 훌륭한 글로벌 주식 관리자입니다.* 우리는 주류 관리자들과 경쟁하고 있습니다. 우리는 또한 사모펀드에서 좋은 성과를 거두었습니다.

처음부터 훌륭한 투자 성과를 올리지 못했다면 지속 가능성을 촉

---

* 2021년 12월 31일 기준임. 자료는 머서 인베스트먼트 컨설턴트의 데이터베이스인 머서인사이트가 제공했으며 GIM의 글로벌 에퀴티 펀드가 설립된 2005년 5월 1일 이후 수수료 총액임.

진하기 위한 우리의 사명은 무시되었을 것입니다. 우리는 우수한 투자자가 되어야 한다는 사실을 알고 있었으며 우리는 모두 경쟁력 있는 사람들입니다. 우리가 하는 모든 일은 투자에서 탁월한 능력을 발휘하려는 욕망에서 시작합니다.

우리의 프레임워크와 지속 가능성, ESG에 대한 헌신은 투자의 우수성에 관한 것이지만, 우리는 지속 가능성을 촉진하기 위한 사명감으로 움직입니다. 각자 서로를 강하게 만들어 줍니다. 우리가 우수한 투자 성과를 내지 못한다면 사람들은 지속 가능성에 대한 우리의 주장에 공감하지 않을 것입니다.

DR_ GIM이 수년간 ESG 분야에서 성장하면서 성과를 내고 다른 사람들의 관심을 끌면서 당신이 가장 놀랐던 것은 무엇입니까?

DB_ 두 가지입니다. 첫 번째는 우리가 회사를 설립할 때, 제가 골드만삭스에서 대여섯 개의 다른 사업체를 세우는 것을 도운 경험이 있으므로 투자회사를 시작하는 것이 그렇게 까다롭거나 힘들 것으로 생각하지 못했다는 것입니다. 우리 7명은 한데 모여 자신 있게 회사를 설립했습니다. 3~4년 후에 비로소 우리는 우리가 얼마나 운이 좋았는지 깨달았습니다. 실적을 포함한 많은 것들이 우리에게 순조롭게 진행되었습니다. 주식 시장의 위대한 투자자들마저도 어려운 세월을 보냈지만 우리는 그렇지 않았습니다. 오늘날 우리는 예전보다 훨씬 더 겸손한 집단이 되었습니다. 왜냐하면 당신도 아시다시피, 사업을 시작한다는 것이 그렇게 간단하지 않았기 때문입니다.

둘째, 우리는 우리의 사명이 얼마나 중요한지 과소평가했습니다. 특히 해를 거듭할수록 우리가 사람들과 기업가들을 끌어들이고 유지하는 방법과 우리 회사를 포함한 더 넓은 이해관계자 공동체를 구축하는 방법 측면에서 우리의 사명이 가장 결정적인 요소로 작용했습니다. 처음부터 우리의 사명이 중요하다고는 생각했지만 그것이 이 정도일줄은 몰랐습니다.

DR_ ESG 투자에 초점을 맞춰 생각하면 좋은 투자자를 만드는 기준은 무엇입니까? 높은 IQ, 집중적인 연구, 사명에 대한 믿음, 아니면 이 모든 것들의 조합, 이 가운데 어느 것인가요?

DB_ 당신이 말씀하신 모든 것들의 조합입니다. 지속 가능성 또는 ESG 분야에서 유능한 투자자가 되는 것은 어떤 다른 분야의 유능한 투자자가 되는 것과 차이가 없습니다. 우리는 우리가 하는 일과 당신이 하는 일의 차이점을 발견할 수 없습니다.

DR_ ESG에 초점을 맞춰 투자할 때 주식 시장과 사모 시장 가운데 어디가 더 투자하기가 어렵습니까?

DB_ 사모 시장보다 주식 시장의 영향을 파악하는 것이 더 어렵습니다. 왜냐하면 민간 기업들은 특히 우리가 투자하는 성장 단계에서는 일반적으로 특정 산업이나 목표에 초점을 맞추기 때문입니다. 주식 시장에서 기업들은 훨씬 더 크고, 다양한 비즈니스 목표를 갖고 있습니다. 그런데도 우리는 당신이 우리가 그동안 투자해왔던 주식 시장뿐만 아니라 사모 시장에서도 효과적으로 투자할 수 있다고 믿습니다. 당신이 최대한의 영향력을 추구한다면 사모 시장은 그것을 하기에 꽤 좋은 장소입니다.

DR_ ESG에 투자하려는 사람에게 직접 투자하는 것보다 펀드에 투자하는 것을 추천하십니까? 펀드가 투자하기에 적합할 뿐만 아니라 ESG 원칙을 잘 적용하는지 판단하기 위해 어떤 기준을 사용해야 합니까?

DB_ '그린워싱greenwashing'이 개인 투자자들뿐만 아니라 일부 기관투자자들에게도 커다란 문제입니다. 현재 많은 기업이 자격 증명서를 따는 것처럼 지속 가능성과 ESG를 추진한다고 주장하고 있지만 사실이 아닌 경우가 많습니다. 불행하게도 그것은 시장에 큰 혼란을 일으키고 있습니다. 우리는 SEC와 유럽연합집행위원회EC에서 그 문제를 조사하고 있는 것으로 알고 있습니다. 그것은 해결되어야 할 문제입니다.

궁극적으로 지속 가능성과 ESG를 이해하기가 어려운 문제이긴 하지만 형식적인 점검 항목처럼 다루면 안 됩니다. 우리가 우수한 관리자와 전담 관리자를 배치하는 것이 더 좋은 접근 방식이라고 생각하는 이유는 그들을 통해 비즈니스를 이해하고 회사의 지속 가능성과 ESG 추진 항목에 더 많은 시간을 할애할 수 있기 때문입니다. 두 가지 모두 필요합니다. 뛰어난 지속 가능성과 ESG 투자자가 된다는 것은 당신이 뛰어난 투자자가 되는 것을 의미합니다. 당신은 투자 결과뿐만 아니라 지속 가능성과 ESG 작업에 대한 어려움도 모두 보여줄 수 있어야 합니다.

DR_ 그린워싱이 무슨 뜻인가요?

DB_ 그것은 회사가 지속 가능성과 ESG에 전념한다고 주장하지만 실제로는 반대로 행동하는 것을 의미합니다.

DR_ ESG에 초점을 맞춘 주식 투자를 통해 합리적으로 기대할 수 있는 초과 수익률은 어느 정도입니까? ESG와 관련이 없는 투자를 하는 경우보다 1퍼센트, 2퍼센트, 아니면 3퍼센트 정도 더 높아야 하나요? 혹은 초과 수익률이 얼마가 되어야 하는지 측정할 수 있는 다른 방법이 없을까요?

DB_ 초과 수익률이 얼마가 되어야 하는지 측정하는 것은 어렵습니다. 지속 가능성이나 ESG를 보고 투자하는 투자자의 실적이 저조한 사례도 많이 있습니다. 우리는 당신의 질문을 약간 다르게 생각합니다. "주식 시장에서 당신이 기대하는 수익률은 어느 정도인가?" 우리는 지속 가능성과 ESG에 초점을 맞춘 투자와 전통적인 주식 투자 사이에 차이가 있다고 생각하지 않습니다. 우리는 동일한 개념이라고 생각합니다. 실제로 제가 속한 투자위원회는 ESG와 지속 가능성을 고려하지 않은 투자는 잘못된 것이라고 인식합니다.

DR_ 당신은 공공 부채 분야에서도 ESG 관련 투자를 합니까?

DB_ 그렇지 않습니다. 우리는 첫 번째 펀드 이후에 그 분야에 대한 투자를 중단했습니다. 그렇게 결정한 주된 이유는 그 분야에 대한 투자를 제대로 하려면 회사 규모가 훨씬 더 커야 하기 때문입니다. 대략 직원이 125명 정도 필요합니다.

DR_ 당신은 이 모든 과정을 통해 무엇을 배웠습니까? 나중에 돌이켜 봤을 때 당신 회사가 다른 회사보다 색다르게 한 것이 있었나요?

DB_ 우리는 매우 운이 좋은 것 같습니다. 우리에게 긍정적인 일들이 많이 일어났고, 그래서 우리는 더욱 겸손하게 되었습니다. 우리는 지속 가능성과 ESG에 대해 생각하기에 적절한 시기에 적절한 장소에 있었던 것 같습니다. 우리는 운 좋게도 이 가치관을 홍보할 수 있는 위치에 있었습니다.

DR_ ESG에 집중할 수 있는 직원을 쉽게 채용할 수 있습니까?

DB_ 우리에겐 쉽습니다. 우리는 전통적인 투자자의 열정과 엄격함을 모두 갖추고 있으면서 지속 가능성과 ESG의 중요성을 이해하고 이를 열정적으로 추구하는 사람들을 찾고 있습니다. 저는 누군가에게

데이비드 블러드

"지속 가능성과 ESG가 당신을 더 우수한 투자자로 만들 것이라고 믿지 않는다면, 여기 오지 마세요"라고 말할 것입니다. 왜냐하면 우리는 그것이 사람들을 더 우수한 투자자로 만든다고 믿기 때문입니다.

DR_ 많은 훌륭한 투자자들은 돈을 벌면 자선사업에 참여합니다. 당신에게 매력적인 자선 활동 분야가 있나요?

DB_ 우리는 회사를 시작할 때 이미 제너레이션 재단Generation Foundation을 설립했습니다. 우리는 GIM의 파트너에 대한 분배 가능 이익의 5퍼센트를 재단에 기부합니다. 재단은 사회의 불평등 심화 문제와 탄소 관련 문제에 초점을 맞춰 활동합니다. 저는 세계 자원 연구소World Resources Institute의 공동 의장이며 소셜 파이낸스Social Finance(사회 및 환경 문제를 해결하기 위해 민간 부문 자원을 활용하는 데 초점을 맞춘 비영리 단체)의 설립자 중 한 명입니다. 저는 보존과 환경 및 빈곤 문제에 관심이 많습니다. 그것이 GIM의 경영 철학과 일치합니다. GIM의 파트너는 종종 여러 자선 활동에 꽤 많이 참여했습니다. 작년에 GIM 직원의 97퍼센트가 자선 활동에 다양한 방식으로 참여했습니다.

DR_ ESG 투자가 향후 어떻게 변화할 것으로 생각하십니까?

DB_ 우리는 지속 가능성과 ESG를 더 잘 정의해야 합니다. 지속 가능성에 대해 보고하는 방법과 회사뿐만 아니라 포트폴리오에 미치는 영향도 더 자세하게 이해해야 합니다. 또한 지속 가능성과 ESG를 사용한다는 것이 무엇을 의미하는지에 관한 판단 기준을 높여야 합니다. 이것은 결국 그린워싱 문제로 다시 돌아가는 것을 의미합니다.

투자가들이 지속 가능성에 초점을 맞춰 투자하면 결과가 항상 윈윈이라고 생각하는 경우가 있습니다. 반드시 그런 것은 아닙니다. 이해가 상충하는 경우가 자주 발생합니다. 그 이유는 단순히 점검 항목을 확인하는 데 그치지 않기 때문입니다. 그보다 훨씬 더 복잡하죠. 우리는 지속 가능성과 ESG에 관해 어떻게 생각하는지에 대해 더 많이 이해하고 기준을 더 높게 설정하여 이것을 더 엄격하게 추진해야 합니다.

DR_ ESG에 중점을 둔 투자 세계에서 당신의 역할 모델이 있습니까?

DB_ 생각나는 사람은 존 엘킹턴John Elkington입니다. 그는 지속 가능성을 지향하는 회사를 많이 설립했습니다. 그는 연쇄 창업가입니다. 가장 최근에 설립한 회사는 보란스Volans입니다. 저는 그가 지속 가능성의 선구자라고 생각합니다. 우리가 18년 전에 GIM을 설립했을 때, 우리보다 앞서 지속 가능성 운동을 시작한 창시자들이 십여 명 정도 있었다는 사실을 잘 알고 있습니다. 그들의 공로가 큽니다. 우리도 일찍 시작했지만 그들이 우리보다 훨씬 앞서 이 분야를 개척한 사람들입니다.

감사의 글

이 책은 이전 책들과 마찬가지로 많은 사람이 서로 협력해 만들어 낸 결과물이다. 나는 그들의 노고와 귀중한 기여에 감사한다. 그들의 노력이 없었더라면 이 책은 빛을 보지 못했을 것이 분명하다.

우선, 모든 인터뷰 대상자들에게 감사한다. 그들은 인터뷰에 기꺼이 응해 준 것은 물론 나중에 인터뷰 내용을 검토하고 승인해 주었다. 이 책을 위해, 나는 많은 사람과 인터뷰했지만 지면이 부족해 모든 내용을 실을 수는 없었다. 그러나 그렇게 많은 인터뷰에서 얻은 통찰력 덕분에 나는 투자 전문가들의 전문 분야를 더 잘 이해할 수 있었다. 그것은 절대적으로 귀중한 경험이었다.

이 책의 개념 도출에서 최종적으로 한 권의 책으로 탄생하기까지 결정적으로 이바지한 것은 사이먼앤슈스터Simon & Schuster 출판사이다. 특히 CEO인 조나단 카프Jonathan Karp와 수석 부사장 겸 발행인인 데이나 카네디Dana Canedy의 지원과 지속적인 관심에 감사한다. 그리고

532

나는 스튜어트 로버츠Stuart Roberts보다 저자를 더 지지해주고 더 격려해주는 더 좋은 편집자를 찾을 수 없다고 생각한다. 스튜어트의 편집 기술은 정말 세계 최상급이다. 스튜어트의 노력은 똑같이 우수한 편집 기술을 가진 스테파니 프레리히Stephanie Frerich에 의해 뒷받침되었으며 그는 곧 스튜어트의 뒤를 이어 수석 편집자가 되었다.

나와 사이먼앤슈스터가 처음 만나게 된 것은 워싱턴에서 인기 있는 변호사이자 로스쿨 동기로서 40년 넘게 교류해온 밥 바넷Bob Barnett 덕분이었다. 그는 나에게 항상 자신의 경험과 판단을 알려준다. 나는 그런 면에서 그에게 무척 많이 감사한다.

이 책은 또한 나와 함께 이전 책들을 작업해온 제니퍼 하워드 Jennifer Howard의 아낌없는 노력이 없었다면 출판될 수 없었을 것이다. 그녀는 언제나 그랬듯이 인터뷰 내용을 검토하고 그것들을 읽기 쉽고 흥미로운 텍스트로 편집하는 것을 도와주려고 끈질기게 노력했다. 독자들을 위해 인터뷰를 더 잘할 수 있는 방법에 대한 그녀의 제안은 매우 귀중했다.

오랜 기간 헌신적으로 근무하고 있는 나의 직원들 역시 이 작업을 계속 진행하도록 도와주었다. 그중에서도 가장 중요한 사람이 30년 이상 나를 도와주고 있는 나의 유명한 비서실장인 메리팻 데커MaryPat Decker다. 그녀는 내가 이 책을 출판하도록 격려했으며 사람들과 직접 또는 화상으로 인터뷰할 수 있도록 일정을 잡아 준 것은 물론 필요할 때마다 일정을 재조정해 주었다. 17년 동안 근무한 로라 보링Laura Boring과 8년 동안 나와 함께 일한 아만다 망굼Amanda Mangum은 이 책의 소개 글을 준비하는 데 필수적인 존재였으며 (자신들의 다양한 본연의 일을 하면서도) 책 쓰기와 준비 과정이 원활하게 진행되도록 할 수 있는 모든 일을 다 했다.

나는 또한 소개 글과 인터뷰에 실린 엄청난 자료의 사실관계를 조사하느라 헌신적으로 노력해온 지칠 줄 모르는 연구 조수인 트렌턴 피스터Trenton Pfister에게 감사한다.

이 책에 수록된 인터뷰 대부분은 이 책을 위해 특별히 이루어졌지만, 몇몇은 내가 블룸버그 TV에서 진행하는 텔레비전 쇼인 〈블룸버그 웰스〉의 일부였다. 매우 재능 있는 프로듀서 켈리 벨냅Kelly Belknap은 인터뷰가 가능하도록 도와준 것은 물론 대화 문안도 준비해 주었다. 나는 그녀에게 톡톡히 빚을 졌다. 또한 텔레비전과 라디오 프로그램을 감독하는 블룸버그의 임원인 마이크 블룸버그Mike Bloomberg와 알 메이어스Al Mayers의 지원에 감사한다.

나는 변호사 교육을 받았으며 1987년에 칼라일 그룹을 설립할 당시 투자 세계는 내게 낯선 세상이었다. 나는 수년에 걸쳐 투자에 관해 많은 것을 배웠으며 그중 일부를 이 책에 담으려고 노력했다. 하지만 내가 배운 내용 중 상당 부분은 칼라일 공동 창업자인 빌 콘웨이Bill Conway와 댄 다닐로Dan D'Aniello에게서 배운 것이다. 그들은 칼라일을 세계에서 가장 크고 가장 성공적인 글로벌 투자회사 중 하나로 만드는 데 가장 큰 역할을 했다. 그들이 없었다면, 나는 변호사로 돌아갔을 것이다. 그것은 나 자신은 물론 변호사 시절 고객들에게 도움이 되지 않았을 것이다.

나는 또한 칼라일이 추구하지 않는 분야에 투자하는 나의 패밀리 오피스인 디클레이션 캐피털Declaration Capital의 투자 활동을 보면서 투자에 대해 꽤 많이 배웠다. 브라이언 프랭크Brian Frank가 회사를 이끌면서 지난 5년 동안 탁월한 성과를 이루었다. 나는 칼라일이 전통적